Το ντόμινο της σιωπής

Κατασκευή Εξωφύλλου:
Επιμ. Έκδοσης:

© Copyright Εκδόσεις Μέθεξις 2013
Κεραμοπούλου 5, Θεσσαλονίκη ΤΚ 546 22
Τηλ. - Fax: 2310-278301
e-mail: info@metheksis.gr
www.metheksis.gr

ISBN:9606796442

Απαγορεύεται η ολική, μερική ή περιληπτική αναδημοσίευση, ανα-παραγωγή ή διασκευή του περιεχομένου του παρόντος βιβλίου με οποιονδήποτε τρόπο χωρίς γραπτή άδεια του εκδότη.

Αριθμός Έκδοσης:

Κάτια Ευμορφούλη

Το ντόμινο της σιωπής

Θεσσαλονίκη 2013

1

Θα θυμάται για πάντα την πρώτη μέρα εκείνου του Ιούνη. Το ταξί σταμάτησε ακριβώς μπροστά στην είσοδο του νέου της διαμερίσματος. Στο ισόγειο μια παλιάς οικοδομής με τον αριθμό 10, το νέο της «σπιτικό» έστεκε με τα παραθυρόφυλλα μισάνοιχτα, προσμένοντας τη νέα οικοδέσποινα. Πρώτη μέρα του Ιούνη, αρχή του καλοκαιριού. Ίσως και η αρχή της καινούριας της ζωής. Η αναζήτηση αυτής της καινούριας ζωής την είχε οπλίσει με τη δύναμη που χρειαζόταν για να εγκαταλείψει τον τόπο της. Έναν τόπο λατρεμένο που μέχρι τα είκοσι της χρόνια της χάριζε απλόχερα υπέροχες στιγμές. Έναν τόπο που έμελλε αργότερα να γίνει η προσωπική της φυλακή.

Η Ζωή κρατούσε μαζί της μοναχά δύο βαλίτσες αν και το ταξίδι της από την Κρήτη στη Θεσσαλονίκη δεν θα είχε επιστροφή. Είχε υποσχεθεί στον εαυτό της ολοκληρωτική αλλαγή όσο κι αν η καρδιά της κομματιάζονταν στη σκέψη και μόνο της απομάκρυνσης από το αγαπημένο, μικρό χωριό της. Δεν υπήρχε άλλη εναλλακτική για να συνεχίσει, να συνεχίζει να ζει. Θα φύλαγε μέσα της μόνο τις ευχάριστες αναμνήσεις, σβήνοντας μια για πάντα όλες εκείνες που έφερναν δάκρυα στα μάτια της. Θα ήταν δύσκολο, το ήξερε. Ήξερε όμως και τον εαυτό της. Από παιδί, με την καθοδήγηση των γονιών της, είχε διαμορφώσει έναν χαρακτήρα ατσάλινο, ανθεκτικό και σε αυτόν τον χαρακτήρα στήριζε τις ελπίδες της. Είχε δύναμη, πείσμα και όρεξη για ζωή. Θα ήταν όμως αρκετά για να νικήσει τους δαίμονες του παρελθόντος;

Βυθισμένη στις σκέψεις της κατέβηκε από το ταξί διστακτικά. Πόσο άγνωστο εκείνο το μέρος! Κτίρια ψηλά, γκριζωπά και απρόσωπα θα αποτελούσαν πλέον τη νέα της γειτονιά. Ακατόρθωτη έμοιασε μεμιάς η προσαρμογή της σε εκείνη την ασυνήθιστη εικόνα όταν το μόνο που αντίκριζαν τα μάτια της τόσα χρόνια ήταν η αχανής, καταγάλανη θάλασσα που απλωνόταν μπροστά στη βεράντα του πατρικού της. Τη νύχτα με το νανούρισμα των κυμάτων έκλεινε τα μάτια της και με το ίδιο τραγούδι ξυπνούσε το πρωί. Η ηρεμία της ήταν πλέον καταδικασμένη να ενοχλείται μόνιμα από την αδιάκοπη βουή των αυτοκινήτων που πηγαινοέρχονταν βιαστικά μπροστά απ' τα παράθυρά της. Ο οδηγός ακούμπησε τις δύο βαλίτσες στο καυτό οδόστρωμα και, αφού πληρώθηκε το αντίτιμο της διαδρομής, έφυγε βιαστικά για το επόμενο δρομολόγιο. Είχε πια απομείνει ολομόναχη στο πεζοδρόμιο να κοιτάει την σιδερένια είσοδο της πολυκατοικίας. Χωρίς δεύτερη σκέψη, άρπαξε τα κλειδιά μέσα από την τσάντα της και άνοιξε αποφασιστικά την πόρτα.

Ο αέρας μύριζε κλεισούρα και σκουριά στο εσωτερικό της οικοδομής προδίδοντας τα πολλά χρόνια από την κατασκευή της. Το διαμέρισμά της ήταν το πρώτο στα δεξιά, μόνο δύο βήματα απόσταση από την κεντρική είσοδο. Μια κλειστή, ξύλινη πόρτα σε σκούρο καφέ κρατούσε το εσωτερικό του κρυφό από τα μάτια της όπως κρυφό και αβέβαιο κρατούσε και το ίδιο της το μέλλον, ένα μέλλον πολύ διαφορετικό από εκείνο που είχε ονειρευτεί. Κανένας ήχος δεν ακούστηκε στο άνοιγμά της.

«Ο Κωνσταντίνος κράτησε το λόγο του» ήταν το πρώτο πράγμα που σκέφτηκε χαμογελώντας μόλις η πόρτα παραμέρισε με το γύρισμα του κλειδιού. Ο σπιτονοικοκύρης της, ένας όμορφος τριαντάρης, φίλος οικογενειακός, της είχε υποσχεθεί πως θα ανακαίνιζε όλους τους χώρους και θα έφτιαχνε για χάρη της ένα μοντέρνο περιβάλλον, ιδανικό για ένα δροσερό κορίτσι των 25 ετών. Η αγωνία της να το καλοκοιτάξει ήταν τόσο μεγάλη που σχεδόν πέταξε τα πράγματά της στο πάτωμα και έσπευσε να εξερευνήσει κάθε γωνιά του επιπλωμένου διαμερίσματος.

Στο χώρο δεν υπήρχε χολ. Ανοίγοντας την κεντρική είσοδο βρισκόσουν αμέσως μπροστά σε ένα τεράστιο αλλά λιτό σαλόνι, με αυστηρές γραμμές και ελαφριά, αλλά εντυπωσιακή, διακόσμηση.

Ένα αίσθημα θερμού καλωσορίσματος και φιλοξενίας της δημιουργήθηκε αστραπιαία, από τα πρώτα της δειλά βήματα. Κλείνοντας τα μάτια της, ψιθύρισε μια ευχή. Να πλημμυρίσει εκείνος ο χώρος από νέους φίλους και να της επιφυλάσσει μόνο χαρά και ευτυχία. Προχωρώντας αριστερά, η Ζωή οδηγήθηκε στο δωμάτιο της κουζίνας. Η κουζίνα πάντοτε αποτελούσε τον αγαπημένο της χώρο στο πατρικό της στην Κρήτη. Ώρες ατέλειωτες ξεχνιόταν εκεί, παρασυρμένη από τα αρώματα των μπαχαρικών και τη μαγεία των γεύσεων. Ήταν δεινή μαγείρισσα και, σαν τέτοια, ζητούσε έναν λειτουργικό αλλά και παράλληλα όμορφο χώρο εκτέλεσης των γαστρονομικών της εμπνεύσεων. Κι εκεί ο Κωνσταντίνος τα είχε καταφέρει καλά. Οι απαλοί χρωματισμοί που είχαν συνετά επιλεγεί θα της χάριζαν την ηρεμία και τη συγκέντρωση που αποζητούσε κατά τη διαδικασία του μαγειρέματος. Ο άνετος πάγκος εργασίας που είχε κατασκευαστεί στην αριστερή πλευρά του δωματίου, σε συνδυασμό με τα αμέτρητα ράφια και ντουλάπια, αποτελούσε περίτρανη απόδειξη της λειτουργικότητας που όφειλε να προσφέρει το δωμάτιο αυτό. «Ο χώρος αποθήκευσης είναι το παν στην οργάνωση της κουζίνας» του είχε πει κάποτε η Ζωή και ο Κωνσταντίνος δεν το είχε ξεχάσει.

Αφού σπατάλησε αρκετό χρόνο ανοίγοντας ένα προς ένα όλα τα ντουλάπια και αφού περιεργάστηκε προσεκτικά όλα τα σκεύη και τις συσκευές, είχε έρθει η ώρα για μια επίσκεψη στην κρεβατοκάμαρα και το μπάνιο. Το διαμέρισμα δεν διέθετε πολλά δωμάτια αλλά ήταν υπεραρκετό για ένα και μόνο άτομο και η τιμή του ήταν προσιτή αναλογικά με τις οικονομικές δυνατότητες της Ζωής. Η νέα της δουλειά στην τοπική εφημερίδα της πόλης θα της απέφερε ένα χαμηλό εισόδημα για αρχή και έτσι ήταν αναγκασμένη να λάβει συγκρατημένες αποφάσεις σχετικά με τη διαμονή της. Περπατώντας δίπλα από το ορθογώνιο τραπέζι της κουζίνας, μπήκε στην κρεβατοκάμαρα μέσα από μια στενή, θολωτή πόρτα με πολύχρωμη τζαμαρία. Εκείνη η πόρτα ήταν και ο μοναδικός τρόπος προσέγγισης του συγκεκριμένου δωματίου. Μόνο μέσω της κουζίνας μπορούσε κανείς να οδηγηθεί στον αποκλειστικά προσωπικό της χώρο. «Λίγο άβολο» σκέφτηκε δυνατά αλλά, από την άλλη, το γεγονός ότι το δωμάτιο της δεν θα ήταν ορατό από το σαλόνι, από το χώρο υποδοχής των μελλοντικών επισκεπτών της, δημιουργούσε ένα κλίμα απομόνωσης και ιδιωτικότητας που την ικανοποιούσε ιδιαιτέρως.

Απόλυτο σκοτάδι κυριαρχούσε στην κάμαρα της και ήταν αδύνατο να διακρίνει ακόμη και τις γραμμές των επίπλων. Με βήματα αργά κατευθύνθηκε προς το παράθυρο και ανοίγοντας τα σφαλιστά παντζούρια άφησε το φως να χυθεί πλούσιο πάνω στο κρεβάτι αλλά και σε κάθε γωνιά του δωματίου. Ένα πονηρό χαμόγελο πρόβαλε στο πρόσωπο της σαν αντιλήφθηκε πως το κρεβάτι της ήταν διπλό, άσκοπα και υπερβολικά ευρύχωρο. «Κι ένα μονό κρεβάτι θα ήταν αρκετό. Δεν σκοπεύω να έχω παρέα τα βράδια, τουλάχιστον προς το παρόν». Δύο αφράτα μαξιλάρια ακουμπούσαν νωχελικά πάνω στο δερμάτινο κεφαλάρι. Δεξιά και αριστερά, δύο σκαλιστά λαμπατέρ, αναπαύονταν πάνω στα ξύλινα κομοδίνα. Απόλυτα ταιριαστό με την ιδιοσυγκρασία της το απλό και ρομαντικό ύφος που είχε προτιμηθεί από τον καλό της φίλο. Ο Κωνσταντίνος την γνώριζε πολύ καλά και αυτό ήταν ευδιάκριτο σε κάθε διακοσμητική επιλογή, σε κάθε γωνιά του διαμερίσματος.

Τελευταίο δωμάτιο, το μπάνιο. Η Ζωή διέσχισε την κουζίνα προς την αντίθετη κατεύθυνση και ακολουθώντας ένα στενό διάδρομο εντόπισε τον συγκεκριμένο χώρο κρυμμένο πίσω από το μεγάλο τοίχο του σαλονιού. Τα γυαλισμένα, αστραφτερά πλακάκια στα χρώματα του ήλιου και της θάλασσας που περιστοίχιζαν την ημικυκλική, εντυπωσιακή μπανιέρα, της υπόσχονταν απολαυστικές στιγμές χαλάρωσης και ηρεμίας. «Όλα είναι υπέροχα! Θα ανυπομονώ να επιστρέφω σπίτι μετά τη δουλειά!» συλλογίστηκε με ενθουσιασμό. Με εκείνη τη σκέψη της, η πρώτη και σύντομη περιήγηση στο καινούριο της διαμέρισμα είχε ολοκληρωθεί. Είχε αποτυπώσει πια, στο βαθμό που χρειάζονταν, τους χώρους και τις γωνιές του στο μυαλό της. Το μόνο που απέμενε ήταν να συνηθίσει να ζει μέσα σε αυτό!

Χαμογελούσε ασυναίσθητα κατά την επιστροφή της στην κουζίνα. Το ηθικό της είχε αναπτερωθεί και η νέα αρχή που επιχειρούσε μακριά από τα αγαπημένα της πρόσωπα δεν φάνταζε πια το ίδιο αδύνατη όσο και πριν. Καθώς είχε περάσει ήδη μια ώρα από τη στιγμή που κατέβηκε από εκείνο το ταξί και η ταλαιπωρία της ήταν μεγάλη από το ταξίδι και την ανυπόφορη ζέστη της πόλης, αποφάσισε να περιποιηθεί τον εαυτό της με έναν παγωμένο καφέ. Το άξιζε μετά από την εξουθένωση που είχε υποστεί, τόσο τη σωματική όσο και την ψυχολογική. Κυρίως την ψυχολογική. Η τακτοποίηση στο νέο της διαμέρισμα δεν την προβλημάτιζε ούτε την άγχωνε. Εξάλλου, το μόνο που θα απαιτούνταν για την ολοκλήρωση της εγκατάστασής της ήταν να τοποθετήσει τα λιγοστά, προσωπικά της αντικείμενα στις αντίστοιχες θέσεις τους καθώς ήταν φανερό πως το σπίτι είχε καθαριστεί επιμελώς προτού καταφτάσει η νέα νοικάρισσα. Κλειστές θα παρέμεναν οι βαλίτσες της για λίγο ακόμη όσο η Ζωή θα αξιοποιούσε το χρόνο της προσπαθώντας να ενοποιήσει την παρουσία της με το χώρο και να αφουγκραστεί τους ήχους του νέου της 'σπιτικού'.

Σύντομα, ο καφές της ήταν έτοιμος. Βούλιαξε αναπαυτικά στο διθέσιο καναπεδάκι της κουζίνας και χάθηκε στην απολαυστική δροσιά του αγαπημένου της ροφήματος. Τα μπροστινά της δόντια άρχισαν ασυναίσθητα να δαγκώνουν το καλαμάκι με μανία, όπως συνήθιζε κάθε φορά που έπινε τον καφέ της. Ως παιδιάστικη συμπεριφορά είχε χαρακτηρίσει η μητέρα της εκείνη τη συνήθεια της αμέτρητες φορές. Η Ζωή επανειλημμένα της είχε υποσχεθεί πως θα σταματούσε να ροκανίζει το πλαστικό με τα δόντια της αλλά ποτέ δεν τήρησε εκείνη την υπόσχεσή της. Πρόβαλλε μονίμως την δικαιολογία ότι πρόκειται για κόλλημα του μυαλού της, για μια απλή εμμονή. Ίσως τελικά είχε έρθει η ώρα να απαλλαγεί από αυτήν. Ίσως είχε έρθει η ώρα να απαλλαγεί από όλες τις εμμονές της και κυρίως από την πιο σημαντική, από την εμμονή που είχε σταθεί η αιτία να χάσει τον εαυτό της και να αναγκαστεί να τον αναζητήσει στους άγνωστους δρόμους της ξενιτιάς.

Ο καφές είχε πια τελειώσει αλλά η Ζωή συνέχισε να ρουφά τον άδειο πάτο του ποτηριού, ψάχνοντας κάποιες τελευταίες σταγόνες ευχαρίστησης. Δεν είχε σκοπό να σηκωθεί. Όχι ακόμη. Σε εκείνο το καναπεδάκι είχε βρει τη χαλάρωση που επιθυμούσε και δεν ήταν ιδιαίτερα πρόθυμη να την εγκαταλείψει. «Λίγο ακόμη. Μονάχα λιγάκι» έλεγε και ξαναέλεγε στον εαυτό της μέχρι που αποκοιμήθηκε γλυκά πάνω στο αφράτο στρώμα του.

Τα μάτια της έμειναν κλειστά για ώρα. Παραδόθηκε σε έναν ύπνο βαθύ, θεραπευτικό, ώσπου την ξύπνησε απότομα ο ήχος του κινητού της τηλεφώνου.

«Εμπρός;» απάντησε νυσταγμένα.

«Ζωή μου; Παιδί μου; Έφτασες καλά; Δεν μου τηλεφώνησες!»

Η γλυκιά μητέρα της ακουγόταν φανερά αναστατωμένη από την άλλη άκρη της γραμμής. Η παράλειψη της κόρης της να την ενημερώσει σχετικά με την άφιξη της στην πρωτεύουσα του Βορρά και να την καθησυχάσει ότι όλα ήταν εντάξει έβαλε στο μυαλό σκέψεις ανησυχητικές. Και οι δύο γονείς της ήταν υπερβολικά προστατευτικοί και ο νους τους έτρεχε αμέσως στο κακό, συχνά χωρίς λόγο. Μα το παράπτωμα στο οποίο είχε υποπέσει η Ζωή ήταν σοβαρό και δικαιολογούσε απολύτως την ταραχή της.

«Με συγχωρείς, μανούλα μου. Με πήρε ο ύπνος απ' την εξάντληση! Γι' αυτό δεν σου τηλεφώνησα. Όλα είναι μια χαρά, μην ανησυχείς καθόλου».

«Πώς σου φάνηκε το διαμέρισμα; Ο μπαμπάς κι εγώ ξεκαθαρίσαμε από την αρχή στον Κωνσταντίνο ότι θέλαμε το καλύτερο για σένα».

«Είναι καταπληκτικό μαμά, απλά καταπληκτικό! Ο Κωνσταντίνος έχει κάνει θαύματα! Πιστεύω πως η προσαρμογή μου θα είναι εύκολη σε ένα τέτοιο περιβάλλον» ισχυρίστηκε. Τουλάχιστον έτσι ήθελε να ελπίζει.

«Θα μιλάμε καθημερινά. Όλοι σου στέλνουμε την αγάπη μας και σου ευχόμαστε καλό ξεκίνημα στη νέα σου δουλειά. Είμαι βέβαιη πως θα τους καταπλήξεις αύριο!»

«Γεια σου, μαμά μου. Τα φιλιά μου σε όλους! Μου λείπετε ήδη!»

Ήταν πολύ δεμένη οικογένεια και όλοι μιλούσαν με τα καλύτερα λόγια για αυτούς στο μικρό χωριό τους, κοντά στο Ηράκλειο. Τόσο σφιχτοί οικογενειακοί δεσμοί τείνουν προς εξαφάνιση στις μέρες μας και γι' αυτό η φαμίλια τους άφηνε πάντοτε τις καλύτερες εντυπώσεις. Ο πατέρας της Ζωής, καταστηματάρχης στην πλατεία του χωριού, πάλευε από το πρωί ως το βράδυ να βγάλει τα προς το ζην. Η μητέρα της, μια εντυπωσιακά καλοδιατηρημένη πενηντάρα, είχε αναλάβει τη φροντίδα του σπιτικού και είχε αφοσιωθεί ολοκληρωτικά στην ανατροφή των δύο παιδιών της. Η Ηρώ ήταν η αδερφή της Ζωής, μικρότερη κατά δύο χρόνια. Και οι δυο τους είχαν κληρονομήσει την ομορφιά και τα κάλλη της μητέρας τους και ξεχώριζαν από μικρές. Στα 23 της τώρα πια η Ηρώ, είχε εξελιχθεί σε μια κομψή δεσποινίδα, με ξανθά, μακριά μαλλιά, γαλανά σαν τη θάλασσα μάτια και γυμνασμένο κορμί. Ήταν απίθανο να μην μαγευτείς από τα αποπλανητικά της χρώματα και έτσι, οι φιλόδοξοι κατακτητές της καρδιάς της σχημάτιζαν πλέον μια μακριά, ατέλειωτη λίστα. Η Ζωή από την άλλη, είχε την σκούρα επιδερμίδα του πατέρα της και σε συνδυασμό με δύο μεγάλα, πράσινα μάτια και καστανά, σγουρά μαλλιά δημιουργούσε ένα σύνολο ακαταμάχητο. Το σώμα της, σμιλεμένο με τα πιο αέρινα συστατικά της φύσης, έκανε τα κεφάλια να γυρνούν στο πέρασμά της. Δεν ήταν όμως μόνο η εξωτερική της εμφάνιση που από την πρώτη στιγμή μαγνήτιζε τους πάντες. Η ζωντάνια της και η γλυκύτητα της ήταν τα μεγαλύτερα θέλγητρά της. Αυτό το κορίτσι είχε κάτι διαφορετικό. Ήταν λες και όλες οι χάρες που θα μπορούσε να έχει ένας άνθρωπος βρίσκονταν συγκεντρωμένες πάνω της. Δεν ήταν λίγοι εκείνοι που είχαν τολμήσει κατά καιρούς να διεκδικήσουν την αγάπη της. Για όλους, ανεξαιρέτως, έβρισκε τα πιο γλυκά λόγια για να κάνει την απόρριψη όσο πιο ανώδυνη γινόταν. Κανένας δεν είχε καταφέρει να αποσπάσει μια απάντηση θετική από τα χείλη της. Μέχρι τα 25 της, η Ζωή δεν είχε εκδηλώσει ποτέ το παραμικρό ερωτικό ενδιαφέρον για κανέναν αν και στον τόπο της δεν σπάνιζε η αντρική ομορφιά. Άξιο απορίας όντως κι όμως ήταν η πλήρης αλήθεια. Δεν την απασχολούσε ο έρωτας ή απλά δεν είχε βρεθεί ακόμη εκείνος που θα κέρδιζε την καρδιά της;

Έκλεισε το τηλέφωνο με μια γλυκόπικρη αίσθηση να βασανίζει την καρδιά της και το ακούμπησε στον καναπέ. Η οικεία φωνή της μητέρας της είχε ζωντανέψει μπροστά της μύριες εικόνες από την πατρίδα. Πόσο εύκολα θα μπορούσε να χαθεί σε ένα λαβύρινθο σκέψεων, σε ένα αδιέξοδο μονοπάτι νοσταλγίας! Δεν έπρεπε να επιτρέψει στον εαυτό της να συγκινηθεί! «Ξεκόλλα επιτέλους» μουρμούρισε και σηκώθηκε βαριεστημένα από τον καναπέ. Ήξερε πως είχε έρθει η ώρα να ανοίξει τις βαλίτσες της. Δεν μπορούσε να το αναβάλλει άλλο. Ήταν καίριας σημασίας η ώρα που θα τακτοποιούσε τα ελάχιστα υπάρχοντα της στον καινούριο της χώρο, μια διαδικασία που θα απαιτούσε αποφασιστικότητα και τόλμη. Θα σηματοδοτούσε, για εκείνη, την οριστική αποδέσμευση από το παρελθόν της και, έτσι, ήξερε πως δεν θα ήταν μια απλή και εύκολη υπόθεση. Με βήματα αργά, διστακτικά προχώρησε προς το σαλόνι.

Δίπλα στο ογκώδες έπιπλο του μπουφέ, στέκονταν ακίνητες οι αποσκευές της. Ήταν αδύνατο να θυμηθεί τον τρόπο με τον οποίο είχε τοποθετήσει τα πράγματα της μέσα στις δύο βαλίτσες πριν την αναχώρηση της για το αεροδρόμιο, το ίδιο εκείνο το πρωινό. Ήταν τόση η ένταση που επικρατούσε στο πατρικό της την ώρα που πακετάριζε που η όλη διαδικασία ήταν μια θολή φούσκα μέσα στο μυαλό της. Διάλεξε τυχαία τη μια απ' τις δυο αποσκευές και άνοιξε την κλειδαριά. Γνώριμα αρώματα ξεπήδησαν στο σαλόνι, ποτίζοντας τα έπιπλα και τα υφάσματα με ευωδιές του τόπου της. Η αλμύρα της θάλασσας αναδύονταν αφοπλιστική από τα καλοκαιρινά της πέδιλα. Μπορούσε ακόμη να διακρίνει χρυσούς μικρόκοκκους άμμου πάνω στα τακούνια τους, κόκκοι που είχαν μείνει πεισματικά κολλημένοι εκεί από την τελευταία της βόλτα στην παραλία. Τα καλοδιπλωμένα ρούχα της μοσχοβολούσαν το δροσερό άρωμα του μαλακτικού που συνήθιζε να χρησιμοποιεί η μητέρα της. Εντονότερα, όμως, στην ατμόσφαιρα διαχέονταν τα αρώματα των φίλων της που μύριζαν ακόμη πάνω στο φόρεμα της, μοσχοβολιστά απομεινάρια από τις σφιχτές αγκαλιές του αποχαιρετισμού. Η Ζωή κοίταξε γύρω της μειδιώντας μάλλον ειρωνικά. «Αρώματα της Κρήτης, αρώματα της θάλασσας, του ήλιου και του αγέρα φυλακισμένα σε ένα διαμέρισμα της συμπρωτεύουσας... Αταίριαστο!» συλλογίστηκε.

Το άνοιγμα της δεύτερης βαλίτσας επιφύλασσε μια αναπάντεχη έκπληξη για τη Ζωή. Μια έκπληξη που πλημμύρισε τα φυλλοκάρδια της με βαθιά χαρμολύπη. Μέσα σε μια κορνίζα ασημί, μια φωτογραφία αγαπημένη δέσποζε στην κορυφή της στοίβας με τα υπόλοιπα πράγματα της. Μια φωτογραφία πολύ ξεχωριστή την οποία, ως φαίνεται, είχε τρυπώσει η Ηρώ κρυφά μες τη βαλίτσα. "Καλοκαίρι 2000. Χερσόνησος. Η παρέα μας" είχε γράψει, πέντε χρόνια πριν, με καλλιγραφικά γράμματα στο πίσω μέρος της η Ζωή. Ήταν εκείνο το καλοκαίρι! Το καλοκαίρι που ξεκίνησαν όλα! Η πολύτιμη εκείνη φωτογραφία απεικόνιζε την ίδια της σε ένα θαυμάσιο τοπίο δίπλα στη θάλασσα την ώρα του δειλινού, στριμωγμένη μέσα στην τεράστια αγκαλιά των φίλων της. Την είχε τραβήξει η Ηρώ και με ιδιαίτερη μαεστρία μάλιστα. Είχε καλλιτεχνική φλέβα η μικρή της αδερφή. Ήταν μετά από εκείνη τη φωτογραφία που η παρέα σύσσωμη μεταφέρθηκε στο γραφικό, παραθαλάσσιο καφέ της περιοχής, στο καφέ που φιλοξένησε την πιο έντονη στιγμή της ζωής της, τη στιγμή που αντίκρισε εκείνον, που τον αντίκρισε για πρώτη φορά με μάτια άλλα,

12

διαφορετικά! Η κίνηση της Ηρώς να τοποθετήσει τη συγκεκριμένη φωτογραφία στη βαλίτσα ήταν βέβαιο πως είχε αποκλειστικά καλό σκοπό. Ίσως ήθελε να της θυμίζει εκείνο το υπέροχο σούρουπο στην παραλία και την μακρόχρονη φιλία που την έδενε με τα παιδιά μέσα στα πλαίσια της κορνίζας. Ίσως επιδίωκε να της χαρίσει στήριγμα στο νέο της ξεκίνημα, ένα σημείο αναφοράς για να αντλεί δύναμη και κουράγιο για την καινούρια της ζωή. Δεν ήταν δυνατό να γνωρίζει η μικρή της αδερφή πως η καλοπροαίρετη εκείνη πρωτοβουλία της θα την κρατούσε ταυτόχρονα δεμένη με τον μοναδικό άνθρωπο που πάλευε να διαγράψει από το νου της, δεμένη με τον Πέτρο, ο οποίος είχε σταθεί η αποκλειστική αιτία που την είχε ωθήσει να πραγματοποιήσει εκείνο το τόσο δύσκολο ταξίδι. Μα δεν μπορούσε να την κατηγορήσει την Ηρώ. Θα ήταν άδικο από μέρους της. Η Ζωή δεν είχε μιλήσει ποτέ και σε κανέναν για τον Πέτρο, ούτε στην ίδια της την αδερφή. Στην σκέψη του και μόνο το αίμα της πάγωνε, πόσο μάλλον στην περίπτωση μιας συζήτησης για το πρόσωπο του. «Όχι αυτή τη φωτογραφία Ηρώ!... Οποιαδήποτε άλλη αλλά όχι αυτή!» ψιθύρισε ταραγμένη. Την πήρε στα χέρια της ευλαβικά και την έσπρωξε προσεκτικά στο σκοτεινό εσωτερικό του μπουφέ.

Λίγη ώρα αργότερα τα πάντα είχαν μπει στη θέση τους. Τα ρούχα της κρέμονταν στη σειρά μέσα στην κουφωτή ντουλάπα της κρεβατοκάμαρας, τα είδη του μπάνιου είχαν παραταχθεί στον καθρέφτη πάνω από τον νιπτήρα, τα αγαπημένα της μπαχαρικά είχαν παραταχθεί μες τα ντουλάπια της κουζίνας και τα λιγοστά διακοσμητικά αντικείμενα, που δεν είχε καταφέρει να αποχωριστεί, είχαν διασκορπιστεί στις τέσσερις μεριές του σαλονιού. Τώρα πια, όπου κι αν έστρεφε το βλέμμα της, συναντούσε κομμάτια του εαυτού της. Πιο οικείο έμοιαζε πλέον το διαμέρισμα. Είχε αρχίσει κιόλας να μετατρέπεται στο δικό της διαμέρισμα.

«Ώρα για ένα καυτό ντους» αποφάσισε. Ήταν πιστή οπαδός της ομοιοπαθητικής και καθ' όλη τη διάρκεια του καλοκαιριού προτιμούσε το νερό στο μπάνιο της να είναι υπερβολικά ζεστό. Με αυτό τον τρόπο δεν ένιωθε ποτέ αποπνικτική και βαριά την ατμόσφαιρα και παρέμενε πάντοτε δροσερή κι ανάλαφρη την ώρα που όλοι οι υπόλοιποι ασφυκτιούσαν και ίδρωναν ασταμάτητα. Δεκαπέντε λεπτά αργότερα πρόβαλε στην πόρτα της κρεβατοκάμαρας τυλιγμένη μέσα στην κίτρινη πετσέτα της. Φόρεσε το αέρινο νυχτικό της και επέστρεψε στο σαλόνι. Η ανάγνωση έστω και λίγων γραμμών από το μισοτελειωμένο βιβλίο της θα έκανε τα βλέφαρα της να κλείσουν γρηγορότερα. Όντως, η νύστα δεν άργησε να 'ρθει. Αποκαμωμένη από την ψυχολογική φόρτιση της ημέρας πρόλαβε να διαβάσει μονάχα δυο σελίδες. Τα γράμματα του κειμένου γρήγορα άρχισαν να κουνιούνται ρυθμικά, βγαίνοντας έξω από τα περιθώρια και τις γραμμές του βιβλίου. Δεν υπήρχε λόγος να ταλαιπωρείται. Εξάλλου, ήθελε να είναι ξεκούραστη και φρέσκια την πρώτη μέρα στην καινούρια της δουλειά και λίγος ύπνος παραπάνω θα απέφερε το επιθυμητό αποτέλεσμα. Ακούμπησε το βιβλίο της στο πολυμορφικό, μοντέρνο τραπεζάκι του σαλονιού και στράφηκε προς την κουζίνα με κατεύθυνση το υπνοδωμάτιο της.

Στο πρώτο κιόλας βήμα μακριά από τον καναπέ, το βλέμμα της αποσπάστηκε απότομα και εστιάστηκε στη γωνία του μακριού επίπλου. Μια λευκή σκιά, που είχε ξεφύγει ως τότε της προσοχής της, ξεπρόβαλε ανάμεσα στα δύο γωνιακά μαξιλάρια, μια λευκή σκιά που έμοιαζε με ένα μικροσκοπικό κομμάτι χαρτιού. Πλησίασε απορημένη. Το τράβηξε απαλά έξω από τα μαξιλάρια. Έναν κατάλευκο φάκελο βρέθηκε να κρατά στα δυο της χέρια, έναν φάκελο που μάλλον δεν θα έπρεπε να βρίσκεται εκεί. Καμία πληροφορία δεν ήταν γραμμένη πάνω στο σκληρό εξωτερικό του. Άγνωστος αποστολέας. Άγνωστος παραλήπτης. «Μα πώς βρέθηκε αυτό εδώ;» αναρωτήθηκε εύλογα. «Από πού να παράπεσε;» Όλα τα έπιπλα ήταν ολοκαίνουρια και δεν είχαν χρησιμοποιηθεί από προηγούμενους ενοικιαστές. Οι μόνοι που είχαν έρθει σε επαφή μαζί τους, επομένως και με τον καναπέ, ήταν οι υπάλληλοι της εταιρίας που είχε αναλάβει την διαδικασία της μεταφοράς των επίπλων στο διαμέρισμα. Μήπως ο φάκελος αυτός είχε πέσει από τα δικά τους χέρια; Μήπως κάποιος τον αναζητούσε ήδη; Ήταν πρέπον να τον ανοίξει ή μήπως το ζήτημα απαιτούσε διαφορετικό χειρισμό; Όσο κι αν προσπαθούσε να αντιμετωπίσει με λογική την περίεργη εμφάνιση του φακέλου, το ερμητικά κρυμμένο περιεχόμενο του αποτελούσε μια ελκυστική πρόκληση. Και η Ζωή πάντοτε απαντούσε στις προκλήσεις! Πείθοντας τον εαυτό της πως η επικείμενη πράξη της θα ήταν για καλό, άνοιξε προσεκτικά το φάκελο με τον μυτερό σελιδοδείκτη του βιβλίου της. Μια λευκόχρυση, ανάγλυφη κάρτα έπεσε στο πάτωμα. Πάνω της, με μαύρο μελάνι, γραμμένες ελάχιστες λέξεις.

«Καλώς όρισες!»

«Μα φυσικά! Πώς δεν το σκέφτηκα; Ο Κωνσταντίνος! Ο πάντοτε γλυκύτατος και πρωτότυπος Κωνσταντίνος!» Εκείνος είχε αφήσει το φάκελο στον καναπέ για να την καλωσορίσει με τρόπο ιδιαίτερο στο νέο της χώρο και να συμβάλει αποφασιστικά ώστε να αισθανθεί όμορφα την πρώτη μέρα της στην άγνωστη ακόμη πόλη. «Είναι απίστευτος τελικά! Δεν παύει να με εκπλήσσει! Πρέπει να τον ευχαριστήσω για όλα!» σκέφτηκε και, ακουμπώντας το φάκελο και την κάρτα πάνω στο χαμηλό τραπεζάκι του σαλονιού, αποσύρθηκε στην κάμαρα της.

2

Πολύ πριν προλάβει το ξυπνητήρι να σημάνει την ώρα του εγερτηρίου, η Ζωή κυκλοφορούσε ξύπνια στο διαμέρισμα. Δεν ήταν αγχώδης τύπος αλλά κάθε νέα αρχή της προκαλούσε υπερένταση. Εκείνη η υπερένταση και η αγωνία σχετικά με την εξέλιξη της πρώτης μέρας στην καινούρια της δουλειά την είχαν σηκώσει απ' το κρεβάτι πριν φέξει για τα καλά. Μάλιστα, δεν είχε καταφέρει να κοιμηθεί παραπάνω από τρεις ώρες το προηγούμενο βράδυ παρότι στριφογύριζε στο κρεβάτι από νωρίς. Δύο μαύροι κύκλοι είχαν εμφανιστεί κάτω από τα μάτια της τους οποίους, κλεισμένη μέσα στο μπάνιο, προσπαθούσε να καλύψει με μια γενναιόδωρη δόση κονσίλερ. Αφού ολοκλήρωσε το μακιγιάζ της, ζωντάνεψε τις μακριές της μπούκλες με μερικές σταγόνες νερό και ψέκασε το λαιμό της με το αγαπημένο της άρωμα. Ήταν σχεδόν έτοιμη.

Διασχίζοντας την κουζίνα, κοντοστάθηκε στον πάγκο για να ρουφήξει δυο γουλιές από τον χλιαρό πια καφέ της και συνέχισε προς την κρεβατοκάμαρα. Κάθισε στην άκρη του κρεβατιού και, με έναν βαθύ αναστεναγμό, άνοιξε τα δύο φύλλα της ντουλάπας. Η επιλογή των κατάλληλων ρούχων πάντα την προβλημάτιζε και πολύ περισσότερο εκείνο το πρωινό. Γνώριζε καλά πως μια όμορφη παρουσία αποτελούσε τον σπουδαιότερο ίσως αρωγό στην δημιουργία θετικών εντυπώσεων. Αφού σκανάρισε με το βλέμμα της το εσωτερικό της ντουλάπας επίμονα και διεξοδικά, αποφάσισε. Το εφαρμοστό φόρεμα της στην απόχρωση του κυπαρισσί, με τις λευκές, κάθετες ρίγες εγγυούνταν πάντοτε την επιτυχία. Το μήκος του κατέβαινε κομψά μέχρι το γόνατο, αναδεικνύοντας τις καλοσχηματισμένες γάμπες της.

Σε πέντε λεπτά βρισκόταν στην πόρτα κρατώντας στα χέρια της το πρόχειρο σκονάκι με τις οδηγίες κατεύθυνσης προς την διεύθυνση όπου στεγάζονταν το κτίριο της νέας της δουλειάς. Τα γραφεία της εφημερίδας βρίσκονταν στο κέντρο της πόλης και η Ζωή γνώριζε πως θα έπρεπε να διασχίσει μια αρκετά μακρινή απόσταση από την περιοχή της Καλαμαριάς, από την καινούρια της γειτονιά. Κοίταξε το ρολόι της. Ήταν ακόμη πολύ νωρίς. «Δεν πειράζει. Καλύτερα έτσι, παρά να αγχωθώ» σκέφτηκε και κλείδωσε την πόρτα πίσω της.

Ο δρόμος έσφυζε από ζωή. Βιαστικοί περαστικοί έρρεαν σαν ανθρώπινος ποταμός ανάμεσα στα αυτοκίνητα που στέκονταν ακινητοποιημένα σε ατέλειωτες ουρές. Έτρεχαν άτσαλα, απρόσεκτα, με μοναδικό σκοπό να γλιτώσουν μερικά λεπτά, ακόμη και δευτερόλεπτα, αναμονής στις διαβάσεις. Ένα ασίγαστο βουητό ταλαιπωρούσε τα αυτιά της. Στην πατρίδα της τα πρωινά ήταν πιο ήσυχα, πιο γαλήνια. Το κελάιδισμα των πουλιών και ο ήχος του ανήσυχου, θαλασσινού νερού της έλεγαν πάντοτε την πρώτη καλημέρα. Ήταν βέβαιη πως όσα χρόνια και αν περνούσε σε εκείνη την μεγαλούπολη, δεν θα συμβιβαζόταν ποτέ με την απίστευτα ενοχλητική εκείνη φασαρία.

Αναζητώντας τη στάση του λεωφορείου με τον αριθμό 6 που θα την μετέφερε στο κέντρο της Θεσσαλονίκης, ένιωθε έντονα πάνω της τα μάτια των περαστικών. «Κι εδώ περνάει η μπογιά μου» συλλογίστηκε, φέρνοντας ευχάριστα στο νου της την Ηρώ που μονίμως πιπίλιζε εκείνη τη φράση σαν να ήταν καραμέλα. Μετά από έναν σύντομο ποδαρόδρομο, εντόπισε το σημείο που αναζητούσε μπροστά από ένα ζαχαροπλαστείο, δύο δρόμους κάτω από το σπίτι της. Τρία λεπτά θα έπρεπε να περιμένει για να επιβιβαστεί στο λεωφορείο, όπως έδειχνε η φωτεινή, ενημερωτική επιγραφή πάνω στον ψηλό στύλο δίπλα από το κουβούκλιο της στάσης.

Η διαδρομή ήταν έντονα εκνευριστική με εκείνο το αδιάκοπο σταμάτα - ξεκίνα του οδηγού. Η Ζωή, μεγαλωμένη στην επαρχία, δεν έπαιρνε ποτέ το λεωφορείο πρωί - πρωί. Για την ακρίβεια, δεν έπαιρνε το λεωφορείο σχεδόν ποτέ. Πόσο άσχημος τρόπος να ξεκινήσεις την ημέρα σου! Ήταν όμως αποφασισμένη να προσαρμοστεί στα νέα δεδομένα. «Θα καταφέρω να φτιάξω μια νέα ζωή εδώ. Δεν υπάρχει περίπτωση να επιστρέψω στην Κρήτη. Πρέπει επιτέλους να ελευθερωθώ. Να ελευθερωθώ απ' αυτόν!» έλεγε και ξαναέλεγε στον εαυτό της. «Επόμενη στάση, Αριστοτέλους» ακούστηκε μια ηλεκτρονική, γυναικεία φωνή από την ηχητική εγκατάσταση στο εσωτερικό του λεωφορείου. Σηκώθηκε απότομα από το κάθισμα της και στάθηκε στην ουρά, πίσω από ένα πλήθος κόσμου που επιθυμούσε να αποβιβαστεί στη ίδια στάση μ' εκείνη.

Η πλατεία Αριστοτέλους ('του Αριστοτέλη' όπως συνήθιζε να αστειεύεται) απλώνονταν μεγαλοπρεπής μπροστά της. Αν και δεν είχε επισκεφτεί ποτέ στο παρελθόν την πόλη, ένιωθε πως την είχε περπατήσει ξανά. Αιτία ήταν οι αμέτρητες φορές που είχε αντικρίσει εικόνες της στην τηλεόραση, είτε στις ειδήσεις είτε σε εκπομπές πολιτιστικού περιεχομένου. Την είχε αποτυπώσει σε τέτοιο βαθμό που μέχρι και τα παγκάκια της φάνταζαν γνώριμα. Στο νούμερο 42 υψώνονταν επιβλητική η νεοκλασική οικοδομή που στέγαζε τα γραφεία της εφημερίδας. Η είσοδος ήταν ορθάνοιχτη. Προχωρώντας μέσα στη σκιά του κτιρίου, τίποτα δεν κινούνταν πίσω από τα γυάλινα διαχωριστικά των παραταγμένων στη σειρά γραφείων. Δεν υπήρχε ψυχή. Μόνο ο ηλικιωμένος θυρωρός έμεινε να την κοιτάει απορημένος να βηματίζει διστακτικά προς το εσωτερικό της ήσυχης αίθουσας. Το ραντεβού με το Διευθυντή της εφημερίδας είχε κανονιστεί για τις 9. Τόπος συνάντησης το Τμήμα Ανθρώπινου Δυναμικού, το οποίο βρισκόταν κάπου στο ισόγειο. Προς στιγμήν πέρασε από το μυαλό της η ιδέα να περιπλανηθεί στο χώρο ώστε να εξοικειωθεί έστω και επιφανειακά με το νέο εργασιακό της περιβάλλον και να εντοπίσει το συγκεκριμένο Τμήμα όπου λίγη ώρα αργότερα θα έσφιγγε το χέρι του νέου της εργοδότη. Με μια δεύτερη σκέψη, όμως, αναθεώρησε. Θα ήταν αρκετά αδιάκριτο εκ μέρους της να τριγυρνάει μόνη της ανάμεσα στα αδειανά γραφεία. Έτσι, αποφάσισε να περιμένει καθισμένη στα μαύρα, πλαστικά καθίσματα του υποτυπώδη χώρου αναμονής, στα δεξιά της αίθουσας.

«Καλημέρα, Παναγιώτη» ακούστηκε μια βαριά, αντρική φωνή από την είσοδο. Ένας μελαχρινός νεαρός, εξαιρετικά όμορφος μέσα στο σκούρο του κοστούμι, χαιρέτησε εγκάρδια τον θυρωρό. «Καλημέρα, κύριε Άγγελε» του απάντησε ο ηλικιωμένος φύλακας.

«Κάτι δεν πάει καλά εδώ» σκέφτηκε η Ζωή. Ο νεαρός με το χαρτοφύλακα απευθύνθηκε στον θυρωρό χρησιμοποιώντας ενικό, ενώ ο γέρος θυρωρός, του απάντησε στον πληθυντικό με ιδιαίτερη σεμνότητα. «Πού πήγε ο σεβασμός στους μεγαλύτερους;» αναρωτήθηκε αρκετά συγχυσμένη Ίσως επρόκειτο για κόλπα της πόλης που δεν τα καταλάβαινε ακόμη.

Ο «κύριος» Άγγελος, με δυναμικό βηματισμό, την προσπέρασε βιαστικά, χωρίς να αντιληφθεί καν την παρουσία της. «Να του μιλήσω; Ή μήπως θα ήταν καλύτερα να περιμένω να με δει;» ήταν η σκέψη που πέρασε αστραπιαία από το μυαλό της. Ποτέ πριν δεν ήταν ντροπαλή. Πάντα είχε περίσσια αυτοπεποίθηση αλλά μπροστά του το θάρρος της εξανεμίστηκε ξαφνικά ως δια μαγείας. «Θα περιμένω να με δει» ήταν η τελική της απόφαση. Χαμηλώνοντας το κεφάλι, προσποιήθηκε για αρκετή ώρα πως διάβαζε ένα περιοδικό για την οικονομία και τα χρηματιστήρια. Η παρουσία της ποτέ δεν περνούσε απαρατήρητη και το γεγονός πως ο νεαρός εκείνος δεν την είχε προσέξει της είχε προκαλέσει ένα περίεργο αίσθημα προσβολής.

«Καλημέρα. Περιμένετε κάποιον;» Επιτέλους, την είχε δει!

«Καλημέρα. Ναι, περιμένω κάποιον. Για την ακρίβεια, τον κύριο Διευθυντή. Έχω ραντεβού μαζί του στις 9. Πιάνω σήμερα δουλειά στον Τομέα Αλληλογραφίας».

«Α! Δηλαδή, είστε η δεσποινίς Ζωή. Προτού αναρωτηθείτε, να σας εξηγήσω. Γνωρίζω το όνομά σας από το βιογραφικό σας σημείωμα. Εγώ θα είμαι ο Προϊστάμενός σας».

«Ο κύριος Άγγελος. Προτού αναρωτηθείτε, να σας εξηγήσω. Άκουσα τον θυρωρό να αναφέρει το όνομά σας».

«Ακριβώς, ο κύριος Άγγελος» είπε χαμογελώντας. «Θα ήθελα να σας καλωσορίσω στην εφημερίδα μας και να σας δηλώσω ότι ανυπομονώ, εγώ προσωπικά, να ξεκινήσετε. Ο όγκος εργασίας στο Τμήμα μας έχει αυξηθεί κατακόρυφα και πραγματικά εκλιπαρώ για ένα χέρι βοηθείας». Την πλησίασε με θάρρος και περισσή αυτοπεποίθηση και της έσφιξε θερμά το χέρι. Έπειτα, της γύρισε την πλάτη του όσο πιο ευγενικά και ομαλά μπορούσε και προχώρησε προς το ασανσέρ.

«Ωραίος άντρας, επιβλητική παρουσία, μεθυστικό άρωμα. Ίσως θα μπορούσε να κερδίσει το ενδιαφέρον μου! Ίσως θα μπορούσε να κρατήσει το μυαλό μου απασχολημένο!» σκέφτηκε. Φρούδες ελπίδες; Πιθανόν. Ποιός θα κατάφερνε να σβήσει από τον νου της έναν άνθρωπο που για πέντε σχεδόν χρόνια ήταν η ίδια της η αναπνοή; Η ανάμνηση της συνάντησης τους σε εκείνο το παραλιακό καφέ παρέμενε πεισματικά ολοζώντανη, εξοργιστικά ανέπαφη από το πέρασμα του χρόνου. Εκείνο το δειλινό, βρέθηκε ξαφνικά να κάθεται στο πλάι της σαν όραμα φωτεινό μέσα στην μουντή καθημερινότητα. Ο Πέτρος, φίλος της Ηρώς από χρόνια, έχοντας εντοπίσει την φίλη του μέσα στο πλήθος, είχε αποφασίσει να λείψει για λίγο από την συντροφιά του ώστε να την χαιρετίσει σε εκείνο το τυχαίο τους αντάμωμα στη Χερσόνησο, λίγα χιλιόμετρα μακριά από το μικρό χωριό τους. Χαιρέτησε θερμά την Ηρώ και ταυτόχρονα καλησπέρισε και τα υπόλοιπα μέλη της παρέας της, μαζί τους και την αναπάντεχα ερωτοχτυπημένη ζωή. Εκείνο το βράδυ, ο ευγενικός χαιρετισμός και το χαμόγελο του την άλλαξαν ολοκληρωτικά. Αν και τον γνώριζε εμφανισιακά, η καρδιά της σκίρτησε δυνατά στη θέα του. Κάτι άλλαξε μέσα της, άλλαξε ριζικά και ποτέ πια τα μάτια της δεν θα τον έβλεπαν αδιάφορα σαν ένα απλό συγχωριανό, σαν ένα απλό φίλο της μικρής της αδερφής. Η πορεία της ζωής της επαναπροσδιορίστηκε αυτόματα εκείνο το βράδυ, τόσο ξαφνικά.

Ως τα 20 της χρόνια, η Ζωή συνήθιζε να πετάει ελεύθερη σαν τα πουλιά, ασυμβίβαστη με κανόνες και δεσμά. Ένα βλέμμα του όμως είχε σταθεί αρκετό για να του παραδώσει, άνευ όρων, όλη την ύπαρξη της. Βρέθηκε εγκλεισμένη σε μια αιώνια φυλακή χωρίς καν να της δοθεί το δικαίωμα της επιλογής. Ο καιρός κυλούσε μα η φλόγα της αγάπης της έμενε άσβηστη, αμείωτη η ένταση της. Διέξοδος διαφυγής δεν υπήρχε. Για μια ζωή θα τον αγαπούσε και ήταν βέβαιη γι' αυτό! Η αδυναμία, όμως, να του φανερώσει τα αισθήματα της και ο τρόμος πως δεν θα ξεπερνούσε ποτέ μια ενδεχόμενη απόρριψη του, μετέτρεψαν, με τον καιρό, την αγάπη εκείνη σε αληθινό μαρτύριο. Μαρτύριο καθημερινό κι ασφυκτικό. Πέντε χρόνια είχαν περάσει πια από εκείνο το βράδυ στη Χερσόνησο. Πέντε χρόνια και η Ζωή ακόμη παγωμένη και άκαμπτη από τον έρωτα που ένιωθε για εκείνον, πήρε την απόφαση να φύγει μακριά του χωρίς να έχει καταφέρει να εκμυστηρευτεί σε κανέναν το βαρύ της μυστικό.

Το άρωμα του «κυρίου» Άγγελου την ακολουθούσε επίμονα ακόμη και όταν μπήκε στο γραφείο του Ανθρώπινου Δυναμικού με σκοπό να πραγματοποιηθούν οι απαραίτητες συστάσεις με τον Γενικό Διευθυντή της εφημερίδας, τον γκριζομάλλη, μεγαλόσωμο εκείνο κύριο με το κοφτερό μυαλό και το ιδιαίτερα συμπαθητικό πρόσωπο. Με ελάχιστες μόνο κουβέντες, την κατατόπισε σχετικά με όλα όσα θα έπρεπε να γνωρίζει αναφορικά με τον γενικότερο τρόπο λειτουργίας της εφημερίδας. Στη συνέχεια, για περισσότερες λεπτομέρειες και εξειδικευμένες πληροφορίες, την παρέπεμψε στον πλέον αρμόδιο, όπως είπε χαρακτηριστικά, άνθρωπο, τον Προϊστάμενο της.

Μπαίνοντας στο ασανσέρ, η Ζωή ακολούθησε τη ίδια διαδρομή που υπέθεσε πως είχε διασχίσει κι εκείνος περίπου μισή ώρα νωρίτερα. Επέλεξε τον πρώτο όροφο και βγαίνοντας από το μεταλλικό κουβούκλιο του ανελκυστήρα, έστριψε δεξιά. «Τομέας Αλληλογραφίας» έγραφε μια μεταλλική ταμπέλα στο εξωτερικό της πόρτας. « Ελπίζω σύντομα να αποδείξω τις ικανότητες μου και να μπορέσω να αναρριχηθώ στη θέση της πραγματικής δημοσιογράφου» σκέφτηκε φέρνοντας μπροστά στα μάτια της τα κορνιζαρισμένα πτυχία της που κοσμούσαν τους τοίχους του δωματίου της στην Κρήτη. Χτύπησε την πόρτα με τις κλειδώσεις των δαχτύλων της και μπήκε διακριτικά. Δύο άνετα γραφεία με ξύλινη επένδυση και γυάλινη επιφάνεια καθώς και ένα ερμάριο τεραστίων διαστάσεων ήταν τα τρία, μοναδικά έπιπλα του χώρου.

«Αυτό είναι το γραφείο σου. Μπορείς να βολέψεις τα προσωπικά σου αντικείμενα όπως επιθυμείς» της είπε χαμογελώντας ο κύριος Άγγελος. Η Ζωή είχε φέρει μαζί της μόνο μια μικρή οικογενειακή φωτογραφία και την αγαπημένη της κούπα για καφέ. Ακόμη μια δική της, προσωπική νότα σε ένα χώρο εντελώς άγνωστο.

«Θα θέλατε να σας βοηθήσω σε κάτι;» ρώτησε με προθυμία τον Προϊστάμενο της.

«Όχι, σήμερα δεν θα σε απασχολήσω πολύ. Ας πούμε ότι πρόκειται για ημέρα προσαρμογής η σημερινή. Θα σε χρειαστώ μονάχα για μια – δυο ώρες, όσο περίπου διαρκεί η πρωταρχική ενημέρωση και η βασική εκπαίδευση σου. Μετά είσαι ελεύθερη μέχρι αύριο το πρωί οπότε και θα ξεκινήσεις κανονικά».

Όση ώρα μονολογούσε, η Ζωή ένιωθε να χάνει τη συγκέντρωση της. Άλλοτε την υπνώτιζαν τα μάτια του, άλλοτε την παρέσερνε η φωνή του. Η ώρα κύλησε γρήγορα και η υποτυπώδης, γενική εκπαίδευση ολοκληρώθηκε. Μια λεπτομερής καταγραφή των σημαντικότερων σημείων είχε γεμίσει με λέξεις επτά σελίδες στο σημειωματάριο της. Είχε την άδεια πια να εγκαταλείψει το κτίριο της εφημερίδας και να επιστρέψει στο σπίτι. Ανυπομονούσε να βουλιάξει σε εκείνο το διθέσιο καναπεδάκι της κουζίνας για έναν ύπνο μεσημεριανό. Τα βλέφαρα της είχαν βαρύνει από ώρα λόγω της αϋπνίας της προηγούμενης βραδιάς.

Το διαμέρισμα της κρατούσε ακόμη αρκετή δροσιά πίσω απ' τα σφαλιστά παραθυρόφυλλα και η ατμόσφαιρα ήταν ιδανική για μερικές ώρες χαλάρωσης. Όφειλε να αναπληρώσει τον χαμένο ύπνο που της είχε στοιχίσει η αναπόφευκτη υπερένταση. Όλα είχαν εξελιχθεί ομαλά στη νέα της δουλειά και πλέον δεν υπήρχε λόγος ανησυχίας. Πέταξε απρόσεκτα τα λευκά πέδιλα της κάπου στο σαλόνι και σε λίγα λεπτά απολάμβανε τα μαλακά μαξιλάρια του αγαπημένου της διθέσιου. Ελάχιστο μόνο φως έμπαινε από τις γρίλιες, ανεπαρκές για να μαρτυρήσει πως ο ήλιος έκαιγε ακόμη δυνατός έξω από τα παντζούρια της. Αν και ήταν μεσημέρι, ο ύπνος της θα ήταν βαθύς, βαθύς σαν βραδινός.

«Ποιος είναι μεσημεριάτικα;» μουρμούρισε αναστατωμένη στο άκουσμα του κουδουνιού. Κάποιος της χαλούσε την ξεκούραση της και δεν το εκτιμούσε καθόλου. Ανοίγοντας τα μάτια της πρόσεξε πως ο μικρός δείκτης του ρολογιού στον τοίχο σημάδευε το νούμερο οχτώ. Είχε αποκοιμηθεί για ώρες πολλές! Μα θα έπαιρνε όρκο ότι δεν είχε περάσει ούτε μισάωρο από την στιγμή που ξάπλωσε στον καναπέ. Σέρνοντας τα πόδια της ως την πόρτα είδε μέσα από το 'ματάκι' τον Κωνσταντίνο να στέκεται υπομονετικά στο κατώφλι της. Αν και δεν είχε ιδιαίτερη όρεξη για επισκέψεις, χάρηκε πολύ σαν τον αντίκρισε. Επιτέλους, ένας δικός της άνθρωπος σε μια πόλη ξένων! Άνοιξε διάπλατα την πόρτα, διάπλατα και την αγκαλιά της.

«Καλή διαμονή!» φώναξε με ενθουσιασμό ο πάντοτε εκδηλωτικός Κωνσταντίνος αγκαλιάζοντας την τρυφερά με το ένα χέρι. Στο άλλο κρατούσε ένα κουτί γλυκά.

«Τα αγαπημένα σου» ψιθύρισε τρυφερά στο αυτί της.

«Καλώς τον! Πέρασε μέσα. Συγνώμη για την εμφάνιση αλλά με έπιασες στον ύπνο».

«Πώς ήταν η πρώτη μέρα στη δουλειά; Τους τρέλανες όλους;» Ήξερε να την κολακεύει σε κάθε τους συνάντηση και η αλήθεια ήταν πως της είχαν λείψει τα υπέροχα σχόλια του. Περίπου τρεις μήνες είχαν περάσει από την τελευταία φορά που είχαν ανταμώσει. Ο Κωνσταντίνος είχε επισκεφτεί τους γονείς του στο Ηράκλειο και με την ευκαιρία συναντήθηκε και με τη Ζωή για να την ενημερώσει σχετικά με την πορεία της ανακαίνισης του διαμερίσματος.

«Το περιβάλλον είναι ευχάριστο και οι συνάδελφοι ενδιαφέροντες. Αύριο ξεκινάω κανονικά».

«Είμαι σίγουρος πως θα διαπρέψεις, ομορφιά μου».

Ο Κωνσταντίνος ήταν ένας χείμαρρος αισιοδοξίας. Κρύβοντας μέσα του μια ασύλληπτη ενέργεια, είχε πολλά κοινά με τη Ζωή. Γι' αυτό και όταν βρίσκονταν οι δυο τους, κατέληγαν να φλυαρούν με τις ώρες.

«Βολέψου στο σαλόνι. Φτιάχνω καφέ και έρχομαι να τα πούμε».

Όση ώρα παρέμεινε στην κουζίνα ετοιμάζοντας το κέρασμα για τον καλό της φίλο, αναζητούσε με το νου της τα πιο γλυκά λόγια που μπορούσε να σκεφτεί για να τον ευχαριστήσει για όλα όσα είχε κάνει για χάρη της. Είχε σπαταλήσει αρκετό χρόνο και μπόλικο κόπο για να αναδιαμορφώσει το διαμέρισμα και, ειλικρινά, δεν είχε καμία υποχρέωση. Η Ζωή πάντοτε θεωρούσε ότι ήταν ένας πολύ ευγενικός, δοτικός νεαρός αλλά τώρα πια την είχε αφήσει άφωνη με τη συμπαράσταση και τη γενναιοδωρία του.

Τα πέλματα του νεαρού σπιτονοικοκύρη της χτυπούσαν νευρικά πάνω στο πάτωμα όση ώρα έμενε μόνος του στο σαλόνι. Ο ήχος έφτανε ρυθμικός στα αυτιά της. «Προς τι η νευρικότητα;» αναρωτήθηκε μα δεν έδωσε περισσότερη σημασία.

«Έτοιμο το καφεδάκι σου μαζί ένα βαρβάτο κομμάτι από το γλυκό που μου έφερες. Δεν έχω λησμονήσει πως είναι και το δικό σου αγαπημένο».

«Μπράβο θυμητικό! Για λέγε λοιπόν! Σου έδωσαν προαγωγή ή θα πρέπει να περιμένουμε λιγάκι;»

«Μην ξεχνιέσαι αγαπητέ μου. Ξεκινάω από τον Τομέα Αλληλογραφίας. Μέχρι να φτάσω να ασκώ το λειτούργημα της δημοσιογράφου (ποτέ της δεν το θεώρησε επάγγελμα), θα πρέπει να ανέβω πολλά σκαλιά».

«Το κατανοώ. Αλλά είμαι βέβαιος ότι με αυτά τα ψηλά σου πόδια, θα καταφέρεις να τα ανέβεις πέντε- πέντε αυτά τα πολλά σκαλιά».

Και οι δυο τους ξέσπασαν σε γέλια τρανταχτά. Πόσο ευχάριστος τύπος αυτός ο Κωνσταντίνος!

«Τι κάνεις την ερχόμενη Τετάρτη;» την ρώτησε έξαφνα καρφώνοντας την στα μάτια, σαν να προσπαθούσε να μαντέψει την απάντησή της. Αναπάντεχο ένα ερώτημα τέτοιου είδους για τη Ζωή. Μην ξέροντας τι να του απαντήσει, επικράτησε μια σύντομη σιωπή.

«Μην το σκέφτεσαι τόσο πολύ» συνέχισε εκείνος. «Δεν σε ρώτησα πόσα τετραγωνικά χιλιόμετρα είναι η επιφάνεια της Σελήνης. Θέλω απλά να μάθω αν είσαι ελεύθερη την ερχόμενη Τετάρτη».

«Μου ζητάς ραντεβού Κωνσταντίνε;» του αποκρίθηκε μεταξύ αστείου και σοβαρού. Δεν θα την πείραζε να μάθει τις προθέσεις του. Εξάλλου, μια τόσο γλυκιά συμπεριφορά θα εξηγούνταν πλήρως μόνο στην περίπτωση που υπέβοσκε κάποιο ερωτικό στοιχείο.

«Αν θεωρείς ραντεβού το να μην θέλω να μείνεις μόνη στα γενέθλια σου, τότε ναι. Σου ζητάω ραντεβού και θα ήταν ιδιαίτερη τιμή για μένα να με συνοδεύσεις!»

Τα γενέθλια της! Όντως, πλησίαζαν τα γενέθλια της! Μέσα στην παραζάλη των τελευταίων ημερών είχαν υποβιβαστεί σε μια ασήμαντη, επουσιώδη λεπτομέρεια. Τα εικοστά πέμπτα γενέθλια της! Αμέσως έφερε στο νου της την Ελισάβετ, την κολλητή της από τη σχολή δημοσιογραφίας. Έμενε με τους γονείς στην Θεσσαλονίκη κι είχε καταφέρει να προσληφθεί ως δημοσιογράφος από την εποχή ακόμη της αποφοίτησης. Είχε τακτοποιήσει όμορφα τη ζωή της κα σαν πληροφορήθηκε την εγκατάσταση της αγαπημένης της φίλης στην ίδια πόλη ούρλιαξε από χαρά. «Θα το κάψουμε στα γενέθλιά σου! Θα σε πάω στα καλύτερα!» της είχε υποσχεθεί.

«Θα ήταν και για μένα τιμή, αγαπητέ μου! Κανονίστηκε λοιπόν! Υπάρχει πρόβλημα να φέρω και μια φίλη μου;»

«Εσύ είσαι η εορτάζουσα. Θα γίνει ότι διατάξεις, ότι επιθυμείς, φτάνει να περάσεις εσύ καλά».

«Γλυκέ μου, ειλικρινά, με έχεις συγκινήσει πολύ. Είσαι τόσο καλός, τόσο ανοιχτόκαρδος που θεωρώ πως δεν υπάρχει επαρκής τρόπος να σου εκφράσω την ευγνωμοσύνη μου. Δεν θα ξεχάσω ποτέ όσα έκανες για μένα και θα σου είμαι υπόχρεη παντοτινά. Το διαμέρισμα έχει ξεπεράσει κάθε προσδοκία μου και το γλυκό σου καλωσόρισμα με έχει κάνει να αισθάνομαι πολύ όμορφα. Έξυπνο το κολπάκι με το φάκελο!»

«Το ποιο;»

«Το κόλπο με τον φάκελο και την ευχετήρια κάρτα του καλωσορίσματος. Μην μου κάνεις τον Κινέζο....»

«Για ποιον φάκελο μου μιλάς, ομορφιά μου; Τι συμβαίνει; Θέλεις να μου εξηγήσεις;»

Δεν γνώριζε τίποτα! Ο Κωνσταντίνος δεν είχε ιδέα για ποιο πράγμα του μιλούσε η Ζωή. Ο λευκός φάκελος δεν είχε τοποθετηθεί από τα δικά του χέρια ανάμεσα στα μαξιλάρια του καναπέ. Καθώς του περιέγραφε όλα όσα είχαν προηγηθεί την προηγούμενη βραδιά, εκείνος άρχισε να συμμερίζεται την απορία και την αναστάτωση της που φούντωναν όλο και περισσότερο με κάθε λεπτό που περνούσε.

«Αφού δεν άφησες εσύ τον φάκελο, τότε λογικά ανήκει σε κάποιον από τους μεταφορείς. Τον έχω κρατήσει στο κομοδίνο μου. Αν έχεις τα στοιχεία τους μπορούμε να τους ενημερώσουμε άμεσα να έρθουν να τον παραλάβουν». Κι όμως, η Ζωή είχε πειστεί πως ο φάκελος προορίζονταν για εκείνη, είχε δημιουργηθεί για να αποτελέσει ένα γλυκό καλωσόρισμα στην πόλη. «Απίστευτη σύμπτωση!» συλλογίστηκε.

«Μην ανησυχείς και θα το κανονίσω αμέσως» πήρε την κατάσταση στα χέρια του ο εξίσου προβληματισμένος Κωνσταντίνος. Έβγαλε το κινητό του από την τσέπη του πουκαμίσου του και σχημάτισε βιαστικά έναν αριθμό. Ζητούσε κι αυτός μια λύση σε αυτή την υπόθεση. Ο φάκελος έπρεπε να επιστραφεί στον κάτοχο του. Ακολούθησε μια σύντομη συνομιλία. Από το ύφος στο πρόσωπο του η Ζωή αντιλήφθηκε πως δεν τον ικανοποιούσαν ιδιαίτερα όσα άκουγε. Κλείνοντας το τηλέφωνο ο Κωνσταντίνος στράφηκε προς το μέρος της.

«Τηλεφώνησα στον ίδιο τον υπεύθυνο της μεταφορικής. Κανένας από τους συνεργάτες του δεν έχει αναφέρει κάτι για τον φάκελο. Αν τον είχε χάσει κάποιος κατά λάθος, θα το γνώριζε σίγουρα».

Σαστισμένοι, έμειναν ακίνητοι στον καναπέ, αναζητώντας κάποια λογική εξήγηση.

«Μπορεί να πρόκειται για κάτι τυχαίο. Ενδεχομένως να μην σημαίνει τίποτα» υπέθεσε η Ζωή μετά από λίγα λεπτά, προσπαθώντας να ανακτήσει την χαμένη της ψυχραιμία. «Ας το ξεχάσουμε»

«Ίσως έχεις δίκιο» κούνησε το κεφάλι συγκαταβατικά ο Κωνσταντίνος αρνούμενος να δεχτεί πως κάτι περίεργο, κάτι ύποπτο κρύβονταν πίσω από εκείνο το περιστατικό. Υπήρχε λογική εξήγηση. Απλά δεν μπορούσαν να την έχουν στη διάθεση τους.

3

Η μέρα των γενεθλίων της ξημέρωσε ζεστή. Στο δρόμο για τη δουλειά η διάθεση της ήταν ιδιαίτερα ανεβασμένη. Όλα πήγαιναν κατ' ευχή, τουλάχιστον στα επαγγελματικά της. Είχε προσαρμοστεί πλήρως στο νέο, εργασιακό της περιβάλλον, η συνεργασία της με τον Άγγελο ήταν υπέροχα άνετη (είχαν σταματήσει να χρησιμοποιούν και τον πληθυντικό) και η προοπτική της βραδινής εξόδου με τον Κωνσταντίνο και την Ελισάβετ έδινε έναν διαφορετικό, χαρούμενο σκοπό στην ημέρα της. Αδημονούσε για τη πρώτη γνωριμία της με τη νυχτερινή ζωή της Θεσσαλονίκης που είχε ακούσει πως ήταν εξαιρετική.

Καρτερώντας το λεωφορείο υπομονετικά, όπως κάθε πρωινό, αποφάσισε να πεταχτεί βιαστικά στο ζαχαροπλαστείο πίσω από τη στάση. Επιθυμούσε να αγοράσει κεράσματα για τον Άγγελο, τον γλυκύτατο Διευθυντή της αλλά και τους υπόλοιπους συναδέλφους που θα τύχαινε να της ευχηθούν. Έτσι κι έγινε. Όταν το λεωφορείο εμφανίστηκε πια στο βάθος του κατηφορικού δρόμου η Ζωή κρατούσε ήδη τα γλυκά της αρεσκείας της στο χέρι. Σύντομα είχε επιβιβαστεί, έτοιμη για το καθημερινό της 'ταξίδι' προς το κέντρο της πόλης. Το κινητό της τηλέφωνο δεν σταμάτησε να χτυπά καθ' όλη τη διαδρομή. Οι ευχές έπεφταν κιόλας σαν πυκνή, ζεστή βροχή κι ας ήταν ακόμη πολύ πρωί.

«Θα στείλω αηδόνια του βουνού, πουλιά του παραδείσου, για να σου πουν χρόνια πολλά κι ότι ποθεί η ψυχή σου!» της τραγούδησαν τηλεφωνικά πρώτοι – πρώτοι οι γονείς της μαζί φυσικά με την Ηρώ.

«Τι σχέδια έχεις για απόψε; Θα βγεις το βράδυ να το γιορτάσεις; Που θα πας και ποια θα είναι η παρέα σου;» ρωτούσε ο πατέρας της από την άλλη γραμμή χωρίς να παίρνει ανάσα. Σε κάθε συνομιλία της μαζί του ένιωθε πως έρχονταν αντιμέτωπη με την ίδια την Ιερά Εξέταση! Ανέκαθεν ζητούσε να είναι ενήμερος για το που βρίσκονται οι κόρες του ανά πάσα στιγμή και πολύ περισσότερο τώρα που η Ζωή είχε φύγει μακριά του.

«Θα βγω με τον Κωνσταντίνο και την Ελισάβετ. Θα κάνω το ντεμπούτο μου στη νυχτερινή ζωή της Θεσσαλονίκης. Μην ανησυχείς, μπαμπά μου. Ξέρεις πως θα είμαι ασφαλής εφόσον θα έχω τον Κωνσταντίνο συνοδό».

Στη συνέχεια, όλοι οι αγαπημένοι της φίλοι από το νησί, ένας-ένας με τη σειρά, της έδωσαν τις θερμότερες ευχές τους. Ο Άρης, η Λένα, η Μαρία, ο Ηλίας και η Γωγώ ήθελαν να της ευχηθούν τα 'χρόνια πολλά' πριν φτάσει στη δουλειά. Η Ζωή τους είχε ενημερώσει πως θα είχε πάντα το τηλέφωνο της στην αθόρυβη λειτουργία κατά τη διάρκεια του οχταώρου στο γραφείο. Ήταν πολύ φρέσκια στο πόστο της και δεν ήθελε να δίνει δικαιώματα.

«Καλημέρα, κύριε Παναγιώτη» χαιρέτισε τον ηλικιωμένο θυρωρό (με το σεβασμό που του έπρεπε).

«Καλημέρα, γλυκιά μου».

Δεν είχε ακόμη συστηθεί με τους υπαλλήλους στο ισόγειο και έτσι, χωρίς να μιλήσει σε κανέναν, κατευθύνθηκε προς το ασανσέρ.

Ο γοητευτικός προϊστάμενος της, θαμμένος πίσω από μια πανύψηλη στοίβα φακέλων αλληλογραφίας, δεν την πήρε είδηση παρά μόνο όταν τον καλημέρισε.

«Καλώς το αστέρι» είπε κλείνοντας το δεξί του μάτι με διάθεση πειραχτική. Λίγες μέρες πριν είχε πρωτοχρησιμοποιήσει εκείνον τον χαρακτηρισμό και φαίνονταν πια πως τον είχε υιοθετήσει για τα καλά. Η Ζωή δεν είχε κατανοήσει τι ακριβώς εννοούσε ο Άγγελος αποκαλώντας την 'αστέρι'. Αναφερόταν στην εξωτερική της εμφάνιση ή στις εργασιακές της ικανότητες που είχαν αρχίσει να ξεδιπλώνονται σιγά – σιγά; Όποιος και αν ήταν ο λόγος, πάντα κολακευόταν ιδιαίτερα και κοκκίνιζαν τα μάγουλα της σε κάθε παρόμοια προσφώνηση της. Ήταν απερίγραπτα όμορφος άντρας ο Άγγελος και ένιωθε υπέροχα με κάθε κομπλιμέντο του. Η αλήθεια ήταν πως είχε αρχίσει κι εκείνος να την παρατηρεί εντονότερα όταν πίστευε, λανθασμένα, πως η Ζωή είχε στραμμένη την προσοχή της αλλού. Τα μάτια του την παρατηρούσαν επίμονα από την κορυφή ως τα νύχια και ήταν πλέον φανερό ότι δεν τον άφηνε ασυγκίνητο ως γυναίκα.

«Τι γιορτάζουμε;» την ρώτησε βλέποντας το κουτί του ζαχαροπλαστείου.

«Έχω τα γενέθλιά μου σήμερα. Κλείνω τα 25 και θα ήθελα να σας γλυκάνω».

«Η καλύτερη ηλικία για μια γυναίκα. Ακόμη δροσερή αλλά ταυτόχρονα όσο έμπειρη και μεστή χρειάζεται. Χρόνια σου πολλά!» ευχήθηκε και, πλησιάζοντας, την έσφιξε από τη μέση δυνατά δίνοντας της δυο σταυρωτά φιλιά.

«Σου εύχομαι μόνο τα καλύτερα! Όμως, θα με συγχωρέσεις λιγάκι. Έχω ένα θέμα προς συζήτηση με το Διευθυντή μας, ένα θέμα αρκετά σοβαρό. Έχω αφήσει τη σημερινή σου δουλειά πάνω στο γραφείο σου. Μπορείς να ξεκινήσεις μέχρι να επιστρέψω. Αν έχεις κάποια απορία ή χρειαστείς βοήθεια, ξέρεις που θα με βρεις».

«Ευχαριστώ για τις ευχές σου» του είπε καθώς απομακρυνόταν από δίπλα της. Βολεύτηκε μεμιάς πάνω στην περιστρεφόμενη καρέκλα της καθώς η αίσθηση των φιλιών του της είχε προκαλέσει μια απρόσμενη λιγοθυμία.

Ο χρόνος κυλούσε απίστευτα αργά εκείνη την ημέρα. Έμοιαζε πως δεν θα έφτανε ποτέ η στιγμή να σχολάσει. Ανυπομονούσε να απολαύσει τη φωταγωγημένη Θεσσαλονίκη και αγωνιούσε σαν μικρό παιδί που θα συναντούσε μετά από τόσο καιρό την καλή της Ελισάβετ. Ίσως οι δυο τους, μαζί και με τον Κωνσταντίνο, θα μπορούσαν να γίνουν μια καλή, μόνιμη παρέα, τώρα που δεν μπορούσε πια να έχει τους φίλους της από το νησί καθημερινά κοντά της. Και οι τρεις τους ήταν ελεύθεροι, αδέσμευτοι και διαθέσιμοι και αυτό ενίσχυε την πιθανότητα μιας τέτοιας εξέλιξης.

«Πώς τα πας;» ρώτησε ο Άγγελος επιστρέφοντας στο γραφείο του. Τελικά, ήταν αρκετές οι ώρες που είχε λείψει. Η κουβέντα με το Διευθυντή πρέπει να ήταν όντως ιδιαιτέρως σοβαρή.

«Μια χαρά. Τελείωσα με την αναφορά και τώρα θα ασχοληθώ με την ομαδική αλληλογραφία».

«Δεν θα ασχοληθείς με τίποτα! Η ώρα πήγε κιόλας δύο. Κατάφερα το Διευθυντή να σου δώσει μια έκτακτη άδεια σήμερα, λόγω της ημέρας. Έχεις την τιμητική σου και δικαιούσαι να σχολάσεις λίγο νωρίτερα. Η δουλειά μπορεί να περιμένει μέχρι αύριο. Κοίτα μόνο να περάσεις καλά. Αλήθεια, έχεις κανονίσει κάτι για απόψε;»

Ήταν τόσο ευγενικός που την είχε σκεφτεί χωρίς καν να του το έχει ζητήσει. Το ελάχιστο που μπορούσε και όφειλε να κάνει για να του ανταποδώσει την καλοσύνη του ήταν να τον προσκαλέσει στη βραδινή της έξοδο.

«Θα γιορτάσω τα γενέθλιά μου το βράδυ, με έναν φίλο και μια φίλη. Είσαι ευπρόσδεκτος και θα χαρώ πολύ αν καταφέρεις να παρευρεθείς».

«Φίλος ή κάτι παραπάνω;» Αυτό είχε συγκρατήσει στο μυαλό του από όλη την απάντηση της.

«Φίλος. Απλά φίλος».

«Λυπάμαι αν θα σε στενοχωρήσω αλλά, δυστυχώς, απόψε με δεσμεύουν ανειλημμένες επαγγελματικές υποχρεώσεις. Αδυνατώ να σας συντροφέψω. Υπόσχομαι, όμως, πως αν μου ξανακάνεις μια παρόμοια πρόταση μελλοντικά, θα την αποδεχτώ με μεγάλη μου χαρά».

Ο Άγγελος είχε αρχίσει να εκφράζεται πιο ανοιχτά στις συζητήσεις τους, χωρίς να καταβάλλει την παραμικρή προσπάθεια να κρύψει τη συμπάθεια του για τη Ζωή.

«Άντε, λοιπόν, τι περιμένεις; Μάζεψε τα πράγματα σου! Πήγαινε να γιορτάσεις τα γενέθλια σου!»

«Τα λέμε αύριο το πρωί. Σε ευχαριστώ και πάλι».

Αισθανόταν τα πόδια της ολοένα και ελαφρύτερα καθώς απομακρύνονταν από το γραφείο. Ήθελε να απολαύσει εκείνη την ημέρα όσο γινόταν περισσότερο και το απρόσμενο, νωρίτερο σχόλασμα της έδινε την ευκαιρία. Όχι μόνο θα πρόλαβαινε να ξεκουραστεί αλλά και να ετοιμαστεί με την ησυχία της για το ραντεβού της με τα παιδιά. Το χρωστούσε στον εαυτό της. Τα περσινά της γενέθλια είχαν εξελιχτεί σε πραγματική καταστροφή, σε ψυχολογική πανωλεθρία. Η ξαφνική εμφάνιση του Πέτρου μπροστά της κι ο τυπικός χαιρετισμός του την είχαν βυθίσει σε μελαγχολία, ανατρέποντας οριστικά την, μέχρι τότε, καλή της διάθεση. Η καρδιά της χτυπούσε σαν τρελή και οι σκέψεις της είχαν χάσει τον ειρμό τους στο ένα και μοναδικό βλέμμα του. Αυτός ο άνθρωπος, με τον οποίο είχε ανταλλάξει μοναχά λίγες κουβέντες, της είχε γίνει αυτοσκοπός. Πάντοτε το στομάχι της έκανε τούμπες όταν τον συναντούσε και στη συνέχεια χρειάζονταν ώρες, ίσως και μέρες, για να συνέλθει. Το βράδυ των περσινών της γενεθλίων ένιωσε ότι δεν άντεχε άλλο. Είχε έρθει η στιγμή να του μιλήσει. Για τέσσερα χρόνια πάλευε με τη σιωπή, με την καταπιεσμένη της θλίψη και τον κρυφό έρωτα της. Είχε φτάσει η στιγμή να μπει ένα τέλος σε εκείνη την ιστορία!

«Είναι προτιμότερο να αντιμετωπίσεις την απόρριψη, όσο πικρή κι αν είναι, παρά να αναρωτιέσαι μια ζωή τι θα γινόταν αν...» συλλογίστηκε. Σηκώθηκε από το τραπέζι, απομακρύνθηκε διακριτικά από την παρέα της χωρίς να πει σε κανέναν που πήγαινε (οποιαδήποτε κουβέντα θα την έκανε να χάσει το θάρρος της) και κατευθύνθηκε προς το μπαρ όπου κάθονταν εκείνος, πιο όμορφος από ποτέ. Τα πόδια της λύγιζαν όλο και περισσότερο σε κάθε της βήμα. Τον είχε μπροστά της, σε απόσταση αναπνοής. Ήταν τέλειος, ένα όνειρο με όψη ανθρώπινη. Μα ποια ήταν αυτή που θα είχε το θράσος να ζητήσει την καρδιά και την αγάπη του; Δεν μπορούσε καν να φανταστεί πως θα ήταν να είναι μαζί του, να είναι το κορίτσι του. Κοντά του έχανε τις αισθήσεις της και πέθαινε μακριά του! Αδιέξοδο. Τα χείλη της, για ακόμη μια φορά, στεγνά από λέξεις. Προτού προλάβει να την δει, εξαφανίστηκε γρήγορα μέσα στον κόσμο. Επιστρέφοντας στην παρέα της, διαμαρτυρήθηκε πως δεν αισθανόταν καλά. Και ήταν η αλήθεια. Έπρεπε να φύγει. Τίποτα δεν είχε σημασία πια. Ούτε τα γενέθλια της, ούτε η παρέα της. Αδύνατο να παραμείνει στον ίδιο χώρο μαζί του. Ίσως κάποιος να διάβαζε στα μάτια της το ιερό της μυστικό, ίσως η κλονισμένη ψυχραιμία της να πρόδιδε την αλήθεια που έκρυβε η καρδιά της.

Είχε φτάσει ήδη στην Καλαμαριά, χωρίς και πολύ να το καταλάβει. Η σκέψη του την ταξίδευε πάντοτε σε άλλο τόπο, σε άλλο χρόνο και την έκανε να χάνει κάθε επαφή με την πραγματικότητα. Εντελώς μηχανικά είχε ανεβεί στο λεωφορείο κι από όλη τη διαδρομή δεν θυμόταν τίποτα. Καθώς πλησίαζε στο διαμέρισμα, έφτιαξε ένα πρόχειρο πρόγραμμα στο μυαλό της. Θα απολάμβανε ένα πλούσιο μεσημεριανό στην ώρα του, (συνήθως γευμάτιζε μετά τις επτά το απόγευμα) πριν μπει στο μπάνιο για το απαραίτητο φρεσκάρισμα.

Κατόπιν λίγη χαλάρωση και μετά η προετοιμασία για την πολυαναμενόμενη έξοδο.

Γρήγορες ανάσες και γέλια πνιχτά ακούστηκαν πίσω από την κλειστή πόρτα του διαμερίσματος της την ώρα που έσπρωχνε το κλειδί μέσα στην κλειδαριά. Ήταν άραγε τα αυτιά της που βούιζαν από τη φασαρία της πόλης ή, όντως, υπήρχε κάποιος μέσα στο σπίτι; Αθόρυβα, πλησίασε το κεφάλι της στη σχισμή της βαριάς πόρτας και αφουγκράστηκε προσεκτικά. Πράγματι, κάποιος βρισκόταν μέσα στο σπίτι! Κάποιος κυκλοφορούσε ακάλεστος παραβιάζοντας με αναίδεια τον ιδιωτικό της χώρο! Να είχε άραγε σχέση εκείνος ο περίεργος επισκέπτης με τον μυστηριώδη, λευκό φάκελο του καναπέ; Δεν μπορούσε να το ξέρει μα θα το ανακάλυπτε σύντομα! Αν και τα μηνίγγια της ήταν έτοιμα να εκραγούν από το φόβο, έσυρε την πόρτα ελαφρά, σιγανά και έγειρε το κεφάλι της για να δει τι συνέβαινε.

Τα μάτια της γυάλισαν καταπράσινα από χαρά! Ο πατέρας, η μητέρα της και η Ηρώ, φορώντας χάρτινα, πολύχρωμα καπέλα, αγωνίζονταν να κρεμάσουν ένα χαρούμενο πανό γενεθλίων στον μεγάλο τοίχο πάνω από τον καναπέ του σαλονιού. Η βαβούρα του ενθουσιασμού τους δεν τους επέτρεψε να αντιληφθούν πως η Ζωή είχε καταφτάσει στο σπίτι νωρίτερα από το αναμενόμενο, νωρίτερα από την καθιερωμένη ώρα της σχόλης. Απολαυστικά αμέριμνοι συνέχιζαν να προετοιμάζουν το πάρτι- έκπληξη σαν ζωηρά πιτσιρίκια έτοιμα για αταξία.

«Γι' αυτό όλες οι ερωτήσεις του μπαμπά στο πρωινό τηλεφώνημα. Ήθελε να ξέρει το πρόγραμμα μου για να οργανωθούν καλά» σκέφτηκε η Ζωή. Σχολώντας όμως νωρίτερα, εμφανίστηκε στην πόρτα προτού προλάβει να ολοκληρωθεί το γιορτινό σκηνικό. Αν και δεν ήθελε να τους χαλάσει τα σχέδια, έβαλε μια φωνή από το κατώφλι της πόρτας που τους πάγωσε το αίμα.

«Ακίνητοι! Τα χέρια ψηλά!» Η Ζωή ξέσπασε σε ακατάπαυστα γέλια σαν είδε το τεράστιο πανό να σωριάζεται βαρύ στο πάτωμα και την ευκολόπιστη, απονήρευτη Ηρώ να ανασηκώνει τα λεπτοκαμωμένα χέρια της στον αέρα.

«Βλέπω πως το αντικλείδι που σας άφησα αποδείχτηκε εξαιρετικά χρήσιμο» συνέχισε γλυκαίνοντας αισθητά τον τόνο της φωνής της.

Στρέφοντας τα μάτια τους προς την είσοδο, και οι τρεις τους αναστέναξαν με ανακούφιση που είδαν τη Ζωή και όχι κάποιον ένστολο αστυνομικό. Εκείνη χίμηξε στην αγκαλιά της οικογένειας της και για αρκετή ώρα έπαιρνε δυνατά φιλιά κι ευχές ξανά απ' την αρχή. Η πιο ιδιαίτερη και συγκινητική ευχή ήρθε από τα χείλη της Ηρώς.

«Ελπίζω και προσεύχομαι γρήγορα να έρθει στη ζωή σου αυτός που θα καταφέρει να σε τιθασεύσει. Αυτός που θα λύσει το γρίφο της καρδιάς σου. Καλή και η ανεξαρτησία αλλά το ξέρεις πολύ καλά πως όλοι χρειαζόμαστε έναν άνθρωπο δικό μας, ένα λιμάνι να γυρνάμε πάντα εκεί». Η Ηρώ ποτέ δεν μπόρεσε να καταλάβει τον λόγο για τον οποίο, όλα τα χρόνια της, η μεγάλη της αδερφή επέλεγε τη μοναξιά. Ήταν ένα ζήτημα που της δημιουργούσε πάντα ανησυχία και θλίψη. Η Ζωή τα είχε όλα! Ομορφιά, εξυπνάδα, καλοσύνη. Άξιζε να έχει δίπλα της τον καλύτερο! Άξιζε έναν άντρα να την αγαπά, να την φροντίζει, να την προστατεύει. Το άξιζε και με το παραπάνω. Σε αντίθεση όμως με την ίδια, που αντιμετώπιζε τον έρωτα πιο πολύ σαν παιχνίδι, η Ζωή σκεφτόταν διαφορετικά, με έναν τρόπο, όμως, που δεν της τον εξήγησε ποτέ.

Το τελετουργικό των γενεθλίων τηρήθηκε με κάθε επισημότητα. Η Ζωή φύσηξε το κεράκι της (αν και θεωρούσε ότι είχε μεγαλώσει αρκετά πια για να έχει ακόμη τούρτα γενεθλίων), έκανε μια κρυφή ευχή (την ίδια ευχή που έκανε εδώ και πέντε χρόνια) και άνοιξε τα δώρα της. Οι ώρες κύλησαν τόσο υπέροχα παρέα με την όμορφη οικογένεια της! Αν και είχαν περάσει μόνο δυο εβδομάδες από την ημέρα που άφησε πίσω της το πατρικό της στο χωριό, ήταν αρκετές για να συνειδητοποιήσει πως η απουσία των τριών εκείνων ανθρώπων την αποσυντόνιζε και μαλάκωνε τον ισχυρό, ανθεκτικό της χαρακτήρα. Με εκείνη την επίσκεψη – αστραπή που έκαναν για χάρη της, συμπλήρωσαν μες τα στήθη της τη δύναμη και την αυτοπεποίθηση που είχε χάσει τις προηγούμενες ημέρες.

«Ήρθε η ώρα να φύγουμε. Πρέπει να προλάβουμε το αεροπλάνο» είπε χαμηλόφωνα η μητέρα της Ζωής που δεν ήθελε να διακόψει απότομα την ευχάριστη ατμόσφαιρα.

«Σας ευχαριστώ πολύ που ήρθατε! Ήταν το καλύτερο δώρο γενεθλίων που πήρα ποτέ! Καλή επιστροφή!» έλεγε λίγο αργότερα η Ζωή, καθώς τους συνόδευε στην εξώπορτα. Μακάρι να έμεναν λιγάκι περισσότερο! Γνώριζε όμως ότι ο πατέρας της δεν μπορούσε να λείψει από το κατάστημα του. Την συνέτριβε το γεγονός πως θα τους αποχωρίζονταν για ακόμη μια φορά αλλά κατανοούσε πως δεν γινόταν διαφορετικά. Τα μάτια της υγράθηκαν και έγιναν δύο λίμνες καθώς έκλεινε την πόρτα πίσω της.

«Σουρούπωσε κιόλας. Καλά θα κάνω να ετοιμαστώ και να φύγω γρήγορα». Ρίχνοντας μια φευγαλέα ματιά στο ρολόι πάνω στον καρπό της, συνειδητοποίησε πως της απέμενε μονάχα ένα μισάωρο για να περιποιηθεί, αν δεν ήθελε να καθυστερήσει στο ραντεβού με την παρέα της. Δεν είχε προλάβει να ξεκουραστεί λόγω της απρόσμενης επίσκεψης της οικογένειας της μα εκείνη ήταν η καλύτερη αναζωογόνηση που θα μπορούσε να ζητήσει. Είχε κάνει μόνο δύο βήματα προς το μπάνιο όταν το κουδούνι της εξώπορτας ήχησε νευρικά, νευρικά κι επίμονα.

«Κάτι θα ξέχασαν...» υπέθεσε λογικά και άνοιξε και πάλι την είσοδο με άνεση. Ανθοπωλείο 'Η ΜΥΡΤΙΑ' έγραφε το καπελάκι του μελαχρινού νεαρού που στέκονταν μπροστά της, κρατώντας στα χέρια του μια πλούσια ανθοδέσμη με κατακόκκινα τριαντάφυλλα.

«Είστε η δεσποινίς Ζωή;» ρώτησε ευγενικά.

«Μάλιστα».

«Αυτά είναι για εσάς».

Ενθουσιασμένη και με κεντρισμένη την περιέργεια της, τον ευχαρίστησε ευγενικά και του άφησε ένα γενναιόδωρο φιλοδώρημα. Κόκκινα τριαντάφυλλα για εκείνη; Μα ποιος; Πώς; Μήπως εκείνη η ανθοδέσμη ήταν ο λόγος που ο Κωνσταντίνος δεν της είχε ευχηθεί ακόμη ούτε τηλεφωνικά; Βύθισε τα χέρια της ανάμεσα στα μπουμπούκια και άρχισε να ψηλαφίζει μανιωδώς τα άνθη και τα φύλλα, αγωνιώντας να εντοπίσει την ευχετήρια κάρτα. Σαν ένιωσε στις άκρες των δαχτύλων της την υφή του χαρτιού, τράβηξε με αγωνία το μικρό φακελάκι έξω από την ανθοδέσμη.

«Προτού αναρωτηθείτε, να σας εξηγήσω...
Γνωρίζω τη διεύθυνση σας από το βιογραφικό σας σημείωμα!
Χρόνια Πολλά στην υπέροχη βοηθό μου!
Χαίρομαι που ήρθες στη ζωή μου!»

Ήταν πια ξεκάθαρο. Ήταν οριστικό. Ο Άγγελος, με εκείνη την τολμηρή του χειρονομία, έβαζε τέλος στις υποψίες της Ζωής, δηλώνοντας απερίφραστα το ενδιαφέρον του. Δεν της είχε περάσει από το νου, ούτε για μια στιγμή, ότι θα μπορούσε να είχε στείλει εκείνος τα λουλούδια. Ένιωσε πραγματική έκπληξη, έκπληξη και ικανοποίηση. Είχε μπει στον κόπο να ανατρέξει στο βιογραφικό της σημείωμα και να αναζητήσει τη διεύθυνση της, γεγονός που πρόδιδε ακόμη περισσότερο τα αισθήματα του. Τοποθέτησε τα τριαντάφυλλα σε δροσερό νερό και, μην έχοντας άλλο χρόνο στη διάθεση της, έσπευσε να ετοιμαστεί. Η διαδικασία του καλλωπισμού δεν ήταν ποτέ ιδιαίτερα χρονοβόρα για τη Ζωή, καθώς ήταν προικισμένη με απαράμιλλη φυσική ομορφιά. Έτσι, λίγα λεπτά αργότερα βγήκε από το διαμέρισμα τρέχοντας σχεδόν.

Κατέφτασε στο σημείο συνάντησης ακριβώς στην ώρα της. Η Ελισάβετ ήταν ήδη εκεί. Η σχέση της με εκείνο το κορίτσι ήταν τόσο αληθινή που, μόλις της αντίκρισε και την σφιχταγκάλιασε, ήταν σαν μην είχαν χωριστεί ποτέ τους. Σαν να είχαν ανταμώσει μόλις χτες. Από τα πρώτα κιόλας λεπτά της συνάντησης τους παραδόθηκαν και οι δυο σε μια ατέρμονη πολυλογία μέχρι που η Ελισάβετ, εντελώς ξαφνικά και χωρίς προφανή λόγο, άρχισε να γελά.

«Δεν είναι ανάγκη να τα προλάβουμε όλα σε ένα βράδυ! Τώρα που σε έχω εδώ, τώρα που ήρθες κοντά μου, έχουμε άπλετο καιρό μπροστά μας για να τα πούμε όλα, με κάθε λεπτομέρεια.»

«Πόσο δίκιο έχεις! Η συνήθεια βλέπεις...» κοκκίνισε με γλυκιά αμηχανία η Ζωή. «Μα που είναι ο Κωνσταντίνος; Δεν συνηθίζει να αργεί στα ραντεβού του» αναρωτήθηκε. Εκείνη τη στιγμή, το κινητό μέσα από το κομψό τσαντάκι της άρχισε να δονείται ρυθμικά.

«Χρόνια πολλά, καρδιά μου και χίλια συγγνώμη!» ακούστηκε λαχανιασμένος ο Κωνσταντίνος.

«Συνέβη κάτι; Πού είσαι; Έχεις καθυστερήσει ήδη δέκα λεπτά και δεν θέλουμε πολύ ακόμη για να σε παρεξηγήσουμε με την Ελισάβετ» τον πίκαρε η Ζωή.

«Σε δυο λεπτά είμαι εκεί! Προέκυψε μια δουλειά καθ' οδόν που μου κόστισε περισσότερο χρόνο από ότι υπολόγισα. Χίλια συγνώμη και πάλι! Έρχομαι!»

Πράγματι, σε λιγάκι ο Κωνσταντίνος παρουσιάστηκε μπροστά τους φανερά αγχωμένος και ταλαιπωρημένος. Με τρεμάμενα χέρια έσφιξε τη Ζωή στην αγκαλιά του και δεν την άφησε παρά μόνο αφού είχε ψιθυρίσει γλυκά στο αυτί της όλες τις ευχές του. Ευχές για υγεία, προσωπική ευτυχία και επαγγελματική επιτυχία. Στη συνέχεια, αφού έγιναν οι απαραίτητες συστάσεις, όλα ήταν έτοιμα για να ξεκινήσει η βραδιά. Δείπνο σε ένα από τα καλύτερα εστιατόρια της πόλης και μετά ποτό και χορός μέχρι τελικής πτώσης. Μικρής σημασίας ήταν το γεγονός πως η επόμενη ημέρα ήταν εργάσιμη. Τα γενέθλια της Ζωής άξιζαν ιδιαίτερο εορτασμό και όλοι τους ήταν σύμφωνοι σε αυτό.

Ο Κωνσταντίνος ήταν πραγματικός τζέντλεμαν, όπως αναμενόταν εξάλλου. Συνόδευσε τις δύο δεσποινίδες με τόση διακριτικότητα κι ευγένεια που καμιά τους δεν έμεινε ασυγκίνητη. Μέχρι και η Ελισάβετ ένιωσε να κολακεύεται από την προσοχή που της έδειχνε και την λεπτότητα των κινήσεων του. Είχε παρατηρήσει, ωστόσο, τον τρόπο με τον οποίο το βλέμμα του γινόταν πιο τρυφερό και η φωνή του γλύκαινε, κάθε φορά που απευθύνονταν στη Ζωή. Της γέμιζε το ποτήρι διαρκώς και το μόνο που τον ενδιέφερε ήταν να μείνει εκείνη ευχαριστημένη. «Είναι δυνατόν να μην έχει αντιληφθεί τα αισθήματά του;» αναρωτιόταν, βλέποντας τη φίλη της να του συμπεριφέρεται σαν να είναι ο κολλητός της.

Η βραδιά στέφθηκε με απόλυτη επιτυχία. Μετά από ένα εξαίσιο δείπνο, ικανό να μαγέψει μέχρι και τους πιο επιλεκτικούς ουρανίσκους, σειρά είχε ο χορός. Δίπλα στη θάλασσα, ο χώρος διασκέδασης που είχε προτείνει ο Κωνσταντίνος, αποδείχτηκε ιδανικός για ποτό και ξεφάντωμα. Η Ζωή είχε να ξεδώσει έτσι πολύ καιρό. Κάποιες στιγμές, μάλιστα, ίσως να ένιωθε και τύψεις που διασκέδαζε τόσο πολύ τη βραδιά των γενεθλίων της. Η ψυχή της, φαίνεται, είχε συνηθίσει τα τελευταία χρόνια να χτυπά μόνο στο ρυθμό της δυστυχίας και εκείνη η αίσθηση απόλυτης απελευθέρωσης και γαλήνης, αν και προσωρινή, της προκαλούσε ενοχές.

Το σπορ αυτοκίνητο του Κωνσταντίνου διέσχιζε τα αδειανά, αμυδρά φωτισμένα σοκάκια της συμπρωτεύουσας με εξαιρετικά χαμηλή ταχύτητα. Ο οδηγός του μάλλον επιθυμούσε να καθυστερήσει το τέλος της βραδιάς όσο το δυνατόν περισσότερο και, έτσι, δεν υπήρχε λόγος να βιαστεί πιέζοντας παραπάνω το πεντάλ του επιταχυντή. Πρώτη στάση, το σπίτι της Ελισάβετ. Ένας κύριος σαν τον Κωνσταντίνο δεν θα την άφηνε σε καμιά περίπτωση να περιπλανιέται ολομόναχη στους επικίνδυνους δρόμους της πόλης τόσο αργά. Έμεινε να την κοιτάει να ξεμακραίνει μέχρι να βεβαιωθεί ότι έφτασε στην εξώπορτα της ασφαλής.

«Είσαι ικανοποιημένη από την αποψινή βραδιά;» ρώτησε τη Ζωή με ανυπομονησία σαν έμειναν οι δυο τους στο αυτοκίνητο. Η ευχαρίστηση της έμοιαζε να είναι γι' αυτόν ιδιάζουσας σημασίας.

«Θα θυμάμαι για καιρό τα εικοστά πέμπτα γενέθλια μου. Αυτό ελπίζω να απαντά στην ερώτηση σου» αποκρίθηκε η Ζωή χαμογελώντας από τη θέση του συνοδηγού.

«Δεν είναι ανάγκη να τελειώσει η βραδιά ακόμη. Μπορούμε να συνεχίσουμε οι δυο μας κάπου αλλού!» πρότεινε αυθόρμητα ο ευγενικός της καβαλιέρος.

«Δελεαστική πρόταση!» απάντησε εκείνη, ακολουθώντας συνειδητά το παιχνίδι του. «Είναι όμως ήδη πολύ αργά και εγώ είμαι ακόμη πολύ καινούρια στη δουλειά για να μείνουν ασχολίαστα τα πρησμένα μου μάτια και το χασμουρητό στα χείλη μου. Νομίζω ότι είναι πρέπον, όσο κι αν απολαμβάνουμε την αποψινή βραδιά, να ανακτήσουμε τις δυνάμεις μας με λίγο ύπνο. Μην ξεχνάς πως κι εσύ εργάζεσαι αύριο».

Ο Κωνσταντίνος, χωρίς να πει κουβέντα, έγειρε το κεφάλι με ένα βλέμμα υποχώρησης και άλλαξε κατεύθυνση, στρίβοντας επιδέξια το τιμόνι.

Μια σκηνή αμηχανίας εκτυλίχτηκε, λίγες στιγμές αργότερα, μπροστά στην είσοδο της παλιάς οικοδομής με τον αριθμό 10. Ο συνοδός της εορτάζουσας, σε μια κατάφωρη ένδειξη αγάπης, προσέφερε το δώρο του στη Ζωή. Με κινήσεις αργές, εμφάνισε μέσα από το σακάκι του ένα κόκκινο, βελούδινο πουγκί. Ήταν ένα δώρο ξεχωριστό, πολύ διαφορετικό από μια ανθοδέσμη ή ένα κουτί γλυκά. Η Ζωή, πριν καν το ανοίξει, βρέθηκε αντιμέτωπη με ένα σημαντικό δίλημμα. Ναι, ήταν πολύ καλοί φίλοι με τον Κωνσταντίνο αλλά μήπως η αποδοχή εκείνου του δώρου θα τους οδηγούσε σε μονοπάτια άλλα; Αμφιταλαντεύτηκε για αρκετή ώρα ώσπου ο Κωνσταντίνος, με μια κουβέντα, εξαφάνισε κάθε δισταγμό της.

«Σε παρακαλώ να δεχτείς το δώρο μου. Δεν χρειάζεται να σκεφτείς τίποτα. Καμιά πονηρή σκέψη και κανένα ένοχο μυστικό δεν κρύβεται πίσω του. Επίτρεψέ μου απλά να σου εκφράσω την αγάπη μου και τις θερμότερες ευχές μου».

Είχε τον τρόπο του να πετυχαίνει το σκοπό του, ήταν βέβαιο. Μέσα στο εντυπωσιακό περιτύλιγμα, σε μια εξίσου όμορφη θήκη, την περίμενε καρτερικά ένα εκτυφλωτικό δαχτυλίδι, σε σχήμα καρδιάς. Ακριβοθώρητο και μοναδικό, ταίριαξε υπέροχα στο λεπτεπίλεπτο δάχτυλο της.
«Σου εύχομαι τα καλύτερα, ομορφιά μου! Χρόνια σου πολλά!»
«Αν και το έχω πει αμέτρητες φορές, μπορώ να το πω ακόμη τόσες. Είσαι υπέροχος άνθρωπος Κωνσταντίνε μου και σε ευχαριστώ για όλα». Με μια τρυφερή καληνύχτα, έκλεισε πίσω της την πόρτα του συνοδηγού.

«Γεμάτη ημέρα η σημερινή» συλλογίστηκε η Ζωή προχωρώντας βιαστικά προς το διαμέρισμά της. Από τη μια ο Άγγελος με την απροκάλυπτη και θαρραλέα εκδήλωση της συμπάθειας του και από την άλλη ο Κωνσταντίνος με το ιδιαίτερο δώρο του και την παρεξηγήσιμη ίσως αφοσίωση του στο πρόσωπο της, είχαν πλημμυρίσει το μυαλό της με σκέψεις περίεργες και εικόνες μπερδεμένες. Ένιωθε αναμφισβήτητα κολακευμένη. Ήταν αδύνατο να το αρνηθεί. Παράλληλα όμως, εκείνη η αίσθηση της διεκδίκησης της, της φάνταζε τόσο ξένη. Στο παρελθόν, πάντοτε, από την πρώτη κιόλας υποψία ενδιαφέροντος εκ μέρους κάποιου ερωτοχτυπημένου νεαρού, η Ζωή φρόντιζε να ξεκαθαρίζει τη θέση της και να διευκρινίζει, με τον πιο ευγενικό τρόπο, πως δεν είναι διαθέσιμη. Έτσι, όλες οι προσπάθειες κατάκτησης της, σταματούσαν πριν καλά - καλά ξεκινήσουν. Τώρα όμως, για πρώτη φορά, ο Άγγελος και ο Κωνσταντίνος είχαν προχωρήσει, ο καθένας με τον τρόπο του, ένα βήμα παρακάτω, προτού καταφέρει η Ζωή να εφαρμόσει τη συνήθη τακτική της. Ήταν ακόμη πάρα πολύ νωρίς για να τολμήσει να ξεκινήσει κάτι καινούργιο. Οι μνήμες από την πρόσφατη ζωή της, ήταν ακόμη επώδυνα νωπές.

Πολλά τα νέα δεδομένα για να τα επεξεργαστεί σε ένα βράδυ. Είχε μπροστά της όσο καιρό ήθελε για να προβληματιστεί. Ένα καυτό μπάνιο, θα τη βοηθούσε να αδειάσει το μυαλό της αλλά και να αποβάλει από πάνω της την αποπνικτική μυρωδιά του καπνού, που την ενοχλούσε από ώρα.

Βαδίζοντας στο πεζοδρόμιο μπροστά από το διαμέρισμα της, ένα αμυδρό φως ξεχύνονταν δειλά ανάμεσα από τις γρίλιες των παραθύρων της έξω στο δρόμο. «Μπράβο κορίτσι μου! Φαίνεται σου περισσεύουν χρήματα και αποφάσισες να επιδοτήσεις την Δ.Ε.Η.»

αυτοσαρκάστηκε. «Είναι καιρός πια να συμμαζέψω το μυαλό μες το κεφάλι μου» επέκρινε αυστηρά τον εαυτό της λίγα λεπτά αργότερα, μόλις η πόρτα του διαμερίσματος της άνοιξε εντελώς αβίαστα στο πρώτο γύρισμα του κλειδιού. Είχε φύγει τόσο βιαστικά που ξέχασε να την κλειδώσει; Καθόλου συνετή κίνηση σε μια επικίνδυνη μεγαλούπολη, που βρίθει εγκληματικότητας.

Το σαλόνι ήταν φωτεινό σαν εκκλησιά τη νύχτα της Ανάστασης. Εκτός από το μοντέρνο πολύφωτο στο ταβάνι, αναμμένο έλαμπε και το μίνιμαλ λαμπατέρ πάνω στο στρόγγυλο ζιγκόν. Προκλητικά φέγγιζαν και τα κρυφά σποτάκια στο σύνθετο της τηλεόρασης. Μπορεί να είχε αμελήσει να κλειδώσει την πόρτα και να σβήσει το πολύφωτο, μα θα έπαιρνε όρκο πως δεν είχε αγγίξει καν όλα τα υπόλοιπα. Ίσως η Ηρώ, κατά τη διάρκεια της σύντομης επίσκεψης τους, παρασυρμένη από τη χαρακτηριστική της περιέργεια, τα είχε περιεργαστεί και η Ζωή αργότερα, εγκαταλείποντας βιαστικά το διαμέρισμα, τα είχε αφήσει αναμμένα. Καθώς τα βλέφαρα της έκλειναν από τη νύστα, επέλεξε να μην ασχοληθεί άλλο με το ζήτημα και αποσύρθηκε στο μπάνιο για ένα χαλαρωτικό ντους.

Το πρόσωπο της στον καθρέφτη την κοίταζε κουρασμένο και χλωμό. Το ξενύχτι την είχε εξαντλήσει. Έλυσε το φόρεμα πίσω από το λαιμό της, το άφησε να πέσει πάνω στο χαλάκι του μπάνιου και γλίστρησε στην μπανιέρα. Οι υδρατμοί από το καυτό νερό και τα αρώματα από τα αιθέρια έλαια την υπνώτιζαν γλυκά. Λίγη ώρα αργότερα, με μια αίσθηση αναζωογόνησης και ηρεμίας, τράβηξε νωχελικά την κουρτίνα του ντους. Η έντρομη φωνή της, σαν πέτρα πάνω σε γυαλί, ράγισε την ησυχία της νύχτας.

4

Το κορμί της μουδιασμένο, με το χτύπο της καρδιάς της δυνατό σε κάθε κύτταρο του, έστεκε ασάλευτο, παραλυμένο. Τα μάτια της, αδύναμα να συλλάβουν την τρομακτική εικόνα που ξεπηδούσε μπροστά τους, ανοιγόκλειναν γρήγορα, σπασμωδικά. Γράμματα σκόρπια, ακανόνιστα, καταλήγοντας σε ζουμερές σταγόνες νερού, σχηματίζονταν αργά πάνω στον θολό καθρέφτη του μπάνιου. Ένα γραπτό μήνυμα, αδιόρατο πάνω σε στεγνή επιφάνεια, αναδύθηκε ως διά μαγείας, όταν πια οι υδρατμοί είχαν καλύψει με υγρασία το γυαλί του καθρέφτη.

«Να λάμπεις πάντα φωτεινό,
Αστέρι της Καρδιάς μου!»

Τέρμα πια οι εικασίες και τα αβασάνιστα συμπεράσματα. Κάτι συνέβαινε σε εκείνο το διαμέρισμα, κάτι περίεργο και ανατριχιαστικό. Η βαριά ανάσα κάποιου άγνωστου, απρόσκλητου επισκέπτη, μόλυνε απειλητικά τον αέρα, τον έκανε αποπνικτικό. Μια ξένη παρουσία περιπλανιόταν υποχθόνια στα δωμάτια. Αγνοώντας εκούσια τον φόβο της, έσφιξε στο χέρι της τη σιδερένια λίμα νυχιών που εντόπισε βιαστικά στο νεσεσέρ με τα καλλυντικά της. Ήταν το πιο αποτελεσματικό μέσο άμυνας που κατάφερε να εντοπίσει μέσα στον πανικό της. Προχώρησε έξω από το μπάνιο σαν αερικό, με τα μαλλιά της να στάζουν στους ώμους της και το κορμί της να καλύπτεται μόνο από την πετσέτα του μπάνιου. Δεν θα δίσταζε στιγμή να χρησιμοποιήσει εκείνο το αθώο εργαλείο καλλωπισμού σαν 'όπλο' ενάντια στο θρασύδειλο ανθρωποειδές που είχε τολμήσει να παραβιάσει την ιδιωτική της ζωή. Βηματίζοντας αθόρυβα, σταθερά, έψαξε ένα προς ένα όλα τα δωμάτια. Κάθε γωνιά τους. Κανένα ίχνος του, πουθενά.

Με τον τρόμο να φτάνει ως το μεδούλι της κράτησε όλα τα φώτα του σπιτιού αναμμένα, ακόμη και τα σποτάκια στο σύνθετο της τηλεόρασης. Σέρβιρε σε ένα ποτήρι μια μικρή ποσότητα από το πιο δυνατό ουίσκι που υπήρχε στην κάβα του μπουφέ και κάθισε στον καναπέ του σαλονιού. Τα μάτια της χτένιζαν ανήσυχα το χώρο γύρω της. Αν και είχε βεβαιωθεί πως ήταν μόνη στο διαμέρισμα, είχε την αίσθηση πως άκουγε τις κινήσεις του και τον απεχθή θόρυβο της αναπνοής του.

Η ασέβεια εκείνου του ανθρώπου την είχε γεμίσει με οργή και θυμό κατακερματίζοντας την αίσθηση της κούρασης και της νύστας. Δεν υπήρχε περίπτωση να κοιμηθεί εκείνη τη βραδιά. Στο μυαλό της στριφογύριζαν χιλιάδες σκέψεις. Ποιος μπορεί να είναι; Τι μπορεί να θέλει; Είναι πιθανό να είναι κάποιος γνωστός; Πόσο επικίνδυνος μπορεί να γίνει; Μήπως θα έπρεπε να ενημερώσει τους δικούς της στο χωριό; Μήπως να καλέσει την αστυνομία; Αμέτρητα ερωτηματικά που διψούσαν για απαντήσεις.

Προτίμησε το ουίσκι της σκέτο και δυνατό. Ζεστό και καταπραϋντικό διέλυε, σε κάθε γουλιά, τον κόμπο στο λαιμό της και τόνωνε την αυτοσυγκέντρωση της που ήταν απαραίτητη προκειμένου να μη χαθεί μέσα στο λαβύρινθο των δεδομένων που λυσσομανούσαν στο προβληματισμένο της μυαλό. Όλα ήταν πιθανά! Όλοι ήταν ύποπτοι! Καθώς η ώρα κυλούσε, το λιγοστό αλκοόλ στο αίμα της απομάκρυνε όλο και περισσότερο τον φόβο της και επέτρεπε στους λογισμούς της να ανασυνταχθούν. Πολλά ήταν τα στοιχεία που κλωθογύριζαν επίμονα στο μυαλό της. Στοιχεία που περιόριζαν αισθητά το εύρος των πιθανοτήτων και κατηύθυναν τις υποψίες της σε δύο, συγκεκριμένα πρόσωπα.

Φέρνοντας ξανά στο νου της τις υδάτινες λέξεις πάνω στον καθρέφτη, ήταν σχεδόν βέβαιη πως ο μυστήριος επισκέπτης της δεν θα μπορούσε να είναι κάποιος τυχάρπαστος, κάποιος άγνωστος. Το γενικό νόημα του μηνύματος δήλωνε πως όποιος κι αν ήταν εκείνος που κρύβονταν πίσω από όλα αυτά, διέθετε αρκετές πληροφορίες για τη Ζωή ώστε να γνωρίζει πως είχε τα γενέθλια της εκείνη την ημέρα. Επίσης, θα πρέπει να είχε προηγηθεί αρκετή επαφή μαζί της ώστε να του έχουν δημιουργηθεί τα τόσο ιδιαίτερα αισθήματα που τον είχαν εξωθήσει σε εκείνη την κίνηση του. Ενδεχομένως, να μην υπήρχε καν λόγος ανησυχίας καθώς το ύφος του μηνύματος δεν υπέκρυπτε κάποιο είδος απειλής, παρά μόνο μια ευχή.

«Αστέρι» και «Καρδιά» ήταν οι δυο λέξεις- κλειδιά που είχαν καρφωθεί μπρος τα μάτια της, δύο λέξεις μάλλον σκόπιμα σχηματισμένες από το δημιουργό τους με κεφαλαίο το πρώτο γράμμα τους. Είχαν άραγε κάποιο ιδιαίτερο νόημα ή αποτελούσαν απλά μια τρυφερή κατάληξη της ευχής; Αν όντως είχαν κάποια βαθύτερη, κάποια αξιόλογη σημασία, η Ζωή τις είχε κιόλας συνδέσει με δυο ανθρώπους του περιβάλλοντός της. Ο Άγγελος ήταν ένας από αυτούς.

Συχνά αναφερόμενος στη νέα του βοηθό αποκαλώντας την 'αστέρι', θα ήταν αδύνατο να μην γίνει αποδέκτης της καχυποψίας της. Εκείνη την ημέρα γνώριζε από νωρίς πως είχε τα γενέθλιά της. Μέχρι να φτάσει το απόγευμά της είχε εκδηλώσει με ένα μπουκέτο τριαντάφυλλα το ενδιαφέρον του, ίσως και τον έρωτα του. Μα το κυριότερο όλων ήταν πως γνώριζε τη διεύθυνση της. Καθώς αρνήθηκε ευγενικά να παρευρεθεί στον εορτασμό των γενεθλίων της λόγω ανειλημμένων υποχρεώσεων και εφόσον ήταν βέβαιος πως η Ζωή θα έλειπε τις βραδινές ώρες από το διαμέρισμα, είχε στη διάθεση του επαρκή χρόνο για να εισχωρήσει κρυφά στο σπίτι, χρησιμοποιώντας ίσως κάποια από τις πολυάριθμες τεχνικές παραβίασης που ήταν ευρέως γνωστές και να σχηματίσει, με το αδιάβροχο, διαφανές υλικό το μήνυμά του στον καθρέφτη. Και όλα αυτά με σκοπό να της δείξει το θαυμασμό και την συμπάθεια του. Μια τέτοια εκδοχή όμως της ιστορίας θα σήμαινε αυτόματα πως ο γοητευτικός προϊστάμενος της, πίσω από το αγγελικό του προσωπείο, έκρυβε έναν χαρακτήρα ανισόρροπο. Απαιτείται μια γερή δόση διαστροφής ώστε να είναι κάποιος ικανός για μια τόσο παράτολμη ενέργεια.

Υπήρχε, όμως, ένα αδύνατο σημείο που κλόνιζε εκείνη την, κατά τα άλλα, ολοκληρωμένη θεωρία. Εάν το μήνυμα στον καθρέφτη και ο λευκός φάκελος του καλωσορίσματος είχαν προέλθει από το ίδιο πρόσωπο, κάτι τέτοιο θα σηματοδοτούσε αυτόματα την απενοχοποίηση του Άγγελου. Δεν είχαν καν γνωριστεί οι δυο τους την πρώτη μέρα της άφιξης της. Δεν θα μπορούσε να είχε τοποθετήσει εκείνος το φάκελο ανάμεσα στα μαξιλάρια. Στην αντίθετη περίπτωση, στην περίπτωση που θα θεωρούσε πιθανό να ήταν εκείνος που την είχε καλωσορίσει γραπτώς στο νέο της σπιτικό, η Ζωή μπορούσε να σκεφτεί μία και μοναδική εξήγηση. Μια εξήγηση παρατραβηγμένη και υπερβολική μα όχι και απίθανη. Ίσως η προσωπικότητα του Άγγελου να ήταν τόσο διαταραγμένη ώστε να πρόλαβε να ερωτευτεί τη Ζωή από τη φωτογραφία του βιογραφικού της σημειώματος και, ανήμπορος να αντισταθεί στα αισθήματα του, να είχε επιμεληθεί την τοποθέτηση του φακέλου στον καναπέ του σαλονιού, όσο ακόμη παρέμενε ένας άγνωστος γι' αυτήν. Ήταν άραγε δυνατόν ένας άνθρωπος να είναι τόσο άρρωστος στην ψυχή, τόσο νοσηρός στο μυαλό; Η Ζωή θα ήθελε να πιστέψει, προς υπεράσπιση του, ότι τα δύο περιστατικά δεν συνδέονταν. Σημαντικά μικρό όμως θεωρούνταν μια τέτοια πιθανότητα.

Η σκιαγράφηση του δεύτερου υπόπτου, σε συνδυασμό με τα δεδομένων των τελευταίων ημερών, δεν άφηνε κανένα σημείο υπό αμφισβήτηση. Υπήρχε απόλυτη ταύτιση μεταξύ θεωρίας και γεγονότων. Κύριος ύποπτος χρίζονταν ο Κωνσταντίνος πράγμα που δυσαρεστούσε έντονα τη Ζωή. Ο καλός της φίλος και σπιτονοικοκύρης της δεν έμοιαζε ικανός για κάτι τέτοιο! Μα τα στοιχεία που τον συνέδεαν με την ιστορία εκείνη ήταν δυστυχώς αδιάσειστα. Όχι μόνο γνώριζε πως είχε τα γενέθλια της αλλά ήταν εκείνος που της τα είχε υπενθυμίσει. Ίσως να τα επεξεργαζόταν από καιρό στο μυαλό του προσπαθώντας να σχεδιάσει την «έκπληξη» στο μπάνιο. Επιπρόσθετα, η συμπεριφορά του τελευταία ήταν συχνά διφορούμενη, παρεξηγήσιμη. Άλλοτε ήταν απόλυτα φιλική και άλλοτε της δημιουργούσε την εντύπωση πως η ανιδιοτελής του καλοσύνη και η αδυναμία που της έδειχνε πήγαζαν από αισθήματα άλλης φύσης. Το υπέροχο δαχτυλίδι που της είχε χαρίσει εκείνο το βράδυ, δαχτυλίδι σε σχήμα 'καρδιάς' ίσως είχε αποτελέσει την πρώτη, περίτρανη απόδειξη του έρωτα του. Ενός έρωτα που δεν της είχε εξομολογηθεί ακόμη, που τον κρατούσε κρυφό μέσα στα στήθη του. Δεν θα έπρεπε να την ξενίζει μια τέτοια εκδοχή καθώς και η ίδια, χρόνια τώρα, πάλευε με τον ίδιο εφιάλτη, τον εφιάλτη της σιωπής.

Ως ένα ακόμη στοιχείο εις βάρος του θα μπορούσε να λειτουργήσει η καθυστερημένη εμφάνιση του στο σημείο του ραντεβού. Κάτι του έτυχε στο δρόμο, είχε ισχυριστεί, κάτι που τον υποχρέωσε να αργοπορήσει. Θα ήταν αρκετά εύκολο για εκείνον να πραγματοποιήσει μια σύντομη στάση στο διαμέρισμα αφότου είχε φύγει η Ζωή, να χρησιμοποιήσει το κλειδί που διατηρούσε στην κατοχή του και να σχηματίσει ανενόχλητος την ευχή του πάνω στον καθρέφτη. Και φυσικά, θα μπορούσε άνετα να έχει τοποθετήσει το λευκό φάκελο στο σαλόνι κατά τη διάρκεια προετοιμασίας του διαμερίσματος για τον ερχομό της. Μάλιστα, σαν άρχισε η Ζωή να ανακαλεί στη μνήμη της τη σκηνή κατά την οποία τον ενημέρωσε σχετικά με την κάρτα που είχε ανακαλύψει ανάμεσα στα μαξιλάρια του καναπέ, όλο και μεγαλύτερη έκπληξη έμοιαζε να της προκαλεί η επιφανειακή αντιμετώπιση του ζητήματος εκ μέρους του και η άμεση σύμφωνη γνώμη του να μην εντρυφήσουν σε βάθος. Ένας πραγματικός φίλος σίγουρα θα αναζητούσε πιο επίμονα την άκρη του νήματος.

Αναμφισβήτητα, υπήρχαν αρκετοί ακόμη φιλόδοξοι κατακτητές της καρδιάς της από τον κοινωνικό της κύκλο στην Κρήτη. Κάποιοι, ενδεχομένως, να είχαν τόσο δυνατά αισθήματα για τη Ζωή ώστε να μην αρκούσε ούτε η άρνηση της αλλά ούτε και η μετεγκατάσταση της στην πόλη για να τα κάνουν να ατονήσουν. Σχεδόν όλοι τους γνώριζαν την ημερομηνία των γενεθλίων της. Πώς θα ήταν, όμως, δυνατό να αποκτήσουν πληροφορίες για τη νέα της διεύθυνση; Η Ζωή δεν είχε διατηρήσει επαφές με κανέναν τους. Ακόμη πιο απίθανο φάνταζε κάποιος από εκείνους να είχε αφήσει το νησί και να είχε ταξιδέψει στη Θεσσαλονίκη με σκοπό να της ευχηθεί με έναν τόσο ιδιόμορφο τρόπο.

Παρά τα ποικίλα σενάρια, ένα ήταν βέβαιο. Όποιος είχε μπει σε εκείνη τη διαδικασία γνώριζε καλά τι ήθελε και διέθετε την υπομονή για να το επιδιώξει. Μέχρι ποιο σημείο, όμως, ήταν διατεθειμένος να φτάσει; Θα μπορούσε η συμπεριφορά του να εκτροχιαστεί και να θέσει ίσως σε κίνδυνο τη σωματική της ακεραιότητα; Ίσως τελικά να ήταν σκόπιμο να ενημερώσει την οικογένεια της σχετικά με τα τεκταινόμενα. Είχε ανάγκη τη συμβουλή και την καθοδήγηση τους, πιο πολύ από ποτέ. Κάτι τέτοιο όμως θα προκαλούσε μια αλυσίδα αντιδράσεων, αντιδράσεων ανεπιθύμητων. Η ανησυχία και η αγωνία τους θα εκτινάσσονταν στα ύψη και θα απαιτούσαν την άμεση επιστροφή της στο χωριό. Πιθανότερη κατάληξη θα ήταν να υποκύψει στις πιέσεις τους και να γυρίσει πίσω στην ασφάλεια της οικογενειακής θαλπωρής, πίσω στο νησί της που με τόσο πόνο είχε εγκαταλείψει για το δικό της καλό. Θα ήταν ειρωνεία το δικό της καλό να την ανάγκαζε να πισωγυρίσει και πάλι στο σημείο της αφετηρίας. Αρκούσε, λοιπόν, να απευθύνει στον εαυτό της μοναχά ένα ερώτημα για να καταλήξει τελικά αν θα έπρεπε να αποκρύψει ή όχι όσα διαδραματίζονταν στο διαμέρισμα της. Την είχαν φοβίσει τόσο ο λευκός φάκελος και η ευχή στον καθρέφτη ώστε να επιλέξει την εναλλακτική της ασφυκτικής 'φυλακής' του Πέτρου; Όλες οι προσπάθειες απόδρασης από τα πνιγηρά 'δεσμά' του θα αποδεικνύονταν μάταιες στη στιγμή! Η απόφαση ήρθε γρήγορα και ήταν οριστική. Τα χείλη της θα παρέμεναν κλειστά κρατώντας κρυφή την περίεργη πραγματικότητα της καινούριας της ζωής, κρυφή σαν επτασφράγιστο μυστικό.

Η έκβαση των συλλογισμών της, η απόφαση της να κρατήσει τους δικούς της στην άγνοια, αναίρεσε ταυτόχρονα και άμεσα κάθε προβληματισμό και σκέψη σχετικά με την προοπτική ενημέρωσης των Αστυνομικών Αρχών για το ζήτημα. Ακόμη και αν η ίδια θα προτιμούσε να μην εμπλακούν οι δικοί της σε εκείνη την ιστορία, η Αστυνομία θα τους καθιστούσε υποχρεωτικά ενήμερους των γεγονότων. Η συνήθης διαδικασία της έρευνας θα απαιτούσε τη συνεργασία τους και την παροχή πληροφοριών που θα μπορούσαν ενδεχομένως να αποδειχτούν χρήσιμες. Προς απογοήτευση της, δεν υπήρχε τρόπος αποφυγής της ανάμειξης της οικογένειας της στην περίπτωση γνωστοποίησης των γεγονότων στις αρμόδιες Αρχές. Πλήρης μυστικότητα ήταν λοιπόν η μόνη επιλογή της, μυστικότητα που την ανάγκαζε να διαλευκάνει εκείνη την υπόθεση χωρίς την παραμικρή βοήθεια.

Ένα πικρό χαμόγελο σχηματίστηκε δειλά πάνω στα σφιγμένα της χείλη. Ο έρωτας της ζωής της, ο μοναδικός άνθρωπος που αγάπησε τόσο βαθιά, όριζε ακόμη τις αποφάσεις της αν και από χιλιόμετρα μακριά. Ήταν η δική του σκέψη που την είχε πείσει πως ήταν μακράν προτιμότερο να μην μοιραστεί με κανέναν την ταραχή και τις υποψίες της και να αντιμετωπίσει ολομόναχη τις προθέσεις του ενδεχομένως παρανοϊκού επισκέπτη της. Με εκείνο το πικρό χαμόγελο στο πρόσωπο της και με το ποτήρι του ουίσκι στα χέρια της έμεινε για ώρες ακίνητη πάνω στον καναπέ του σαλονιού.

Το πρώτο, αχνό φως της επόμενης ημέρας την βρήκε βυθισμένη βαθιά πάνω στον ίδιο καναπέ. Η βρεγμένη πετσέτα του ντους είχε τυλιχτεί γύρω από το σώμα της ασφυκτικά και πίεζε έντονα το στήθος της. Τα πυκνά μαλλιά της, ακόμη υγρά, σχημάτιζαν βαριές μπούκλες που έπεφταν στο μέτωπο και τους ώμους της. Τα μάτια της, στεγνά από την αϋπνία, νωχελικά καρφωμένα στο ρολόι του τοίχου, την ενημέρωναν πως είχε στη διάθεση της ακόμη λίγο χρόνο ανάπαυσης. Η ώρα ήταν μόλις έξι το πρωί.

Παρότι είχε ξημερώσει εκείνη είχε καταφέρει να αποκοιμηθεί μόνο για λίγο. Η ένταση και τα ανάμεικτα συναισθήματα του φόβου και του θυμού δεν της επέτρεψαν να ηρεμήσει. Ο ύπνος της ήταν σύντομος αλλά αρκετά γαλήνιος. Παρά την αναστάτωση των τελευταίων ωρών, η άμυνα του οργανισμού της την ταξίδεψε σε ένα υπέροχο όνειρο. Το πιο γλυκό όνειρο που είχε δει ποτέ. Η εικόνα παγωμένη στο πρόσωπο του Πέτρου με ορατή κάθε λατρεμένη λεπτομέρειά του. Τα καλοσχηματισμένα χείλη του χαμογελούσαν μόνο για εκείνη ενώ τα γκρίζα μάτια του, με ένα βλέμμα διαπεραστικό, συνέθλιβαν την καρδιά της σε χίλια κομμάτια. Σε εκείνο το όμορφο πρόσωπο συγκεντρώνονταν η ουσία και το νόημα ολόκληρης της ζωής της. Μπορεί το μυαλό της, υπακούοντας στη λογική της αυτοσυντήρησης, να αρνούνταν πεισματικά να φιλοξενήσει τη σκέψη του αλλά το υποσυνείδητο της λειτουργούσε ακόμη με τους δικούς του κανόνες. Η ψυχή της είχε γεμίσει τόσο από την όψη του που δάκρυα καημού κυλούσαν στα μάγουλα της. Χρειάστηκε αρκετή προσπάθεια μέχρι να επανέλθει στην ωμή πραγματικότητα. Ανοίγοντας διάπλατα τα παραθυρόφυλλα του σαλονιού αντίκρισε το γλυκοχάραμα της καινούριας ημέρας να σκεπάζει τη γειτονιά της σαν πέπλο αραχνοΰφαντο, θολό. Θολό όπως και το προβληματισμένο της μυαλό.

Μετά το πρώτο φλιτζάνι καφέ, η αποφασιστικότητα της είχε ενεργοποιηθεί. Ήταν καθ' όλα έτοιμη να ασχοληθεί σε βάθος με εκείνη την ιστορία, να αναλύσει στον απαιτούμενο βαθμό τις εμπλεκόμενες προσωπικότητες ώσπου να ανακαλύψει τον ένοχο. Ένιωθε αισιόδοξη πως η λογική της θα την οδηγούσε στον υπαίτιο εκείνης της φαρσοκωμωδίας και πως αργά ή γρήγορα θα τον καθιστούσε, δίχως έλεος, υπόλογο για τις πράξεις του. Υποψιασμένη πια, όφειλε να εκμεταλλευτεί στο έπακρο τη διορατικότητα της και να εξετάσει ενδελεχώς τους δύο υπόπτους. Διαθέτοντας υψηλό δείκτη νοημοσύνης, ήλπιζε πως λίγη παραπάνω παρατηρητικότητα θα απέφερε τα επιθυμητά αποτελέσματα. Ταυτόχρονα, η ίδια θα παρέμενε συνετά διακριτική στη συμπεριφορά της ώστε να μην αποκαλυφθεί το απώτερο σχέδιο της. Η άνεση που είχε στη σχέση της με τον Κωνσταντίνο της πρόσφερε κάποιο περιθώριο λάθους. Κάτι ανάλογο όμως δεν ίσχυε και στην περίπτωση του Άγγελου.

«Τομέας Αλληλογραφίας» εξακολουθούσε να αναγράφει η μεταλλική ταμπέλα πάνω στην κλειστή πόρτα του γραφείου της. «Τομέας Διπροσωπίας θα ήταν ένας ακριβέστερος χαρακτηρισμός» σκεφτόταν εκνευρισμένη η Ζωή όση ώρα στέκονταν έξω από το γραφείο προσπαθώντας να συγκεντρώσει την ψυχραιμία της προτού αντικρίσει τον Προϊστάμενο της. Τον καλημέρισε με μια αφοπλιστική άνεση και απλότητα. Σαν να μην συνέβαινε απολύτως τίποτα.

«Καλημέρα. Πώς νιώθει το κορίτσι μου σήμερα;» αποκρίθηκε εκείνος εξίσου φυσιολογικά. Το «αστέρι» είχε ξαφνικά αναβαθμιστεί σε «κορίτσι του»!

«Φανταστικά».

«Να υποθέσω, λοιπόν, πως όλα κύλησαν όμορφα χτες; Χαίρομαι και παράλληλα ζηλεύω που δεν ήμουν παρών».

«Ήταν μια καταπληκτική βραδιά από την αρχή ως το τέλος της. Σε ευχαριστώ για τα υπέροχα λουλούδια. Με εξέπληξες ευχάριστα».

«Ακόμη δεν έχεις δει τίποτα...» μουρμούρισε εκείνος. Η φωνή του ήταν ψιθυριστή αλλά η Ζωή κατάφερε να διαβάσει τις λέξεις που σχημάτισαν τα μισόκλειστα χείλη του. Λέξεις που της προκάλεσαν ταχυκαρδία. Θα έπρεπε να νιώσει απειλή ή, μήπως, η κουβέντα που ξεστόμισε ο Άγγελος ήταν απλά μια υπόσχεση διεκδίκησης του ενδιαφέροντος της; Θα το μάθαινε σύντομα. Τα ψιθυριστά εκείνα λόγια του την έπεισαν στη στιγμή πως δεν υπήρχε λόγος αναβολής του σχεδίου της. Έπρεπε να τον γνωρίσει καλύτερα το συντομότερο δυνατό έξω από τα στεγανά του γραφείου, για να βεβαιώσει την ενοχή ή την αθωότητα του.

«Η δική σου βραδιά πώς κύλησε;» τον ρώτησε, δίνοντας συνέχεια στη συζήτηση τους.

« Ένα δείπνο με τους τρεις μεγαλομετόχους της εφημερίδας και μια ολονύχτια συζήτηση για ποσοστά και στοχοποιήσεις την κατέστρεψαν ανεπανόρθωτα. Χρειάζομαι επειγόντως λίγη διασκέδαση!»

«Τι κάνεις απόψε;» τον αιφνιδίασε. Ο τόνος της φωνής, σκόπιμα προκλητικός, τον έκανε να σαστίσει. Έστρεψε το βλέμμα του προς τη μεριά της. Δευτερόλεπτα σιωπής. Η έκπληξη στα μάτια του προμήνυε πως θα αργούσε να συντάξει μια ολοκληρωμένη πρόταση.

«Η ανθοδέσμη σου αξίζει καλύτερο κέρασμα από μια πάστα σοκολάτα» πήρε τη σκυτάλη και πάλι η Ζωή.

«Είμαι στη διάθεσή σου. Εξάλλου, σου υποσχέθηκα πως θα αποδεχόμουν την επόμενη πρόσκλησή σου με μεγάλη χαρά». Είχε καταφέρει να ξαναβρεί τα χαμένα λόγια του αλλά το ροδοκόκκινο πρόσωπο του εξακολουθούσε να προδίδει την αμηχανία του.

«Να σε περιμένω στις 9; Τη διεύθυνσή μου την γνωρίζεις ήδη».

«Θα είμαι εκεί».

Το ραντεβού τους είχε πια κανονιστεί και, έτσι, η συνομιλία τους ανέκτησε και πάλι, σταδιακά, την επαγγελματική χροιά της. Η ατμόσφαιρα μεταξύ τους ήταν ιδιαίτερα ευχάριστη για τις επόμενες ώρες. Η γοητεία του Άγγελου έμοιαζε να είναι πιο ζωηρή από ποτέ μετά την θετική ανταπόκριση της Ζωής στα πρώτα σημάδια του ενδιαφέροντός του. Τίποτα ύποπτο ή περίεργο δεν κατάφερε να διακρίνει εκείνη στη συμπεριφορά του. Μονάχα ενθουσιασμό και αδημονία για την επικείμενη συνάντησή τους.

Το αναλογικό τηλέφωνο πάνω στο γραφείο του άρχισε να κουδουνίζει επίμονα. Μετά από μια ολιγόλεπτη συνομιλία, κατέβασε το ακουστικό αναστενάζοντας βαριεστημένα.

«Επείγουσα εξωτερική δουλειά παρέα με τον αξιαγάπητο Διευθυντή μας». Την αποχαιρέτισε με ένα γλυκό χαμόγελο ανανεώνοντας το ραντεβού τους για τις εννιά.

Ακριβώς στις εννιά, το μαύρο τζιπ του Άγγελου, έστριψε αργά στο μονόδρομο που οδηγούσε στο διαμέρισμα της Ζωής. Κρυφοκοιτάζοντας ανυπόμονα από τη μισόκλειστη κουρτίνα του σαλονιού, τον είδε να παρκάρει προσεκτικά στην άκρη του δρόμου και να πιέζει το κλάξον, ειδοποιώντας την για την άφιξή του. Τα πόδια της μπλέχτηκαν αναμεταξύ τους στη βιασύνη της να τον συναντήσει και λίγο έλειψε να σωριαστεί στο μαρμάρινο πάτωμα του σαλονιού. Ανυπομονούσε να θέσει σε εφαρμογή το σχέδιό της. Αφού βεβαιώθηκε, μειδιώντας, πως όλα τα φώτα ήταν σβηστά και αφού κλείδωσε την πόρτα δυο φορές, κατευθύνθηκε, τρέχοντας σχεδόν, προς το πεζοδρόμιο.

«Είσαι μια κούκλα! Τιμή μου που θα σε συνοδεύσω απόψε!» Πράγματι, ο Άγγελος είχε κάθε λόγο να έχει μείνει έκθαμβος από την εμφάνιση της. Οι συντηρητικές ενδυματολογικές επιλογές που συνήθιζε για τις εμφανίσεις της στο γραφείο είχαν απορριφθεί για εκείνη την έξοδο. Ένα ανάλαφρο, κίτρινο φόρεμα αναδείκνυε ιδανικά την υπέροχη σιλουέτα της, ανεμίζοντας παιχνιδιάρικα σε κάθε της βήμα. «Σε ευχαριστώ». Δεν του ανταπέδωσε το κομπλιμέντο αν κι εκείνος ήταν εξίσου εντυπωσιακός. Το λευκό, λινό πουκάμισο του σε συνδυασμό με το ανοιχτόχρωμο μπλουτζίν τον κολάκευαν πολύ και τα σκουρόχρωμα μαλλιά του, πλασμένα όμορφα κάτω από αρκετή ποσότητα τζελ, γυάλιζαν στο φεγγαρόφωτο. Ένας κομψός καβαλιέρος για μια υπέροχη δεσποινίδα.

Μετά τη συγκατάθεση της Ζωής, ο Άγγελος ήταν αυτός που επέλεξε τον προορισμό τους αφού προηγουμένως, χάριν ευγένειας, της είχε ζητήσει να προτείνει κάποιο, αγαπημένο της ίσως, μέρος. Ήταν όμως ελάχιστος ο καιρός που βρίσκονταν στην πόλη και δεν είχε προλάβει να την γνωρίσει αρκετά καλά ώστε να είναι σε θέση να έχει ιδιαίτερες προτιμήσεις. Η χαλαρή ατμόσφαιρα του πιάνο- μπαρ με το ρομαντικό φωτισμό και την απαλή μουσική την αντάμειψαν και με το παραπάνω για την εμπιστοσύνη που του είχε δείξει. Καθισμένοι αντικριστά σε ένα τραπεζάκι για δυο, αφοσιώθηκαν σε μια κουβέντα αδιάλειπτων ερωταπαντήσεων που για κάθε έναν από τους δύο συνομιλητές είχαν διαφορετικό κίνητρο και σκοπό. Ο Άγγελος είχε παρασυρθεί από την επιθυμία να γνωρίσει καλύτερα το κορίτσι που φώτισε απρόσμενα το μονότονο εργασιακό του περιβάλλον αλλά και την καθημερινότητα του ενώ η Ζωή κόπιαζε να εντοπίσει μια διεστραμμένη προσωπικότητα μεταμφιεσμένη σε έναν συμπαθέστατο νεαρό.

Τα συμπεράσματα που τόσο προσηλωμένη αναζητούσε η Ζωή σχηματίστηκαν με ανέλπιστη ευκολία. Απόλυτα ισορροπημένο θα τον χαρακτήριζε χωρίς δεύτερη σκέψη. Η συναναστροφή μαζί του δεν πρόδωσε κανένα σημάδι διαταραχής ή ανάρμοστης συμπεριφοράς. Μήπως, όμως, εκείνη η εντύπωση που της είχε δημιουργηθεί ήταν μονάχα το αποτέλεσμα μιας σκόπιμης χειραγώγησης του μυαλού της από έναν ευφυέστατο σχιζοφρενή; Η παρουσίαση των περιεχομένων του ως τότε 'βιογραφικού' του μαρτυρούσε πάντως τα άκρα αντίθετα. Απόγονος μιας εξαιρετικά εύπορης οικογένειας από τη Σμύρνη, της αφηγούνταν ένα παρελθόν που έμοιαζε να είναι βγαλμένο από τις σελίδες κάποιου βιβλίου. Ισορροπημένα παιδικά χρόνια, πλούσια σε αγάπη και στοργή, και μια εφηβεία γεμάτη εικόνες φυσιολογικές, συνηθισμένες. Λίγα χρόνια αργότερα, όντας εφοδιασμένος πια με μια αξιόλογη μόρφωση και ταυτόχρονα προικισμένος από μικρός με το πολύτιμο ταλέντο της επικοινωνίας και το χάρισμα της ομορφιάς, το μέλλον του διαγράφονταν λαμπρό στον ορίζοντα. Η άνοδος του στις υψηλότερες θέσεις της ιεραρχίας στην εφημερίδα ήταν αναμενόμενη απόρροια των προσόντων του. Πέρα όμως από την πνευματική του καλλιέργεια και τους λεπτεπίλεπτους τρόπους, ο άνθρωπος αυτός είχε μια εξαιρετικά ανεπτυγμένη συναισθηματική ικανότητα και ευαισθησία.

Η πρωταρχική, αναγνωριστική συζήτηση τους δεν άργησε πολύ να μετατραπεί σε μια πιο οικεία και προσωπική κουβέντα. Ο Άγγελος με αξιοθαύμαστη αυτοπεποίθηση ξετύλιξε θαρραλέα τα αισθήματα του για τη Ζωή ως όφειλε κάθε ειλικρινής άντρας. Της περιέγραψε με συγκίνηση τον τρόπο με τον οποίο επηρέασε τη ζωή του η εμφάνιση της στο γραφείο και δήλωσε απερίφραστα το έντονο ενδιαφέρον του. Τα μετρημένα λόγια του και το ταπεινό του ύφος καθ' όλη τη διάρκεια της εξομολόγησης έκαναν το ανακριτικό της έργο να μοιάζει αβάσιμο, παράλογο και αδικαιολόγητο.

«Ως που θα έφτανες για να κερδίσεις μια γυναίκα;» τον ρώτησε και, κρατώντας ασυναίσθητα την ανάσα της, ανέμενε την απάντηση του. Κρίσιμο το σημείο της κουβέντας.

«Θα θυσίαζα ευχαρίστως τον εγωισμό μου και θα έκανα τα πάντα για την φέρω κοντά μου. Έχω μάθει να υπακούω άνευ όρων στις εντολές της καρδιάς μου και να μην αφήνω τίποτα να σταθεί εμπόδιο στις επιδιώξεις μου. Δεν θα σταματούσα πουθενά, λοιπόν, μέχρι να της αποδείξω πόσο μοναδική είναι για μένα». Το βλέμμα του είχε αποκτήσει μια ανεξήγητη, απρόβλεπτη ένταση και η γλυκύτητα της φωνής του είχε υποχωρήσει δίνοντας τη θέση της σε μια πιο παθιασμένη χροιά.

Ενώ είχε αρχίσει να αποδυναμώνεται από ώρα η πιθανότητα να είναι ο Άγγελος ο εμπνευστής των μηνυμάτων, η τελευταία του δήλωση τα ανέτρεψε όλα. Η Ζωή αντιλήφθηκε, ακούγοντας τα τελευταία λόγια του, πως η ψυχική σταθερότητα που εξωτερίκευε σε όλες τις εκφάνσεις της καθημερινής του ζωής θα υποχωρούσε εύκολα, σαν φλόγα από κερί στο φύσημα του αγέρα, μπροστά σε μια ερωτική πρόκληση. Η ευμετάβλητη ψυχοσύνθεση του είχε πια αποκαλυφθεί. Ο Άγγελος ήταν ικανός για όλα, στο κάλεσμα της καρδιάς του.

«Σου ζητώ μόνο μια ευκαιρία για να σου αποδείξω ότι όσα λέω είναι απλά η αλήθεια. Δεν μπορείς ούτε να υποψιαστείς τι είμαι ικανός να κάνω. Είμαι διατεθειμένος να περιμένω όσο χρόνο χρειαστεί» συνέχισε επιδεικτικά, θεωρώντας πως τα λόγια αυτά λειτουργούσαν υπέρ του. Θα περίμενε όμως για αρκετό καιρό. Η Ζωή επιθυμούσε αρχικά να αποκρυπτογραφήσει ορθά τον κώδικα της συμπεριφοράς του και για να γίνει αυτό ήταν απαραίτητο να έχει στη διάθεση της επαρκές χρονικό περιθώριο.

«Πώς θα αντιδρούσες σε μια ενδεχόμενη απόρριψη; Ξέρεις πότε πρέπει να υποχωρείς;» ρώτησε και πάλι, αναζητώντας περισσότερα στοιχεία σχετικά με την κατακτητική του επιμονή και μαεστρία.

«Ελάχιστοι έρωτες έχουν σημαδέψει τη ζωή μου, έρωτες που μέχρι στιγμής κανείς τους δεν κατάφερε να μου αντισταθεί. Δεν το λέω για να παινευτώ. Το λέω γιατί είναι η αλήθεια. Δεν έχω βιώσει ακόμη την άρνηση μιας γυναίκας. Καταλαβαίνεις, λοιπόν, πως δεν είμαι σε θέση να απαντήσω στο ερώτημα σου».

Η βραδιά επιφύλασσε πολλά ακόμη αμφίσημα μηνύματα. Η εικόνα που είχε δημιουργηθεί στο μυαλό της για τον αινιγματικό της συνοδό δεν ήταν όσο ξεκάθαρη θα ήθελε. Ίσως τα πομπώδη λόγια που επέλεγε να χρησιμοποιήσει να ήταν λεκτικά τεχνάσματα για να της προκαλέσει ενθουσιασμό. Ίσως πάλι να ήταν προμηνύματα της αποκάλυψης της διχασμένης του προσωπικότητας.

Η φιάλη με το λευκό κρασί έστεκε άδεια πάνω στο τραπεζάκι. Μέσα στο μισοσκόταδο, μοναδική ένδειξη ζωής ο σερβιτόρος που τακτοποιούσε βιαστικά τα τραπεζοκαθίσματα για την επόμενη ημέρα. Είχαν απομείνει μόνοι τους, οι τελευταίοι πελάτες του καταστήματος, παρασυρμένοι από τη δίνη της συζήτησης. Με ένα απαλό νεύμα προς την κατεύθυνση της πόρτας, η Ζωή πρότεινε έμμεσα να ολοκληρώσουν τη βραδιά. Λίγη ώρα αργότερα, ο Άγγελος την καληνύχτισε διακριτικά ανοίγοντας την πόρτα του τζιπ και απλώνοντας το χέρι του για να την βοηθήσει να κατέβει. Απαγόρευσε στον εαυτό του να γίνει πιο διαχυτικός από φόβο μήπως της προκαλούσε κάποιο αίσθημα πίεσης. Κρατήθηκε σε απόσταση. Συνετά.

«Πέρασα υπέροχα. Σε ευχαριστώ. Ελπίζω να το επαναλάβουμε σύντομα» της είπε σιγανά.

Με μια σκέτη αλλά υποσχετική καληνύχτα, η Ζωή απέφυγε να σχολιάσει την πρόταση του. Προχώρησε προς την είσοδο της πολυκατοικίας καθώς έβλεπε τα φώτα του τζιπ του να ξεμακραίνουν στο στενό. Ποιος ήταν πραγματικά εκείνος ο νεαρός; Ίσως το όνειρο κάθε γυναίκας, ίσως και ο χειρότερος εφιάλτης της. Με έναν αναστεναγμό ανακούφισης προχώρησε μέσα στο διαμέρισμα της. Ανακούφιση που τα πάντα έμοιαζαν φυσιολογικά, ακριβώς όπως τα είχε αφήσει φεύγοντας. Φώτα σβηστά, πόρτα κλειδωμένη. Κανένα ύποπτο σημάδι δεν εντόπισε το προνοητικά ερευνητικό της βλέμμα. Ήταν τόση η εξάντληση της από το ξενύχτι της προηγούμενης βραδιάς που δεν θα άντεχε την παραμικρή φόρτιση, τον παραμικρό προβληματισμό για ακόμη ένα βράδυ. Ύπνος της χρειάζονταν, ύπνος και ηρεμία. Έσυρε τα πόδια της βαριά ως την κουζίνα. Το λευκό κρασί είχε προκαλέσει ενοχλήσεις στο στομάχι της και ο μόνος τρόπος για να ησυχάσει ήταν ένα ποτήρι γάλα. Απολαμβάνοντας το με μια κουταλιά ζάχαρη, γεμάτη ως επάνω, συνειδητοποίησε πως ουσιαστικά ήταν ικανοποιημένη από την εξέλιξη της συνάντησης της με τον Άγγελο. Τα μπερδεμένα λόγια του ίσως να μην είχαν επιτρέψει στη ζυγαριά της κρίσης της να γείρει ξεκάθαρα προς την αθωότητα ή την ενοχή του αλλά ήταν βέβαιη πως, αργά ή γρήγορα, η αλήθεια θα έβγαινε στο φως. Η αρχή είχε γίνει. Στο μεταξύ, η διαδικασία της γνωριμίας τους με σκοπό την εξεύρεση της λύσης του μυστηρίου προβλέπονταν αρκετά ευχάριστη καθώς ο Άγγελος είχε αποδειχτεί να 'ναι εντυπωσιακά αξιόλογος και ενδιαφέρων.

Γλίστρησε μέσα στο ντελικάτο νυχτικό της και ξάπλωσε στο αφράτο στρώμα του κρεβατιού της. Ξαπλωμένη ανάσκελα, με τα χέρια της δεμένα πίσω από το κεφάλι και το βλέμμα της στραμμένο στο ταβάνι του δωματίου, προσπαθούσε να αδειάσει το μυαλό της από κάθε σκέψη. Διψούσε για ύπνο, αποζητούσε χαλάρωση. Η επόμενη ημέρα θα ήταν αφιερωμένη στον Κωνσταντίνο και το σχέδιο που είχε ετοιμάσει για εκείνον έπρεπε να τεθεί σε εφαρμογή από το πρωί.

5

Το επόμενο πρωινό, ημέρα Παρασκευή, χουζουρεύοντας στο κρεβάτι και πριν καλά – καλά ανοίξει τα μάτια της, σχημάτισε στο κινητό της το νούμερο του Κωνσταντίνου. Γνώριζε πως θα ήταν δύσκολο να του μιλήσει αργότερα, κατά τη διάρκεια της εργασίας της και ήθελε να προλάβει ελεύθερο το πρόγραμμά του για να κανονίσει το πολυπόθητο ραντεβού. Όλα ήταν σχεδιασμένα λεπτομερώς μέσα στο μυαλό της. Με ένα ζευγάρι κατασκοπευτικά γυαλιά και ένα μπλοκ σημειώσεων δεν θα είχε τίποτα να ζηλέψει από τους πιο διάσημους ντετέκτιβ!

«Καλώς την μου!» Η ενθουσιώδης φωνή του Κωνσταντίνου δεν την εξέπληξε καθόλου. Πάντοτε της επιφύλασσε θερμότατη υποδοχή.

«Καλημέρα, Κωνσταντίνε μου. Δεν πιστεύω να σε ξύπνησα!»

«Θα ήταν το πιο ευχάριστο ξύπνημα… Δυστυχώς, είμαι στο πόδι από ώρα. Που χάθηκες εσύ, μου λες;». Αν και είχαν συναντηθεί μόλις προχτές, ο Κωνσταντίνος αισθανόταν αφύσικα έντονη την απουσία της. Ίσως να υπέθετε πως οι συναντήσεις τους θα ήταν συχνότερες τώρα που βρίσκονταν πια στην ίδια πόλη.

«Χάθηκα, ε; Γι' αυτό σου τηλεφωνώ. Αναρωτιόμουν μήπως είσαι διαθέσιμος απόψε».

«Και απόψε και κάθε βράδυ για την αγαπημένη μου Ζωή». Η αθώα ειλικρίνεια του άξιζε βραβείο. «Έχεις κάτι συγκεκριμένο να προτείνεις;»

«Η αλήθεια είναι πως κάτι έχω σκεφτεί».

«Δεκτό. Πες μου μόνο που και πότε».

«Στο σπίτι σου, στις 8».

«Ανυπομονώ. Τα λέμε από κοντά».

Η ευκολία χειρισμού του ανυποψίαστου σπιτονοικοκύρη της βοήθησε ώστε το πρόγραμμα της να λειτουργήσει σαν ένα καλοκουρδισμένο ρολόι. Στην καρδιά της αναδύθηκε δειλά ένα σύννεφο ενοχής λόγω της σκοπιμότητας της πρότασης της αλλά, ως γνωστόν, ο σκοπός αγιάζει τα μέσα. Η επιλογή της να συναντηθούν στο σπίτι του δεν είχε σταθεί απόρροια κάποιου επιπόλαιου και τυχαίου σκεπτικού. Μόνο εκεί θα ήταν εφικτή η δημιουργία της κατάλληλης ατμόσφαιρας που θα διευκόλυνε την εκμαίευση των απαντήσεων που ζητούσε να ακούσει από τα χείλη του.

Δύο αδυναμίες είχε ο αγαπημένος της φίλος και η Ζωή σκόπευε να τις εκμεταλλευτεί στο έπακρο και τις δυο. Πρώτη αδυναμία, το αλκοόλ. Εξαιρετικά νομοταγής πολίτης και συνετός οδηγός, ο Κωνσταντίνος απέφευγε τα αλκοολούχα ποτά σε κάθε έξοδο του, όπως ο διάβολος το λιβάνι. Ποτέ του δεν συνδύαζε 'οινόπνευμα' και οδήγηση από φόβο για τα ριψοκίνδυνα παρεπόμενα μιας τέτοιας μίξης. Ακόμη και στον εορτασμό των γενεθλίων της Ζωής δεν ήπιε ούτε μια γουλιά. Κατά τη διάρκεια του δείπνου προτίμησε ένα δροσερό αναψυκτικό και στη συνέχεια σόδα με στυμμένο λεμόνι. Ο οργανισμός του δεν ήταν συνηθισμένος στην καταλυτική επίδραση του ποτού και οι άμυνες του γκρεμίζονταν σαν χάρτινοι πύργοι ακόμη και με ελάχιστη ποσότητα αλκοόλ. Εφόσον, όμως, το σκηνικό της συνάντησης τους θα διαδραματιζόταν στο σπίτι του δεν θα δίσταζε, με λίγη παραπάνω παρότρυνση από τη Ζωή, να απολαύσει κανάδυο ποτηράκια. Το αυτοκίνητό του θα παρέμενε ακινητοποιημένο όλη τη βραδιά και έτσι η 'ποτοαπαγόρευση' που είχε επιβάλει στον εαυτό του θα μπορούσε να πάψει να ισχύει προσωρινά. Η Ζωή χαμογελούσε στη σκέψη πως ένα μπουκάλι ουίσκι Καρντού θα μετατρέποντο στο 'φονικό' της όπλο. Παραδομένος στην ανεξέλεγκτη δίνη της ζάλης, ο Κωνσταντίνος θα απαντούσε πρόθυμα ακόμη και στις πιο αδιάκριτες ερωτήσεις της και θα φανέρωνε όλα τα μυστικά του.

Εκτός από το εκλεκτό ουίσκι, η Ζωή θα κρατούσε ακόμη ένα 'πεσκέσι' για τον ευγενικό οικοδεσπότη της, ένα δώρο άρρηκτα συνδεδεμένο με τη δεύτερη του αδυναμία. Από την πρώτη στιγμή της γνωριμίας τους, χρόνια πριν, ήταν πρόδηλο πως ο Κωνσταντίνος ήταν ένας νεαρός αθεράπευτα ρομαντικός. Πιστός λάτρης της μεγάλης αλλά και της μικρής οθόνης, απολάμβανε σε κάθε ευκαιρία κινηματογραφικά αριστουργήματα που εξυμνούσαν τον θρύλο της παντοτινής αγάπης. Γνωρίζοντας καλά την αγαπημένη του ταινία, θα εξασφάλιζε μια βραδιά ιδιαίτερης συγκίνησης. Ο συνδυασμός ρομαντισμού και μέθης θα μεταμόρφωνε τον Κωνσταντίνο σε ένα εύκαμπτο κομμάτι πλαστελίνης παραδομένο μέσα στα δυο της χέρια.

Πετάχτηκε από το κρεβάτι ξεκούραστη και ζωηρή. Οι ενοχλήσεις στο στομάχι της είχαν εξαφανιστεί και ένιωθε το σώμα της ανάλαφρο. Κατευθύνθηκε προς το μπάνιο για να πλυθεί και να μακιγιαριστεί. Είχε συνηθίσει πλέον την πρωινή διαδικασία προετοιμασίας για τη δουλειά και οι κινήσεις της ήταν εντελώς μηχανικές. Καθώς πούδραρε τα ζυγωματικά της, άκουσε το κινητό της να χτυπά πάνω από το κομοδίνο της κρεβατοκάμαρας. «Ελπίζω να μην μου ακυρώσει ο Κωνσταντίνος το ραντεβού» σκέφτηκε, τρέχοντας να απαντήσει.

«Καλημερούδια!» Η ολοζώντανη φωνή της αδερφής της ανέβασε ακόμη περισσότερο τη διάθεσή της.

«Καλημέρα Ηρώ μου!»

«Δεν είμαι η Ηρώ. Μπορείς να με αποκαλείς Επιθεωρητή Κλουζώ. Ο μπαμπάς μας, από χτες, με ζαλίζει για να σου μιλήσω και να απομυζήσω όλες τις λεπτομέρειες από τη νύχτα των γενεθλίων σου. Αλλά και από την υπόλοιπη καθημερινότητά σου. Έπειτα από ένα βασανιστικό πιπίλισμα του εγκεφάλου μου, τα κατάφερε. Λοιπόν, πώς τα πέρασες; Ήταν όλα υπέροχα; Γενικά πώς τα περνάς; Μήπως έχει προκύψει κάποιος λόγος γενικότερης ανησυχίας;»

«Όλα ήταν καταπληκτικά. Μπορείς να διαβεβαιώσεις με κάθε επισημότητα τον επίμονο μπαμπά μας πως μπορεί να κοιμάται ήσυχος. Η κόρη του είναι ασφαλής. Να μην ξεχνάει ότι έχω και τον Κωνσταντίνο εδώ που με προσέχει». Αυτό το τελευταίο επιχείρημα ακούστηκε αστείο στα αυτιά της με δεδομένη την κατάσταση που επικρατούσε. Ήξερε, όμως, ότι ο πατέρας της έτρεφε ιδιαίτερη εκτίμηση για τον συγκεκριμένο νεαρό και πως η αναφορά του ονόματος του και μόνο θα τον καθησύχαζε με έναν τρόπο μαγικό.

«Θα μεταβιβάσω τις πληροφορίες πάραυτα» είπε με αυστηρό τόνο η Ηρώ.

«Είσαι τρελή, το ξέρεις;» την πείραξε η Ζωή.

«Δεν μπορώ να το αποφύγω. Δεν μπορείς να φανταστείς την ανησυχία τους, τώρα που λείπεις. Έχει ξεπεράσει κάθε όριο, κάθε λογική».

«Βασίζομαι σε εσένα για να τους ηρεμείς. Με τον Κωνσταντίνο βρισκόμαστε συχνά και ξέρω ότι μπορώ να ζητήσω τη βοήθεια του σε ότι χρειαστώ. Σήμερα θα συναντηθούμε και πάλι».

«Θα βγείτε βόλτα;»

«Όχι, απόψε θα τον επισκεφτώ εγώ για πρώτη φορά στο σπίτι του. Του χρωστάω μια επίσκεψη. Θα βρεθούμε γύρω στις 8».

«Να μεταφέρεις τους χαιρετισμούς και τα φιλιά μου. Και κάτι ακόμη... Μου λείπεις αδερφούλα».

«Κι εμένα, πολύ. Δεν θέλω όμως να στενοχωριέσαι. Θα έρθω σύντομα να σας δω».

«Θα σε περιμένουμε. Πολλά φιλιά και καλή δουλειά».

Κλείνοντας το τηλέφωνο και επιστρέφοντας στο μπάνιο αντίκρισε τα χείλη της στον καθρέφτη κατακόκκινα και ελαφρώς πληγωμένα. Σε όλη τη διάρκεια της συνομιλίας της με την Ηρώ, τα δάγκωνε ασυναίσθητα, στην προσπάθεια της να συγκρατηθεί και να μην αποκαλύψει την αλήθεια για όσα είχαν συμβεί. Ένιωθε να πνίγεται που δεν μπορούσε να μιλήσει ούτε στην οικογένεια της. Δεν υπήρχε όμως άλλος τρόπος δράσης. Έπρεπε να μείνει πιστή στην απόφαση της. Χτένισε τα μαλλιά της και ξεκίνησε για τη δουλειά, αγωνιώντας για την ατμόσφαιρα που θα συναντούσε μετά τη χτεσινή έξοδο της με τον Άγγελο.

Χάρηκε ιδιαίτερα σαν αντιλήφθηκε ότι ο Προϊστάμενος της δεν έμπλεκε τα επαγγελματικά με τα προσωπικά ζητήματα. Τώρα μάλιστα, που είχε δρομολογηθεί η πιο προσωπική τους σχέση έξω από το γραφείο, έπαψε ακόμη και να την κοιτάει κρυφά, εν ώρα εργασίας. Δεν ρώτησε να μάθει καν τα σχέδια της για το βράδυ της Παρασκευής αλλά ούτε και για το Σαββατοκύριακο που κοντοζύγωνε. Γνώριζε πως θα ήταν λάθος εκ μέρους του η άσκηση πίεσης. Το οχτάωρο της κύλησε σαν νεράκι. Σχολώντας επισκέφτηκε την αγορά του κέντρου για να προμηθευτεί εγκαίρως τα προκαθορισμένα 'δώρα', προτού φτάσει η ώρα της επίσκεψης.

Η μονοκατοικία όπου διέμενε ο Κωνσταντίνος, παγιδευμένη ασφυκτικά ανάμεσα σε δύο δεκαόροφες οικοδομές, δημιουργούσε μια απολαυστική αντίθεση μέσα στο μονότονο γκρίζο της πόλης. Η καγκελωτή αυλόπορτα και ο σιδερένιος φράχτης έθεταν τα όρια μεταξύ του τσιμεντένιου περίγυρου και του τόσο διαφορετικά διαμορφωμένου χώρου του Κωνσταντίνου. Ο πολύχρωμος κήπος του σπιτιού, παραμυθένιος με τα μύρια ευωδιαστά λουλούδια του, αποτελούσε μια απολαυστική παραφωνία στην αρχιτεκτονική ασχήμια που επικρατούσε τριγύρω. Ποτέ στο παρελθόν δεν είχε τύχει η Ζωή να βρεθεί στο σπίτι του αλλά αυτό που έβλεπε μπροστά της ταίριαζε απόλυτα στην ευαίσθητη ιδιοσυγκρασία του ιδιοκτήτη του. Ένα παρόμοιο, ζεστό σπιτικό ονειρευόταν συχνά πως αποκτούσε με τον Πέτρο. Η ομοιότητα ήταν εκπληκτική. Θαρρείς και ο Κωνσταντίνος είχε ψηλαφίσει τα όνειρα της.

Πέντε μόλις τετράγωνα μακριά από το διαμέρισμα της, ήταν πολύ εύκολο να το εντοπίσει. Ακριβώς στις 8, έσυρε την επιβλητική καγκελόπορτα, διέσχισε τον κήπο και χτύπησε το κουδούνι. Ο Κωνσταντίνος, φορώντας την μαγειρική ποδιά του, άνοιξε αμέσως και την υποδέχτηκε με δυο φιλιά. Παρατηρώντας την απορημένη έκφραση στο πρόσωπο της, έσπευσε μεμιάς να εξηγήσει την περίεργη αμφίεση του.

«Σου έφτιαξα μερικά ορεκτικά. Καλώς ήρθες».

«Δεν το πιστεύω ότι μπήκες σε τέτοιο κόπο για χάρη μου!» Η Ζωή γνώριζε ότι η σχέση του με τη μαγειρική βρισκόταν ακόμη σε εμβρυϊκό στάδιο και εκτίμησε βαθύτατα την κίνηση του. Κρατώντας την απαλά από τη μέση, την οδήγησε στο σαλόνι.

«Το σπίτι σου είναι υπέροχο. Δεν περίμενα βέβαια κάτι λιγότερο» σχολίασε εγκάρδια δίνοντας του ευγενικά την περίτεχνη χαρτοσακούλα που κρατούσε στα δυο της χέρια.

«Δεν έπρεπε να μπεις σε έξοδα ομορφιά μου» την μάλωσε γλυκά.

«Όταν προσφέρεις δώρα, Κωνσταντίνε μου, πρέπει να μάθεις να τα δέχεσαι κιόλας. Δεν θα μπορούσα να έρθω πρώτη φορά στο σπίτι σου με τα χέρια μου αδειανά. Ντροπή».

«Το δέχομαι αλλά θα είναι η πρώτη και η τελευταία φορά. Βολέψου τώρα αναπαυτικά και πες μου τι θα ήθελες να πιεις».

«Το μπουκάλι που κρατάς μέσα στη σακούλα είναι, νομίζω, ιδανικό για την περίσταση. Ουίσκι της αρεσκείας σου. Απόψε μπορείς να πιεις άφοβα, αγαπητέ μου. Δεν πρόκειται να πάμε πουθενά». Η πρώτη σπόντα αιωρούνταν ήδη στον αέρα.

«Ότι πει το κορίτσι». Ανυποψίαστος ο Κωνσταντίνος χάθηκε για λίγο στην κουζίνα για να σερβίρει τα ποτά και τα ορεκτικά.

Τα μάτια της Ζωής επεξεργάζονταν τον χώρο γύρω της όση ώρα είχε απομείνει μόνη στο σαλόνι. Παρατηρούσε τη διακόσμηση προσεκτικά πιστεύοντας πως οι στιλιστικές επιλογές του Κωνσταντίνου θα της μαρτυρούσαν ίσως κάποια στοιχεία της ψυχοσύνθεσης του. Όλα ήταν τόσο όμορφα ταιριασμένα! Χρώματα χαρούμενα, υφάσματα απαλά, έπιπλα μοναδικά, όλα σε πλήρη αρμονία. Όπως και ο ιδιοκτήτης του σπιτιού. Τίποτα ανησυχητικό δεν ξεπρόβαλε μέσα από το ντεκόρ.

Σε λίγα λεπτά ο περιποιητικός οικοδεσπότης καθόταν δίπλα της στο καναπέ, υψώνοντας το ποτήρι του για μια πρόποση.

«Εύχομαι να ακολουθήσουν πολλές τέτοιες βραδιές. Η συντροφιά σου είναι ανεκτίμητη. Στην υγειά μας».

«Στην υγειά μας». Ακούμπησε απαλά το ποτήρι της πάνω στο δικό του. «Έχω κάτι ακόμη για σένα». Ανυπομονώντας να αντικρίσει την αντίδραση του Κωνσταντίνου, έβγαλε από την τσάντα της βιαστικά το δεύτερο πολύτιμο πακέτο που είχε προμηθευτεί για χάρη του. Τα μάτια της τον παρατηρούσαν σχολαστικά να σκίζει το ριγέ χαρτί περιτυλίγματος. Η αυτοκυριαρχία του θα κλονίζονταν συθέμελα στα επόμενα δευτερόλεπτα και η Ζωή ήθελε να απολαύσει το θέαμα.

Μια βουβή μελαγχολία ξεχύθηκε μέσα από τα μάτια του. Έστρεψε το συνοφρυωμένο βλέμμα του πάνω της σαν να της έλεγε «Γιατί μου το κάνεις αυτό;»

«Θέλεις να τη δούμε;» πρότεινε άμεσα η Ζωή, βέβαιη για την θετική απάντηση που θα λάβαινε. Ο Κωνσταντίνος, σιωπηλός, κουνώντας καταφατικά το κεφάλι του, γλίστρησε το δισκάκι της ταινίας στην αντίστοιχη υποδοχή της συσκευής κάτω από την τηλεόραση. Στο νου του εκτυλίσσονταν ξανά και ξανά όλες εκείνες οι αγαπημένες σκηνές που εκθείαζαν το μεγαλείο της ανιδιοτελούς αγάπης και του ασίγαστου έρωτα. Χαμήλωσε αισθητά το φωτισμό και βούλιαξε δίπλα της στον καναπέ. Σε λιγότερο από δύο ώρες, όσο ακριβώς διαρκούσε η ταινία, η ψυχολογία του θα αποτελούσε ιδανικό αντικείμενο χειραγώγησης από τη Ζωή.

Ήταν όντως μια ταινία συνταρακτική, ικανή να μαλακώσει τα πιο σκληρά και ακατέργαστα αισθήματα. Ήταν αδύνατο να μην παρασυρθείς από την ερμηνεία των πρωταγωνιστών. Τα χείλη του Κωνσταντίνου ανέδιδαν μια ανάσα ασθενική καθ' όλη τη διάρκεια της και άνοιγαν μόνο σε αναζήτηση μιας γουλιάς ουίσκι. Πίσω από το γυαλί ξεδιπλώνονταν σταδιακά η ιστορία μιας αγάπης αδικοχαμένης με φινάλε απρόσμενο και τραγικό. Θα ήταν πραγματικά αφύσικο να μείνει ανεπηρέαστη και η Ζωή. Ο πόνος της απώλειας που βίωναν οι πρωταγωνιστές επανέφερε στην καρδιά της, για ακόμη μια φορά, τον δικό της, ανείπωτο πόνο. Η θύμηση του Πέτρου της σφυροκοπούσε το μυαλό. Η καθημερινότητα της έγινε μεμιάς κενή, άσκοπη και πάλι. Πώς ήταν δυνατόν η ίδια η ζωή της να χάνει την αξία της, το σώμα της να χάνει την πνοή του μακριά από εκείνον; Στο λαιμό της χιλιάδες καρφιά. Στην ψυχή της ποτάμι από αίμα. Ήθελε να γυρίσει κοντά του το συντομότερο δυνατό! Πόσο θα άντεχε πια να κοροϊδεύει τον εαυτό της; Θα παρατούσε τα πάντα στο λεπτό για να τρέξει εκεί, στον τόπο που τον γνώρισε και τον αγάπησε για πάντα!

Ο δυνατός αναστεναγμός του Κωνσταντίνου, σωτήρια λέμβος που την ανέσυρε βαριά τραυματισμένη από τη φουρτουνιασμένη θάλασσα των συναισθημάτων της. Το έργο είχε τελειώσει. Το ίδιο και το ποτό του. Με μάτια κόκκινα από το κλάμα και θολά από το αλκοόλ, ξαναγέμισε το ποτήρι του αλλά όχι και το δικό της. Η Ζωή αρνήθηκε ευγενικά. Έπρεπε να παραμείνει νηφάλια για να ολοκληρώσει την μυστική αποστολή της.

«Βγαίνουμε στον κήπο για λίγο αέρα; Είναι τόσο όμορφη η βραδιά» πρότεινε χαμηλόφωνα ο συγκινημένος Κωνσταντίνος.

«Πολύ καλή ιδέα». Το δροσερό περιβάλλον του υπαίθριου χώρου πληρούσε όλες τις προδιαγραφές για μια χαλαρή κουβέντα. Καθισμένοι αναπαυτικά στην αιώρα κάτω από το φεγγάρι, η συζήτηση οδηγήθηκε από μόνη της εκεί που επεδίωκε να τη φέρει η Ζωή.

«Πόσο τυχεροί είναι όσοι ζουν έναν τέτοιο έρωτα! Αξίζει, χωρίς αμφιβολία, ακόμη κι αν βασανίζεσαι» ξεκίνησε πρώτος ο Κωνσταντίνος.

«Εσύ, καλέ μου; Στάθηκες ποτέ τόσο τυχερός;»

«Πάει καιρός από τότε που η δική μου καρδιά λαβώθηκε από το βέλος του έρωτα. Για χρόνια υπέφερε σιωπηλά και σιωπηλά πονάει ακόμη».

«Σιωπηλά; Δεν μίλησες ποτέ στο κορίτσι αυτό;»
«Ποτέ. Οι συνθήκες δεν ήταν ευνοϊκές».
Τα κομμάτια του παζλ άρχισαν να ενώνονται ένα – ένα μέσα στο μυαλό της. Αν η ίδια αποτελούσε, όπως υποπτευόταν, το αντικείμενο του πόθου του, ενός πόθου που τον είχε εξωθήσει σε όλες τις παραβιάσεις του προσωπικού της χώρου, τότε όσα έλεγε ταυτίζονταν απόλυτα με την πραγματικότητα. Ποτέ δεν της είχε εξομολογηθεί τον έρωτα του. Όσο για τις δύσκολες συνθήκες που ανέφερε, η απόσταση μεταξύ Κρήτης και Θεσσαλονίκης όντως εκμηδένιζε την οποιαδήποτε προοπτική σχέσης. Η καχυποψία της δικαιωνόταν ολοένα και πιο πολύ.

«Τώρα, μήπως οι συνθήκες έχουν βελτιωθεί;» συνέχισε η Ζωή ακάθεκτη τη διαδικασία της ανάκρισης. Τώρα που εγκαταστάθηκε στην πόλη του, θα ήταν αναμφισβήτητα ευκολότερο να την πλησιάσει.

«Ναι, βελτιώθηκαν. Βελτιώθηκαν κατά πολύ. Έχω πάψει, όμως, να ελπίζω ότι θα βρω ποτέ το κουράγιο να της μιλήσω ανοιχτά. Είναι πολύ δύσκολο να διατηρήσεις την ψυχραιμία και τον έλεγχο σου όταν αντικρίζεις το όνειρο σου κατάματα».

Τα λόγια που έφταναν στα αυτιά της τη συγκλόνιζαν. Κάθε λέξη του Κωνσταντίνου διόγκωνε επικίνδυνα τις πιθανότητες να είναι εκείνος ο κρυφός της θαυμαστής, εκείνος που μπαινόβγαινε θρασύδειλα στο διαμέρισμά της. Η αδυναμία του να της ομολογήσει τον έρωτα του θα μπορούσε κάλλιστα να είναι η αιτία αναζήτησης κάποιου άλλου τρόπου εκδήλωσης του. Τα κρυφά μηνύματα ίσως αποτελούσαν μια ικανοποιητική διέξοδο εκτόνωσης του συσσωρευμένου του πάθους.

Αδιέξοδο και απογοήτευση. Η ελπίδα πως ο καλός της φίλος θα αποδεικνύονταν αθώος πέραν κάθε υποψίας γκρεμίστηκε σαν κάστρο από άμμο κόντρα σε δυνατά κύματα. Δύο ήταν οι ύποπτοι αρχικά και δύο παρέμεναν πεισματικά. Αναλογιζόμενη τα δεδομένα ξανά από την αρχή έπιασε τον εαυτό της να προτιμά να είναι ο Κωνσταντίνος ο ένοχος γιατί τότε δεν θα υπήρχε πλέον λόγος να φοβάται, λόγος για να ξαγρυπνά. Θα μπορούσε να ορκιστεί σε ότι είχε ιερότερο, θα μπορούσε να βάλει το χέρι της στη φωτιά πως εκείνος ο νεαρός δεν θα έκανε ποτέ κάτι για να την βλάψει. Δεν μπορούσε να ισχυριστεί, όμως, κάτι ανάλογο και για τον Άγγελο.

Έχοντας πάρει τις απαντήσεις που αναζητούσε, σταμάτησε να μιλά, επιτρέποντας στον Κωνσταντίνο να μονοπωλήσει τη συζήτηση. Μέσα από έναν δραματικό μονόλογο, εξωτερίκευσε σε όλο της το μεγαλείο τη γλυκιά οδύνη που είχε φέρει στη ζωή του η κοπέλα που είχε λεηλατήσει την καρδιά του. Συχνά η Ζωή τον αισθάνθηκε να την κοιτά σαν να ήταν εκείνη το πρόσωπο στο οποίο αναφερόταν. Κάθε φορά που αυτό συνέβαινε, έστρεφε το βλέμμα της μακριά από τα μάτια του με ιδιαίτερη λεπτότητα. Ήταν τόσο περίεργο να της μιλά με εκείνον τον τρόπο! Περίεργο μα και συναρπαστικό ταυτόχρονα! Οι ίδιες λέξεις που επέλεγε για να εκφράσει τον πόνο του, περιέγραφαν επακριβώς και τα δικά της αισθήματα για τον Πέτρο. Είχε την αίσθηση πως ο Κωνσταντίνος διηγούνταν τη δική της ιστορία. Ασύλληπτη η ειρωνεία του έρωτα!

Το φεγγάρι έπλεε φωτεινό στο μέσο του ουρανού. Η ώρα είχε περάσει. Το ταξί που είχε καλέσει μερικά λεπτά νωρίτερα η Ζωή, έχοντας αρνηθεί την πρόταση του Κωνσταντίνου να την συνοδεύσει ως το σπίτι, την καρτερούσε ήδη έξω από τον κήπο. Δεν ήθελε να αποχαιρετήσει τον φίλο της με μια απλή καληνύχτα. Ένιωθε πως κάτι όφειλε να του πει πριν τον αφήσει μόνο με τη θλίψη του. Ακουμπώντας το χέρι της στον ώμο του, γέρνοντας το κεφάλι της συμπονετικά, κατάφερε να αρθρώσει λίγες μόνο λέξεις.

«Μίλα της. Μόνο έτσι θα λυτρωθείς». Μόνο έτσι θα έμπαινε ίσως και ένα τέλος στην αλλόκοτη ιστορία που την είχε αναστατώσει τόσο πολύ.

«Ο έρωτας δεν επιτρέπει ούτε και συγχωρεί τη λιγοψυχία. Είμαι καταδικασμένος. Καληνύχτα, ομορφιά μου» αποπειράθηκε να αστειευτεί.

Καθώς τα βήματα της την απομάκρυναν από κοντά του, ένιωθε να εξοργίζεται με τον εαυτό της. Λίγο πριν είχε ξεστομίσει το ανήκουστο. Με σύνεση είχε συμβουλέψει το φίλο της να τολμήσει να απελευθερώσει τις σκέψεις και το πάθος του, ανοίγοντας την καρδιά του στο κορίτσι που αγαπούσε. Είχε πλήρη επίγνωση η Ζωή πως εκείνο ήταν το σωστό. Πόσο ντρεπόταν, όμως, που το ανεπαρκές ψυχικό της σθένος δεν της επέτρεπε να ακολουθήσει τις ίδιες της τις συμβουλές!

6

Το αχνό, τρεμάμενο φως από τη χαλασμένη λάμπα του διαδρόμου της πολυκατοικίας την ανάγκασε να προχωρήσει βιαστικά. Ήθελε να μπει στο διαμέρισμα της προτού τα πάντα βυθιστούν στο σκοτάδι, προτού η μισοπεθαμένη λάμπα αφήσει την τελευταία της πνοή. Η περιορισμένη και διακεκομμένη ορατότητα παρεμπόδιζε εκνευριστικά τον εντοπισμό της κλειδαριάς. Μετά από μερικά βασανιστικά δευτερόλεπτα η πόρτα υποχώρησε απότομα.

Στα αυτιά της κυλούσαν ακόμη γάργαρα τα λόγια του Κωνσταντίνου σαν δροσερές στάλες βροχής. Ανάμεικτα συναισθήματα πλημμύριζαν στην καρδιά της. Συγκίνηση και συμπόνια για το φίλο της, θλίψη και απόγνωση για τη δική της στενάχωρη ζωή. Αφήνοντας τα κλειδιά και το τσαντάκι της πάνω στον μπουφέ, έψαξε με τις, διεσταλμένες από το σκοτάδι, κόρες των ματιών της τον διακόπτη του μεγάλου φωτιστικού.

Μια περίεργη σκιά πάνω στο μαρμάρινο πάτωμα ανέκοψε την πορεία των ματιών της προς τον τοίχο. Άνοιξε το φως βιαστικά. Κόκκινα ροδοπέταλα, σαν στάλες από αίμα, σκορπισμένα τακτικά, έφταναν ως την πόρτα της κουζίνας. «Όχι πάλι! Ήταν και πάλι εδώ!» Ο φόβος της ανεπαίσθητος αυτή τη φορά. Λες και είχε αποδεχτεί την κρυφή του παρουσία. Λες και είχε συνηθίσει την ανάσα του στον αέρα. Η σκέψη της μηχανικά άρχισε να αναζητά και πάλι εναγωνίως τον δημιουργό του ειδυλλιακού εκείνου σκηνικού. Τα γρανάζια του μυαλού της περιστρέφονταν κιόλας με ασύλληπτη ταχύτητα. Δεδομένα και πιθανότητες πρόβαλαν σαν χειμαρρώδη ποτάμια μπροστά της. Επιλέγοντας να παρατηρήσει πρώτα και πιο προσεκτικά το ρομαντικά διαμορφωμένο περιβάλλον της κουζίνας, αποφάσισε να επεξεργαστεί λίγο αργότερα την πληθώρα των ενδεχόμενων ερμηνειών. Τα σκόρπια ροδοπέταλα οδήγησαν τα βήματα της στο ορθογώνιο τραπέζι του φαγητού. Πάνω στο καρό τραπεζομάντιλο, ένα κατακόκκινο τριαντάφυλλο δίπλα σε ένα σκαλιστό, ξύλινο κουτάκι. Μια χρυσή κλωστή περασμένη γύρω από τον ευωδιαστό ανθό του κατέληγε σε μια χάρτινη κάρτα, διπλωμένη στα δυο. Την πήρε στα χέρια της και διάβασε αργά τις λιγοστές της λέξεις.

«Στο χειμώνα της καρδιάς μου έχεις φέρει ζεστασιά»

Τρυφερή και ιδιαίτερα γλυκιά η φράση που αναγράφονταν πάνω στο σκληρό χαρτί. Την γνώριζε καλά εκείνη την αίσθηση η Ζωή, την αίσθηση της ζεστασιάς που δημιουργεί μες τα φυλλοκάρδια η αγάπη. Η σκέψη του Πέτρου είχε την ικανότητα κάθε φορά να πλημμυρίζει την παγωμένη ψυχή της με μια θέρμη μαγική. Ένα απρόσμενο ίχνος κολακείας πετάχτηκε σαν ζωηρό σιντριβάνι μέσα στο στήθος της. Ήταν πια το τρίτο μήνυμα που λάμβανε από εκείνον και, αναντίρρητα, ήταν πολύ όμορφο κάποιος να την αγαπά και να την σκέφτεται με αυτόν τον τρόπο. Ο ανεξέλεγκτος τρόμος που την είχε κυριεύσει τις δύο προηγούμενες φορές είχε μειωθεί σημαντικά και, τώρα πια, μια ανεξήγητη διέγερση της προκαλούσαν τα σημειώματα του.

Το ξύλινο κουτάκι παρέμενε προκλητικά κλειστό μπροστά της. Το πήρε μέσα στην παλάμη της και επιχείρησε να το ανοίξει. Το πιεστικό άγγιγμα της στάθηκε ανίκανο να αποκαλύψει το εσωτερικό του. «Είναι κλειδωμένο» συνειδητοποίησε απογοητευμένη. Το βλέμμα της σύρθηκε διερευνητικά πάνω στην επιφάνεια του τραπεζιού αλλά και σε κάθε επιφάνεια του δωματίου. Αποτέλεσμα μηδέν. Κανένα κλειδί δεν υπήρχε τριγύρω. Πόσο περίπλοκη έμοιαζε η λογική του επισκέπτη της! Τι σήμαιναν όλα αυτά; Γιατί να της χαρίσει το μικρό εκείνο κουτί χωρίς να την προμηθεύσει με το απαραίτητο μέσο για να κατανοήσει τη σημασία του; Μήπως επεδίωκε να πυροδοτήσει σε τέτοιο βαθμό το ενδιαφέρον της ώστε να την εξωθήσει να το παραβιάσει, όπως συνήθιζε να κάνει και ο ίδιος στο διαμέρισμα της; Όσο έντονη κι αν ήταν η περιέργεια της Ζωής, δεν θα επέτρεπε ποτέ στον εαυτό της να μπει σε μια τέτοια διαδικασία. Θα ήταν σαν να αποδέχεται αυτόματα την αδιακρισία του και να δικαιολογεί το πρωτόγνωρο θράσος του.

Στη διάθεσή της, επομένως, βρίσκονταν μονάχα η κάρτα. Μόνο εκείνη μπορούσε να εκμεταλλευτεί, να χρησιμοποιήσει με κάποιο τρόπο. Μα πως; Μήπως η απάντηση που έψαχνε βρίσκονταν ακριβώς μπροστά της, γραμμένη πάνω σε εκείνο το μικρό κομμάτι χαρτιού; Μήπως επρόκειτο για κάποιο είδος γρίφου η λύση του οποίου θα την οδηγούσε βήμα – βήμα στο πολυπόθητο κλειδί; Παρά το περασμένο της ώρας, ήταν πρόθυμη να παίξει το παιχνίδι του. Διάβασε και πάλι τη σειρά των λέξεων με προσοχή.

«Στο χειμώνα της καρδιάς μου έχεις φέρει ζεστασιά»

Με μια πρόχειρη εκτίμηση, οι όροι 'χειμώνας' και 'ζεστασιά' φάνταζαν πρωταρχικής σημασίας. Ίσως αν σχημάτιζε αλυσίδες σχετικών εννοιών, να κατάφερνε να φτάσει στην άκρη του νήματος. Χειμώνας, κρύο, χιόνι, βροχή, αγέρας. Η παρατεταμένη επανάληψη εκείνων των στοιχείων στο μυαλό της στάθηκε ατελέσφορη. Ακολούθησε ακριβώς την ίδια διαδικασία με τη δεύτερη λέξη ευελπιστώντας πως κάτι τέτοιο θα απέφερε καρπούς. Ζεστασιά, θερμότητα, φωτιά. Αν το διαμέρισμα διέθετε τζάκι σε κάποια γωνιά θα είχε σπεύσει σίγουρα να το εξετάσει εξονυχιστικά. Αναπόφευκτα, ακυρώθηκε άμεσα κι εκείνος ο λογισμός. Ζεστασιά, θερμότητα, ρούχα. Ρούχα... Ντουλάπα... Κρεβατοκάμαρα! Χίμηξε στην κάμαρα της σαν τρομαγμένο φίδι σε φυγή!

Η υποψία της πως επρόκειτο για γρίφο επιβεβαιώθηκε. Πίσω από τα διάπλατα ανοιχτά φύλλα της ντουλάπας, σκαλωμένο σε μια μεταλλική κρεμάστρα, ένα φόρεμα ονειρεμένο, ένα φόρεμα αποκλειστικά για εκείνη. Βαμμένο στο χρώμα του χιονιού, κατάλευκο και λαμπερό, ήταν έτοιμο να αγκαλιάσει το κορμί της και να της χαρίσει με τη σειρά του τη ζεστασιά στην οποία αναφέρονταν το σημείωμα. Το ξεκρέμασε αργά για να το καλοκοιτάξει. Μια λεπτή παραμάνα κρατούσε στερεωμένη στην άκρη του μπούστου ακόμη μια μικροσκοπική κάρτα. Το περιεχόμενο της εξίσου συγκινητικό.

«Μες το διάβα της ζωής μου η μορφή σου συντροφιά»

Ήταν προφανές πως η δεύτερη εκείνη φράση αποτελούσε την άρρηκτη συνέχεια της πρώτης και σχημάτιζε μαζί της ένα πανέμορφο δίστιχο. Ένωσε νοερά στο μυαλό της και τις δύο φράσεις σε ένα όμορφο σύνολο.

«Στο χειμώνα της καρδιάς μου έχεις φέρει ζεστασιά»
«Μες το διάβα της ζωής μου η μορφή σου συντροφιά»

Η ίδια διαδικασία ξανά από την αρχή, διαδικασία συσχετισμού των εννοιών και εξεύρεσης του λογικά μοναδικού, αδιόρατου υπαινιγμού. Η προσοχή της στράφηκε σχεδόν αβίαστα στον όρο 'μορφή'. Συναντούσε έντονη δυσκολία να συνδέσει κάποια από τις υπόλοιπες λέξεις με στοιχεία της πραγματικότητας και έτσι έδωσε περισσότερη έμφαση στη συγκεκριμένη λέξη. Μορφή, εικόνα, πρόσωπο. Το δικό της πρόσωπο. Ίσως το είδωλο της στον καθρέφτη να ήταν το ζητούμενο. Ίσως το επόμενο στοιχείο να είχε τοποθετηθεί σε κάποιον από τους καθρέφτες του διαμερίσματος.

Το μπουντουάρ της κρεβατοκάμαρας αποτέλεσε το εφαλτήριο της έρευνας της. Τα μάτια της αποτύπωναν αχόρταγα ακόμη και τις πιο επουσιώδεις λεπτομέρειες της επιφάνειας του καθρέφτη καθώς τα δάχτυλα της άγγιζαν κάθε σπιθαμή του ελέγχοντας μανιωδώς για κάποια σχισμή, κάποια παράξενη εγκοπή. Τίποτα. Με το ίδιο πάθος και την ίδια, απαράμιλλη επιμονή περιεργάστηκε τον καθρέφτη πάνω από τον μπουφέ του σαλονιού αλλά και τον καθρέφτη του μπάνιου. Οι ελπίδες της για κάποιο εμψυχωτικό αποτέλεσμα αποδείχθηκαν φρούδες. Μήπως δεν είχε εστιάσει την προσοχή της στη σωστή λέξη; Μήπως δεν είχε ερμηνεύσει σωστά το νόημα του δεύτερου στίχου;

Η αλήθεια ήταν πως η ένταση και η φόρτιση της ημέρας που είχε προηγηθεί την είχαν εξουθενώσει και το μυαλό της είχε πάψει από ώρα να λειτουργεί στο έπακρο των δυνατοτήτων του. Το πείσμα της, όμως, να ανακαλύψει το περιεχόμενο του κουτιού δεν θα την άφηνε να εγκαταλείψει τις προσπάθειες. Ήθελε να αποκτήσει το πολυζήτητο κλειδί και, για να πετύχει το σκοπό της, μόνο ένα τρόπο μπορούσε πλέον να σκεφτεί.

Με βομβαρδισμένο τοπίο έμοιαζε το διαμέρισμα, παραδομένο στο έλεος της εξερευνητικής της φρενίτιδας. Μα η ακαταστασία δεν την πτοούσε. Ήταν βέβαιη πως εκείνη η τακτική θα είχε την επιθυμητή έκβαση. Όπου και αν είχε τοποθετηθεί το ποθητό, μικροσκοπικό αντικείμενο, θα ήταν αδύνατο να μην έρθει στο φως. Ντουλάπια ανοιχτά, χαλιά ανασηκωμένα και συρτάρια στοιβαγμένα στο πάτωμα την διαβεβαίωναν πως η λύση του γρίφου και η απόκτηση του κλειδιού ήταν απλά θέμα χρόνου.

Ένα βροντερό επιφώνημα έκπληξης βγήκε από τα χείλη της. Τα γυριστά της βλέφαρα έπαψαν να ανοιγοκλείνουν προς στιγμή μπροστά στο απρόσμενο θέαμα. Μέσα στο βαθύσκιο εσωτερικό του μπουφέ αντίκρισε την κορνίζα με τη φωτογραφία που είχε τοποθετήσει μυστικά η Ηρώ στη βαλίτσα της. Είχε λησμονήσει εντελώς πως την είχε παραμερίσει σκόπιμα εκεί την πρώτη ημέρα της άφιξης της με σκοπό να αποβάλει διά παντός από τη μνήμη της την ημέρα που τραβήχτηκε. Πάνω στο γυαλιστερό της τζάμι, δίπλα ακριβώς στο πρόσωπο της, δίπλα στη 'μορφή' της, διέκρινε το αστραφτερό κλειδί που γύρευε τόση ώρα. Ποτέ δεν θα είχε σκεφτεί να ψάξει σε εκείνο το σημείο. Προτείνοντας το χέρι της αποφασιστικά έσφιξε το κλειδί ανάμεσα στα δάχτυλα της και κρατώντας το βλέμμα της μακριά από την φωτογραφία, προς αποφυγή συγκινήσεων, επέστρεψε γοργά στην κουζίνα.

Τριπλά κλειδωμένο το μικρό κουτί έπαιζε με την αγωνία της. Μετά από ελάχιστα δευτερόλεπτα υπομονής το καπάκι αποσπάστηκε από το κυρίως σώμα του ιδιόμορφου 'δώρου' δημιουργώντας έναν ήχο συρτό και τσιριχτό. Αρώματα πολυκαιρισμένα αναδύθηκαν στον αέρα δίνοντας την εντύπωση πως το σφράγισμα του έλαβε χώρα πολύ καιρό πριν. Διστακτικά έγειρε το βλέμμα της μέσα του. Ένα λευκό σατέν υπόστρωμα διακοσμούσε τον πάτο του κουτιού αλλά και τα τοιχώματα του, σχηματίζοντας υφασμάτινα κύματα. Στο κέντρο του, μια εκτυφλωτική, κρυστάλλινη μινιατούρα του Θεού Έρωτα αντανακλούσε μαγευτικά το φως της λάμπας, σκορπώντας ολόγυρα ποικιλία χρωμάτων. Ο Έρωτας, ζωσμένος με την άδεια φαρέτρα του, ήταν έτοιμος να εκσφενδονίσει το τελευταίο βέλος που υπήρχε πάνω στο τόξο του. Ένα βέλος με φτερά περιστεριών, όμοιο με τα βέλη που λέγεται πως χρησιμοποιούσε για να αιχμαλωτίσει τις καρδιές των θνητών αλλά και των αθανάτων. Ακουμπισμένο δίπλα στην μινιατούρα ένα τελευταίο κομμάτι χαρτί.

«Μη φοβηθείς να λαβωθείς. Θα' ναι γλυκιά η πληγή του»

Ήταν σαφές πως το βέλος του φτερωτού Θεού προορίζονταν για τη δική της καρδιά. Ο μυστήριος επισκέπτης της αναζητούσε ανταπόκριση στον έρωτα που ένιωθε για εκείνη. Το μήνυμα, επιτακτικά παρακινητικό, την παρότρυνε να απελευθερωθεί και να αποδεχτεί την πρόκληση του. Ο γρίφος είχε λυθεί. Η Ζωή ικανοποιημένη ζήτησε λίγη ανάπαυση στον καναπέ της κουζίνας, λίγα δευτερόλεπτα για να αποτυπώσει καλά στο νου της το σύνολο των στοιχείων και να κατανοήσει στην ολότητα του το νόημα της τελευταίας του εκείνης επίσκεψης.

Κοίταξε γύρω της. Στο διαμέρισμα επικρατούσε χαοτική ακαταστασία. Δεν ήταν όμως ώρα για να επαναφέρει την τάξη. Ήταν ήδη πολύ αργά. Το μόνο που άντεχε ήταν να ξαπλώσει στο κρεβάτι της και να πραγματοποιήσει μια σύντομη ανασκόπηση όσων είχαν συμβεί εκείνη τη νύχτα. Ξαπλωμένη στο πουπουλένιο στρώμα ένιωθε έναν δειλό ενθουσιασμό να καλπάζει στις φλέβες της. Αναμφισβήτητα, ο άγνωστος διεκδικητής του έρωτα της είχε κοπιάσει για να σκαρφιστεί το γρίφο. Είχε αφιερώσει μπόλικο χρόνο και αρκετή προσπάθεια για να κατορθώσει να οργανώσει, βυθισμένος στο μισοσκόταδο, το ποιητικό εκείνο σκηνικό με κάθε λεπτομέρεια. Μπορούσε να τον δει μπροστά της σε απόσταση αναπνοής να καταστρώνει το σχέδιο του, ανοίγοντας τα ντουλάπια και ερευνώντας όλους τους κλειστούς χώρους του σπιτιού. Από τη μια η αφοσίωση του στην εκτέλεση του έργου του ήταν αξιοθαύμαστη αλλά από την άλλη το θράσος του ανεκδιήγητο. Προς στιγμήν, πέρασε αστραπιαία από το μυαλό της η σκέψη να μιλήσει στην Ελισάβετ για όλα όσα βίωνε αβοήθητη. Αν και δεν ένιωθε να απειλείται από την αόρατη παρουσία του, θα ήταν λάθος να εθελοτυφλήσει μπροστά στην πιθανότητα του κινδύνου που ίσως ελλόχευε πίσω από τις κινήσεις του. Η άνεση με την οποία κυκλοφορούσε στον προσωπικό της χώρο ήταν κάθε άλλο παρά φυσιολογική.

Η ιδέα εξαφανίστηκε γρήγορα από το νου της σαν νερό πάνω στην καυτή άμμο του καλοκαιριού. Ο μόνος λόγος που θα μπορούσε να την πείσει να εκμυστηρευτεί την ιδιάζουσα πραγματικότητα που ζούσε στο διαμέρισμα της στην φιλενάδα της, θα ήταν η βοήθεια που ίσως θα μπορούσε εκείνη να της προσφέρει, βοήθεια στον αγώνα της να ανακαλύψει τον 'ηθικό αυτουργό' της υπόθεσης. Κάτι τέτοιο όμως δεν αξιολογούνταν ως ιδιαίτερα πιθανό. Επίσης, η εμπιστοσύνη που της είχε δεν ήταν απόλυτη, ήταν σχετικά απόλυτη. Μπορούσε να βασιστεί γενικότερα πάνω της αλλά η αντίδραση της μπροστά στο ενδεχόμενο του κινδύνου και η εχεμύθεια της δεν ήταν δυνατόν να προεκτιμηθούν, ούτε κατά προσέγγιση. Για μια ακόμη νύχτα ακολούθησε το μονόδρομο της σιωπής, ολομόναχη απέναντι στους πιθανούς ενόχους.

Ανασκαλεύοντας με το μυαλό της τα λόγια που είχε διαβάσει νωρίτερα γραμμένα πάνω στο χαρτί έφτασε και πάλι στο ίδιο, γνώριμο πια, αδιέξοδο. Απόλυτα ταιριαστό το δίστιχο και με τις δυο, υπό εξέταση προσωπικότητες, δεν προσέφερε ελαφρυντικό σε κανέναν από τους δύο. Το μόνο ελαφρυντικό ήταν η χρονική στιγμή κατά την οποία είχε πραγματοποιηθεί η είσοδος στο διαμέρισμα και η διαμόρφωση του χώρου.

«Ο Κωνσταντίνος ήταν μαζί μου» μονολογούσε αδιάκοπα παραδεχόμενη το ακλόνητο άλλοθι του. Όλα έμοιαζαν ξαφνικά να συνηγορούν υπέρ του καλού της φίλου. Λαμβάνοντας υπ' όψιν τις δύο τελευταίες βραδιές, η πιθανότητα της ενοχής του έχανε τη βαρύτητα της. Κατά τη διάρκεια της εξόδου της με τον Άγγελο την προηγούμενη μόλις νύχτα, το διαμέρισμα είχε παραμείνει ανέπαφο παρά το γεγονός ότι ο Κωνσταντίνος είχε την ευκαιρία να το παραβιάσει, ενώ εκείνη τη βραδιά που την είχε περάσει συντροφιά με τον Κωνσταντίνο ο μυστηριώδης επισκέπτης έκανε και πάλι την εμφάνιση του. Τα νεότερα δεδομένα, βάσει λογικής, καταδίκαζαν ξεκάθαρα τον Προϊστάμενο της. Μια σκέψη, παρ' όλα αυτά, είχε σφηνώσει στους συνωστισμένους διαδρόμους του μυαλού της, μια σκέψη που δεν άφηνε τις αμφιβολίες της να εξανεμιστούν ολοκληρωτικά. Ο Άγγελος δεν γνώριζε πως η Ζωή θα έλειπε εκείνη τη βραδιά από το σπίτι. Οι συνομιλίες τους στο γραφείο εκείνη την Παρασκευή είχαν περιοριστεί αποκλειστικά σε επαγγελματικά θέματα. Ουδεμία αναφορά είχε γίνει σχετικά με το πρόγραμμα και τα σχέδια της. Ακόμη όμως και αν ο Άγγελος μπήκε ρισκάροντας στο διαμέρισμα, έχοντας αντιληφθεί με τα ίδια του τα μάτια πως η οικοδέσποινα είχε φύγει από το σπίτι, δεν ήταν δυνατό να γνωρίζει τη διάρκεια της απουσίας της. Σε μια αναπάντεχη επιστροφή της, δεν θα υπήρχε έξοδος διαφυγής. Θα εγκλωβιζόταν μέσα στο ίδιο του το θεατρικό σκηνικό, περιμένοντας μαρτυρικά την πόρτα να ανοίξει και να βρεθεί, γυμνός από επιχειρήματα, μπροστά της. Ήταν άραγε διατεθειμένος ο Άγγελος να τινάξει τα σχέδια του στον αέρα τόσο άκριτα, τόσο απλά;

7

Ο άνεμος φυσούσε δαιμονισμένα έξω από τα παράθυρα της και η καταρρακτώδης βροχή χτυπούσε με μανία πάνω στα σφαλιστά παντζούρια του διαμερίσματος. Ο διαπεραστικός ήχος των αστραπόβροντων είχε χαλάσει από ώρα το σαββατιάτικο χουζούρι της. Η ώρα ήταν μόλις οχτώ αλλά η Ζωή βρισκόταν ήδη στο σαλόνι και απολάμβανε τον καφέ της παρακολουθώντας τηλεόραση. Ο καιρός προβλεπόταν άστατος για όλη τη διάρκεια του σαββατοκύριακου. Κατά συνέπεια, η εξόρμηση στη θάλασσα που είχαν προγραμματίσει πρόχειρα με την Ελισάβετ από μέρες αναβάλλονταν μέχρι νεωτέρας.

Τριγύρω της, στο χώρο του σαλονιού, η αναστάτωση της προηγούμενης βραδιάς ήταν αισθητά εμφανής όπως και σε όλα τα άλλα δωμάτια του σπιτιού. Όσο και αν θα ήθελε να παραμείνει ασάλευτη μπροστά στην τηλεόραση ως το μεσημέρι, ήξερε πως δεν θα μπορούσε να ησυχάσει εν μέσω τέτοιας ακαταστασίας. Σχεδόν όλη η πραμάτεια της βρισκόταν πεταμένη στο πάτωμα και ένιωθε ακριβώς όπως την πρώτη μέρα που έφτασε στο διαμέρισμα. Όλα τα υπάρχοντα της έπρεπε να τακτοποιηθούν ξανά από την αρχή. Πόσο εύκολα θα μπορούσε να τα στριμώξει άτακτα σε μια βαλίτσα και να επιστρέψει στον τόπο της!

Τέλειωσε τον καφέ της βεβιασμένα, ρουφώντας επικίνδυνα μεγάλες γουλιές. Ανασκουμπώθηκε και με μια βαθιά ανάσα ξεκίνησε την ανιαρή αλλά απαραίτητη διαδικασία συγυρίσματος από το χώρο της κουζίνας. Τα ακόμη ευωδιαστά ροδοπέταλα, τρυφερά ακουμπισμένα στο μαρμάρινο πάτωμα, της υπενθύμιζαν με λεπτομερή ακρίβεια το χτεσινοβραδινό σκηνικό. Στα χείλη της, η επίγευση της κολακευτικής απόπειρας του επισκέπτη της, αναπάντεχα γλυκιά.

«Εμπρός;» απάντησε με βραχνή φωνή στο τηλεφώνημα που διέκοψε, στο ξεκίνημα της, την μονότονη εργασία της.

«Καλημέρα Ζωή μου! Έτοιμη για τη θάλασσα;» Το εκκωφαντικό χαχανητό της Ελισάβετ λίγο έλειψε να της ραγίσει το τύμπανο του δεξιού της αυτιού.

«Καλημέρα κορίτσι μου! Τι ατυχία είναι αυτή!»

«Μην ανησυχείς. Μπορεί να μην εκδράμουμε στην παραλία αλλά έχουμε ένα σωρό εναλλακτικές για να αξιοποιήσουμε το διήμερο μας. Δεν αρκεί ένας κατακλυσμός ούτε και μια θεομηνία για να με αποτρέψουν από το να σε συναντήσω!» Η Ελισάβετ, απτόητη από την καλοκαιρινή καταιγίδα που μαστίγωνε τους δρόμους της πόλης, διατηρούσε τη διάθεση της ανεβασμένη.

«Βλέπω, ξύπνησες ορεξάτη! Τι έχεις κατά νου;»

«Σκεφτόμουν να συναντηθούμε για φαγητό. Γεύμα ή δείπνο, εσύ διαλέγεις».

Η πρόταση της Ελισάβετ ήταν εξαιρετικά δελεαστική αλλά η προοπτική μιας βόλτας μέσα στην ανυπόφορη υγρασία δεν την ενθουσίαζε.

«Αντί να πλατσουρίζουμε μέσα στη βροχή, τι θα έλεγες να σε φιλέψω στο νέο μου διαμέρισμα; Θα ήθελα πολύ να το δεις» αντιπρότεινε η Ζωή, ελπίζοντας πως η Ελισάβετ θα εναγκαλιζόταν την ιδέα της.

«Μου προσφέρεις την ευκαιρία να δοκιμάσω την πολυσυζητημένη μαγειρική σου; Δεν θα μπορούσε ποτέ να αρνηθώ!»

« Ωραία λοιπόν. Να σε περιμένω για δείπνο στις επτά;»

«Θα είμαι στην ώρα μου! Μπορείς να φέρεις και παρέα...»

Εν αγνοία της, η Ελισάβετ, με εκείνη την τελευταία της κουβέντα, είχε μετατρέψει το επερχόμενο δείπνο από μια αθώα, φιλική συνάντηση σε μια συνεύρεση στρατηγική σημασίας. Το τραπέζι δεν θα στρώνονταν για δυο αλλά για τέσσερις. Ο Κωνσταντίνος και ο Άγγελος θα λάμβαναν την ίδια πρόσκληση και θα τοποθετούνταν αντιμέτωποι στον καυτό τόπο τού 'εγκλήματος'. Η ατμόσφαιρα αναμένονταν τεταμένη, γεγονός που θα υποβοηθούσε την εξέλιξη των ερευνών. Η συνύπαρξη δύο αντρών, πιθανώς ερωτευμένων με την ίδια γυναίκα, πίστευε πως θα έριχνε λάδι στο ήδη πυρωμένο κλίμα και παράλληλα η ιδιαιτερότητα του περιβάλλοντος φιλοξενίας ίσως εξωθούσε τον έναν από τους δυο, τον πραγματικό υπαίτιο, να προβεί στο μοιραίο λάθος και να αποκαλυφθεί. Η στερνή ενέργεια του μυστηριώδη επισκέπτη της ήταν ακόμη πολύ πρόσφατη και ίσως αυτό δυσχέραινε περαιτέρω την όποια προσπάθεια του ενόχου να διατηρήσει μια φυσιολογική συμπεριφορά.

«Κάτι θα κανονίσω. Σε φιλώ προς το παρόν» ολοκλήρωσε τη συνομιλία της με την ανυποψίαστη Ελισάβετ. Κλείνοντας το τηλέφωνο, επέστρεψε βαριεστημένα στην πρότερη διαδικασία συμμαζέματος. Ήταν ακόμη πολύ νωρίς για να αρχίσει τα τηλεφωνήματα στα αρσενικά μέλη της παρέας.

Όταν είχε πια τελειώσει, το αμάνικο μπλουζάκι της έσταζε ιδρώτα. Η ζέστη εντός του διαμερίσματος ήταν αρκετά αποπνικτική παρά την ελαφριά δροσιά που είχε φέρει η καλοκαιρινή μπόρα. Το σπίτι έλαμπε καθαρό και τακτοποιημένο. Με ένα καυτό ντους απέβαλε από το σώμα της όλη την κούραση και απομάκρυνε κάθε ίχνος σκόνης. Είχε φτάσει η κατάλληλη στιγμή για να ασχοληθεί με τις δύο τηλεφωνικές προσκλήσεις που υπολείπονταν για να τελειοποιήσει το σχέδιο της.

«Καλημέρα, ομορφιά μου! Χαίρομαι που σου έλειψα κιόλας!» Ο Κωνσταντίνος απάντησε στο τηλεφώνημά της με αξιοζήλευτη ευδιαθεσία και αυτοσαρκασμό.

«Καλημέρα, Κωνσταντίνε μου! Από τη φωνή σου συμπεραίνω ότι αισθάνεσαι μια χαρά παρά τα χτεσινά ποτάκια».

«Αισθάνομαι υπέροχα. Βλέπεις, έφυγε ένα βάρος από πάνω μου μετά την κουβέντα μας Νιώθω ανακουφισμένος που μοιράστηκα το μυστικό μου μαζί σου. Εσύ τι κάνεις;»

«Όλα καλά. Σου έχω μια πρόταση για απόψε. Αρκεί να είσαι ελεύθερος».

«Ελεύθερος . Πάντα ελεύθερος για σένα! Τι προτείνεις;»

«Κανονίσαμε με την Ελισάβετ να βρεθούμε στο σπίτι μου για δείπνο. Εξυπακούεται πως είσαι καλεσμένος και ιδιαίτερα ευπρόσδεκτος. Θα μου κάνεις την τιμή; Εξάλλου, οφείλω να σε ανταμείψω για την σκληρή μάχη που έδωσες κι εσύ με την κουζίνα για να με ικανοποιήσεις».

«Πώς να αρνηθώ την σαγηνευτική συντροφιά δύο θεσπέσιων δεσποινίδων; Πώς να αντισταθώ στην πλάνη της μαγειρικής σου; Θα είμαι εκεί».

«Εκτός από τις δύο θεσπέσιες δεσποινίδες, στο δείπνο θα παρευρεθεί και ένας κύριος».

«Νόμιζα πως η Ελισάβετ δεν έχει δεσμό» βιάστηκε να βγάλει συμπεράσματα ο Κωνσταντίνος.

«Σωστά νόμιζες. Δεν έχει. Ο τρίτος καλεσμένος μου δεν σχετίζεται με την Ελισάβετ. Προέρχεται από τον εργασιακό μου χώρο. Συγκεκριμένα, πρόκειται για τον Προϊστάμενό μου, τον Άγγελο. Είμαι βέβαιη πως θα βρεις την παρουσία του άκρως ευχάριστη. Είναι ένας αξιοπρεπής, συμπαθέστατος νεαρός».

«Νεαρός και Προϊστάμενος; Εντυπωσιάστηκα! Αν κρίνω από το εγκώμιο που του έπλεξες, πρέπει να είναι αξιόλογος. Ας τον γνωρίσουμε λοιπόν αλλά ένα να έχεις στο νου σου. Σαν κέρβερος θα φυλάω εσένα και την Ελισάβετ και δεν θα επιτρέψω ούτε στο ελάχιστο την οποιαδήποτε ανάρμοστη συμπεριφορά εκ μέρους του».

«Γλυκέ μου, δεν χρειάζεται να ανησυχείς. Δεν θα τον είχα προσκαλέσει αν δεν ήταν αντάξιος της αποδοχής μας. Θα σε περιμένω στις επτά».

«Θα κρατήσω ανοιχτή την όρεξη μου».

Η ύπαρξη ενός δεύτερου αρσενικού στην παρέα είχε ήδη ιντριγκάρει τον Κωνσταντίνο. Παρά το γεγονός ότι η φιλόδοξη οικοδέσποινα είχε παρουσιάσει τον Άγγελο απλά ως τον Προϊστάμενο της, ένα αίσθημα απειλής φλόγιζε κιόλας τα φυλλοκάρδια του εκδηλωτικού σπιτονοικοκύρη της. Ή τουλάχιστον αυτό εισέπραττε η Ζωή.

«Παρακαλώ;» Η βαθιά, αυστηρή φωνή του Άγγελου την έκανε να σαστίσει προς στιγμήν.

«Καλημέρα» αναθάρρεψε μετά το πέρας μερικών δευτερολέπτων.

«Καλημέρα, αστέρι». Εμφανώς κολακευμένος από το τηλεφώνημα της όμορφης βοηθού του, απέκτησε μεμιάς χαρακτηριστική άνεση στην ομιλία του.

«Ελπίζω να μην σε ενοχλώ. Αναρωτιόμουν αν έχεις σχέδια για απόψε».

«Η αλήθεια είναι πως κράτησα το πρόγραμμα μου ανοιχτό γιατί είχα σκοπό κι εγώ να σου τηλεφωνήσω. Δεν έχω κανονίσει απολύτως τίποτα».

«Υπέροχα. Περιμένω το βράδυ δυο φίλους για δείπνο στο σπίτι και θα χαιρόμουν πολύ να μας συντροφέψεις. Θα ήθελα πολύ να σας συστήσω.»

«Αν και θα προτιμούσα ειλικρινά να σ' έχω κατ' αποκλειστικότητα, η πρόταση σου έλκει το ενδιαφέρον μου. Ίσως, μέσω των φίλων σου, καταφέρω να μάθω περισσότερα και για σένα».

«Στο σπίτι μου, λοιπόν, στις επτά».

«Ανυπομονώ».

Το σχέδιο της είχε δρομολογηθεί ομαλά, χωρίς παρεκκλίσεις και απώλειες. Όλοι οι εκλεκτοί καλεσμένοι της, θα κατέφθαναν στην ώρα τους. Κοίταξε έξω από το παράθυρο της. Η βροχή είχε κοπάσει. Ντύθηκε βιαστικά και βγήκε από το διαμέρισμα για τα απαραίτητα ψώνια πριν την προλάβει η επόμενη καταιγίδα.

Μέσα στο υγρό, γκρίζο τοπίο, οι ποικιλόχρωμοι πάγκοι των οπωροπωλείων, έφτιαχναν ένα αριστουργηματικό μωσαϊκό αποχρώσεων και αρωμάτων. Η βόλτα της προμηνύονταν εξαιρετικά απολαυστική. Βραδύνοντας τα βήματα και τις κινήσεις της, επέλεξε με προσοχή τα πιο μοσχομυριστά και γευστικά συστατικά. Η αποψινή παρέα άξιζε την καλύτερη περιποίηση και η Ζωή στόχευε στην πλήρη ικανοποίηση τους. Μετά από μια επίσκεψη στη μαναβική αγορά και στο παντοπωλείο της γειτονιάς, είχε στη διάθεσή της όλα τα υλικά που περιελάμβαναν οι προς εκτέλεση συνταγές της.

Κατά την επιστροφή, λίγα μόλις μέτρα μακριά από το διαμέρισμα της, την έπιασε και πάλι η βροχή. Χοντρές, δροσάτες στάλες κατρακυλούσαν ανάμεσα στις μπούκλες της και, ψηλαφώντας απαλά το πρόσωπο της, στράγγιζαν ενωμένες στη γη. Επιτάχυνε το βηματισμό της και, αναζητώντας προστασία κάτω από τα υπόστεγα, επέστρεψε γοργά στο σπίτι. Η γλυκιά ζεστασιά του χώρου τύλιξε το βρεγμένο κορμί της σαν ανάλαφρη φορεσιά. Ακουμπώντας τις βαριές τσάντες με τα ψώνια στο τραπέζι της κουζίνας, σήκωσε τα μαλλιά της σε έναν πλούσιο κότσο και φόρεσε ανυπόμονα την κόκκινη, μαγειρική ποδιά της. Το μενού, ήδη μελετημένο με περίσκεψη, απαιτούσε επιμέλεια και προσοχή.

Η αυλαία της βραδιάς θα άνοιγε με τα ορεκτικά. Διακριτικά αλλά και μοναδικά θα προλείαναν το έδαφος για την εξίσου εύγευστη συνέχεια. Μανιτάρια στο φούρνο με μυρωδικά, καλοκαιρινή σαλάτα με πατάτες, αρακά και σχοινόπρασσο και φυσικά το αγαπημένο της. Κρητικός ντάκος φτιαγμένος με παξιμάδι, φέτα, ντομάτα, κάππαρη και ελιά, θα πλημμύριζε το δωμάτιο με θύμησες της Κρήτης. Για κυρίως πιάτο, φιλετάκια συνοδευμένα από ριζότο με σαφράν και δεντρολίβανο. Η θριαμβευτική ολοκλήρωση του δείπνου αποζητούσε τη γλυκιά κυριαρχία της 'Μαύρης Θεάς'. Μια ελαφριά σοκολατόπιτα με παγωτό βανίλια θα έστεφε τη βραδιά με απόλυτη επιτυχία.

Ένα από τα ελάχιστα αντικείμενα που κρατούσε στις βαλίτσες της, σε εκείνο το μοναχικό ταξίδι του μισεμού, ήταν ένα λευκό, κεντητό τραπεζομάντιλο, φιλοτεχνημένο με στοργή από τα πανάξια χέρια της μητέρας της. Το επικείμενο δείπνο αποτελούσε την ιδανική περίσταση για να στολίσει την τραπεζαρία της. Μια νότα παραδοσιακή κι αγαπημένη ανάμεσα στις αυταρχικές γραμμές των μοντέρνων επίπλων. Το άπλωσε αμέσως, κατάλευκο και λαμπερό, δίνοντας του χρόνο να πάρει τη φόρμα του ξύλινου επίπλου. Μέσα από το αβαθές λευκό του, το γλυκό πρόσωπο της μητέρας της, της χαμογελούσε εγκάρδια. Εκείνη η θολή, λατρεμένη σκιά θα της χάριζε όλο το θάρρος και την ψυχραιμία που θα αξίωνε η ιδιότυπη εκείνη βραδιά. Πάνω στο κολλαρισμένο και ευωδιαστό ύφασμα του δύο στρόγγυλα, χειροποίητα κεριά με άρωμα καρύδας προσέδιδαν περισσότερη αισθαντικότητα στην χαλαρωτική ατμόσφαιρα.

Ξαφνιασμένη πετάχτηκε από τον καναπέ λίγο πριν τις επτά, στο πρώτο άκουσμα του κουδουνιού. «Ας είναι η Ελισάβετ» ευχήθηκε, χωρίς να καταλαβαίνει καλά - καλά το γιατί. Μάλλον το καταλάβαινε αλλά απέφευγε να το παραδεχτεί. Χτένισε με τα δάχτυλα τα μαλλιά της, έσιαξε τις πιέτες από τη φούστα της και με έναν κοφτό βήχα καθάρισε τη φωνή της.

«Παρακαλώ;» απάντησε ευγενικά μέσα από το θυροτηλέφωνο.

«Η Ελισάβετ είμαι. Έφτασα! Θέλω όροφο και αριθμό διαμερίσματος». Αν και δεν γνώριζε καλά την περιοχή της Καλαμαριάς καθώς έμενε στο κέντρο της πόλης, εντόπισε εύκολα τον προορισμό της χάρη στις ακριβείς οδηγίες της Ζωής.

«Ισόγειο, πρώτο διαμέρισμα δεξιά» την κατατόπισε η οικοδέσποινα και βγήκε αμέσως στο κατώφλι της για να καλωσορίσει την πρώτη αφιχθείσα. «Με το δεξί» της παρήγγειλε η Ζωή καθώς η Ελισάβετ ήταν έτοιμη να ορμήσει στο εσωτερικό του διαμερίσματος.

«Ο χώρος είναι απλά φανταστικός! Είχες δίκιο. Ο Κωνσταντίνος διαθέτει όντως εξαιρετικό γούστο. Είσαι τόσο τυχερή που μπορείς να απολαμβάνεις την ανεξαρτησία σου σε ένα τόσο όμορφο περιβάλλον!» Η Ελισάβετ, μετά την ολοκλήρωση των σπουδών της, επέστρεψε στο πατρικό της και στη συγκατοίκηση με τους γονείς της. «Κάνω οικονομία για την προίκα μου!» είχε επισημάνει επανειλημμένα. Τις λάτρευε αυτές τις παρωχημένες και συντηρητικές αντιλήψεις της η Ζωή. Μετά από μια ολιγόχρονη ξενάγηση στα δωμάτια του διαμερίσματος, βολεύτηκαν και οι δυο τους στο σαλόνι.

«Για πες μου τώρα, εφόσον το τρίτο πιάτο είναι σίγουρα του Κωνσταντίνου, για ποιον προορίζεται το τέταρτο; Μήπως βάλθηκες να μου βρεις ταίρι;» αστειεύτηκε βολιδοσκοπώντας, αγνοώντας πως και το τέταρτο μέλος της παρέας είχε ήδη παγιδευτεί για τα καλά στα ερωτικά δίχτυα της φίλης της.

«Η εξυπνάδα σου δεν παύει ποτέ να με εκπλήσσει!» αποκρίθηκε εμβρόντητη η Ζωή. «Ο τέταρτος λοιπόν της παρέας, για τον οποίο επιθυμείς διακαώς να ενημερωθείς, είναι ο Προϊστάμενος μου από την εφημερίδα. Πριν προλάβει η φαντασία σου να οργιάσει, θα ήθελα να σε πληροφορήσω πως δεν πρόκειται για κάποιον κύριο προχωρημένης ηλικίας αλλά για έναν καταπληκτικό νεαρό». Δεν θεώρησε σκόπιμο να της αναφέρει το φλερτ που εκτυλίσσονταν μεταξύ τους. Θα ήταν αναπόφευκτα εμφανές κατά τη διάρκεια του δείπνου.

Στο δεύτερο χτύπημα του κουδουνιού δυνατά γέλια αναδύθηκαν μέσα από το ακουστικό του θυροτηλεφώνου.

«Ναι;» φώναξε με ανεβασμένο τον τόνο της φωνής της εξαιτίας της φασαρίας που έφτανε έντονη στα αυτιά της.

«Κωνσταντίνος!»

«Άγγελος!» ήχησε μια δεύτερη, απρόσμενη φωνή, προτού προλάβει η Ζωή να αντιδράσει.

Οι δυο τους είχαν ανταμώσει μπροστά στην είσοδο της πολυκατοικίας και πολύ σύντομα αντιλήφθηκαν πως είχαν τον ίδιο προορισμό.

«Καλώς τους!» αναφώνησε ζωηρά η οικοδέσποινα σαν τους είδε να πλησιάζουν προς το κατώφλι της. Το εύθυμο κλίμα μεταξύ των δύο 'υπό παρακολούθηση' καλεσμένων της, την αιφνιδίασε ευχάριστα. «Κάναμε μια καλή αρχή» συλλογίστηκε σιωπηλά και άνοιξε διάπλατα την πόρτα για να τους υποδεχτεί. Πρόσχαροι, την φίλησαν και οι δυο σταυρωτά και πέρασαν στο σαλόνι. Ο Κωνσταντίνος τη συγκίνησε αναπάντεχα προσφέροντας της ένα μπουκάλι ρακή από τους γραφικούς αμπελώνες του πατέρα του στην Κρήτη ενώ ο Άγγελος κρατούσε για χάρη της μια πανέμορφη γλάστρα με πορτοκαλί ντάλιες.

«Είναι ευαίσθητο λουλούδι. Αν το αμελήσεις, θα αρρωστήσει προτού το καταλάβεις. Αν όμως το αγαπήσεις, θα σε ανταμείψει με έναν τρόπο που θα εκπλαγείς...» της τόνισε, κλείνοντας της το μάτι με νόημα.

Το δώρο της Ελισάβετ θα καθυστερούσε λιγάκι ακόμη. Καθώς επιθυμούσε να προσφέρει στη Ζωή κάτι ξεχωριστό και χρήσιμο για την κουζίνα της, θεώρησε σκόπιμο να εξετάσει πρώτα τον αντίστοιχο χώρο προτού προβεί στην επιλογή της.

Κεραυνοβολημένη από το απαράμιλλο κάλλος και τον αγέρωχο ανδρισμό του Άγγελου, η Ελισάβετ κατάφερε να μουρμουρίσει με δυσκολία ένα αμήχανο 'χαίρω πολύ' την ώρα που η Ζωή έκανε τις συστάσεις. Οι αγωνιώδεις προσπάθειες της να συγκαλύψει τον εντυπωσιασμό της απέβησαν άκρως αναποτελεσματικές. Όπως αναμενόταν, η επίδραση της γοητευτικής παρουσίας του Άγγελου ήταν ανηλεής και εθιστική.

Μετά την ολοκλήρωση της γνωριμίας, η Ζωή, κρατώντας τον Άγγελο απαλά από το μπράτσο, τον οδήγησε προς την κουζίνα με σκοπό μια σύντομη ξενάγηση στους χώρους του διαμερίσματος. Το βλέμμα του Κωνσταντίνου τους ακολουθούσε αδιάκριτα, επίμονα, ανήσυχα καθώς απομακρύνονταν από το χώρο του σαλονιού. Ενοχλητικά ζηλόφθονο, ερέθισε τα νεύρα της. Το ενδεχόμενο κάποιας κουβέντας ή κίνησης του δυσαρεστημένου, ως φαινόταν, σπιτονοικοκύρη της, ίσως έπληγε την εξέλιξη της βραδιάς. Εκείνος, όμως, προς ανακούφιση της, παρέμεινε σιωπηλά υπομονετικός δίπλα στην Ελισάβετ λαχταρώντας την σύντομη επιστροφή τους. Ενώ κατά την άφιξη τους της είχε δημιουργήσει την εντύπωση πως είχε συμπαθήσει τον Άγγελο, εκείνη η συμπάθεια είχε ήδη αρχίσει να εξανεμίζεται, Τα μάτια του μαρτυρούσαν πως δεν είχε καμιά απολύτως πρόθεση να του αφήσει το πεδίο ελεύθερο ώστε να παίξει, ανενόχλητος, το ρόλο του πρωταγωνιστή.

Κατά τη διάρκεια της σύντομης ξενάγησης, ήρθαν στιγμές που εκείνη η ολιγόλεπτη περιπλάνηση παρέα με τον Προϊστάμενο της, της φάνηκε πραγματικά τραγελαφική και σκωπτική. Ίσως ο Άγγελος είχε ήδη περπατήσει τους διαδρόμους του διαμερίσματος της. Ίσως γνώριζε καλύτερα και από την ίδια τις γωνιές του σπιτιού. Με την περιφερειακή της όραση καρφωμένη πάνω του, αποζητούσε ένα ψεγάδι στις αντιδράσεις του, ένα νεύμα αταίριαστο, μια έκφραση αλλόκοτη. Αντίθετα, όμως, με όσα περίμενε να αντικρίσει, το βλέμμα του περιεργάζονταν με ειλικρινή περιέργεια τους 'άγνωστους' χώρους και το σώμα του, με αληθοφανή αδυναμία εξαρτιόταν αποκλειστικά από την καθοδήγηση της Ζωής. Μήπως ήταν τελικά η πρώτη φορά που ο Άγγελος βρίσκονταν εκεί; Μήπως δεν ήταν η δική του ανάσα που στοίχειωνε τον αέρα; Επέστρεψε στο σαλόνι με αδειανό το 'καλάθι' των αποδείξεων.

Οι ασημένιοι δίσκοι με τα ορεκτικά ξεπρόβαλαν εν μέσω επευφημιών από την κουζίνα. Συνοδευμένα με το κατάλληλο, λευκό, φρουτώδες κρασί, προκάλεσαν ταχύτατα τα πρώτα εγκωμιαστικά σχόλια για την νοικοκυρά. Οι τρεις φιλοξενούμενοι, με χαρακτηριστική χαρμονή, έμοιαζαν να απολαμβάνουν αληθινά την συνεύρεση εκείνης της βραδιάς. Η συζήτηση, ανεξάντλητη, περιστράφηκε κυρίως γύρω από τον Άγγελο. Εκείνος ατάραχος, στωικός, αποδέχονταν ακούραστα και ευπροσήγορα τον καταιγισμό των ερωτήσεων της Ελισάβετ και του Κωνσταντίνου και ανταπέδιδε με ευχαρίστηση τις απαιτούμενες απαντήσεις. Οι δύο συνομιλητές του, αρκετά πιεστικοί κάποιες φορές, αναζητούσαν, καθένας για τους δικούς του λόγους, όσο το δυνατόν περισσότερα στοιχεία για το νέο μέλος της παρέας. Ο Άγγελος, δεινός χειριστής του λόγου, τους προσέφερε την ικανοποίηση αλλά ταυτόχρονα, κατηύθυνε την κουβέντα σε μονοπάτια που θα έδιναν απαντήσεις και στις δικές του απορίες σχετικά με την αγαπημένη του βοηθό. Σαν στεγνό σφουγγάρι απορροφούσε με μανία τις ρέουσες πληροφορίες για το παρελθόν αλλά και για το παρόν της.

«Γλυκιά μου, θα χρειαστώ την βοήθεια σου για το κυρίως». Η Ζωή, μόλις άδειασαν οι δίσκοι με τα ορεκτικά και πρόβαλε ο γυαλιστερός τους πάτος, απηύθυνε σε τέτοιο τόνο την παράκληση της στην Ελισάβετ που της στερούσε κάθε περιθώριο άρνησης. Η προσποιητά περίχαρη Ζωή δεν είχε λησμονήσει πως ο ρόλος της εκείνη τη βραδιά, πέρα από αυτόν της περιποιητικής οικοδέσποινας, ήταν και ρόλος παρατηρητικός, ρόλος διερευνητικός. Το επαναλαμβανόμενο, χρονοβόρο πήγαινε- έλα στην κουζίνα της κόστιζε πολύτιμο χρόνο και καθυστερούσε την επίτευξη του στόχου της διαλεύκανσης της υπόθεσης που την παίδευε βασανιστικά. Το κύριο ζητούμενο ήταν να κρατήσει τα μάτια της κολλημένα πάνω στους δύο ιδιαίτερους καλεσμένους της σε αναζήτηση κάποιου αξιοποιήσιμου στοιχείου και κάτι τέτοιο δεν θα ήταν εφικτό αν απουσίαζε διαρκώς από κοντά τους.

«Στις διαταγές σας!» αποκρίθηκε η πάντα εξυπηρετική φίλη της και χάθηκαν αγκαλιά στο ημίφως του διπλανού δωματίου. Ακατανόητα μουρμουρητά εξακολούθησαν να ακούγονται από την τραπεζαρία την ώρα που οι δυο τους επιδίδονταν με επιμέλεια στο σερβίρισμα. Αν και δεν ήταν δυνατό να αντιληφθεί το νόημα της συζήτησης, αισθανόταν ανακουφισμένη που οι τόνοι είχαν διατηρηθεί χαμηλοί. Η ένταση μεταξύ των καλεσμένων της και ο κίνδυνος εκτροχιασμού της κατάστασης θα δυσχέραιναν σημαντικά το έργο της. Μπορεί ακόμη να ανέτρεπαν ολοκληρωτικά τα σχέδια της.

«Λοιπόν, ποιος είναι ο επικρατέστερος;» ψιθύρισε πονηρά η Ελισάβετ σκύβοντας προς το μέρος της.

«Θα με θεωρήσεις λιγότερο έξυπνη αν σου πω πως δεν αντιλαμβάνομαι το νόημα της ερώτησης σου;» υποκρίθηκε την ανίδεη η Ζωή, μάλλον ανεπιτυχώς.

«Μην κρύβεσαι από μένα. Εξάλλου είναι φως - φανάρι πως οι άμοιροι κονταροχτυπιούνται αμείλικτα για χάρη σου. Δείξε έλεος και κάνε την επιλογή σου. Είναι αδυσώπητη η αμφιβολία και η προσμονή». Η Ελισάβετ ήταν απόλυτη στο λόγο της, βέβαιη για την ορθότητα των σκέψεων της.

Πώς μπορούσε να παραποιήσει την αλήθεια η Ζωή χωρίς να προσβάλει τη νοημοσύνη της φίλης της; Η συμπεριφορά των αρσενικών καλεσμένων καθ' όλη τη διάρκεια της βραδιάς δεν επιδέχονταν αμφισβήτηση. Το βλέμμα τους πρόδιδε ενθουσιασμό σαν την κοιτούσαν και η Ελισάβετ το είχε παρατηρήσει από την πρώτη στιγμή του ερχομού τους. Κάθε τους αναφορά στο πρόσωπο της ήταν πνιγμένη στο μέλι. Παρότι εξαιρετικά διακριτικοί και οι δύο, ευγενικοί και συγκρατημένα διαχυτικοί, έδειχναν σε κάποιον βαθμό την αδυναμία τους στην οικοδέσποινα. Ο Άγγελος, περισσότερο συνεσταλμένος λόγω του ότι πρώτη φορά γνώριζε την υπόλοιπη παρέα, την κοιτούσε με ένα βλέμμα κρυφό αλλά κι έντονο ταυτόχρονα. Τα λόγια του γλυκά, το ίδιο και οι τρόποι του. Ο Κωνσταντίνος από την άλλη, παίζοντας στην 'έδρα του', είχε αποκτήσει πιο επιθετική στάση. Δεν δίσταζε να προβάλει το πόσο καλά γνώριζε τη Ζωή σε κάθε ευκαιρία, το πόσο υπέροχη και μοναδική είναι η σχέση τους και καθιστούσε έμμεσα σαφές πως δύσκολα κανείς θα μπορούσε να μπει ανάμεσα τους. Τα λόγια του παρουσιάζονταν με τρόπο που η Ζωή δεν μπορούσε να διαψεύσει ούτε το παραμικρό. Το ερωτικό στοιχείο δεν ήταν ολότελα προφανές στο λόγο του ώστε να δικαιολογήσει μια αντίδραση εκ μέρους της, αλλά το ένιωθε να υποβόσκει, να υποβόσκει επικίνδυνα. Πώς θα μπορούσε να τα ανασκευάσει όλα αυτά; Τι απάντηση είχε να δώσει στην Ελισάβετ; Επέλεξε τη σιωπή.

«Αν θες την άποψη μου, ψηφίζω ανεπιφύλακτα Άγγελο. Δεν αντιλέγω, ο Κωνσταντίνος είναι ένας θησαυρός. Απίστευτα δοτικός και πρόθυμος να θυσιαστεί ανά πάσα στιγμή για να ικανοποιήσει τις επιθυμίες σου Αλλά, ας μην γελιόμαστε. Ο Άγγελος διαθέτει όλα τα χαρίσματα που αναζητάει μια γυναίκα σε έναν άντρα. Δυναμισμό, γοητεία, προσωπικότητα, ομορφιά. Η απόφαση είναι δική σου αλλά θα χαρώ αν είναι σύμφωνη με τη δική μου γνώμη». Τα χείλη της Ζωής φώναξαν και πάλι την απόλυτη σιωπή. Με δυο μεγάλα πιάτα στα χέρια, στράφηκε αμίλητη προς το σαλόνι. Ακριβώς πίσω της, ακολούθησε η Ελισάβετ δικαιωμένη. Η σιωπή της Ζωής ήταν για εκείνη η απόλυτη επιβεβαίωση πως είχε δίκιο.

Το τραπέζι των έντονων διαλόγων είχε στο μεταξύ μετατραπεί σε τραπέζι νεκρικής σιγής. Τι είχε μεσολαβήσει και οι ομιλίες έπαψαν, καμιά τους δεν γνώριζε. Το κλίμα ξαφνικά ανέδιδε αμηχανία. Μήπως είχε αναφερθεί κάτι άκομψο ή απλά οι δυο τους περίμεναν την καταλυτική φλυαρία της Ελισάβετ για να σπάσουν τον εναπομείναντα πάγο και να προχωρήσουν στο επόμενο θέμα; Η Ζωή δεν θα μάθαινε ποτέ της τι είχε συμβεί. Δεν θα μπορούσε ποτέ της να ρωτήσει.

Τα καλοψημένα φιλέτα και το άριστα χυλωμένο ριζότο στάθηκαν η αιτία ασυγκράτητων αναστεναγμών απόλαυσης και γευστικής μέθης. Ακόμη μια επιτυχία μπορούσε να συμπεριληφθεί στα κιτάπια των κατορθωμάτων της μαγείρισσας. Αμέτρητες φιλοφρονήσεις και έπαινοι έπεισαν τη Ζωή πως το αποτέλεσμα άξιζε την κούραση που είχε προηγηθεί κατά την ετοιμασία του δείπνου. Τα χαμόγελα στα πρόσωπα των καλεσμένων της αποτελούσαν την πιο εγκάρδια επιβράβευση και το πιο ζεστό 'χειροκρότημα' που ήλπιζε να εισπράξει για το εγχείρημα της. Με στομάχια χορτάτα και ουρανίσκους μαγεμένους, εγκατέλειψαν την τραπεζαρία και αποσύρθηκαν στον καναπέ. «Ώρα για το επιδόρπιο» ενημέρωσε τους καλεσμένους της η Ζωή με ένα ύφος προκλητικό, υποσχετικό. Το σκούρο της σοκολάτας και το λευκό του παγωτού δημιουργούσαν μια ελκυστική αντίθεση. Όλοι μαζί, απόλαυσαν αμίλητοι τη μοναδικότητα των γεύσεων που ξεχείλιζαν από το υπέροχο εκείνο γλύκισμα. Τα μικρά κουταλάκια σαν λεπίδες αιχμηρές τεμάχιζαν ακατάπαυστα την αφράτη ψίχα της σοκολατόπιτας. Σε κάθε μπουκιά, χιλιάδες γεύσεις, αρώματα και εικόνες. Η Ζωή, καθισμένη ανάμεσα στον Άγγελο και τον Κωνσταντίνο, παρατηρούσε τις εκφράσεις των φιλοξενούμενων της και καμάρωνε σιωπηλά.

Η τετραμελής παρέα συνέχισε την χαλαρή κουβέντα για αρκετή ώρα μετά τη λήξη του δείπνου. Ήταν όντως μια ωραία βραδιά. Το μόνο που δυσαρεστούσε τη Ζωή ήταν το αδιέξοδο στο οποίο είχαν οδηγηθεί οι υποψίες της για ακόμη μια φορά. Ήταν βέβαιο πως ο Άγγελος και ο Κωνσταντίνος έτρεφαν ξεχωριστά αισθήματα γι' αυτήν αλλά δεν ήταν βέβαιη αν κάποιος από τους δύο ήταν ικανός να τα εκδηλώσει επιλέγοντας την ιδιότυπη, επικίνδυνη οδό των κρυφών επισκέψεων και των ρομαντικών μηνυμάτων στο διαμέρισμα της. Οι αντοχές της είχαν αρχίσει να λιγοστεύουν και η υπομονή της να εξαντλείται.

Η πρώτη αποχώρηση ήταν της Ελισάβετ. Ευχαρίστησε την οικοδέσποινα για την πλούσια περιποίηση με μια σφιχτή αγκαλιά και αφού χαιρέτησε με μια θερμή χειραψία τους άλλους δυο, πλησίασε στην έξοδο.

«Καληνύχτα, 'τυχερούλα'» της μουρμούρισε με προσοχή για να μην την ακούσουν οι υπόλοιποι.

«Γεια σου, γλυκιά μου!» της απάντησε η Ζωή, ελαφρώς ταραγμένη που την άφηνε μόνη με τους δύο νεαρούς για την υπόλοιπη βραδιά.

Η σκουρόχρωμη, ξύλινη πόρτα του διαμερίσματος της είχε πια κλείσει. «Και τώρα;» αναρωτήθηκε η Ζωή. Είχε απομείνει χωρίς 'σύμμαχο' περιτριγυρισμένη από τους δύο ανθρώπους που είχαν μονοπωλήσει το ενδιαφέρον της τον τελευταίο καιρό, όχι με τον καλύτερο τρόπο. Πόσο θα ήθελε να τους ρωτήσει ευθέως αν ευθύνονταν για τα ύποπτα μηνύματα! Πόσο θα ήθελε να είχε ξεκαθαρίσει στην καρδιά της τα αισθήματα της. Άλλοτε ένιωθε συμπάθεια και συμπόνια και άλλοτε τρόμο και απέχθεια. Προς το παρόν, η μόνη της επιλογή ήταν να προσποιηθεί την άνετη, την απροβλημάτιστη, όσο ακατόρθωτο κι αν έμοιαζε κάτι τέτοιο.

Τα κατάφερε καλά. Διατήρησε τις ισορροπίες ελέγχοντας η ίδια την εξέλιξη της συζήτησης και κρατώντας και τους δυο σε μια απόσταση ασφαλείας. Η αντιπαράθεση μεταξύ τους ήταν πιο εμφανής τώρα που η Ελισάβετ είχε αποχωρήσει αλλά η Ζωή δεν τους έδωσε το δικαίωμα να παραφερθούν. Ο Κωνσταντίνος συμπεριφέρονταν ενίοτε αδικαιολόγητα αντιδραστικά, σαν αγρίμι που του κλέβουν το θήραμα. Ο Άγγελος, από την άλλη, παρέμενε ψύχραιμος και αναπόσπαστα αξιοπρεπής και μόνο όταν ο Κωνσταντίνος επιχειρούσε να τον θίξει εμμέσως ανέβαζε ελαφρώς τον τόνο της φωνής του. Η ατμόσφαιρα εξαιρετικά άβολη αλλά γενικά πολιτισμένη.

Ο Άγγελος, έχοντας δηλώσει από την στιγμή της πρόσκλησης, πως θα προτιμούσε να βρεθεί μόνος του με τη Ζωή και μην εκτιμώντας ιδιαίτερα την αντιπαλότητα του έτερου αρσενικού, ήταν ο δεύτερος που εγκατέλειψε το διαμέρισμα. Δεν ήταν του τύπου του να ασχολείται με μικρότητες και δεν επιθυμούσε να ξοδέψει το χρόνο του αντιμαχόμενος τον Κωνσταντίνο. Τον καληνύχτισε με μια απρόσωπη τυπικότητα και τίποτα παραπάνω. Άπλωσε, χωρίς καμία τάση επίδειξης, το χέρι του στην μέση της Ζωής και μαζί κατευθύνθηκαν προς την πόρτα.

«Μου είχες πει πως είναι μόνο φίλος σου...». Τα λόγια του σαν κοφτερά κομμάτια πάγου μάτωσαν το αυτί της. Θυμόταν ακόμη τη συζήτηση τους το μεσημέρι των γενεθλίων της, όταν στην αντίστοιχη ερώτηση του η Ζωή τον είχε διαβεβαιώσει πως ο Κωνσταντίνος ήταν απλά ένας φίλος της. Η πραγματικότητα, όμως, εκείνης της βραδιάς μόνο σε φιλική σχέση δεν παρέπεμπε, τουλάχιστον από την πλευρά του Κωνσταντίνου, και είχε κάθε δίκιο ο Άγγελος να το επισημαίνει παραπονετικά.

«Δεν τρέχει τίποτα μεταξύ μας!» έσπευσε να δικαιολογηθεί η Ζωή. Μα, γιατί του έδινε εξηγήσεις; Δεν ήταν υποχρεωμένη να απολογηθεί σε κανέναν! Κι όμως οι λέξεις έβγαιναν από μόνες τους, σαν να μην ήθελε να τον απογοητεύσει. Ίσως τελικά είχε πέσει κι εκείνη θύμα της γοητείας του χωρίς να το έχει συνειδητοποιήσει. «Κι εγώ πρώτη φορά διακρίνω τόσο έντονο ενδιαφέρον από μέρους του» συνέχισε, σκόπιμα ψευδόμενη και με δυο φιλιά τον καληνύχτισε.

Η διάθεση του Κωνσταντίνου άλλαξε δραματικά μετά την αποχώρηση του Άγγελου. Είχε απομείνει μόνος του με τη Ζωή και το πρόσωπο του απέκτησε και πάλι την γνώριμη γλυκύτητα του.
«Ήσουν τέλεια απόψε. Όλα ήταν υπέροχα. Θα τελειώσω το κρασί μου και θα σε αφήσω κι εγώ να ξεκουραστείς. Εκτός κι αν επιθυμείς να σε βοηθήσω να τακτοποιήσεις».
«Σε ευχαριστώ για τα καλά σου λόγια και για την προθυμία σου αλλά δεν θα χρειαστεί, καλέ μου».
«Όπως επιθυμείς. Πολύ ιδιαίτερος τύπος αυτός ο Προϊστάμενος σου. Ομολογώ πως στην αρχή με ξεγέλασε» άλλαξε απότομα το θέμα ο Κωνσταντίνος.
«Σε ξεγέλασε;»
«Ναι, αρχικά μου έδωσε την εντύπωση ενός φινετσάτου παλικαριού αλλά τελικά κατάλαβα τι καπνό φουμάρει».
«Δηλαδή;» Ο Κωνσταντίνος είχε αρχίσει να εκσφενδονίζει δηλητηριώδη βέλη κατά του Άγγελου και η Ζωή ήθελε να δει ως που θα έφτανε.
«Μέγας εγωιστής και χυδαίος υποκριτής. Αυτή η αυταρέσκεια του ήταν πολύ ενοχλητική όλη τη βραδιά. Απ' ότι φαίνεται, όμως, εσύ έχεις μια τελείως διαφορετική γνώμη, γεγονός που με κάνει να απορώ ειλικρινά».
«Η ζήλια θολώνει την κρίση» ήθελε να του απαντήσει η Ζωή. Την έτρωγε η γλώσσα της. Ήταν τόσο άδικα τα λόγια του! Τόσο άσχημος ο τρόπος που εκφράζονταν για τον Άγγελο. Πώς πρόλαβε μέσα σε λίγες ώρες να ερμηνεύσει τον χαρακτήρα του; Πολλές φορές η πρώτη εντύπωση δεν είναι και η σωστή.
«Τον γνωρίζω καλύτερα από εσένα και ίσως αυτός είναι ο λόγος που διαφωνούμε. Όπως και να' χει δεν χρειάζεται να προβληματίζεσαι γιατί δεν νομίζω να βρισκόμαστε συχνά όλοι μαζί» έκλεισε τη συζήτηση η Ζωή υπονοώντας πως δύσκολα θα επαναλαμβάνονταν στο μέλλον μια παρόμοια συνάντηση.
Τα επόμενα δέκα λεπτά, μέχρι να φτάσει η ώρα να την καληνυχτίσει και ο τελευταίος καλεσμένος της, κύλησαν αρκετά ευχάριστα αν και η Ζωή ανέμενε μια τελείως διαφορετική εξέλιξη. Μετά την πρότερη στάση του και την έντονη, έμμεση διεκδίκηση της Ζωής κόντρα στον Άγγελο, η λογική συνέχεια θα ήταν μια εξομολόγηση και μια απερίφραστη εκδήλωση των συναισθημάτων του για εκείνη. Αντ' αυτού, αναλώθηκαν και οι δυο σε μια ελαφριά, ανούσια φλυαρία. Μήπως τελικά, ο Κων-

σταντίνος απλά προσπαθούσε να την προστατέψει από έναν άνδρα 'ακατάλληλο' και 'ανάξιό' της; Μήπως δεν ήταν ο δικός του πόθος για τη Ζωή υποκινητής της κόντρας και της αντίθεσης; Ήταν δυνατόν να έχει παρερμηνεύσει τόσο πολύ τη συμπεριφορά του;

Η βραδιά ολοκληρώθηκε με την βαριά πόρτα του διαμερίσματος να κλείνει οριστικά πίσω από την πλάτη του Κωνσταντίνου. Κατευθυνόμενη προς την τραπεζαρία αντίκρισε την όψη της μητέρας της να ακόμη εκεί πάνω στο λευκό τραπεζομάντιλο. Μόνο που πια δεν της χαμογελούσε. Με σουφρωμένο μέτωπο και βλέμμα προβληματισμένο έμοιαζε να τη ρωτά «Γιατί ασχολείσαι με όλα αυτά;»

8

Το πρωί της Κυριακής την βρήκε ξύπνια, πάνω από το νεροχύτη της κουζίνας να σαπουνίζει τα λερωμένα πιάτα που είχαν στοιβαχτεί εκεί μετά το δείπνο της χτεσινής βραδιάς. Ένιωθε το κορμί της βαρύ και την ψυχολογία της καταρρακωμένη από την ατελέσφορη ενασχόληση της με την ιστορία των μυστικών μηνυμάτων. Η υπόθεση έπρεπε να κλείσει, να κλείσει όσο ήταν ακόμη νωρίς. Οι αποτυχημένες προσπάθειες και οι άκαρπες απόπειρες που είχαν προηγηθεί της προκαλούσαν αγανάκτηση και απογοήτευση στην ψυχή. Αποκαρδιωμένη, πίστευε πως δεν θα έβρισκε ποτέ τη λύση. Ποτέ δεν θα ανακάλυπτε τον ένοχο. Ίσως θα έπρεπε να ακολουθήσει ένα μονοπάτι διαφορετικό για να βάλει τέλος επιτέλους σε εκείνη την παρωδία. Συγκινητική και κολακευτική μεν η εκδήλωση των συναισθημάτων του αγνώστου επισκέπτη της αλλά, ταυτόχρονα, άσκοπη και συχνά ανησυχητική. Τι θα μπορούσε να κάνει; Τι μέσα θα έπρεπε ίσως να χρησιμοποιήσει; Το μυαλό της ήταν ήδη μπουκωμένο με ένα σωρό προβληματισμούς προτού καν αναχωρήσει από το νησί της, προβληματισμούς που σχετίζονταν με την προσπάθεια αποκόλλησης από την εμμονή του Πέτρου. Η οποιαδήποτε επιπλέον επιβάρυνση του αποδεικνύονταν ιδιαίτερα επώδυνη.

Σαν φευγαλέα αστραπή σε σκοτεινό ουρανό, μια ιδέα πέρασε από το νου της, μια επιλογή που ως τότε δεν την είχε λάβει υπ' όψιν. Η επιλογή της αλλαγής διαμερίσματος. Το πόσο συνετό θα ήταν κάτι τέτοιο, ήταν αμφίβολο. Δεν θα ήταν δυνατόν ο μυστηριώδης επισκέπτης της, ο οποίος λογικά ήταν άτομο από τον κοινωνικό της κύκλο, να συνεχίζει να ακολουθεί τα χνάρια της αλλά και να εφαρμόζει την τακτική του οπουδήποτε αλλού; Άξιζε η αναστάτωση και η ταλαιπωρία; Άρχισε να νευριάζει και πάλι με τον εαυτό της. Γιατί δεν έβρισκε το θάρρος να αντιμετωπίσει κατάματα τον Άγγελο και τον Κωνσταντίνο και να γυρέψει απαντήσεις; Πόσο ακόμη θα μπορούσε να σπαταλά το χρόνο της σε μια μάταιη αναζήτηση;

Δυο δάκρυα έσταξαν από τα μάτια της πάνω στους αφρούς του νεροχύτη. Δεν είχε όρεξη για τίποτα. Δεν ήθελε να αντικρίσει κανέναν. Δεν μπορούσε να μιλήσει σε κανέναν. Ζητούσε μόνο ησυχία για περισυλλογή. Ήταν απαραίτητος ένας απολογισμός του τι είχε συμβεί, μια εκτίμηση της πραγματικότητας. Τελειώνοντας με τις δουλειές της στην κουζίνα, έφτιαξε μια κούπα καφέ και κούρνιασε κάτω από το σεντόνι της κρεβατοκάμαρας. Θα έμενε χωμένη στη ζεστασιά του όλη την ημέρα.

Αναλογιζόμενη τη συνάντηση της προηγούμενης βραδιάς κατέληγε και πάλι σε ένα δυσβάσταχτο αδιέξοδο. Κανείς εκ των δύο δεν είχε δείξει να νιώθει άβολα εντός του χώρου του διαμερίσματος. Κανείς τους δεν παρουσίασε σημάδια απειλητικής επιμονής για την κατάκτηση της καρδιάς της. Τόση σκέψη είχε πάει χαράμι. Δεν είχε σταθεί ικανή να συγκεντρώσει την παραμικρή απόδειξη για να θεμελιώσει έστω μια πιθανή εκδοχή. Και οι δυο τους θα μπορούσαν να είναι αθώοι όσο και ένοχοι. Προσπάθησε να ανοίξει το μυαλό της και να διευρύνει την αντίληψη της μήπως και τελικά κάποιος άλλος, κι όχι τα άτομα που υποπτεύονταν, ήταν υπεύθυνος για όλα. Κανείς άλλος, όμως, δεν βρέθηκε που θα μπορούσε να κρύβεται πίσω από το πολύπλοκο εκείνο σίριαλ της ζωής της. Η προσοχή της παρέμενε αναγκαστικά στραμμένη στους δύο ανθρώπους που είχε υποψιαστεί από την αρχή.

Αγκομαχώντας να προσαρμοστεί σε μια ξένη, αλλόκοτη πραγματικότητα και να αντιμετωπίσει το μυστήριο που διαδραματιζόταν στο διαμέρισμα της δεν είχε αντιληφθεί το πόσο στενόχωρη και μίζερη είχε γίνει η καθημερινότητα της. Παγιδευμένη σε ένα λαβύρινθο συλλογισμών και γεγονότων, αδυνατώντας να μιλήσει στους δικούς της για όσα της συνέβαιναν, ένιωθε μέρα με τη μέρα ολοένα και πιο ανήμπορη, ολοένα και πιο πνιγηρό τον κόμπο στο λαιμό της. Αυτή τη ζωή αναζητούσε όταν έσκιζε την καρδιά της στα δυο για να βρει το κουράγιο να εγκαταλείψει την πατρίδα της; Γιατί στα δυο την είχε σκίσει την πρώτη του Ιούνη, τη μισή να κρατήσει πάνω της και τη μισή να αφήσει πίσω στο χωριό της.

Ο λόγος για τον οποίο είχε έρθει στην πόλη και είχε εγκατασταθεί σε εκείνο το διαμέρισμα ήταν η ανάγκη να επουλώσει τις ανοιχτές πληγές της, να περιθάλψει την τραυματισμένη της καρδιά. Δεν φαντάζονταν ποτέ πως η νέα πραγματικότητα που θα συναντούσε θα επιδείνωνε ώρα με την ώρα, την ήδη 'βαριά' κατάσταση της. Με ένα πλήθος προβληματισμούς να συσσωρεύονται μες το μυαλό της ένιωθε την δύναμη της να υποχωρεί, την αποφασιστικότητα της να σείεται συθέμελα. Όμως, δίχως δύναμη κι αποφασιστικότητα, ήταν ουτοπικό να ελπίζει πως θα ήταν ικανή να ξεχάσει το παρελθόν της, να ξεριζώσει από την ψυχή της τ' όνομα του Πέτρου.

Η ξαφνική θύμηση του ονόματος του ήταν αρκετή για να τον ζωντανέψει και πάλι μπροστά της. Πάνω στο θολό τζάμι της κρεβατοκάμαρας η ανάγλυφη μορφή του την κοίταζε σιωπηλά με βλέμμα γκρίζο, διαπεραστικό. Με το δερμάτινο μπουφάν του κουμπωμένο ως επάνω και το μάλλινο κασκόλ του περασμένο γύρω από το λαιμό, σεργιάνιζε πάνω στην γυάλινη επιφάνεια του τζαμιού τα στενά σοκάκια του χωριού καβάλα στη μηχανή του, όπως συνήθιζε κάθε χειμωνιάτικο δειλινό. Πόσα απογεύματα καρτερούσε χωρίς αναπνοή, ακίνητη και παγωμένη στο μπαλκόνι της, να ακούσει τον ήχο της εξάτμισης να πλησιάζει! Ένα σούρουπο, μονάχα ένα, είχε βρεθεί τυχαία να περνά κάτω από το μπαλκόνι της. Με σταματημένη την καρδιά, τον κοίταζε. Απλά τον κοίταζε. Του φώναζε η ψυχή της 'Γύρισε να με δεις!' μα εκείνος ποτέ του δεν την άκουσε.

«Που να βρίσκεται τώρα; Να' ναι άραγε καλά; Που μοιράζει το γέλιο του; Πώς περνά τη ζωή του;» Την λαχταρούσε τη ζωή του, δική της να την κάνει. Έστω για λίγο, για ένα λεπτό, κι ας πέθαινε μετά. Μόνο να ζήσει ήθελε, να ζήσει στο πλάι του, για ένα φεγγάρι. Κι ας ήταν γραφτό μακριά της να ξαναχαθεί. Κι ας έσβηναν για πάντα τ' αστέρια του ουρανού της. Η ζωή μακριά του δεν ήταν ζωή. Ο καημός της σαν κεραυνός τύλιξε μες σε πανύψηλες φλόγες κάθε πρόοδο που είχε σημειώσει ως τότε στην απόπειρα της να σωθεί απ' την γλυκιά εξάρτηση του. Παγιδευμένη ασφυκτικά μέσα στην ίδια φυλακή, έμεινε ολομόναχη, έμεινε να τον αναζητά.

Άλλες ιδέες εξίσου τρελές με εκείνη της μετακόμισης άρχισαν να αναπηδούν στο νου της, στον τόσο μπερδεμένο της νου που έψαχνε διακαώς ηρεμία και πνευματική ξαστεριά. Μιας και το νέο της σπιτικό δεν της επιφύλασσε ευχάριστες στιγμές όπως περίμενε, μιας και δεν βρήκε τη χαρά που λαχταρούσε μακριά από την πηγή της δυστυχίας της, επικίνδυνα λογική φάνταζε η επιστροφή της στο νησί. Σε εκείνη την άγνωστη πόλη, σε εκείνο το αφιλόξενο διαμέρισμα πάλευε καθημερινά με μύρια δαιμόνια. Στον όμορφο τόπο της θα είχε τουλάχιστον την πολύτιμη συντροφιά και τη συμπαράσταση της οικογένειας και των φίλων της. Ποιος ήξερε, ίσως κάποια στιγμή να έβρισκε το κουράγιο να μιλήσει στην Ηρώ, να της εκμυστηρευτεί το μαρτύριο που ζούσε τα τελευταία χρόνια, μαρτύριο που αιτία είχε τον φίλο της. «Ο πόνος γλυκαίνει όταν τον μοιράζεσαι» της είχε πει κάποτε η μικρή της αδερφή. Ενδεχομένως, να είχε μια συμβουλή να της πει, μια γνώμη για να τη βοηθήσει. Μα πάλι, αναπόφευκτα, θα έφτανε η στιγμή που θα τον συναντούσε. Δεν γινόταν διαφορετικά. Πάλι θα πάγωνε η μιλιά της. Πάλι με μάτια βουρκωμένα θα έτρεχε να φύγει μακριά του.

Εκείνη την Κυριακή θυμήθηκε πολλά αν και σκοπός της ήταν μονάχα να ξεχνά. Αρμένισε ο νους της σε βράδια ξάγρυπνα, βράδια ταλαίπωρα, μακριά από τη δική του αγκαλιά. Σε μέρες που έμενε νηστική, άρρωστη από τον πόνο του έρωτα. Σε ατέλειωτα, καλοκαιρινά απογεύματα που χιλιοπερπατούσε το χωριό μήπως και τον έβλεπε από κάπου να περνά. Η σκέψη του δεν την άφηνε ήσυχη στιγμή. Με την έννοια του ξυπνούσε το πρωί, με την έννοια του σφάλιζε τα βλέφαρα της το βράδυ. Και σαν έβλεπε άλλη να του μιλά, άλλη να τον αγγίζει, μαύρα γίνονταν τα μάτια της σαν σύννεφα γεμάτα από βροχή. Ήταν εξαιρετικά αβέβαιο αν διέθετε πια την αντοχή να ξαναζήσει την ίδια θλίψη από την αρχή. Ήταν αβάσταχτα επώδυνο να τον έχει τόσο κοντά μα συνάμα τόσο μακριά της. «Δεν θα τα παρατήσω τόσο εύκολα. Δεν πρέπει να γυρίσω πίσω!» Θα παρέμενε στη Θεσσαλονίκη, σε εκείνο το παράξενο «σπιτικό». Μόνη της θα έβρισκε τη λύση, μια λύση υποτυπώδη ή μη και θα αγωνιζόταν για να ξανακερδίσει τη ζωή της, την αναπνοή της.

Μια λύση ήταν το μόνο που αποζητούσε. Έναν τρόπο πρακτικό και αποτελεσματικό που θα της προσέφερε προστασία και δεν θα επέτρεπε σε κανέναν να εισχωρεί στον προσωπικό της χώρο. Όποιος κι αν ήταν αυτός που έμπαινε κρυφά στο σπίτι της, δεν είχε άλλη εναλλακτική παρά να μπει από την βαριά, κεντρική είσοδο, καθώς το διαμέρισμα δεν διέθετε μπαλκόνια ή φωταγωγό. Με επαγγελματική δεξιοτεχνία και ακρίβεια κατάφερνε να περιστρέφει τη γλώσσα της κλειδαριάς και να κάνει ανενόχλητος τη δουλειά του χωρίς ποτέ να αφήνει ίχνη ή σημάδια. Η κλειδαριά, παλιάς τεχνολογίας και αρκετά σκουριασμένη από την πολυχρησία, αποτελούσε τραγικά εύκολη βορά στα χέρια του επιτήδειου μουσαφίρη της, ένα εμπόδιο άνετα αντιμετωπίσιμο.

«Αυτό είναι! Θα αλλάξω κλειδαριά!» Πέταξε το λεπτό σεντόνι από πάνω της, έντυσε τους ώμους της πρόχειρα με τη λευκή της ρόμπα, άρπαξε το κινητό της τηλέφωνο και βγήκε στο διάδρομο της πολυκατοικίας. Κολλημένο στην πόρτα του ασανσέρ, ακριβώς εκεί που το θυμόταν, βρήκε το αυτοκόλλητο με το τηλέφωνο κάποιου κλειδαρά. Σχημάτισε τον αριθμό προσεκτικά και επέστρεψε στην κουζίνα.

«Καλημέρα. Ενδιαφέρομαι για αλλαγή κυλίνδρου, τοποθέτηση κλειδαριάς ασφαλείας και εσωτερικού σύρτη». Ήταν ακόμη σχετικά νωρίς αλλά το ενημερωτικό αυτοκόλλητο έγραφε με μεγάλα, έντονα γράμματα "24 ώρες το 24ωρο". Δεν υπήρχε λόγος χρονοτριβής.

«Καλημέρα. Είναι επείγον;» της απάντησε η βραχνή φωνή του κλειδαρά.

«Ναι, θα σας παρακαλούσα να έρθετε το συντομότερο δυνατό».

«Το αργότερο σε μία ώρα θα είμαι εκεί».

«Σας ευχαριστώ πολύ». Ένιωθε ήδη ανακουφισμένη από την προοπτική ενίσχυσης των μέτρων ασφαλείας της. Για την επόμενη μία ώρα, ώσπου ο κλειδαράς να χτυπήσει το κουδούνι της, προτίμησε να αποσυρθεί και πάλι στην κάμαρα της. Ήθελε να κάνει κάτι ακόμη ώστε να διαγράψει απ' το νου της, μια και καλή, όλες τις πτυχές εκείνης της ιστορίας. Σκύβοντας κάτω από το κρεβάτι, ανέσυρε ένα μεγάλο χαρτόκουτο και το τοποθέτησε πάνω στο σεντόνι. Σε εκείνο το κουτί θα συγκέντρωνε όλα τα αποδεικτικά των περίεργων επισκέψεων που δεχόταν, μηνύματα και δώρα. Θα το τοποθετούσε σε σημείο κρυφό, απροσπέλαστο, επιθυμώντας να ξεχάσει ολότελα την ύπαρξη του. Χωρίς δισταγμό, άπλωσε το χέρι της και άνοιξε την ντουλάπα. Το λευκό φόρεμα, ακόμη σκαλωμένο στην κρεμάστρα, θα ήταν το πρώτο που θα έμπαινε σε εκείνο το κουτί της λήθης. Το δίπλωσε προσεκτικά και το στρίμωξε στον πάτο. Από το πρώτο συρτάρι του κομοδίνου της ανέσυρε όλα τα υπόλοιπα μικροαντικείμενα που σχετίζονταν με την υπόθεση. Αρχικά εντόπισε τον φάκελο με την κάρτα του καλωσορίσματος που, εν αγνοία της, είχε σηματοδοτήσει την αρχή των επανειλημμένων, μυστηριωδών επισκέψεων. Στη συνέχεια το ξύλινο κουτάκι με το κλειδάκι του και το τριαντάφυλλο που της είχε αφήσει πάνω στο τραπέζι της κουζίνας. Ακολούθησαν οι μικρές κάρτες με τα στιχάκια. Όμως, δεν είχε τελειώσει ακόμη. Αν και δεν είχε αποδειχτεί η ενοχή του Κωνσταντίνου ή του Άγγελου, θεωρούσε ότι και τα δικά τους δώρα, εκείνα που της είχαν προσφέρει την ημέρα των γενεθλίων της, είχαν μια θέση σε εκείνο το κουτί. Η κάρτα με τις ευχές από την ανθοδέσμη που της είχε αποστείλει ο Άγγελος αλλά και το όμορφο δαχτυλίδι που της είχε χαρίσει ο Κωνσταντίνος τοποθετήθηκαν με τη σειρά τους μέσα στο χαρτόκουτο. Αν και ήταν κρίμα να παραμεριστεί με τέτοιο τρόπο το υπέροχο δώρο του σπιτονοικοκύρη της, εκείνη δεν ένιωθε ακόμη έτοιμη να το φορέσει στο δάχτυλο της. Ίσως αργότερα, όταν θα είχε διαλευκανθεί ή θα είχε ξεχαστεί το ζήτημα, να έβρισκε τη διάθεση για να τιμήσει το δώρο του. Ως τότε όμως, όλα θα παρέμεναν καταχωνιασμένα στο ψηλότερο και πιο απόμακρο ράφι της ντουλάπας. Κρυμμένα στο πιο βαθύ και σκοτεινό σημείο, πίσω από το ογκώδες, χειμωνιάτικο πάπλωμά της. Για κάποιο λόγο, δεν θεωρούσε σωστό να τα ξεφορτωθεί, να τα πετάξει.

Ο κλειδαράς, επίμονος σε εκνευριστικό βαθμό, της χτύπησε επανειλημμένα το κουδούνι, πολύ νωρίτερα από ότι της είχε πει πως θα κατέφτανε. Δεν είχε περάσει ούτε μισή ώρα από το τηλεφώνημα αλλά βρισκόταν ήδη έξω από την πόρτα της. Έτρεξε αγχωμένη να του ανοίξει. Με μια βαριά τσάντα εργαλείων στο χέρι και βήματα γοργά, δεν προσπάθησε καθόλου να κρύψει τη βιασύνη του.

«Μόνη σου μένεις εδώ;» τη ρώτησε ενώ είχε ήδη ξεκινήσει να τρυπάει το ξύλο της πόρτας και να σκορπίζει ροκανίδια στο πάτωμα.

«Ναι, μόνη».

«Όταν τελειώσω με την πόρτα σου, δεν θα έχεις πια λόγο να φοβάσαι. Θα χρησιμοποιήσω το ασφαλέστερο σύστημα που έχω στη διάθεση μου και η προστασία σου θα είναι εγγυημένη. Εδώ δεν είναι Μάλτα. Η εγκληματικότητα δεν είναι λέξη άγνωστη. Χρειάζεται προσοχή. Η πόλη μας κρύβει πολλούς κινδύνους ιδίως για κοπέλες μόνες σαν και του λόγου σου».

«Να μείνω ήσυχη δηλαδή».
«Απολύτως».
«Να σας προσφέρω κάτι;»
«Ένας παγωμένος φραπές θα ήταν ότι πρέπει. Καθόλου ζάχαρη, με λίγο γάλα, αν σου είναι εύκολο». Προτού προλάβουν να λιώσουν τα παγάκια μέσα στο ποτήρι, ο κλειδαράς είχε ολοκληρώσει την εργασία του. Γνώριζε καλά την τέχνη του και η πόρτα μετατράπηκε με ασύλληπτη ταχύτητα σε ένα όρθιο, απροσπέλαστο οχυρό.

«Τέρμα οι κρυφές βόλτες» σκέφτηκε ικανοποιημένη η Ζωή, πεπεισμένη πως η κεντρική είσοδος του διαμερίσματος της ήταν πλέον απαραβίαστη. Ο κλειδαράς της παρέδωσε τέσσερα αντικλείδια, πληρώθηκε για τα υλικά και την εργασία του και την αποχαιρέτησε και πάλι βιαστικά.

«Δύο θα κρατήσω για μένα, ένα για την Ηρώ και ένα για τους γονείς μου». Όσο είχε αρχίσει να αναζητά έναν τρόπο για να τους αποστείλει τα καινούρια αντικλείδια στο νησί, οι σκέψεις της πήραν ξαφνικά νέα τροπή. Προγραμμάτιζε, ούτως ή άλλως, να ταξιδέψει σύντομα στην πατρίδα της και να περάσει ένα Σαββατοκύριακο παρέα με την οικογένεια και τους φίλους της. Θα μπορούσε, λοιπόν, να επισπεύσει το ταξίδι της και να τους παραδώσει τα κλειδιά αυτοπροσώπως. Πήρε στα χέρια της το κινητό της τηλέφωνο και κάλεσε το νούμερο του πατρικού της.

«Εμπρός;» Ήταν ο πατέρας της που απάντησε στην κλήση. Ήταν Κυριακή και το κατάστημα στην πλατεία παρέμενε κλειστό όλη μέρα.

«Μπαμπούλη μου!»

«Καλώς την ομορφονιά μου, το μεγάλο μου το κορίτσι. Πώς τα περνάς; Τι κάνεις εκεί πέρα μοναχό σου;»

«Όλα καλά. Η δουλειά πηγαίνει υπέροχα και έχω συνηθίσει αρκετά τη ζωή της πόλης». Δεν θα το άντεχε να στενοχωρήσει τον πατέρα της, επιτρέποντας του να αντιληφθεί την πραγματική ψυχολογική της κατάσταση. Είχε μάθει τον τελευταίο καιρό να υποκρίνεται τόσο πειστικά σαν να 'ταν επαγγελματίας θεατρίνα.

«Χαίρομαι που το ακούω. Έχω την έννοια σου βράδυ – πρωί».
«Θα το δεις και με τα ίδια σου τα μάτια ότι είμαι μια χαρά».
«Εννοείς αυτό που υποψιάζομαι Ζωή μου; Θα έρθεις στο νησί;»
«Το επόμενο Σαββατοκύριακο, μπαμπά μου! Να με περιμένετε, ναι;»

«Δεν ξέρεις τι χαρά μου έδωσες! Όλοι με ρωτάνε συνεχώς για σένα, πού είσαι, πώς τα περνάς. Έφυγες κι ερήμωσε ο τόπος. Πάλι καλά που έχουμε την Ηρώ κοντά μας. Αλλιώς θα είχαμε αποτρελαθεί, κι εγώ και η μαμά σου».

«Παρασκευή βραδάκι θα είμαι εκεί».

«Να προσέχεις παιδί μου και να φτάσεις με το καλό. Μην κλείσεις, περίμενε να σου δώσω το μπεμπεκάκι (έτσι αποκαλούσε την Ηρώ από τότε που 'ταν βρέφος). Τραβάει από ώρα το καλώδιο του τηλεφώνου».

Στη μικρή σιγή που μεσολάβησε, η Ζωή μπορούσε να ακούσει την μητέρα της να μαγειρεύει στην κουζίνα. Θα έπαιρνε όρκο πως οι μυρωδιές από την κατσαρόλα της, περνούσαν μέσα από τη γραμμή του τηλεφώνου και της γαργάλευαν τη μύτη.

«Αδερφάκι μου, άκουσα καλά; Θα κατηφορίσεις προς τα πάτρια εδάφη;» πήρε σειρά η Ηρώ.

«Καλά άκουσες. Έρχομαι να δώσω λίγη συμπαράσταση στο στερνοπούλι της οικογένειας που παλεύει μόνο του με τα 'θηρία'» αστειεύτηκε η Ζωή.

«Μα, θα μείνεις μόνο ένα Σαββατοκύριακο; Κρίμα ο κόπος σου. Δεν δικαιούσαι καθόλου άδεια, να σε χαρούμε καμιά μέρα παραπάνω;»

«Μακάρι να μπορούσα να μείνω περισσότερο κοντά σας. Δυστυχώς, είναι πολύ νωρίς ακόμη για να ζητήσω κάτι τέτοιο και ο Διευθυντής της εφημερίδας δεν φημίζεται για την ελαστικότητα του».

«Δεν πειράζει, ας είναι και για λίγο. Σε περιμένω πως και πως. Θα ενημερώσω και τα παιδιά. Να δεις χαρές που θα κάνουν!»

«Θέλω σαν τρελή να τους δω όλους, να τους χορτάσω, έστω κι αν αυτό σημαίνει πως θα μείνω ξάγρυπνη ολόκληρο Σαββατοκύριακο».

«Τα λέμε από κοντά λοιπόν!»

«Κάτι τελευταίο, πριν κλείσεις. Θύμισε μου κι εσύ όταν κατέβω, να σας δώσω καινούρια αντικλείδια από το διαμέρισμα. Άλλαξα σήμερα την κλειδαριά, προληπτικά. Εντάξει;»

«Μην ανησυχείς και θα σου το θυμίσω. Πολλά φιλιά». Ο τόνος της φωνής της άλλαξε ξαφνικά και τα λόγια της βγήκαν κομπιασμένα. Ίσως ήταν η απρόσμενη αλλαγή του θέματος και η άσχετη αναφορά σχετικά με την αντικατάσταση της κλειδαριάς.

«Αντίο».

Η προοπτική της προσωρινής επιστροφής της στο νησί τη γέμισε με τόση χαρά και αδημονία που ξεκίνησε την ίδια μέρα να ετοιμάζει την βαλίτσα της. Νιώθοντας ασφαλής και προστατευμένη πια, επιχείρησε να αποβάλει από το νου της κάθε δυσάρεστη σκέψη και να αφοσιωθεί αποκλειστικά στα ευχάριστα. Επέλεξε τα ωραιότερα ρούχα της, τις πιο ταιριαστές τσάντες και τα πιο κομψά παπούτσια της για τη διήμερη παραμονή της στο χωριό. Ήθελε όλοι να την δουν όμορφη και περιποιημένη όπως πάντα, χωρίς να μπορούν να διακρίνουν την μελαγχολία και τη θλίψη που της είχε προκαλέσει η νέα της ζωή.

Η Κυριακή κύλησε γαλήνια ως το βράδυ. Ένιωθε παραδόξως άνετα μέσα στο διαμέρισμα, το δικό της διαμέρισμα. Η αόρατη μορφή του μυστηριώδη επισκέπτη είχε αρχίσει να ξεθωριάζει και η βαριά ανάσα του έμοιαζε να διαλύεται μέσα στο δροσερό οξυγόνο που έμπαινε από τα παράθυρα. Μπορούσε να τον αγαπήσει εκείνον τον χώρο, να τον συνδυάσει μόνο με στιγμές ευτυχίας. Χρειάζονταν μόνο λίγο χρόνο.

9

«Τέσσερις και σήμερα...» επαναλάμβανε ασταμάτητα με το νου καθώς κατευθυνόταν το πρωί της Δευτέρας στο γραφείο. «Μακάρι Θεέ μου, σαν νερό να κυλήσουν οι μέρες!» Δεν είχε περάσει πολύς καιρός από τη μέρα που είχε αφήσει το χωριό της μα ένιωθε σαν να είχε λείψει χρόνια. Ήταν τόσο εκστασιασμένη που θα αντάμωνε ξανά με όλα τα αγαπημένα της πρόσωπα και θα διάβαινε και πάλι τα γνώριμα δρομάκια του χωριού που τίποτα άλλο δεν την απασχολούσε κι όλος ο κόσμος γύρω της έμοιαζε πιο λαμπερός. Οι έννοιες που συννέφιαζαν την καρδιά της είχαν πια εξαφανιστεί και το μόνο που είχε σημασία ήταν το πολυπόθητο ταξίδι της. Η βαλίτσα της έστεκε κιόλας πανέτοιμη δίπλα στην πόρτα του διαμερίσματος, αναμένοντας το απόγευμα της Παρασκευής. Το περπάτημα της είχε άλλον αέρα, άλλη αύρα το κορμί της, άλλο σκοπό η καθημερινότητά της, τώρα που όλα είχαν προγραμματιστεί στην εντέλεια. Με ηθικό εμφανώς αναπτερωμένο και διάθεση στα ύψη καλημέρισε γλυκά, όπως και κάθε πρωινό, τον Προϊστάμενό της.

«Καλημέρα, αστέρι μου! Πολλή κεφάτη σε βρίσκω Δευτεριάτικα. Βλέπω, ξύπνησες στην καλή πλευρά του κρεβατιού».

«Δεν ευθύνεται το κρεβάτι για την ευδιαθεσία μου. Άλλος είναι ο λόγος. Την Παρασκευή πετάω για Κρήτη. Θα επισκεφτώ τους δικούς μου για το Σαββατοκύριακο και, για να είμαι ειλικρινής, δεν βλέπω την ώρα!»

«Αυτό είναι πολύ ευχάριστο. Λίγη υπομονή λοιπόν μέχρι το τέλος της εβδομάδας. Πριν έρθει η ώρα να μου φύγεις όμως, θα καταφέρεις να ξεκλέψεις λίγο χρόνο σου για να βρεθούμε οι δυο μας;»
«Γιατί όχι; Θα το κανονίσουμε εντός της εβδομάδας. Μπορούμε να βγούμε για φαγητό μετά τη δουλειά ή κάποιο βράδυ για ποτό». Τώρα που είχε πάρει την απόφαση να πάψει πια να τον υποψιάζεται και να αγνοήσει εντελώς τα γεγονότα που συνέβαιναν στο διαμέρισμα της, η στάση της απέναντί του έγινε πιο μαλακή, πιο ανέμελη. Η αλλαγή της ίσως να οφείλονταν και στο αίσθημα σιγουριάς κι ασφάλειας που ένιωθε να διογκώνεται μέσα της λόγω της πεποίθησης της πως κανείς δεν θα κατάφερνε να παραβιάσει ξανά το διαμέρισμά της. Δεν αισθάνονταν απειλή ούτε από τον Άγγελο αλλά ούτε και από τον Κωνσταντίνο.

«Να είσαι βέβαιη πως, τώρα που γνωρίζω την ύπαρξη του αντιπάλου μου, οι προσπάθειες να σε φέρω κοντά μου θα είναι πιο επίμονες και εντατικές». Όπως ο Κωνσταντίνος έτσι και ο Άγγελος εκσφενδόνισε έμμεσα, αν και με καθυστέρηση δύο ημερών, τα δικά του βέλη κατά του υποτιθέμενου φίλου της Ζωής.

Ήταν αδύνατο για εκείνη να σκεφτεί κάποιο επιχείρημα για να αντικρούσει τα λεγόμενα του και να αντιστρέψει την εντύπωση που ο Άγγελος είχε σχηματίσει για τον σπιτονοικοκύρη της. Ότι κι αν σκαρφιζόταν δεν θα μπορούσε να αναιρέσει την διεκδικητική συμπεριφορά του Κωνσταντίνου στο προχτεσινό δείπνο. Αρκέστηκε στο να χαμογελάσει αμήχανα όπως συνήθιζε τελευταία κάθε που έρχονταν σε δύσκολη θέση.

Ο όγκος της δουλειάς ήταν βαρύς και έτσι, μέχρι το απόγευμα, δεν αντάλλαξαν άλλες κουβέντες προσωπικού ύφους παρά μόνο επικεντρώθηκαν στην απαιτητική εργασία τους. Στο σχόλασμα, ο Άγγελος, τολμηρός και αρκετά βιαστικός της πρότεινε να μην επιστρέψει στο σπίτι αλλά να διαλέξει ένα εστιατόριο για να γευματίσουν, επισπεύδοντας έτσι την ήδη συμφωνημένη συνάντηση τους. Εκείνη, αρκετά ταλαιπωρημένη από τους φρενήρεις εργασιακούς ρυθμούς της ημέρας, προτίμησε να απορρίψει ευγενικά την πρόταση του και να χαλαρώσει στον καναπέ του σαλονιού χαζεύοντας κάποια νοικιασμένη ταινία με μόνη συντροφιά τον εαυτό της. .

«Η Δευτέρα είναι πάντα δύσκολη για μένα. Ίσως αύριο» δικαιολογήθηκε και αποχαιρέτησε τον απογοητευμένο Προϊστάμενο της.

Ένιωθε όντως καταβεβλημένη από την σωματική αλλά και την πνευματική κόπωση που της είχε προκαλέσει το έντονο οχτάωρο και ο δρόμος του γυρισμού έμοιαζε να μην έχει τελειωμό. Ανυπομονούσε να φορέσει κάτι άνετο και δροσερό και να χιμήξει στα αφράτα μαξιλάρια. Είχε την ανάγκη να απολαύσει την ηρεμία του σπιτιού της, απαλλαγμένη από υποψίες και φόβους. Ήταν σίγουρη πως κανείς δεν θα την ενοχλούσε, κανείς δεν θα διατάρασσε την γαλήνη της πια.

Όπως αποδείχτηκε αργότερα, είχε πάρει τη σωστή απόφαση επιλέγοντας να απορρίψει την πρόταση του Άγγελου. Η βραδιά στο διαμέρισμα ήταν εξαίσια. Από τα ορθάνοιχτα παράθυρα το χρυσό φεγγαρόφωτο έλουζε τα έπιπλα του σαλονιού καθώς στα αυτιά της έφταναν μονάχα οι χαμηλόφωνοι διάλογοι των ηθοποιών από την τηλεόραση. Με ένα ποτήρι λευκό κρασί και εκλεκτούς, ξηρούς καρπούς, ένιωσε τόσο απίστευτη χαλάρωση που δυο - τρεις φορές την πήρε απρόσμενα ο ύπνος. Προτού πέσουν οι τίτλοι τέλους της ταινίας, με μάτια κλειστά από τη νύστα ψηλάφησε το δρόμο της προς την κρεβατοκάμαρα. Ήταν αδύνατο να κρατήσει ανοιχτά τα βλέφαρα της κι αν κάποιες στιγμές το κατάφερνε τα κατάφερνε μόνο για μερικά κλάσματα του δευτερολέπτου.

«Ας έρθει γρήγορα η Παρασκευή...» ήταν η τελευταία της σκέψη πριν παραδοθεί, χωρίς αντίσταση, στην αγκαλιά του Μορφέα.

Δέχτηκε να γευματίσει με τον Άγγελο όταν πια η εβδομάδα είχε φτάσει στα μισά της, ημέρα Τετάρτη. Η Τρίτη είχε χαθεί βιαστικά, χωρίς να την πάρει ιδιαίτερα χαμπάρι, σαν φύλλο αδύναμο παρασυρμένο από σφοδρό αγέρα. Μετά τη λήξη του 'καταναγκαστικού' οχτάωρου στο γραφείο, οι δυο τους συναντήθηκαν διακριτικά λίγα στενά πιο πέρα από το κτίριο της εφημερίδας, επιθυμώντας να αποφύγουν τυχόν 'καλοπροαίρετα' σχόλια συναδέλφων. Το γραφείο ήταν γεμάτο από 'καλοθελητές' που περισσότερο ασχολούνταν με πικάντικα κουτσομπολιά παρά με την εργασία τους. Για αρκετή ώρα περιπλανήθηκαν στο κέντρο της πόλης ώσπου να εντοπίσουν ένα ταβερνάκι της αρεσκείας τους. Ο Άγγελος δεν έχανε ευκαιρία, όταν το έδαφος έμοιαζε πρόσφορο, να την αγγίζει απαλά καθώς προχωρούσαν. Της ακουμπούσε τρυφερά τη μέση σε κάθε στροφή του δρόμου, δήθεν για να της υποδείξει την κατεύθυνση που θα έπρεπε να ακολουθήσουν. Της έπιανε ελαφριά το χέρι για να την τραβήξει κοντά του και να την γλιτώσει από τα σκουντήματα των βιαστικών περαστικών του πεζοδρομίου. Η Ζωή δεν ήταν σίγουρη αν ενοχλούνταν ή αν απολάμβανε εκείνη την συμπεριφορά του. Σίγουρα πάντως κολακευόταν από τα βλέμματα του κόσμου, βλέμματα που ψιθύριζαν «ωραίο ζευγάρι». Ήταν, αναντίρρητα, ένας άντρας που είχε διχάσει την σκέψη της. Ο αρχικός αρνητισμός που της είχε δημιουργηθεί λόγω της πιθανής εμπλοκής του στο θέμα των μηνυμάτων αντιμάχονταν διαρκώς την ακαταμάχητη έλξη που της προκαλούσε η παρουσία του. Αν κατάφερνε, έστω και για μια στιγμή, να ξεχάσει όλα όσα συνέβαιναν και βγάλει τον Πέτρο από το μυαλό της, αν χαμήλωνε το τείχος των αντιστάσεων της, ήταν βέβαιο πως θα του παράδινε την καρδιά της αμαχητί.

«Το κρυφό λιμανάκι» έγραφε η πινακίδα της ψαροταβέρνας που κέντρισε το ενδιαφέρον τους έπειτα από ένα προσεκτικό ξεσκαρτάρισμα των αμέτρητων επιλογών που ξεφύτρωναν μπροστά τους σαν μανιτάρια. Ένα μικρό τραπέζι στην πίσω γωνία του μαγαζιού ήταν ιδανικό για να έχουν την ησυχία που επιθυμούσαν. Κάθισαν αντικριστά, σε ένα τετ – α – τετ τόσο ρομαντικό όσο θα ήθελε ο Άγγελος.

«Δεν είναι δυνατόν! Απίστευτη ομοιότητα!» συλλογίστηκε ταραγμένη η Ζωή. Έντονο ρίγος τη διαπέρασε καθώς παρατηρούσε ολοένα και πιο προσεκτικά τον περιβάλλοντα χώρο των κυανόλευκων αποχρώσεων. Θαλασσινά δίχτυα στόλιζαν τους γκριζαρισμένους από τον καπνό τοίχους, άμμος και κοχύλια εγκλωβισμένα σε μικρά βάζα πάνω στα τραπέζια ξεχείλιζαν νοσταλγικές μυρωδιές ιωδίου και αλατιού, δύο κουπιά κρεμασμένα χιαστί πάνω από το σβηστό τζάκι, όλα ήταν σχεδόν πανομοιότυπα! Πανομοιότυπα με τον αντίστοιχο διάκοσμο που είχε κερδίσει το θαυμασμό της, τη μία και μοναδική φορά που επισκέφτηκε την ταβέρνα που διατηρούσε ο Πέτρος στην Κρήτη. Μετά τον τραγικό χαμό των γονιών του σε ένα πραγματικά φρικιαστικό τροχαίο ατύχημα, ο Πέτρος και τα δυο του αδέρφια πήραν τη σκυτάλη, αποφασισμένοι να διατηρήσουν ζωντανή την οικογενειακή επιχείρηση και να μην στρέψουν την πλάτη τους στην αξιοσέβαστη κληρονομιά που τους άφηναν πίσω οι γονείς τους. Τρία ταβερνάκια, ένα για τον καθένα. Το πάθος και ο ζήλος τους απέδωσαν καρπούς.

Όχι μόνο διετέλεσαν επιτυχώς το δύσκολο έργο της λειτουργίας των τριών χώρων εστίασης αλλά με την επιχειρηματικότητα και τη διορατικότητα που διέθεταν όλοι τους, η πελατεία τους πολλαπλασιάστηκε ραγδαία. Σε σύντομο χρονικό διάστημα τα κέρδη τους είχαν διογκωθεί σε τέτοιο βαθμό που καθιστούσαν μη αναγκαία πλέον τη δική τους προσωπική εργασία. Προσλαμβάνοντας άρτια εκπαιδευμένο προσωπικό και διανέμοντας τα καθήκοντα αποτελεσματικά, οι τρεις επιχειρήσεις λειτουργούσαν σαν ρολόι. Μοναδική αρμοδιότητα τους ήταν η επίβλεψη και ο συντονισμός. Τα τρία αδέρφια, προσιτά και ευγενικά, είχαν κερδίσει δικαίως την εκτίμηση και την αγάπη του υπαλληλικού προσωπικού και περισσότερο από τους τρεις, ο Πέτρος. Ο απλός και φωτεινός χαρακτήρας του είχε κάνει τους πάντες απλά να τον λατρέψουν.

Βρίσκονταν τόσο μακριά του και όμως, τα πάντα, τον έφερναν αδιάκοπα στο νου της. Το μπλοκαρισμένο της μυαλό τον εμφάνιζε συνεχώς μπροστά της ακόμη και όταν δεν συνέτρεχε ιδιαίτερος λόγος. Πόσο μάλλον εκείνη την ώρα που ένιωθε πως γευμάτιζε στο δικό του ταβερνάκι, στην παραλία του Ηρακλείου. Δεν θα ξαφνιαζόταν αν τον έβλεπε να ξεπροβάλει από το μαγειρειό, με εκείνο τον μοναδικό αέρα που χαρακτήριζε τις κινήσεις του. Κατά καιρούς, διάφοροι κακόψυχοι, συντοπίτες της και μη, τον είχαν κατηγορήσει για ξιπασμό και αλαζονεία, προερχόμενα από τον ξαφνικό πλουτισμό του. Πόσο τον αδικούσαν! Παρά την επαγγελματική του επιτυχία, παρέμενε πάντα ένας ιδιαίτερα ταπεινός και ευγενικός νεαρός.

Όσο και αν αρνούνταν για χρόνια να το παραδεχθεί στον εαυτό της, βαθιά μέσα της ήξερε πως η αδυναμία που την κομμάτιαζε και δεν την άφηνε να του φανερώσει την αγάπη της ίσως να ενδυναμώνονταν και από την τόσο διαφορετική οικονομική τους κατάσταση. Προικισμένος με πλούτη και ανέσεις φάνταζε στα μάτια της πως αποτελούσε από μόνος του μια ξεχωριστή κοινωνική τάξη, χιλιόμετρα έξω από τις δικές της ικανότητες πρόσβασης. Ο πατέρας της από την άλλη μεριά, κοπιάζοντας μέρα και νύχτα στο μαγαζάκι της πλατείας, ίσα που κατάφερνε να θρέψει την φαμίλια του χωρίς φυσικά οποιεσδήποτε περιττές πολυτέλειες. Κι αν ζούσαν με τα λίγα, ήταν τόσο ευτυχισμένοι! Πώς ήταν δυνατό να συγχρονιστούν εκείνοι οι

δύο κόσμοι; Ποιος να κατέβει και ποιος να ανεβεί; Γίνεται να συγκλίνει μια τόσο ανοιχτή διχάλα;
«Πού ταξιδεύεις;» Η ελαφρώς ανεβασμένη φωνή του Άγγελου έσπασε τις σκέψεις της σε μικροσκοπικά, κοφτερά κομμάτια.
«Ορίστε;» αποκρίθηκε σαστισμένη η Ζωή.
«Σε ρώτησα αν θέλεις γλυκάνισο στο τσίπουρο σου ή αν το προτιμάς χωρίς. Δυστυχώς δεν υπάρχει ρακή στο κατάστημα. Και ήθελα τόσο να την δοκιμάσω για πρώτη φορά, απολαμβάνοντας την παρέα μιας υπέροχης Κρητικιάς!»
«Συγνώμη Άγγελε. Κάτι σκεφτόμουν. Χωρίς γλυκάνισο. Σε ευχαριστώ». Ανοιγοκλείνοντας πιεστικά τα βλέφαρα της αγκομαχούσε να επικεντρωθεί στο παρόν.
«Το κατάλαβα πως το μυαλό σου αρμένιζε σε θάλασσες μακρινές. Φουρτουνιασμένες θα τολμούσα να πω, αν κρίνω από την όψη σου. Θέλεις να το συζητήσουμε; Έχεις την αμέριστη προσοχή μου».
«Είσαι πολύ ευγενικός αλλά δεν υπάρχει κάποιο θέμα να συζητήσουμε».
Ήταν τόσο γλυκομίλητος, τόσο εμφανίσιμος καθισμένος εκεί απέναντι της. Όπως ακριβώς είχε επισημάνει η Ελισάβετ κατά τη διάρκεια του δείπνου, ο Άγγελος τα είχε όλα, όλα όσα θα μπορούσε ποτέ να ονειρευτεί μια γυναίκα. Η Ζωή τον είχε μπροστά της, στη διάθεση της, αλλά το ανυπάκουο μυαλό της πηγαινοέρχονταν αδιάλειπτα στην πατρίδα της, στον Πέτρο. Τα μάτια της μπορεί να έδιναν την εντύπωση πως τον κοιτούσαν μα στην πραγματικότητα ήταν προσηλωμένα στην θολή φιγούρα του Πέτρου που στέκονταν λίγα μέτρα πιο πίσω από την πλάτη του συνοδού της. Ήταν τόσο ζωντανός, ήταν εκεί! Μόνο όταν εκείνος χάνονταν προς στιγμήν έξω από το πεδίο ορατότητας της κέρδιζε έδαφος η μορφή του Άγγελου και γινόταν πιο σημαντική. Σαν ξεπρόβαλε όμως και πάλι ο Πέτρος μπροστά της, ο Άγγελος εξαφανίζονταν μέσα σε μια πυκνή καταχνιά και μονάχα η φωτεινή φιγούρα που έλαμπε στο φόντο μαγνήτιζε την προσοχή της. Θα ήταν σίγουρα ένα περίεργο γεύμα εκείνο που θα ακολουθούσε, ένα γεύμα μοιρασμένο σε δύο πραγματικότητες, σε δύο κόσμους.
Ο άντρας που είχε απέναντι της άξιζε πολλά (αν φυσικά δεν έκρυβε κάποια δεύτερη, παρανοϊκή προσωπικότητα) και το λιγότερο που

θα έπρεπε να του χαρίσει η Ζωή ήταν μια ειλικρινής αντιμετώπιση και μια ξεκάθαρη εξήγηση. Μα δεν ήταν ικανή για κανένα από τα δυο. Ακόμη δεν είχε καταλήξει σε ένα οριστικό συμπέρασμα σχετικά με το ποια θέση θα του έδινε στη ζωή της. Όλα ήταν πολύ ρευστά. Το μόνο για το οποίο ήταν βέβαιη ήταν πως θα αφιέρωνε χρόνο για να τον γνωρίσει. Ένα ανέξοδο αντάλλαγμα για την ευγένεια και το ενδιαφέρον που της είχε δείξει.

Ο χτύπος του τηλεφώνου της συνέπεσε με μια στιγμή παύσης των συνομιλιών τους, με μια στιγμή σιωπής. Ήταν ο Κωνσταντίνος. Θαρρείς και σαν λαγωνικό είχε μυριστεί την συνάντηση τους και θέλησε να κάνει αισθητή την παρουσία του.

«Εμπρός;»

«Γεια σου, ομορφιά μου. Πού σε βρίσκω; Φασαρία ακούω».

«Είμαι έξω για φαγητό, Κωνσταντίνε μου».

«Α! Καλοπερνάμε βλέπω. Την Ελισάβετ έχεις παρέα;»

«Όχι, είμαι με τον Άγγελο».

«Απορώ τι του βρίσκεις...». Δεν μπόρεσε να συγκρατηθεί. Μια ακόμη αγενής ατάκα ξεγλίστρησε πικρή από τα χείλη του. «Τέλος πάντων, εφόσον θεωρείς ευχάριστη την παρέα του, εμένα δεν μου πέφτει λόγος». Ο εκνευρισμός του ήταν εμφανέστατος.

«Τώρα μιλάς σωστά, γλυκέ μου. Με ήθελες κάτι;» Η Ζωή έχοντας βιώσει προσωπικά την προκατάληψη ενάντια στο ωραίο που όριζε πως κάθε όμορφος στην όψη άνθρωπος είναι εκ φύσεως κομπλεξικός, εγωιστής, υπερβολικά περήφανος και αλαζόνας, ήταν επιεικής με τον Κωνσταντίνο. Μπορούσε να διακρίνει ότι οι αντιδράσεις του παρακινούνταν από ζήλια και ίσως από ένα υποβόσκον αίσθημα κατωτερότητας.

«Σκεφτόμουν να πηγαίναμε σινεμά αλλά βλέπω πως είσαι απασχολημένη. Ίσως μια άλλη φορά».

«Τι λες για αύριο;» αντιπρότεινε εκείνη, θέλοντας να τον καλοκαρδίσει. Επιπλέον, συνειδητοποιούσε πως ο χρόνος θα κυλούσε πιο σύντομα μέχρι την Παρασκευή αν απασχολούσε το νου της με διάφορες δραστηριότητες και δεν κλείνονταν ολομόναχη στο διαμέρισμα.

«Εντάξει. Θα ξαναμιλήσουμε για λεπτομέρειες. Πολλά φιλιά».

«Καλό βράδυ».

Ο ανταγωνισμός από την πλευρά του Κωνσταντίνου την είχε ανησυχήσει έντονα στην αρχή, αλλά εφόσον ήταν αποφασισμένη να ξεχάσει οτιδήποτε είχε έστω και την παραμικρή σχέση με τον σκοτεινό εφιάλτη που ζούσε μέσα στο διαμέρισμα της, εκείνη η αντιπαλότητα ίσως αποδεικνυόταν διασκεδαστική και ενδιαφέρουσα.

Το γεύμα είχε πια ολοκληρωθεί από ώρα και οι δυο τους, καθισμένοι μέσα στο τζιπ του Άγγελου, είχαν πάρει το δρόμο προς το σπίτι της Ζωής. Ελάχιστα πράγματα είχε συγκρατήσει από εκείνο το γεύμα αλλά το χαμόγελο στο πρόσωπο του Άγγελου και το αρκετά ευχάριστο αίσθημα που είχε απομείνει στην καρδιά της έδειχναν πως όλα πρέπει να είχαν εξελιχθεί καλά.

«Έτοιμη για το ταξίδι σου;» ρώτησε ο Άγγελος.

«Εδώ και μέρες. Το μόνο που με θλίβει είναι ότι θα είναι πολύ σύντομο».

«Δεν θέλω να μου στενοχωριέσαι...» Τα μάτια του άρχισαν ξαφνικά να σχηματίζουν γρήγορους, μικρούς κύκλους. Κάτι προσπαθούσε να σκεφτεί. «Τι θα έλεγες για δύο μέρες παράταση της επίσκεψης σου;» συνέχισε, χαρίζοντας της το πιο γλυκό του βλέμμα.

«Δηλαδή; Τι εννοείς Άγγελε; Είναι δυνατόν κάτι τέτοιο;»

«Ας πάρουμε τα πράγματα με τη σειρά. Πρώτον, είναι καλοκαίρι. Είναι κρίμα να σε φυλακίσουμε μέσα σε τέσσερις τοίχους χωρίς ένα διάλειμμα, λίγη ανάπαυση. Το αξίζεις όσο και οι υπόλοιποι να ξεφύγεις και να απολαύσεις έστω και λίγες μέρες ξεκούρασης. Δεύτερον, μπορεί να μην είθισται να δίνουμε άδεια στο νέο προσωπικό αλλά, αν μη τι άλλο, μπορείς να πάρεις την άδεια που δικαιούσαι αναλογικά αν και αρκετά νωρίτερα από το επιτρεπτό. Θα εισηγηθώ στον Διευθυντή αύριο το πρωί αλλά εσύ μπορείς από τώρα να θεωρείς δεδομένη την επέκταση της απουσίας σου».

«Δεν έχω λόγια να σε ευχαριστήσω! Δεν έχω μυαλό να το πιστέψω!»

« Θα αναμένω, λοιπόν, την επιστροφή σου την Τετάρτη. Θα προσπαθήσω να μην καταποντίσω το γραφείο σου με εκκρεμότητες!»

«Θεέ μου! Πρέπει να συμπληρώσω και άλλα πράγματα στη βαλίτσα μου! Πρέπει να αλλάξω τα εισιτήρια μου!» ξεφώνισε αυθόρμητα η Ζωή.

Ο παιδικός ενθουσιασμός της συνεπήρε τον Άγγελο ο οποίος ξέσπασε σε γέλια. Οι όμορφες πτυχές του χαρακτήρα της ξεδιπλώνονταν ασταμάτητα μπροστά του, μέρα με τη μέρα, και δεν έπαυαν ποτέ να τον εκπλήσσουν.

«Τρέξε να ετοιμαστείς! Ίσα που προλαβαίνεις!» αστειεύτηκε μόλις σταμάτησε το αυτοκίνητο μπροστά στην είσοδο της πολυκατοικίας.

«Σε ευχαριστώ και πάλι. Είσαι καταπληκτικός! Τα λέμε αύριο». Με ένα γλυκό φιλί στο δροσερό του μάγουλο, τον καληνύχτισε.

Την επομένη, η Ζωή πετάχτηκε από το κρεβάτι μόλις το κοκοράκι στο ξυπνητήρι της έδωσε το σύνθημα της καινούριας μέρας. Έτρεξε χοροπηδώντας στο μπάνιο και σε λίγα λεπτά είχε μακιγιαριστεί, ντυθεί και χτενιστεί. Την είχε κυριεύσει ένα ανεξήγητο άγχος. Λες και αν τα έκανε όλα με αυξημένη ταχύτητα θα άλλαζε ο τρόπος μέτρησης του χρόνου και οι ώρες θα κυλούσαν πιο γοργά.

«Όσο πιο σύντομα φτάσω στη δουλειά, τόσο πιο γρήγορα θα τελειώσω και θα έρθει το βράδυ. Και θα περάσει το βράδυ και θα ξημερώσει η Παρασκευή. Και τότε, θα βιαστώ και πάλι να πάω στη δουλειά και να τελειώσω. Και μετά…..» μετά ακούστηκε ένας αναστεναγμός από τα χείλη της και χύθηκε σαν σίφουνας έξω από το, ήσυχο πια, διαμέρισμα της.

Το αδικαιολόγητο άγχος της και η υπέρμετρη κινητικότητα της παραξένεψαν ακόμη και τον Άγγελο, ο οποίος την παρατηρούσε απορημένος να βηματίζει ασταμάτητα δεξιά και αριστερά χωρίς προφανή λόγο. Η δουλειά ήταν λιγοστή μα η Ζωή συμπεριφερόνταν λες και της είχαν φορτώσει ένα σωρό ευθύνες. Ξεφυσούσε διαρκώς και περιφέρονταν αδιάκοπα μέσα στον περιορισμένο χώρο του γραφείου, κοιτάζοντας το ρολόι τόσο τακτικά που σήκωνε παρεξήγηση. Ώσπου τελικά ο ήλιος έδυσε και η μέρα έγινε νύχτα. Μια νύχτα πανέμορφη, με εκατομμύρια αστέρια να τρεμοπαίζουν ρυθμικά ανάμεσα στα αχνά νεφελώματα του βραδινού ουρανού. Ένα δειλό αεράκι γλιστρούσε κάτω από τις κουρτίνες της ενώ εκείνη καλλωπιζόταν για την έξοδο της με τον Κωνσταντίνο. Η κόρνα του αυτοκινήτου του ήχησε τρεις φορές από το πεζοδρόμιο και σε ελάχιστα λεπτά η Ζωή βολεύτηκε αναπαυτικά δίπλα του, στη θέση του συνοδηγού.

«Μα, γιατί δεν μου είπες τίποτα; Μπορεί να ερχόμουν κι εγώ μαζί σου!» της παραπονέθηκε ο Κωνσταντίνος σαν έμαθε τα νέα για το ταξίδι της στην Κρήτη.
«Έχεις απόλυτο δίκιο, γλυκέ μου. Σκόπευα να σου το αναφέρω αλλά ξεχάστηκα λόγω της ζάλης των τελευταίων ημερών. Να είσαι σίγουρος πως την επόμενη φορά θα σε ειδοποιήσω εγκαίρως».
«Τουλάχιστον θα μου επιτρέψεις να σε πάω στο αεροδρόμιο. Και θα έρθω να σε υποδεχτώ όταν με το καλό επιστρέψεις. Εντάξει;»
«Όπως θέλεις. Αρκεί να μην σου είναι κόπος».
«Δεν είναι κόπος. Ευχαρίστηση είναι η καταλληλότερη λέξη».
Ώσπου να φτάσουν στο σινεμά, ο πρόσκαιρος θυμός του είχε υποχωρήσει αισθητά. Δεν θα ήταν ποτέ δυνατόν να της κρατήσει μούτρα. Αφού την κέρασε ένα παγωμένο αναψυκτικό και αλμυρά ποπ – κορν, της ζήτησε να επιλέξει εκείνη την ταινία που θα παρακολουθούσαν. Ιπποτικός όπως πάντα, μοναδική του επιδίωξη ήταν να της προσφέρει μια ξεχωριστή βραδιά που θα ικανοποιούσε στο μέγιστο βαθμό το γούστο της. Η Ζωή, λαμβάνοντας υπ' όψιν την ευσυγκινησία του, προτίμησε μια αστυνομική κωμωδία με μπόλικη δράση και ιδιαίτερα εμπνευσμένη πλοκή. Οποιοδήποτε έργο ρομαντικού περιεχομένου θα μετέτρεπε την βραδιά σε αληθινό μελόδραμα.

Σφαλερά θεώρησε ο Κωνσταντίνος πως ο αμυδρός φωτισμός της γιγάντιας αίθουσας του κινηματογράφου αποτελούσε αδιαπέραστο καμουφλάζ πίσω από το οποίο θα παρέμεναν κρυφές οι εκφράσεις του προσώπου του και οι κινήσεις του σώματος του. Όλα γίνονταν αντιληπτά, εν αγνοία του. Κάθε φορά που πλάγιαζε το βλέμμα του πάνω της κρατώντας ακίνητο τον υπόλοιπο κορμό του, τα φώτα της μεγάλης οθόνης αντικατοπτρίζονταν στα υγρά του μάτια. Η Ζωή αντιλαμβάνονταν το αδιέξοδο του κάθε φορά που ακουμπούσε το χέρι του στο μέτωπο με εμφανή τα σημάδια του προβληματισμού. Τον συμπονούσε πραγματικά. Το ίδιο μαρτύριο βασάνιζε και τους δυο. Γνώριζε καλά πως η καταπίεση τόσο έντονων συναισθημάτων μέσα στα τείχη της καρδιάς μπορούσε να αποβεί φαρμακερά καταστροφική. Τι θα μπορούσε όμως να κάνει για να τον διευκολύνει και να τον απελευθερώσει; Τον είχε ήδη συμβουλεύσει, κατά τη διάρκεια της επίσκεψης της στη μονοκατοικία του, πως η μόνη λύση ήταν να εξωτερικεύσει τα συναισθήματα του και να τολμήσει να τα αποκαλύψει στην κοπέλα που του είχε κλέψει το νου και την ψυχή. Πρόσκαιρα, πέρασε η ιδέα από το μυαλό της πως αν ήταν λιγάκι πιο διαχυτική μαζί του, ίσως τον ενθάρρυνε να λύσει τη σιωπή του και να ξεκαθαρίσει την μπερδεμένη εκείνη κατάσταση για το καλό και των δυο τους. Υπήρχε, όμως, απειλητικός ο κίνδυνος να παρεξηγήσει την συμπεριφορά της, να ερμηνεύσει λανθασμένα την εγκαρδιότητα της και να οδηγηθεί τελικά σε μεγαλύτερη απογοήτευση, αν φυσικά η Ζωή ήταν το πρόσωπο για το οποίο μιλούσε με τόση τρυφερότητα. Σκοπός της ήταν να απαλύνει τον καημό του, όχι να εντείνει την θλίψη του. Μάλλον ήταν φρονιμότερο να διατηρήσει απαράλλαχτη τη στάση της απέναντι του, ελπίζοντας πως κάποια στιγμή θα έβρισκε μόνος το κουράγιο να την αντιμετωπίσει ανοιχτά και να της ομολογήσει τον πιθανό έρωτά του.

«Ραντεβού αύριο στις 5. Δεν θέλω να ανησυχείς. Θα προλάβουμε άνετα» την καθησύχασε ο Κωνσταντίνος καθώς την καληνύχτιζε. Θέλοντας να την απαλλάξει από την υπερβολική της αγωνία για το επικείμενο ταξίδι της, προθυμοποιήθηκε να την μεταφέρει ο ίδιος από τη δουλειά στο σπίτι ώστε να μην καθυστερήσει μετακινούμενη με το λεωφορείο. Στη συνέχεια, με μια γρήγορη στάση στο διαμέρισμα, θα φόρτωναν τη βαλίτσα στο πορτ- μπαγκάζ και, χωρίς ιδιαίτερη βιασύνη, θα κατευθύνονταν προς το αεροδρόμιο. Η πτήση για το Ηράκλειο αναχωρούσε στις 7, επομένως η Ζωή έπρεπε να βρίσκεται στο χώρο του αεροδρομίου τουλάχιστον μια ώρα νωρίτερα.

«Σε ευχαριστώ, Κωνσταντίνε μου. Σε ευχαριστώ για όλα. Και για την υπέροχη βραδιά αλλά και για την πολύτιμη βοήθεια σου. Θα κοιμηθώ χωρίς άγχος απόψε, χάρη σε σένα».

Η τελευταία νύχτα στο διπλό, μισοάδειο της κρεβάτι, πριν το ταξίδι της προσωρινής επιστροφής στις ρίζες της, ήταν γεμάτη νοσταλγία και μελαγχολία. «Τέτοια ώρα αύριο θα ξαπλώνω στο δωμάτιο μου, στο παλιό μου κρεβάτι. Εκεί που βρήκε καταφύγιο αμέτρητες φορές η ματωμένη μου καρδιά. Εκεί που τα δάκρυα μου κρατούν ακόμη υγρό το στρώμα». Ένας λυγμός ανέβηκε στο λαιμό της και για ακόμη μια φορά ένιωθε πως η ζωή της είχε πάρει λάθος δρόμο. Αλλού ανήκε, αλλού θα έπρεπε να βρίσκεται. Ένα αηδόνι από το δέντρο δίπλα στο παράθυρο της άρχισε να τραγουδά γλυκά τον καημό της. Οι παραπονεμένες νότες του την ταξίδεψαν σε ύπνο βαθύ ως το πρωί.

10

Απόγευμα Παρασκευής. Το σπορ αυτοκίνητο του Κωνσταντίνου διέσχιζε τους δρόμους της πόλης με τα παράθυρα του κατεβασμένα. Το καλοκαιρινό αεράκι εισχωρούσε ζεστό στο εσωτερικό του αυτοκινήτου παρασέρνοντας τα σγουρά μαλλιά της σε ένα έντονο ανέμισμα. Το αεροδρόμιο, ορατό πια σε πολύ κοντινή απόσταση, υψώνονταν μπροστά τους, μεγαλύτερο σε κάθε δευτερόλεπτο. Στα ανυπόμονα μάτια της Ζωής, ο άχρωμος όγκος του έμοιαζε με παραμυθένια όαση στα μέσα της καυτής, τσιμεντένιας μεγαλούπολης. Από τον καθρέφτη του συνοδηγού, παρατηρούσε πίσω της την Θεσσαλονίκη να ξεμακραίνει βιαστικά, να χάνεται μέσα στην θολή ατμόσφαιρα. Θα μπορούσε κάλλιστα να είναι εκείνη η τελευταία εικόνα που θα κρατούσε στο νου της από την διαμονή της στην πρωτεύουσα του Βορρά. Θα της ήταν πολύ εύκολο να μην επιστρέψει ποτέ εκεί. Μα, κάτι τέτοιο ήταν αδύνατο. Σε λίγες μέρες, θα ήταν και πάλι αναγκασμένη να εγκαταλείψει με μισή καρδιά το πατρικό της και να γυρίσει στη νέα της ζωή, μακριά από όλους όσους αγαπούσε και νοιάζονταν. Όφειλε, για το καλό της, να εμφανιστεί μπροστά στην οικογένεια της απολύτως ευτυχισμένη και ικανοποιημένη με την εγκατάσταση της στη Θεσσαλονίκη. Έπρεπε όλοι να παραμείνουν πεπεισμένοι πως η απόφαση της ήταν αμετάκλητη. Μόνο έτσι θα μπορούσε να προσηλωθεί στον σκοπό της, στην οριστική απομάκρυνση της από τον Πέτρο.

«Καλό ταξίδι, ομορφιά μου! Να προσέχεις!» Ο Κωνσταντίνος, στριμωγμένος ασφυκτικά μέσα στο θορυβώδες πλήθος, την χαιρετούσε για ώρα με τα δυο του χέρια σηκωμένα στον αέρα, μέχρι που δεν μπορούσε πια να διακρίνει τη μορφή της. Παρέμεινε στο αεροδρόμιο ως τη στιγμή που το αεροπλάνο με προορισμό το Ηράκλειο σηκώθηκε ψηλά στον αέρα και χάθηκε στον φωτεινό ορίζοντα.

Πάνω από τα σύννεφα, ο ήλιος σαν μια στρογγυλή σφαίρα από χρυσάφι, με τις αχτίδες του αμέτρητα πλοκάμια, αγκάλιαζε το αεροπλάνο και το κρατούσε ασφαλές καθ' όλη τη διαδρομή. Ο ουρανός έμοιαζε να λάμπει πιο γαλανός από ποτέ, συμμεριζόμενος κι εκείνος τη χαρά της Ζωής. Ακουμπισμένη αναπαυτικά στο κάθισμα της, με γερμένο το κεφάλι προς το παράθυρο, περίμενε. Περίμενε τη στιγμή που θα περπατούσε ξανά το άγιο χώμα του τόπου της. Τη στιγμή που θα έσφιγγε στην αγκαλιά της τους γονείς της και την Ηρώ, την ίδια της την ιστορία, τον ίδιο της τον εαυτό. Η καρδιά της πετάριζε από ενθουσιασμό. Είχε να νιώσει τέτοια λαχτάρα και αδημονία από τα χρόνια που ήταν πιτσιρίκα και η ψυχή της ήταν ακόμη ανέφελη. Κάτω από τα πόδια της, το σκούρο μπλε του Αιγαίου, ατέλειωτο. Μέσα στα σκουρόχρωμα νερά του, πανέμορφα νησιά σαν καραβάκια ταξίδευαν ατέρμονο ταξίδι. Κανένα τους όμως δεν μπορούσε να συγκριθεί με το δικό της νησί. Εκεί που οι μέρες ήταν εκτυφλωτικές και οι νύχτες μυστικές, μαγικές. Συχνά ένιωθε πως είχε γεννηθεί για να ζήσει σε εκείνον τον τόπο. Η μοίρα της όριζε να αγαπήσει και να αγαπηθεί εκεί. Μα τώρα πια οι νύχτες της αλλού ξημέρωναν και ο ήλιος της βασίλευε σε άλλο ουρανό.

Το αεροπλάνο χαμήλωσε σταδιακά τα φτερά του και πήρε πορεία καθοδική. Πετούσε πια κάτω από τα σύννεφα. Η προσγείωση ήταν θέμα λίγων λεπτών. Το Ηράκλειο αχνοφαίνονταν στο βάθος. Κάπου εκεί, λίγο παραδίπλα, έστεκε και το χωριό της, ασάλευτο από την ημέρα που το άφησε. Η απόσταση δυσκόλευε τα μάτια της και, όσο κι αν προσπάθησε, δεν μπόρεσε να το εντοπίσει. Η έλλειψη της εικόνας του όμως δεν την εμπόδισε να ακούσει την καρδιά της να χτυπάει ακόμη εκεί. Με τη βοήθεια της φαντασίας της είδε όλα τα αγαπημένα της πρόσωπα, πρόσωπα με τα οποία είχε συνδέσει όλα τα χρόνια της ζωής της, να περπατούν εκεί, να μιλάνε, να γελάνε, να την θυμούνται. Ήταν τόσο λάθος απλά να την θυμούνται... Θα έπρεπε να τη ζουν και να ζει κι αυτή μαζί τους. Η ατολμία της καρδιάς της την είχε οδηγήσει σε δρόμους τόσο απατηλούς, σε μια ζωή τόσο ψεύτικη! Εξοργισμένη που τα απαρνήθηκε όλα αυτά για να φυγαδεύσει την αδύναμη ψυχή της μακριά από μια αγάπη που την πλήγωνε, έδωσε στον εαυτό της μια υπόσχεση ιερή. «Μόλις ξημερώσει η μέρα που θα γιατρέψω και την τελευταία μου πληγή, που θα καταφέρω να ελευθερώσω την καρδιά και να υποδουλώσω τη σκέψη μου, εκείνη την ίδια μέρα θα ξαναγυρίσω πίσω!»

Οι βαριές ρόδες του αεροπλάνου έγδερναν τον μακρύ διάδρομο προσγείωσης, παλεύοντας να ανακόψουν τη φόρα του ιπτάμενου 'θηρίου'. Σαν σταμάτησε ο τσιριχτός ήχος της τριβής των ελαστικών με το τσιμέντο και το στομάχι της επανήλθε στη θέση του, αποβιβάστηκε πρώτη από όλους. Βιάζονταν να αναπνεύσει τον γνώριμο, ευωδιαστό αέρα. Ανυπομονούσε να αναμειχθεί με τους υπέροχους νησιώτες και να γεμίσει τα μάτια της με τις γαλαζοπράσινες εικόνες που λάτρευε από παιδί. Κατευθυνόμενη προς το χώρο των αφίξεων, ένιωθε τα πόδια της να αγγίζουν ίσα - ίσα το πάτωμα, διαγράφοντας βήματα βιαστικά. Εκεί την καρτερούσε η μικρή της αδερφή. Έχοντας αφήσει την μητέρα τους πίσω στο σπίτι να ετοιμάζει τις αγαπημένες λιχουδιές της Ζωής, είχε έρθει μόνη της για να την υποδεχτεί.

«Καλώς μας ήρθες!» Η Ηρώ την κράτησε σφιχτά μέσα στην αγκαλιά της για ώρα, μέχρι να συνηθίσει και πάλι τη μυρωδιά της και να συνειδητοποιήσει την παρουσία της.

«Καλώς σας βρήκα, μπεμπεκάκι!» Τα χαρούμενα γέλια τους ήχησαν τόσο δυνατά που υπερκάλυψαν την βουή που επικρατούσε τριγύρω.

Το παλιό, οικογενειακό αυτοκίνητο, παρκαρισμένο μπροστά στην κεντρική πύλη του αεροδρομίου μέσα στο γλυκό σούρουπο, τις ανέμενε για να τις μεταφέρει στο χωριό. Αν και είχε περάσει τουλάχιστον μια δεκαπενταετία από την ημέρα απόκτηση του, έκανε ακόμη τη δουλειά του εξαιρετικά καλά. Η βαλίτσα προσγειώθηκε άτσαλα στα πίσω καθίσματα και η γερασμένη μηχανή του άρχισε να βρυχάται. Ήταν τόσο μελωδικός εκείνος ο σκουριασμένος ήχος στα αυτιά της! Η Ηρώ, αδυνατώντας να βάλει σε μια σειρά τις σκέψεις της λόγω του μόνιμα υπέρμετρου ενθουσιασμού της άρχισε να εκσφενδονίζει ασυναρτησίες. Η Ζωή ήταν βέβαιη πως, με την ώρα, όλα θα αποκτούσαν κάποια λογική αλλά, προς το παρόν, τα κελαριστά της λόγια αποτελούσαν μια ακατανόητη αλλά εύηχη φλυαρία.

Καθώς το αμάξι διέσχιζε του δρόμους του Ηρακλείου, άφησε το βλέμμα της να μαγνητιστεί από τα ασύγκριτα χρώματα που ντύνονταν ο ευλογημένος εκείνος τόπος καθώς γλυκοβράδιαζε. Την ίδια εκείνη ώρα,, ξαφνικά και απροειδοποίητα, ο επίμονος πρωταγωνιστής της ζωής της έκανε και πάλι θριαμβευτική εμφάνιση στο νου της. «Τέτοια ώρα συνηθίζει να περνά από το ταβερνάκι του» συλλογίστηκε. Αυτό σήμαινε, πως έστω και για λίγα λεπτά, μέχρι το αυτοκίνητο να χαθεί στην εξοχή, βρίσκονταν απίστευτα κοντά του. «Ίσως διασταυρωθούν οι δρόμοι μας...» ευχήθηκε αυθόρμητα. Η καρδιά της ικέτευε για μια εικόνα του μα η λογική της προτιμούσε να μην αντάμωναν πουθενά. Πόσο ήθελε να μάθει τα νέα του από την Ηρώ, να μάθει αν έχει αντιληφθεί έστω την απουσία της! Η σιωπή όμως που είχε κρατήσει τόσα χρόνια δεν της το επέτρεπε. Παράλογη και άστοχη θα ήταν οποιαδήποτε ερώτηση σχετικά με τον Πέτρο, οποιαδήποτε αναφορά στο πρόσωπο του.

Παρότι έλειπε αρκετό καιρό μακριά και τα μάτια της είχαν μείνει αδειανά από τη μορφή του, ήταν φανερό πως δεν είχε σημειώσει απολύτως καμία πρόοδο στον αγώνα της να τον ξεχάσει. Απασχολημένη με τα ιδιάζοντα γεγονότα στο διαμέρισμα της, δεν είχε καταφέρει να αφιερώσει όσο χρόνο θα ήθελε στον πρωταρχικό σκοπό της, στην προσπάθεια να αποτραβηχτεί μακριά του. Τώρα που βρισκόταν τόσο κοντά του και πάλι, συνειδητοποιούσε απογοητευμένη πως όχι μόνο δεν τον είχε ξεπεράσει, έστω σε έναν ελάχιστο βαθμό, αλλά πως της έχει λείψει αφάνταστα.

Η καφετέρια στην είσοδο του χωριού της, με τους συνήθεις, λιγοστούς θαμώνες, έφεγγε απόμακρη ανάμεσα στα δέντρα. Προς στιγμήν, της φάνηκε τόσο άδικο που η καθημερινότητα παρέμενε τόσο αμετάβλητη ενώ η ίδια έλειπε από εκεί, έλειπε από τη θέση της, από το σπίτι της, ακολουθώντας το δρόμο της ξενιτιάς! Το αυτοκίνητο έκοψε ταχύτητα μόλις συνάντησαν τα πρώτα σπίτια.

«Που πας;» ρώτησε ξαφνιασμένη την Ηρώ σαν την είδε να στρίβει σε δρόμο άλλο από εκείνον που οδηγούσε στο πατρικό τους.

«Εκτελώ διαταγές. Ο μπαμπάς ζήτησε να σε δει πριν πάμε στο σπίτι. Παρασκευή σήμερα και θα αργήσει να κατεβάσει τα ρολά στο μαγαζί. Δεν μπορούσε να κρατηθεί ως τότε!»

Η μικρή πλατεία ξεπρόβαλε μπροστά τους γεμάτη κόσμο. Οι κάτοικοι του χωριού αυξάνονταν εντυπωσιακά τους καλοκαιρινούς μήνες και το χωριό έσφυζε από ζωή. Σκυφτή πίσω από την πλατιά τζαμαρία του καταστήματος, η φιγούρα του πατέρα της πρόσμενε την άφιξη της.

«Φορέσαμε και το μαύρο πουκάμισο για χάρη σου!» σημείωσε με νόημα η Ηρώ. Το μαύρο για τους Κρητικούς είναι χρώμα ιερό, σύμβολο της χαράς και της επισημότητας κι όχι μόνο του πένθους. Ατενίζοντας τον έτσι όμορφα ντυμένο, περιποιημένο μόνο για λόγου της, λύγισε από συγκίνηση.

«Μαύρο πουκάμισο φορώ, μα δεν είναι από πόνο.

Γιορτάζω που εγύρισες, που σε θωρώ και μόνο!»

Είχε ιδιαίτερη αδυναμία στις μαντινάδες ο πατέρας της και έτσι δεν μπορούσε να έχει επιλέξει κάποιον καλύτερο τρόπο για να την υποδεχτεί. Την κάλεσε στην αγκαλιά του με ένα χαμόγελο που φώτισε ολάκερη την πλατεία.

«Πόσο χαίρομαι που ήρθα, μπαμπά μου!» Της είχε λείψει πολύ η πατρική τρυφερότητα και το κατάλαβε σαν χάθηκε μέσα στα δυο του χέρια.

«Καλώς την κοπελιά!» αναφώνησαν και οι τακτικοί πελάτες του μαγαζιού που έτυχε να είναι παρόντες τη στιγμή της εμφάνισης της.

«Όλοι τους δεν σταματούν να με ρωτούν για σένα. Όλο το χωριό σε αγαπά. Μας έλειψες πολύ, παιδί μου». Δυο σταγόνες δάκρυα μούσκεψαν στα μάτια του. Ξεροβήχοντας, προσπάθησε να διατηρήσει την ψυχραιμία του.

«Σαν τον ανθό της λεμονιάς, τη φέρνω στο μυαλό μου,

και χάνεται στις μυρωδιές κάθε παράπονο μου!»

«Έτσι να τους απαντάς, μπαμπά μου, και να μην μου στενοχωριέσαι» αποκρίθηκε η Ζωή, θέλοντας να ελαφρύνει την ατμόσφαιρα. Μίλησαν στα πεταχτά, μόνο για λίγα λεπτά. Η Ηρώ περίμενε μέσα στο αυτοκίνητο και η υπομονή δεν ήταν προτέρημα της. «Τα λέμε στο σπίτι, με την ησυχία μας» του είπε και έκλεισε πίσω της την πόρτα του καταστήματος.

Στο πατρικό της όλα τα φώτα ήταν αναμμένα σαν να 'χανε γιορτή. Πιο όμορφο το σπίτι της δεν το 'χε δει ποτέ. Μέχρι και τα φαναράκια του κήπου έλαμπαν σαν παιχνιδιάρικα αστέρια στο μισοσκόταδο, έλαμπαν για τον ερχομό της. Ανεβαίνοντας τροχάδην δυο – δυο τα σκαλιά της μπροστινής βεράντας, όρμησε μέσα στο σπίτι φωνάζοντας τη μητέρα της.

«Να το, το κορίτσι μου!» Πασαλειμμένη με αλεύρι και ζάχαρη ως τους αγκώνες, η μητέρα της εμφανίστηκε μεμιάς στην πόρτα της κουζίνας. Οι παλάμες της αποτυπώθηκαν κατάλευκες στην πλάτη της Ζωής σαν την αγκάλιασε σφιχτά. «Για να σε δω! Σαν τον Άγιο Φανούριο μου έγινες! Δεν τρως καλά εκεί πάνω!»

«Η κλασική μανούλα μου! Και οι κλασικές ανησυχίες της! Τώρα που θα έχω τη φροντίδα σου για τέσσερις ολόκληρες ημέρες, μπορείς να φουσκώσεις τα μάγουλα μου όσο θες!»

«Τέσσερις μέρες; Πήραμε άδεια τελικά;» Οι ελαφριές ρυτίδες κάτω από τα όμορφα μάτια της έγιναν πιο αισθητές καθώς πιέστηκαν από τα ανασηκωμένα της μάγουλα που χαμογελούσαν ζωηρά.

«Πήραμε! Δεν χρειάζεται να επιστρέψω στη Θεσσαλονίκη πριν από την Τρίτη!»

«Άκουσα καλά;» πετάχτηκε η Ηρώ από το χολ. Εκείνο το κορίτσι είχε μονίμως τις 'κεραίες' της όρθιες! Τίποτα δεν της ξέφευγε!

«Πολύ καλά άκουσες! Θα 'χεις παρέα την αδερφή σου δυο μέρες παραπάνω!» την διαβεβαίωσε η μητέρα τους. Κατανοούσε κι εκείνη πόσο κόστιζε καθημερινά στην Ηρώ η απουσία της Ζωής και χαίρονταν ιδιαίτερα με τον ενθουσιασμό της. Το 'μπεμπεκάκι', γελώντας δυνατά, χώθηκε σαν σφήνα ανάμεσα στα μπλεγμένα τους χέρια. Οι τρεις τους, σαν μια γροθιά, έμειναν αγκαλιασμένες για αρκετή ώρα μπροστά στον κεραμικό πάγκο της κουζίνας.

Η πίτα ψηνόταν στο φούρνο, το γλυκό πάγωνε στο ψυγείο και το φαγητό σιγόβραζε στην κατσαρόλα, όση ώρα κουβέντιαζαν μάνα και κόρες, μέχρι να φτάσει η ώρα του δείπνο. Φυσικά, προτεραιότητα είχαν τα νέα της Ζωής. Καμιά τους δεν ήξερε από πού να αρχίσει, τι να πρωτοπεί.

«Επειδή έτσι δεν θα βγάλουμε άκρη, θα χωρίσουμε τα νέα σε τρεις βασικές κατηγορίες. Πρώτη κατηγορία 'η δουλειά', δεύτερη 'η πόλη' και τρίτη 'τα κοινωνικά'», πήρε την πρωτοβουλία η μητέρα τους με σκοπό να βάλει σε μια σειρά τις ασύνδετες κουβέντες τους. Η ονομασία της δεύτερης κατηγορίας ακουγόταν σαν τίτλος ταινίας τρόμου αλλά ήταν, εν μέρει, λογική αφού για την μητέρα της Ζωής η Θεσσαλονίκη ήταν κάτι ξένο και τρομακτικό που τη χώρισε από την κόρη της. Ανάλογο θα ήταν επομένως και το όνομα του.

Οι μονόχνοτες απαντήσεις της άρτι αφιχθείσας ξενιτεμένης και η σκόπιμη απουσία λεπτομερειών περιόρισαν κατά πολύ την αναμενόμενη διάρκεια της συζήτησης και εξέπληξαν, μάλλον δυσάρεστα, τις δυο ακροάτριες. Φορώντας το προσωπείο της ευτυχίας, η Ζωή δήλωνε σε κάθε ερώτηση πως «όλα είναι μα χαρά», εμφανίζοντας μια έμμεση απροθυμία για περαιτέρω διευκρινίσεις και αναλύσεις. Κάτι τέτοιο όμως φάνταζε εντελώς αταίριαστο με την προσωπικότητα της. Πάντοτε ήταν πληθωρική στο λόγο της και συνόδευε κάθε φράση της με ένα σωρό 'σάλτσες', συχνά ανούσιες. Έλεγε ψέματα και ήταν εμφανές. Έλεγε ψέματα και ήταν η πρώτη φορά που συμπεριφέρονταν τόσο ανέντιμα στην οικογένεια της. Μα δεν είχε άλλη επιλογή. Τα χείλη της έπρεπε να μείνουν σφαλιστά. Δεν μπορούσε, ούτε και επιθυμούσε, να αποκαλύψει τι συνέβαινε στο διαμέρισμα της και πόσο έντονα είχε προβληματιστεί, τουλάχιστον μέχρι πρότινος. Η παρουσίαση της αλήθειας θα τους γέμιζε με ανησυχία και δεν υπήρχε κανένας λόγος, όχι τώρα πια που τα μέτρα ασφαλείας στο σπίτι είχαν ενισχυθεί. Μυστική έπρεπε να κρατήσει και την δυσβάσταχτη μοναξιά που ένιωθε μακριά τους, εγκλωβισμένη στην 'πόλη'. Οποιαδήποτε τέτοια παραδοχή θα τους έδινε την ευκαιρία και το δικαίωμα να εντείνουν ακόμη περισσότερο τις προσπάθειες να την πείσουν να επιστρέψει κοντά τους.

Λιγοστή αλήθεια περιείχαν μόνο τα νέα για την καινούρια της δουλειά και την ικανοποιητική απόδοση της στις υποχρεώσεις του γραφείου. Αλλά και εκείνη ήταν μια αλήθεια μισή, δοσμένη με το σταγονόμετρο. Όσο παρέμενε κρυφή η ιστορία με τα μηνύματα στο διαμέρισμα, κρυφή έπρεπε να παραμείνει και η πιθανή εμπλοκή του Άγγελου. Κατά συνέπεια, η Ζωή δεν είχε την ελευθερία να μοιραστεί μαζί τους ούτε το ενδιαφέρον που της είχε δείξει ο γοητευτικός προϊστάμενος της γιατί τότε θα υποχρεώνονταν να αντικρούσει βροχή επιχειρημάτων, του τύπου «αφού πρόκειται για ένα τόσο ευγενικό και όμορφο παλικάρι, γιατί δεν κάνεις έστω μια προσπάθεια; Θα είμαστε πολύ πιο ήσυχοι αν ξέρουμε ότι έχεις κάποιον να σε προσέχει και να σου κρατάει συντροφιά». Πώς θα ήταν δυνατόν να δικαιολογήσει την διστακτικότητα και τον αρνητισμό της σχετικά με την προοπτική μιας τέτοιας σχέσης; Το ότι η καρδιά της ήταν αφιερωμένη σε άλλον θα αποτελούσε, σίγουρα, μια αφοπλιστική απάντηση αλλά κάτι τέτοιο δεν μπορούσε να ειπωθεί. Το ότι ο Άγγελος ίσως έκρυβε έναν δεύτερο, παρανοϊκό εαυτό θα αποτελούσε επίσης ένα ισχυρό επιχείρημα, αλλά συνάμα ένα επιχείρημα καταδικασμένο να παραμείνει ανείπωτο. Η δυσάρεστη, σκόπιμη διαστρέβλωση της πραγματικότητας έλαβε τέλος με την επιστροφή του πατέρα της από το μαγαζί και το τέλεια συγχρονισμένο τηλεφώνημα της Ελισάβετ.

«Πρόσεξε να μην σου καλαρέσει στο νησί και ξεχάσεις να επιστρέψεις. Σε περιμένω. Τα φιλιά μου στους αξιαγάπητους γονείς σου και την γλυκιά Ηρώ.» Η Ελισάβετ έτρεφε μεγάλη εκτίμηση για όλη την οικογένεια από τον καιρό που είχε φιλοξενηθεί στο σπιτικό τους για λίγες μέρες, κατά τη διάρκεια κάποιων καλοκαιρινών διακοπών.

«Το δείπνο είναι έτοιμο.» Η μητέρα της, από την επίσημα στρωμένη τραπεζαρία, ειδικά για την περίσταση, τους κάλεσε να συγκεντρωθούν στο τραπέζι. Για μια ακόμη φορά, αποδείχτηκε περίτρανα ότι η λέξη μέτρο δεν είχε θέση στο λεξιλόγιο της νοικοκυράς του σπιτιού. Από το ορεκτικό ως το γλυκό, το μενού ήταν εξαιρετικά πλούσιο και επιμελώς φροντισμένο. Καθισμένη ανάμεσα τους μετά από πολύ καιρό, η Ζωή απόλαυσε κάθε στιγμή, κάθε κουβέντα και γέλιο, στο μέγιστο βαθμό. Ανακούφιση κατέκλυσε την καρδιά της σαν πληροφορήθηκε από τον πατέρα της πως οι πωλήσεις στο κατάστημα είχαν αυξηθεί εντυπωσιακά και πως τα κέρδη είχαν ξεπεράσει κάθε προσδοκία του. Το οποιοδήποτε επιπλέον χρηματικό απόθεμα θα αποδεικνύονταν εξαιρετικά χρήσιμο τους χειμερινούς μήνες κατά τους οποίους η οικογένεια πάντα τα έβγαζε πέρα δυσκολότερα.

Ολοκληρωτικά χαλαρωμένη από την υπέροχη, οικεία ατμόσφαιρα ένιωθε τα κόκκαλα της να μαλακώνουν και το κορμί της να χύνεται πάνω στην ξύλινη καρέκλα. Οι έντονοι ρυθμοί της καθημερινότητας δεν της είχαν επιτρέψει να συνειδητοποιήσει το άγχος και την ένταση που είχε συσσωρευτεί σταδιακά και κρατούσε τους μύες της οριακά τεντωμένους. Το βλέμμα της, γαλήνιο, περιπλανήθηκε σε κάθε αγαπημένη γωνιά του σπιτιού. Τίποτα δεν είχε αλλάξει. Εικόνες και μυρωδιές ήταν ακριβώς οι ίδιες όπως την ημέρα της αναχώρησης της για τη Θεσσαλονίκη. Κι όμως, κάτι έμοιαζε ανεπαίσθητα απόμακρο, κάτι που αδυνατούσε να εντοπίσει. Φοβόταν να παραδεχτεί πως η απουσία της είχε προκαλέσει εκείνο το κενό που πάγωνε σιγά- σιγά την καρδιά της. Αρνούνταν να συμβιβαστεί με την αμείλικτη επίδραση του χρόνου που μετατρέπει κάθε τι γνώριμο σε ξένο. Εκείνος ήταν ο χώρος της, εκεί ανήκε. Ήταν αβάσταχτα πικρό να νιώθει πως έχει αποξενωθεί, έστω και ελάχιστα, από τα γνώριμα και τα συνηθισμένα της μέχρι τότε ζωής της .

Τα αδειανά πιάτα και ποτήρια, απλωμένα άτακτα πάνω στο βελούδινο τραπεζομάντιλο, περίμεναν για ώρα να στερέψουν οι κουβέντες και να σιγήσουν τα γέλια και οι φωνές. Χορτάτη η οικογένεια από γεύσεις και λόγια ήταν έτοιμη πια να σηκωθεί από το τραπέζι.

«Πάμε μέσα;» ρώτησε η Ηρώ τη μεγάλη της αδερφή. Λέγοντας 'μέσα' εννοούσε το μικρό δωμάτιο τους, που παρέμενε κοινό από τα παιδικά τους χρόνια, λόγω έλλειψης χώρου στο σπίτι.

«Εννοείται. Φύγαμε!» αποκρίθηκε η Ζωή με μια λάμψη στα μάτια. Εκείνο το δωμάτιο, αν και μοιρασμένο στα δύο, ήταν ο πιο προσωπικός της χώρος, η ασφαλής κρυψώνα της, το απόμερο καταφύγιο της. Δίπλα στο κρεβάτι της, στοιβαγμένες ελπίδες, χαρές και καημοί, είχαν αφεθεί παραμελημένα και σκονισμένα λόγω της απουσίας της. Ξαπλωμένη ανάμεσα στους τέσσερις τοίχους του, είχε μείνει ξάγρυπνη ατέλειωτα βράδια, παρέα με την Ηρώ.

«Μισό λεπτό! Παραλίγο να το ξεχάσω! Επειδή από αύριο θα ξεκινήσουμε τις βόλτες και δεν νομίζω να μου απομείνει μυαλό, είναι καλύτερο να μας δώσεις τα καινούρια αντικλείδια που μου έλεγες τώρα, τώρα που το θυμάμαι ακόμη» της υπενθύμισε η Ηρώ το θέμα με τα κλειδιά προτού αποσυρθούν στο δωμάτιο τους. Η Ζωή απορροφημένη με το ταξίδι και την λαχτάρα της επιστροφής τα είχε λησμονήσει εντελώς. Έβγαλε από το μικρό τσεπάκι της τσάντας της τον ασημένιο κρίκο με τα δυο κλειδιά και τον ακούμπησε πάνω στο τραπέζι. Η μητέρα της θα τα φυλούσε με προσοχή.

«Έτσι συνηθίζεται, για προληπτικούς λόγους» εφησύχασε τους γονείς της, που απορημένοι προσπαθούσαν να καταλάβουν το λόγο αλλαγής της κλειδαριάς.

«Ο Κωνσταντίνος σε συμβούλεψε; Αυτό το κοπέλι, τελικά, είναι φύλακας – άγγελος. Να τον συναναστρέφεσαι και να τον εκτιμάς. Τώρα που βρίσκεστε στην ίδια πόλη, καλό θα ήταν να βοηθάτε ο ένας τον άλλο. Κι εκείνος μονάχος του παλεύει» Η εκτίμηση για τον σπιτονοικοκύρη της έσταζε σαν μέλι από τα χείλη της μητέρας της.

«Το ένα κλειδί είναι για εσάς και το άλλο για το 'μπεμπεκάκι'» απέφυγε η Ζωή να σχολιάσει τα λόγια της μητέρας της και αγκαλιάζοντας την Ηρώ από τον ώμο εγκατέλειψε το χώρο της τραπεζαρίας.

Η πόρτα του δωματίου άνοιξε διάπλατα με ένα ελαφρύ σπρώξιμο και η Ζωή, προσπερνώντας γρήγορα το κρεβάτι της Ηρώς, όρμησε με μια βουτιά στο δικό της, που βρίσκονταν στην απέναντι γωνία. Ξαπλωμένη ανάσκελα, με τα χέρια της πίσω από το κεφάλι, έμεινε ακίνητη να κοιτάει τα γνώριμα σημάδια στο ταβάνι. Μια μαύρη γραμμή δίπλα από τη λάμπα σχηματισμένη βίαια από την μύτη ενός μολυβιού που είχε εκσφενδονιστεί κατά τη διάρκεια ενός τσακωμού της εφηβείας και λίγα εκατοστά πιο δίπλα ένα βαθούλωμα στον σοβά, απροσδιόριστου σχήματος. Αμέτρητες νύχτες τα μάτια της είχαν μείνει καρφωμένα πάνω τους, ενώ το μυαλό της παίδευαν χιλιάδες λογισμοί. Τα πολύχρωμα σεντόνια της μοσχοβολούσαν, όπως πάντα, καθαριότητα και φρεσκάδα και όλα τα προσωπικά της αντικείμενα έστεκαν τακτοποιημένα στην στενή βιβλιοθήκη δίπλα από το κρεβάτι της, στη θέση που η ίδια τα είχε αφήσει φεύγοντας.

«Και τώρα οι δυο μας!» ψιθύρισε πονηρά και συνάμα αυστηρά η Ηρώ. Με δυο μηχανικές κινήσεις, έκλεισε την πόρτα πίσω της και έσβησε τη λάμπα. Το δωμάτιο βυθίστηκε στο μισοσκόταδο. Μοναδική πηγή φωτός το πορτατίφ δίπλα από την πόρτα. Η Ζωή γνώριζε καλά πως το σκηνικό εκείνο προμήνυε σοβαρή συζήτηση. Κάποιο θέμα έχρηζε ανάλυσης, κατά τα φαινόμενα, και με λίγη υπομονή θα μάθαινε σύντομα ποιο ήταν αυτό.

«Μπορεί να ξεγέλασες τη μαμά, μα εγώ βλέπω πως κάτι σε απασχολεί. Θέλεις να το κουβεντιάσουμε;» Η Ηρώ, πεπεισμένη πως κάτι σημαντικό προβλημάτιζε την Ζωή, δεν της άφησε περιθώριο να το αρνηθεί. Με μια βεβαιότητα απόλυτη, ζητούσε εξηγήσεις από την αδερφή της.

«Τι είναι αυτά που λες; Δεν συμβαίνει κάτι». Η Ζωή δεν είχε σκοπό να παραδεχτεί το παραμικρό ακόμα και αν η Ηρώ χρησιμοποιούσε τις αποτελεσματικότερες μεθόδους διπλωματίας. Μπορεί τα θέματα που τη βάραιναν να ήταν πολλά αλλά ήταν τέτοια η φύση τους που έκαναν τη μικρή της αδερφή ακατάλληλο ακροατή. Η σιγουριά της Ηρώς δεν θα κατάφερνε με τίποτα να κάμψει την αποφασιστικότητα της.

«Ξέρω πως ποτέ δεν μου ανοιγόσουν ιδιαίτερα αλλά ίσως ήρθε ο καιρός για μια εξαίρεση. Μπορώ να κρατήσω μυστικό. Μπορείς να με εμπιστευτείς, ξέρεις».

«Μα γιατί δεν με πιστεύεις; Αν είχα κάποιο πρόβλημα, πρώτα σε εσάς δεν θα το έλεγα;» Η ψυχή της μόνο ήξερε πόση ανάγκη είχε να μοιραστεί τα βάσανα της.

«Ξεροκέφαλη σε βρίσκω, για ακόμη μια φορά. Δεν μπορείς να καταλάβεις πως είσαι αίμα μου κι ανησυχώ για σένα; Ένα παραπάνω τώρα που λείπεις μακριά!»

«Σου ορκίζομαι, με κάθε ειλικρίνεια, πως δεν υπάρχει λόγος να σκοτίζεις το νου σου». Ακόμη ένα ψέμα, σαν κατάμαυρη σταγόνα, γλίστρησε από τα χείλη της στο πάτωμα.

«Δεν με πείθεις, μα δεν θα επιμείνω περισσότερο. Να θυμάσαι, όμως, πως δεν είναι ντροπή να ζητάς τη γνώμη και τη βοήθεια των άλλων. Και φυσικά θα μου επιτρέψεις να διατηρήσω τις επιφυλάξεις μου και την αγωνία μου».

«Άσκοπα θορυβείσαι!»

«Αληθινά, αν είχες έναν σύντροφο στην πόλη θα μετριάζονταν σημαντικά η ανασφάλεια και οι φόβοι μου για σένα. Περιστοιχίζεσαι από τόσο κόσμο, από τόσα παλικάρια! Δεν βρέθηκε κανείς να σου κινήσει το ενδιαφέρον;» Η Ηρώ, πηδούσε από το ένα θέμα στο άλλο λες και είχε όλες τις ερωτήσεις της προσχεδιασμένες.

«Δεν είναι τόσο απλό όσο το παρουσιάζεις».

«Πίστεψέ με, είναι απλό να δεχτείς την αγάπη κι εύκολο να αφεθείς στη ζεστασιά της. Αξίζει μια δοκιμή, ανεξάρτητα από το αποτέλεσμα. Αδυνατώ να πιστέψω πως η καρδιά σου είναι ανίκανη να ερωτευτεί. Η ζωή σου εδώ, μέχρι τη στιγμή που έφυγες, είχε ένα και μόνο έρωτα, κι αυτός σύντομος και επιφανειακός, ένας ενθουσιασμός του καλοκαιριού. Ποτέ δεν κατάλαβα γιατί προστάτευες τον εαυτό σου πίσω από ένα ψηλό, αδιαπέραστο τείχος ανεξαρτησίας και αυτονομίας. Δεν νομίζεις πως είναι η ώρα πια να ανοίξεις τα φτερά σου και να επιτρέψεις σε κάποιους ανθρώπους να σε πλησιάσουν; Όσο μεγαλώνεις, τόσο πιο δύσκολο θα είναι να ξεσυνηθίσεις την μοναξιά. Μάθε την καρδιά σου να χτυπά δυνατά, να χτυπά για κάποιον άλλο. Μην κλείνεις την πόρτα στο ρομαντισμό».

«Δεν κλείνω καμία πόρτα πουθενά!» Η Ζωή ποτέ δεν κουβέντιαζε τα αισθηματικά της με την Ηρώ και δεν είχε σκοπό να ξεκινήσει τώρα. Τι θα μπορούσε να συζητήσει μαζί της όταν όλη της η ζωή περιστρέφονταν γύρω από ένα πρόσωπο, το όνομα του οποίου δεν τολμούσε καν να προφέρει;

«Τότε, πραγματικά δεν ξέρω πως πρέπει να εκλάβω το γεγονός πως τα περισσότερα χρόνια της ζωής σου τα πέρασες μόνη σου. Μήπως δεν ανταποκρίθηκε κανείς στις προσδοκίες σου; Μήπως κανείς δεν ήταν αρκετά καλός για σένα; Αν αυτός είναι ο λόγος, τότε μάλλον πρέπει να αναθεωρήσεις τα κριτήρια σου γιατί άφησες να χαθούν παλικάρια εξαιρετικά, παλικάρια που σε αγαπούσαν αληθινά».

Ο απρόβλεπτος, επιθετικός σχεδόν, λόγος της Ηρώς, σφυροκοπούσε τα φυλλοκάρδια της. Έμοιαζε λες και η μικρή της αδερφή είχε βαλθεί να την ψυχογραφήσει και να μάθει, εκείνη την ίδια βραδιά, τις προθέσεις της στα θέματα του έρωτα. Η άγνοια έκανε τα λόγια της σκληρά και άδικα. Όχι μόνο δεν ήταν ανίκανη να αγαπήσει αλλά είχε βιώσει έναν έρωτα τόσο δυνατό που άλλοι δεν έχουν την τύχη να αισθανθούν ποτέ σε ολόκληρη τη ζωή τους. Έναν έρωτα επίμονο, για τον οποίο θυσιαζόταν καθημερινά και φυτοζωούσε με μια καρδιά μισή και ματωμένη.

«Δυο τελευταίες κουβέντες θα πω κι ελπίζω να σε καθησυχάσω. Ο κόσμος στην πόλη είναι πιο συγκρατημένος και απόμακρος. Οι άνθρωποι δεν είναι τόσο εκδηλωτικοί, τόσο προσιτοί όσο εδώ. Γι' αυτό σου είπα προηγουμένως πως δεν είναι τόσο απλό όσο το παρουσιάζεις. Δεν φταίει ο δικός μου αρνητισμός που είμαι ακόμα μόνη. Να είσαι σίγουρη πως περισσότερο από όλους σας εγώ αποζητώ ένα αποκούμπι, ένα χάδι τρυφερό. Θαρρείς πως δεν με κούρασε η μοναξιά; Έννοια σου και τα έχω τα μάτια μου ορθάνοιχτα. Σαν φανεί η ευκαιρία θα την αρπάξω και με τα δυο μου χέρια». Ποιόν κορόιδευε;

Η Ηρώ, εκστασιασμένη με τις δηλώσεις της Ζωής και αρκετά εφησυχασμένη από τα λόγια της πως η καρδιά της λειτουργούσε φυσιολογικά, κάθισε δίπλα της στο κρεβάτι και την αγκάλιασε σφιχτά. Φαινόταν ιδιαίτερα ευχαριστημένη με τα όσα είχε ακούσει. Πάντοτε ενδιαφέρονταν για τα προσωπικά της αδερφής της αλλά πρώτη φορά είχε εκδηλωθεί με τόση ένταση.

«Με έκανες πολύ ευτυχισμένη απόψε, αδερφούλα». Η Ζωή αδυνατούσε να εξηγήσει τον ενθουσιασμό της Ηρώς και την βιασύνη της να γίνει εκείνη η κουβέντα την ίδια νύχτα της άφιξης της. Δεν είχε προλάβει καν να ξαποστάσει, να ηρεμήσει. Προς τι η βιάση; Έπεισε τον εαυτό της πως η απαίτηση της Ηρώς για απαντήσεις οφείλονταν αποκλειστικά στην ανησυχία της που είχε γιγαντωθεί τελευταία λόγω της απόστασης που τις χώριζε. Άλλαξε το θέμα της συζήτησης, τολμώντας επιδέξια μια εύστοχη αναφορά σε κάποιες συγκινητικές αναμνήσεις του παρελθόντος, αναμνήσεις από εκείνο το δωμάτιο. Ο ύπνος θα αργούσε ακόμη να 'ρθει.

11

Ο παφλασμός των ορμητικών κυμάτων στην αμμουδιά, σαν μελωδικό, πρωινό νανούρισμα, την ταξίδευε όλο και πιο βαθιά στον κόσμο των ονείρων. Το πατρικό της, χτισμένο σε απόσταση αναπνοής από την παραλία, της χάριζε όλα τα χρόνια της το πλεονέκτημα να αφουγκράζεται τους απαλούς ήχους του νερού και να οσφραίνεται το μαγευτικό άρωμα της θάλασσας. Η ώρα ήταν περασμένη μα κανείς δεν είχε τολμήσει να διαταράξει την ησυχία της. Μόνο η Ηρώ ανυπομονούσε να έρθει η στιγμή που η Ζωή θα άνοιγε τα μάτια της. Μα κι εκείνη σεβάστηκε την ανάγκη της για ξεκούραση. Ξαπλωμένη στην αιώρα του μπαλκονιού κρατούσε παρέα στην μητέρα της που εκείνη την ώρα συνήθιζε να πίνει τον δεύτερο καφέ της. Οι δυο τους κουβέντιαζαν ψιθυριστά αγναντεύοντας το γαλάζιο, υδάτινο τοπίο, που ξεδιπλώνονταν μπροστά από την αυλή. Ο αέρας σήκωνε κύματα ψηλά μα ο ουρανός ήταν καθάριος και η ατμόσφαιρα ζεστή.

Η καμπάνα της εκκλησίας σήμανε έντεκα φορές ενημερώνοντας τους χωριανούς για την ώρα. Έντεκα χτυπήματα βαριά που η ηχώ του βουνού πίσω από το χωριό τα διπλασίασε και τα έφτασε στα είκοσι δύο.

«Αυτός ο ήχος αναστατώνει και νεκρό. Θα έχουμε ξυπνητούρια» αστειεύτηκε η Ηρώ, βέβαιη πως η αδερφή της θα πρόβαλε με τις πιτζάμες στην μπαλκονόπορτα από λεπτό σε λεπτό. Και είχε απόλυτο δίκιο. Αναμαλλιασμένη και νωχελική, η μεγάλη κόρη της οικογένειας, τις καλημέρισε με ένα χαμόγελο εκνευρισμού.

«Ήρθε κιόλας η Λαμπρή;» είπε με βραχνή φωνή η Ζωή και με ένα δυνατό χασμουρητό θρονιάστηκε δίπλα στην μητέρα της. «Που να βρω τέτοια ομορφιά μες το τσιμέντο;» παραπονέθηκε, ατενίζοντας την ασύγκριτα γραφική παραλία του μικρού χωριού της. Πριν προλάβει να ξεστομίσει μια τρίτη κουβέντα, ο αεικίνητος σίφουνας που είχε για αδερφή, την διέκοψε απότομα.

«Σου δίνω δέκα λεπτά για να συνέλθεις και άλλα δεκαπέντε για να ετοιμαστείς. Έχουμε ραντεβού με τα παιδιά στο στέκι σε μισή ώρα περίπου. Τα κανόνισα όλα για χάρη σου και καλά θα κάνεις να είσαι στην ώρα σου» την προειδοποίησε δήθεν αυστηρά.

Εκτιμούσε πραγματικά τον κόπο της αδερφής της και φυσικά δεν θα την εξέθετε. Για τα επόμενα δέκα λεπτά όμως άφησε το βλέμμα της να πλανηθεί μέχρι το τέλος του ορίζοντα, εκεί που θάλασσα και ουρανός ένωναν τα χρώματα τους. Το μεθυστικό γουργουρητό των κυμάτων τη ζάλιζε γλυκά όπως παλιά. Θα έπαιρνε όρκο πως πολλές φορές στο παρελθόν, εκείνα τα ίδια κύματα, της είχαν μουρμουρίσει λόγια συμπονετικά, συμβουλευτικά. Η ζεστασιά του ήλιου και η δροσιά του αγέρα, σε ένα παιχνίδι μαχητικό, ανταγωνίζονταν για την επικράτηση. Μέρες με τέτοιο καιρό, έμεναν ανεξίτηλα αποτυπωμένες στη μνήμη της, αμείωτα ζωντανές. Όσα χρόνια κι αν μεσολαβούσαν ήταν σε θέση να θυμηθεί κάθε λεπτομέρεια τους.

Ο άνεμος είχε κοπάσει ελαφρά, παραδίδοντας τη νίκη στα χέρια του ήλιου, τη στιγμή που διάβηκε την σιδερένια αυλόπορτα του σπιτιού της. Περπατώντας το πλακόστρωτο πεζοδρόμιο δίπλα στην αμμουδιά παρέα με την Ηρώ χρειάζονταν να διανύσει ελάχιστα μόνο μέτρα για να φτάσει στο καθορισμένο σημείο συνάντησης με τους υπόλοιπους. Εκείνες οι μηδαμινές αποστάσεις μεταξύ αφετηρίας και προορισμού έκαναν τη ζωή στο χωριό τόσο εύκολη και ανέμελη. Λεπτό δεν πήγαινε χαμένο μέσα σε λεωφορεία και αυτοκίνητα. Καθ' όλη τη διαδρομή οι ζωηρές φωνές των συγχωριανών της την καλωσόριζαν από σπίτια, αυλές και μαγαζιά. Γνώριζε τόσο καλά τους λιγοστούς κατοίκους της μικροσκοπικής εκείνης κοινωνίας που τους προσφωνούσε με τα μικρά τους ονόματα ακόμη και αν τους χώριζαν δεκαετίες ηλικιακά. Ο περιορισμένος αριθμός τους επέτρεπε την ανάπτυξη στενών, προσωπικών σχέσεων και τη δημιουργία συναισθηματικών δεσμών με όλους ανεξαιρέτως.

«Απορώ πως σε αφήνω να κυκλοφορείς δίπλα μου με τέτοια ομορφιά». Η Ηρώ πάντοτε εκθείαζε την εξωτερική εμφάνιση της αδερφής της αν και η ίδια δεν πήγαινε παραπίσω. Εκείνη την ημέρα, όμως, είχε έναν λόγο παραπάνω καθώς το αποτέλεσμα του δεκαπεντάλεπτου καλλωπισμού της Ζωής ήταν εντυπωσιακό. Το ελαφρύ μακιγιάζ σε γήινες αποχρώσεις τόνιζε όσο έπρεπε τα καλοσχηματισμένα, φυσικά χαρακτηριστικά της. Το εφαρμοστό, λευκό παντελόνι, κατάλληλο για πρωινές βόλτες, κρατούσε τις καμπύλες της ασφυκτικά ανασηκωμένες. Με τα δυο κουμπιά ανοιχτά, το ασπρόμαυρο, ριγέ πουκάμισο σχημάτιζε ένα σεμνό αλλά ακαταμάχητο ντεκολτέ. Το σύνολο ήταν λιτό μα αναμφισβήτητα εκπληκτικό.

«Προχώρα τότε εσύ μπροστά και εγώ θα ακολουθώ από πίσω» αστειεύτηκε η Ζωή, βέβαιη πως δεν κρυβόταν ζήλια πίσω από τα λόγια της αδερφής της.

«Θα έπρεπε να κοσμείς το εξώφυλλο κάποιου περιοδικού μόδας και όχι να χαραμίζεις τα κάλλη σου στα αχόρταγα μάτια των συγχωριανών μας». Δεν μπορούσε να γνωρίζει πως η Ζωή είχε ενεργοποιήσει όλη τη γοητεία της για έναν μόνο άνθρωπο. Έναν άνθρωπο που υπήρχε ο 'κίνδυνος' να συναντήσει σε ανύποπτο χρόνο. Ήθελε να είναι προετοιμασμένη για μια πιθανή εμφάνιση του. Η θελκτική σαγήνη της είχε προορισμό μόνο τα δικά του μάτια αλλά, ως συνήθως, 'μαζί με το βασιλικό ποτίζεται και η γλάστρα.' Έτσι, αναπόφευκτα, η ελκυστική παρουσία της θα ικανοποιούσε τα βλέμματα πολλών.

Τα πρώτα, ξύλινα τραπεζάκια της καφετέριας φάνηκαν πίσω από τη γωνία. Η Χρύσα και η Άρτεμις, οι δύο μόνιμες σερβιτόρες του μαγαζιού, φορώντας το μαύρο, μακό φανελάκι του προσωπικού, περιποιούνταν χαμογελαστές τους πελάτες, ντόπιους μα και τουρίστες. Πίσω από την ανοιχτή πόρτα, το Νικολιό, ο αγαπημένος συμμαθητής της Ζωής από το σχολείο, με δυο γιγάντια ακουστικά στα αυτιά, είχε αναλάβει τις μουσικές επιλογές του καταστήματος. Ήταν ο μόνος που ήξερε να χειρίζεται τα αμέτρητα πλήκτρα πάνω στην κονσόλα. Η αντάμωση με τους φίλους της θα συνοδεύονταν από νότες απαλές και νοσταλγικές, ταιριαστές με το γούστο του καλού της φίλου και αυτό ευχαριστούσε ιδιαίτερα τη Ζωή.

Ήταν ήδη όλοι τους εκεί, απίστευτα στριμωγμένοι γύρω από ένα μικρό τραπέζι. Μα αυτό δεν έμοιαζε να τους απασχολεί. Οι καρδιές του ήταν τόσο κοντά που τα κορμιά τους δεν ενοχλούνταν. Ο Άρης, η Μαρία, η Λένα, η Γωγώ και ο Ηλίας, καθισμένοι σε κύκλο, καλαμπούριζαν δυνατά.

«Υπάρχει χώρος για άλλους δύο;» τους ξάφνιασε η Ζωή, που πλησίασε χωρίς να την πάρουν είδηση.

«Μας ξεβολεύεις λιγάκι αλλά ας όψεται η αγάπη που σου 'χουμε!» Ο Ηλίας την καλοδέχτηκε με χιούμορ και με δυο δυνατά φιλιά που άφησαν κόκκινα σημάδια στα μάγουλα της.

Εκείνη η παρέα δεν χωρίζονταν ποτέ, ούτε και όταν οι συνθήκες ήταν αντίξοες. Ζουλήχτηκε μαζί με την Ηρώ ανάμεσα στην Λένα και την Μαρία εν μέσω επευφημιών για το εξαιρετικό κατόρθωμα. Σε λιγάκι, χωρίς να έχει δώσει καν παραγγελία, ο παγωμένος καφές της βρισκόταν πάνω στο τραπέζι. Οι σερβιτόρες γνώριζαν τις προτιμήσεις της καθώς σύχναζε εκεί από τα δεκάξι της. Μετά την πρώτη γουλιά, τα πέντε αγαπημένα πρόσωπα που κάθονταν τριγύρω, πρόσωπα που ο κόσμος ονόμαζε φίλους της μα αυτή τα ένιωθε σαν αδέρφια, άρχισαν να την βομβαρδίζουν με ερωτήσεις.

«Πώς τα περνάς στη συμπρωτεύουσα;»

«Θυμάσαι την παρέα μας; Σου λείπει το νησί μας;»

«Βρήκες κανένα ταίρι να σου κρατάει συντροφιά τώρα που λείπεις μακριά μας;»

Δυο αγόρια και τρία κορίτσια σε ρόλο ανακριτή. Μα ήταν απόλυτα δικαιολογημένοι όλοι και κάθε απορία τους ήταν ευπρόσδεκτη. Όλα τα χρόνια τους τα έζησαν μαζί και τώρα που η Ζωή είχε φύγει μακριά τους, ήταν αναμενόμενο να νιώθουν πως ο κύκλος είχε σπάσει και ένας κρίκος είχε χαθεί. Έχει χαθεί μα δεν έχει ξεχαστεί. Ούτε θα ξεχνιόταν ποτέ του. Το ενδιαφέρον τους ήταν συγκινητικό.

«Πάω στο περίπτερο. Μου τέλειωσαν τα τσιγάρα.» Η ψηλόλιγνη κορμοστασιά του Άρη, σηκώθηκε ολόρθη μπροστά τους.

«Θα μου φέρεις ένα πακέτο τσίχλες; Ξέρεις, με γεύση μέντας» του ζήτησε γλυκά η Γωγώ.

Ο Άρης, κουνώντας το κεφάλι καταφατικά, έσκυψε και τη φίλησε στα χείλη. Με μάτια γουρλωμένα η Ζωή άφησε ελεύθερο ένα επιφώνημα έκπληξης, υπερβολικά έντονο σε σύγκριση με την απάθεια των υπολοίπων.

«Πότε έγιναν αυτοί ζευγάρι;» ρώτησε την παρέα ενθουσιασμένη. Από καιρό η Γωγώ της είχε ομολογήσει πως τα αισθήματα της για τον Άρη είχαν εξελιχτεί σε κάτι περισσότερο από φιλικά. Και ο Άρης, από την πλευρά του, της έδειχνε μια ξεχωριστή ευγένεια, που με μια αισιόδοξη ερμηνεία, θα μπορούσε να θεωρηθεί ως η έκφανση κάποιου ερωτικού ενδιαφέροντος. Μα όσο κι αν ήθελε να του μιλήσει η Γωγώ, φοβόταν να ριψοκινδυνέψει τη μακρόχρονη φιλία τους.

Με κάποιον τρόπο τελικά, φαίνεται πως τα είχε καταφέρει. Δεν είχε σημασία πως. Σημασία είχε μόνο το αποτέλεσμα. Οι δυο τους, φανερά ερωτευμένοι, έμοιαζαν πιο ευτυχισμένοι από ποτέ. Η σχέση τους αποτελούσε ακόμη ένα ζωντανό παράδειγμα πως το θάρρος και η ειλικρίνεια δεν βγάζουν σε κακό. Δυο ψυχές είχαν ενωθεί σε μία ενώ τα δικά της χέρια παρέμεναν ακόμη αδειανά. Μα δεν της έφταιγε κανείς παρά μόνο το δικό της το κεφάλι. Σιγά - σιγά, μέσα στην καρδιά της, πλάι στη χαρά, φώλιασε μια ζήλια που σαν τέρας χολιασμένο άρχισε να της τρώει τα σωθικά. «Γιατί να μην έχω κι εγώ την ίδια δύναμη; Δεν αξίζω την αγάπη όσο και η Γωγώ;». Εκείνο το κορίτσι είχε κερδίσει τον αμέριστο θαυμασμό της γιατί ρισκάροντας χωρίς συστολές και δειλία, τόλμησε να διεκδικήσει εκείνον που αγαπούσε. Άκουσε με προσοχή τα λόγια της ψυχής της και έπραξε ανάλογα. Τόσο απλά.

Όσο παρέμεινε καθισμένη σε εκείνο το τραπέζι, προσπάθησε επίμονα να αγνοήσει το σαράκι της απογοήτευσης που ροκάνιζε με θράσος τη χαρά της πρωινής συνάντησης και να απολαύσει τη συντροφιά των φίλων της. Τα λόγια και τα γέλια δεν σταμάτησαν για ώρες. Πάντα περνούσε υπέροχα μαζί τους και η απουσία της δεν είχε σταθεί ικανή να χαλάσει το κλίμα. Η Ηρώ, έχοντας πράξει το καθήκον της, τους είχε χαιρετήσει λίγο νωρίτερα. Στην παραλία είχε ραντεβού με τη δική της παρέα (μια παρέα στην οποία ανήκε και ο Πέτρος). Μολονότι η Ζωή ήταν σχεδόν βέβαιη πώς δεν θα εμφανιζόταν εκείνος μπροστά της, τα ατίθασα μάτια της έμεναν σε τροχιά ανίχνευσης αναζητώντας διαρκώς την παρουσία του. Κάθε αυτοκίνητο που διέσχιζε το στενό δρόμο μπροστά από την καφετέρια τραβούσε την προσοχή της. Κάθε εξάτμιση μηχανής τάραζε την ηρεμία της. Μα εκείνος πουθενά. Ίσως έτσι να ήταν καλύτερα.

Όταν ο ήλιος πια μεσουρανούσε και είχε έρθει η ώρα του φαγητού, επέστρεψε ζωηρή στο σπίτι. Η Ηρώ έστρωνε το οβάλ τραπέζι του μπαλκονιού. Το μεσημεριανό θα σερβίρονταν έξω, με θέα τη θάλασσα. Η μητέρα της μάζευε την μπουγάδα στην αυλή και ο πατέρας της θα επέστρεφε εντός ολίγου από το μαγαζί. Με την πρόφαση πως ήθελε να τη βοηθήσει, της έπιασε την κουβέντα ακολουθώντας την μέσα και έξω από το σπίτι, προσπαθώντας έμμεσα να μάθει αν τον είχε δει, αν του είχε μιλήσει. Η πληροφορία που αναζητούσε βγήκε αβίαστα από το στόμα της αδερφής της.

«Η παρέα είχε πλήρη απαρτία. Μέχρι και ο Πέτρος μας έκανε την τιμή, έστω και καθυστερημένα. Έχεις χαιρετίσματα από όλους. Έμαθαν για τον ερχομό σου» ανέφερε αυθόρμητα η Ηρώ.

Τα μάτια της κοκκίνισαν από ένταση. Τα χείλη της έτρεμαν όπως τα ψάρια έξω από το νερό. Είχε προλάβει άραγε ο Πέτρος να πληροφορηθεί την άφιξη της ή είχε φτάσει αργότερα; Είχε καμία σημασία το νέο για εκείνον;

«Το βραδάκι θα βγούμε με τη βάρκα του Ηλία για ψάρεμα. Θέλεις να 'ρθεις;» πρότεινε η Ζωή, διατηρώντας την ψυχραιμία της.

«Μας έχει καλέσει ο Πέτρος στην ταβέρνα. Θέλει να μας κεράσει ρακή στην μνήμη των γονιών του. Σαν σήμερα χάθηκαν, ξέρεις. Είναι πολύ τυπικός σε αυτά».

«Πράγματι» ψιθύρισε η Ζωή, συγκαλύπτοντας τη συγκίνηση που της προκάλεσε η υπενθύμιση εκείνης της τραγικής ιστορίας.

«Τυπικός, ευγενικός και απερίγραπτα όμορφος. Ένα τέτοιο παλικάρι θα σου άξιζε, αδερφούλα!» Το πορσελάνινο πιάτο από το καλό σερβίτσιο της μητέρας της, που είχε βγει από τη μπαρόκ κρυσταλλιέρα για χάρη της, έπεσε από τα δυο της χέρια. Πάνω στα γυαλιστερά του κομμάτια αντικατοπτρίστηκε το σοκ της αστραπιαία και έσβησε μετά. Η κουβέντα έπρεπε να πάρει αμέσως άλλο μονοπάτι. Ποιες λέξεις να σχολιάσουν τη φράση που είχε ξεστομίσει η μικρή της αδερφή;

«Καταραμένο σανίδι!» Νευριασμένη, έριξε την ευθύνη του ατυχήματος στο χαλασμένο, ξύλινο πάτωμα του μπαλκονιού πάνω στο οποίο δήθεν είχε σκοντάψει και ξεφύσησε αγανακτισμένη.

«Μην ανησυχείς. Δεν έγινε και τίποτα» την καθησύχασε η Ηρώ και επανήλθε στη συζήτηση περί των βραδινών σχεδίων. «Αντί να σε ακολουθήσω εγώ, γιατί δεν έρχεσαι πρώτα εσύ μαζί μας, πριν το ψάρεμα; Λογικά θα ξανοιχτείτε αργά. Τα παιδιά μου είπαν πως θα χαρούν πολύ να σε δουν. Μην μας απορρίψεις πάλι». Η αλήθεια ήταν πως ποτέ της δεν είχε δεχτεί το κάλεσμα των φίλων της Ηρώς μα δεν ήταν από αγένεια. Η ενδεχόμενη παρουσία του Πέτρου θα την υποχρέωνε σε μια επίπονη διαδικασία υποκρισίας, διαδικασία αμφίβολης πειστικότητας.

«Να τους ευχαριστήσεις εκ μέρους μου μα θέλω να αφιερώσω όσο περισσότερο χρόνο γίνεται στους φίλους μου».

Η Ηρώ ανασήκωσε τους ώμους της υποχωρητικά και χάθηκε στην κουζίνα. Συγκλονισμένη η Ζωή με όσα είχε ακούσει ένιωσε μια ζάλη να παραλύει τα πόδια της. Το μουδιασμένο σώμα της βρήκε στήριγμα πάνω στα σκαλιστά κάγκελα της βεράντας. Η πολλαπλή επανάληψη του ονόματος του βούιζε τρομακτικά στα αυτιά της. Πρώτη φορά γίνονταν ευθεία αναφορά στο πρόσωπο του σε μεταξύ τους συζήτηση. Η εγρήγορση του μυαλού της δεν κατάφερε να ερμηνεύσει τη δήλωση της αδερφής της. Ως εκείνη την ημέρα η Ηρώ πάντοτε την κατσάδιαζε με γενικόλογα που επέλεγε τη μοναξιά και ποτέ δεν είχε αναφερθεί συγκεκριμένα σε κάποιον άνθρωπο που θεωρούσε ταιριαστό για την αδερφή της. Γιατί είχε επιλέξει τον Πέτρο; Γιατί εκείνη τη στιγμή; Απίστευτα ειρωνική η σύμπτωση των επιλογών της. Ο ανεξέλεγκτος χείμαρρος των σκέψεων της διακόπηκε από την εμφάνιση του πατέρα της που άνοιξε την αυλόπορτα πεινασμένος σαν λύκος.

Η οικογένεια συγκεντρώθηκε γύρω από το τραπέζι. Το μενού έγραφε θαλασσινά. Μοσχοβολιστή κρητική κακαβιά, γαρίδες σαγανάκι, μυδοπίλαφο και άλλες λιχουδιές άχνιζαν πάνω στο τραπέζι. Η ρακή έρεε άφθονη και σύντομα τα βλέμματα βάρυναν από τη νύστα. Πρώτη η Ζωή αποσύρθηκε στο δωμάτιο για έναν μεσημεριανό ύπνο. Αν και προθυμοποιήθηκε να βοηθήσει στο συγύρισμα του τραπεζιού, η μητέρα της αρνήθηκε.

«Κοίτα να ξεκουραστείς όσο είσαι εδώ και άσε τα νοικοκυρέματα» τη συμβούλεψε στοργικά.

Οι έντονες εναλλαγές της διάθεσης της την είχαν εξαντλήσει και λίγη χαλάρωση σίγουρα θα της έκανε καλό. Κουκουλωμένη κάτω από το σεντόνι της άρχισε και πάλι να ζει όπως είχε μάθει τόσα χρόνια, να ζει με τη σκέψη του μόνιμα κολλημένη στο νου της. Ο θερμός λίβας, με ένα φύσημα ανεπαίσθητο, είχε σβήσει από το νου της κάθε εικόνα της Θεσσαλονίκης. Η απόπειρα απόκτησης μια καινούριας ζωής είχε περάσει τόσο εύκολα στη σφαίρα της φαντασίας και έμοιαζε τόσο μακρινή σαν να επρόκειτο για ένα ενοχλητικό όνειρο και τίποτα παραπάνω.

Μία κλήση στο κινητό της κατάφερε να επαναφέρει στο μυαλό της το μοναχικό δρόμο που είχε ακούσια επιλέξει και να της υπενθυμίσει την σκληρή πραγματικότητα στην οποία θα επέστρεφε λίγες μέρες αργότερα. Ο Άγγελος, τηλεφωνώντας σε ακατάλληλη ώρα, διέκοψε απότομα τον γαλήνιο ύπνο της. Ο σοβαρός τόνος της φωνής του και το αυστηρό ύφος της ομιλίας του κίνησαν άμεσα την περιέργεια της. Αφού τη ρώτησε με βιαστικό ενδιαφέρον πώς τα περνούσε στην πατρίδα της, μπήκε απευθείας στο θέμα.

«Λυπάμαι που θα σε στενοχωρήσω, αστέρι, μα τα νέα που σου φέρνω δεν είναι καλά. Έχει προκύψει έκτακτη ανάγκη στο γραφείο και όλο το προσωπικό πρέπει να είναι παρόν τη Δευτέρα το πρωί. Δεν μπορούσα να κάνω τίποτα για να σε απαλλάξω. Εντολές ανωτέρων». Για κλάσματα του δευτερολέπτου επικράτησε εκκωφαντική σιωπή.

«Κι εγώ λυπάμαι που θα στενοχωρήσω μα το αστείο σου δεν με ξεγέλασε ούτε για μια στιγμή. Ατύχησες, αγαπητέ Προϊστάμενε». Αν και αγουροξυπνημένη, το μυαλό της έπαιρνε στροφές.

«Δεν θα αστειευόμουν ποτέ για κάτι τέτοιο. Δεν θα ρίσκαρα να σου χαλάσω τη διάθεση. Δυστυχώς, είναι αλήθεια. Θα χρειαστεί να τερματίσεις τις διακοπές σου λίγο νωρίτερα». Η φωνή του είχε σοβαρέψει ακόμη περισσότερο. «Δεν μπορεί να συμβαίνει αυτό!» σκέφτηκε έντρομη η Ζωή. Οι χτύποι της καρδιάς της δυνάμωσαν τόσο πολύ που το μπλουζάκι της πιτζάμας πάλλονταν ρυθμικά πάνω στο στήθος της. Τα χείλη της δεν πρόφεραν λέξη.

«Η γραμματέας μας θα κανονίσει την επιστροφή σου για αύριο, με την τελευταία πτήση, αν φυσικά υπάρχουν θέσεις κενές. Θα σε καλέσει λίγο αργότερα για να πάρει τα στοιχεία σου. Δεν ήθελα να χάσεις τον υπόλοιπο χρόνο σου πάνω από ένα ακουστικό για να καταφέρεις να κλείσεις εισιτήριο. Και πάλι, λυπάμαι πολύ». Από το βάθος ακουγόταν φασαρία και έντονες ομιλίες. Ο Άγγελος βρίσκονταν στο γραφείο αν και ήταν ημέρα Σάββατο.

Η Ζωή είχε εξοργιστεί σε τέτοιο βαθμό που θα μπορούσε, εκείνη τη στιγμή, να του υποβάλει την παραίτηση της. Κανένας δεν είχε το δικαίωμα να παίζει έτσι με τη ζωή της, με τα σχέδια της. Κανένα ζήτημα δεν ήταν τόσο σημαντικό ώστε να διακόψει την ολιγοήμερη παραμονή της στον χωριό. Δεν ήθελε να γυρίσει πίσω, τουλάχιστον όχι ακόμη. Της πέρασε η ιδέα να προφασιστεί αδυναμία παράστασης για οικογενειακούς λόγους. Μα κάτι τέτοιο θα ήταν αντιεπαγγελματικό. Όφειλε να πάρει μια απόφαση και γρήγορα. Ένιωθε την πίεση της να ανεβαίνει κατακόρυφα και το κεφάλι της έτοιμο να εκραγεί.

«Εφόσον είναι ανάγκη, θα είμαι εκεί» απάντησε ψυχρά. Ήταν αδύνατο να συγκρατήσει τον εκνευρισμό της και η φωνή της βγήκε τρεμάμενη. Η απόφαση είχε παρθεί. Πώς θα δικαιολογούσε στους γονείς της την περίπτωση απώλειας της θέσης της; Ήταν τόσο υπερήφανοι που τα προσόντα της είχαν τύχει ιδιαίτερης εκτίμησης και είχε προσληφθεί στην εφημερίδα με το 'σπαθί' της! Μόνο και μόνο για δική τους χάρη ήταν αναγκασμένη να δείξει ωριμότητα και υπευθυνότητα ακόμη κι αν η καρδιά της έδινε εντολές διαφορετικές.

Η τηλεφωνική συνομιλία έληξε σύντομα και μάλλον απότομα. Ο Άγγελος αισθάνθηκε την ενόχληση της και δεν την απασχόλησε άλλο αν και ήταν φανερό πως ήθελε να της μιλήσει λίγο ακόμη. Εκείνη, πετώντας βίαια το τηλέφωνο πάνω στο κομοδίνο, σηκώθηκε φουρτουνιασμένη από το κρεβάτι. Δεν υπήρχε χρόνος για ξεκούραση. Όρμησε έξω από το δωμάτιο, ψάχνοντας παρηγοριά στην μητέρα της και την Ηρώ, που περνούσαν τα μεσημέρια ξαπλωμένες στο σαλόνι, μπροστά στην τηλεόραση. Και οι δυο διαισθάνθηκαν αμέσως πως κάτι είχε συμβεί. Σαν ενημερώθηκαν για την αλλαγή των σχεδίων, αντέδρασαν με τρόπο αντιφατικό η μία από την άλλη. Η Ηρώ απογοητεύτηκε και μουρμούρισε αγανακτισμένη μια βρισιά, ενώ η μητέρα τους, πιο ώριμη και κατασταλαγμένη σχετικά με τα επαγγελματικά ζητήματα, έμοιαζε ικανοποιημένη που η κόρη της ήταν απαραίτητη στο εργασιακό της περιβάλλον. Λυπήθηκε φυσικά που θα αποχωριζόταν την πρωτότοκη της νωρίτερα αλλά την καθησύχαζε το γεγονός πως θα είχαν πολλές ευκαιρίες στο μέλλον για επισκέψεις διαρκείας.

«Αυτό που προέχει είναι η δουλειά σου. Όταν με το καλό συγκεντρώσεις αρκετές μέρες άδειας θα μπορέσεις να μείνεις κοντά μας για αρκετό καιρό. Εντάξει, γλυκιά μου;» την αγκάλιασε τρυφερά, σκουπίζοντας τα βρεγμένα της μάτια.

Όπως ακριβώς την είχε πληροφορήσει ο Άγγελος, η γραμματέας της εφημερίδας δεν άργησε να καλέσει το νούμερο της. Το τηλέφωνο χτυπούσε με αυξανόμενη ένταση από το δωμάτιο και η Ζωή έτρεξε να απαντήσει πριν ο επίμονος ήχος αναστατώσει τον πατέρα της που αναπαύονταν δίπλα. Το ευγενικό κορίτσι από την άλλη άκρη της γραμμής, είχε ήδη ελέγξει και επιβεβαιώσει πως υπήρχαν διαθέσιμες θέσεις στην τελευταία πτήση για Θεσσαλονίκη. Θα της έκλεινε εισιτήριο για την επομένη, στις 8. «Τουλάχιστον δεν θα χρειαστεί να φύγω από τα χαράματα» συλλογίστηκε ανακουφισμένη η Ζωή. Επιστρέφοντας, έστριψε στην κουζίνα για να φτιάξει έναν δυνατό καφέ. Τα νεύρα της ήταν τεταμένα και ο οργανισμός της αποζητούσε τη χαλαρωτική του επίδραση. Βγήκε στο μπαλκόνι με το γυάλινο ποτήρι να της παγώνει τα ακροδάχτυλα. Αναλογιζόμενη πως της είχαν απομείνει ελάχιστες ώρες στο νησί, ήθελε να ξαναντικρίσει με τα μάτια της τις παραδεισένιες εικόνες του τοπίου και να γεμίσει τα πνευμόνια της με το αλμυρό οξυγόνο του αέρα. Έμεινε ακίνητη στην ψάθινη καρέκλα του μπαλκονιού για ώρες.

«Αντίο προς το παρόν». Είχε φτάσει σούρουπο και ο ήλιος ζύγωνε στη δύση. Η Ηρώ, έτοιμη για τη βόλτα της στο ταβερνάκι του Πέτρου, την αποχαιρέτησε κατεβαίνοντας τα σκαλοπάτια της βεράντας, ισορροπώντας άνετα πάνω στις ψηλές της γόβες. Εκείνο το βράδυ είχε μια λάμψη διαφορετική η μικρή της αδερφή, μια λάμψη δελεαστική. Στο πρόσωπο της διέκρινε μια ηρεμία σαγηνευτική, που δεν την είχε ξαναδεί ποτέ καθώς τα χαρακτηριστικά της συνήθως ήταν άγρια, πλήρως εναρμονισμένα με την έντονη προσωπικότητα της. Η αύρα της ζεστή, σκορπούσε τριγύρω αρώματα.

«Στο καλό! Καλά να περάσετε!» Για μερικά λεπτά παρατήρησε με καμάρι τη σιλουέτα της να απομακρύνεται μέσα στο θάμπος την βραδιάς.

«Θεέ μου, κι αν ο Πέτρος την ερωτευτεί;» Ξαφνικά, η καρδιά της δηλητηριάστηκε και το αίμα της, πετρωμένο, δεν σάλευε στις φλέβες! Σκέψεις φαρμακερές τρύπωσαν με βία στο μπερδεμένο της μυαλό. Είχε πέσει τόσο χαμηλά, είχε πιάσει πάτο μα δεν μπορούσε να το αποφύγει! Ήταν τόσο επικίνδυνα όμορφη, τόσο γλυκιά η Ηρώ! Όχι μόνο την ζήλευε μα κι έτρεμε από φόβο για τα επακόλουθα της γοητευτικής της εμφάνισης.

Πότε έγινε τόσο μικρόψυχη; Πώς κατάντησε τόσο φθονερή; Παλιά δεν ήταν έτσι. Σαν δυο φίδια πεινασμένα, η ντροπή και η ενοχή, σύρθηκαν στα σκαλοπάτια της βεράντας κροταλίζοντας τις ουρές τους και την έζωσαν ασφυκτικά ως το λαιμό. Κατακεραυνωμένη από τα τιποτένια της αισθήματα, πάλευε να αναπνεύσει. Η αρρωστημένη αγάπη που είχε για εκείνον τον άντρα της είχε καταστρέψει τη ζωή ολοσχερώς. Δεν επιτρέπονταν, όμως, να επηρεάσει ούτε στο απειροελάχιστο την, απαλλαγμένη από πάθη, σχέση με την αδερφή της. Χτυπώντας με τις παλάμες της το πρόσωπο της, προσπάθησε να διώξει μακριά κάθε μιαρό συλλογισμό που μόλυνε τα σωθικά της.

Λιγότερο από δύο ώρες απέμεναν μέχρι να ξεκινήσει για την προβλήτα της παραλίας όπου είχε ραντεβού με την παρέα της μα φάνταζαν αιώνας. Αναζητούσε απεγνωσμένα κάτι να απασχοληθεί, να απαλλαγεί από τις άσχημες εικόνες που στροβιλίζονταν μπροστά στα μάτια της σαν μαύρες χιονονιφάδες. Το αγαπημένο της χόμπι, έδωσε τη λύση. Με αφορμή τη νύχτα ψαρέματος που θα περνούσε με τα παιδιά, βρέθηκε στο υπόγειο να καθαρίζει επιμελώς το ψηλό της καλάμι, ένα δώρο από τον πατέρα της στα εικοστά της γενέθλια. Ήταν η μοναδική της υποχρέωση για μια ικανοποιητική ψαριά, δεδομένου ότι δολώματα θα έφερνε ο Ηλίας, ο οποίος ισχυρίζονταν ανελλιπώς πως ήταν ο ειδικότερος όλων επί του θέματος. Η φροντίδα του καλαμιού αποτελούσε πάντοτε μια ευχάριστη και χαλαρωτική διαδικασία.

Μετά την απαραίτητη αποσυναρμολόγηση, καθάρισε προσεκτικά, με ένα μαλακό πινέλο, την σκληρή άμμο που παρέμενε κολλημένη πάνω στο μηχανισμό και στην συνέχεια τον ξέπλυνε με χλιαρό νερό, όπως ακριβώς προβλέπεται. Τον ακούμπησε με ευλάβεια πάνω σε ένα από τα μυριάδες, νοτισμένα από την υγρασία, κουτιά που κυριαρχούσαν τριγύρω. Ώσπου να στεγνώσει ο μηχανισμός, βρήκε την ευκαιρία να σκαλίσει τα χαρτόκουτα που έφτιαχναν πύργους γύρω της. Ήταν βέβαιη πως στο εσωτερικό τους θα έβρισκε υπέροχες αναμνήσεις του παρελθόντος, συγκινητικά ενθύμια και αλησμόνητες στιγμές, αποτυπωμένες πάνω στο γυαλιστερό χαρτί των φωτογραφιών.

Τα παιδικά της χρόνια ξεπήδησαν ολοζώντανα στον αέρα μέσα σε ένα σύννεφο σκόνης σαν άνοιξε τυχαία το πρώτο κουτί. Το καφέ, λούτρινο αρκουδάκι που δεν έλειπε ποτέ πάνω από το κρεβάτι της, την κοιτούσε κατάματα στριμωγμένο ανάμεσα σε άλλα παιχνίδια αποζητώντας θλιμμένο τις παλιές του δόξες. Πάνω σε ένα κιτρινισμένο κομμάτι χαρτί, γραμμές σκόρπιες και στραβές της υπενθύμισαν την πρώτη της απόπειρα να πιάσει το μολύβι και να σχηματίσει γράμματα και αριθμούς. Λίγο πιο εκεί, λατρεμένες φωτογραφίες από τα πρώτα της γενέθλια, όταν ακόμη δεν είχε προστεθεί στην οικογένεια η Ηρώ.

Τα χρόνια της εφηβείας κρύβονταν στο δεύτερο κουτί. Πάπυροι από ρυζόχαρτο που επαινούσαν τις άριστες επιδόσεις της στο σχολείο, βιβλία και τετράδια, είχαν αποθηκευτεί σε χρονολογική σειρά, το ένα πάνω στο άλλο. Ανάμεσα τους, συγκλονισμένη, εντόπισε το μικρό, γυάλινο μπουκαλάκι από το αγαπημένο της άρωμα που σαν είχε αδειάσει το γέμισε με νερό θέλοντας να φυλακίσει αιώνια την λατρεμένη μυρωδιά του. Τα ανεκτίμητα χρόνια της αθωότητας, χρόνια που δεν θα επέστρεφαν ποτέ ξανά, πλημμύρισαν με μαγεία το σκοτεινό υπόγειο. Η ψυχή της ελάφρυνε σαν θυμήθηκε τον εαυτό της, όπως ήταν εκείνο τον καιρό. Η καρδιά της ζεστή και αληθινή, το βλέμμα της καθάριο και ειλικρινές. Πόσο είχε αλλάξει! Ο χρόνος και ο έρωτας αμαύρωσαν εκείνο τον υπέροχο χαρακτήρα και σκοτείνιασαν βαθιά την κάποτε κατάλευκη ψυχή της.

Το βρεγμένο εξάρτημα του καλαμιού είχε πια στεγνώσει. Ούτε ένα ίχνος υγρασίας δεν διακρινόταν πάνω στην επιφάνεια του. Είχε έρθει η στιγμή να αφαιρέσει την μπομπίνα και την μανιβέλα. Τα μακριά, αδύνατα δάχτυλα της ήταν ιδανικά για τέτοιου είδους λεπτοδουλειές. Καθισμένη πάνω σε ένα παλιό σκαμπό κάτω από το λιγοστό φως της λάμπας αντικατέστησε το γράσο της μανιβέλας και λίπανε τον κεντρικό άξονα και το ρόλερ. Το καλάμι της ήταν έτοιμο, χωρίς να χρειάζεται περαιτέρω φροντίδα και περιποίηση. Η συστηματική συντήρηση του τόσα χρόνια το είχε κρατήσει σε πολύ καλή κατάσταση. Το τοποθέτησε στην θήκη του και ανεβαίνοντας στο σπίτι για να ετοιμαστεί το άφησε σε εμφανές σημείο δίπλα στην εξώπορτα. Με τόσα που είχε στο νου της ήταν ικανή να το ξεχάσει φεύγοντας και δεν είχε όρεξη για άσκοπα δρομολόγια μέσα στη νύχτα.

Ο ανακλινόμενος καθρέφτης του μπουντουάρ στο δωμάτιο, γερμένος προς τα πίσω, έδειχνε το ταβάνι. Τοποθετώντας τον στην κατάλληλη θέση, κάθισε μπροστά του, βγάζοντας το νεσεσέρ με τα καλλυντικά από την βαλίτσα της. Άναψε το λαμπατέρ για περισσότερο φωτισμό και άρχισε να φτιασιδώνεται. Όταν τελείωσε, το αποτέλεσμα ήταν τόσο τρομακτικό όσο και απογοητευτικό. Έχοντας χρησιμοποιήσει υπερβολική ποσότητα μέικ – απ και έντονα χρώματα στα μάτια και τα χείλη της, έμοιαζε με κλόουν περιοδεύοντος τσίρκου. Το είδωλο της όμορφης, νεαρής κοπέλας που πάντα αντίκριζε στον καθρέφτη της δεν ήταν εκεί. Για μερικά λεπτά, έμεινε ακίνητη, απορημένη με το ατυχές ατόπημα της. Σύντομα συνειδητοποίησε πως το εκτρωματικό κατόρθωμα της ήταν η απόρροια ενός ασυναίσθητου ανταγωνισμού που εξακολουθούσε να σιγοκαίει στην καρδιά της. Είχε βαλθεί να γίνει πιο εντυπωσιακή από την Ηρώ, επεδίωκε να νιώσει ομορφότερη. Παραδέχτηκε με θάρρος τον ξεπεσμό της και ανακτώντας τη χαμένη της αξιοπρέπεια πήρε στην χούφτα της μπόλικο βαμβάκι, το πότισε με γαλάκτωμα και ξέβαψε το αγνώριστο πρόσωπο της.

Μέσα στην τσέπη του παντελονιού της το κινητό της τηλέφωνο άρχισε και πάλι να δονείται, γαργαλεύοντας την νευρικά.

«Πώς τα περνάει το αγαπημένο μου κορίτσι στο αγαπημένο μου νησί;» Ο Κωνσταντίνος, ακουγόταν πεινασμένος για λεπτομέρειες.

«Όλα είναι υπέροχα! Κρήτη και άσχημα γίνεται;» του απάντησε η Ζωή.

«Γι' αυτό με ξέχασες τελείως!» Αν και την είχε αποχωριστεί το προηγούμενο μόλις απόγευμα στο αεροδρόμιο, παραπονιόταν σαν μικρό παιδί που του είχαν στερήσει το παγωτό.

«Μην στενοχωριέσαι και θα με δεις πολύ σύντομα».

«Δεν ξέρω αν η Τετάρτη μπορεί να χαρακτηριστεί ως σύντομα» εξέφρασε τολμηρά την ανυπομονησία του.

«Θα γυρίσω αύριο γλυκέ μου, εσπευσμένα, με την πτήση των οχτώ. Η άδεια μου ανακλήθηκε λόγω έκτακτων επαγγελματικών υποχρεώσεων». Η φωνή της έχασε σταδιακά τον ενθουσιασμό της.

«Αλήθεια; Επιστρέφει το παρεάκι μου;» Η χαρά του ήταν διάχυτη. «Λυπάμαι βέβαια που χαλάνε οι διακοπές σου. Λυπάμαι πολύ». Προσπάθησε αμέσως να παρουσιαστεί λιγάκι συμπονετικός αλλά ήταν φανερό πως η αλλαγή που είχε προκύψει τον ικανοποιούσε ιδιαιτέρως.

«Θα συναντηθούμε λοιπόν σύντομα, Κωνσταντίνε μου. Κάποια στιγμή μέσα στην εβδομάδα».

«Δεν νομίζω». Ο απόλυτος τόνος της φωνής του την τρόμαξε. «Τι εννοείς;» τον ρώτησε λιγάκι φοβισμένη από το ύφος του σαν να επρόκειτο να ακούσει κάτι κακό από τα χείλη του.

«Αύριο θα βρεθούμε γιατί, όπως συμφωνήσαμε, θα έρθω να σε πάρω από το αεροδρόμιο. Το ξέχασες;»

«Έχεις δίκιο». Με ανακούφιση αντιλήφθηκε τι εννοούσε ο Κωνσταντίνος.

«Τα λέμε από κοντά. Τα φιλιά μου σε όλους!»

«Καληνύχτα».

Είχε βιαστεί να τον παρεξηγήσει και ντρέπονταν για αυτό. Κάποια λιγοστά απομεινάρια καχυποψίας την ταλαιπωρούσαν ακόμη. Με τον χρόνο όμως και με λίγη υπομονή θα εξανεμίζονταν κι εκείνα.

Το ολόγιομο φεγγάρι έλουζε με χρυσαφένιο φως την απέραντη επιφάνεια της θάλασσας, δίνοντας της μια βαθιά, μπρούτζινη απόχρωση. Πάνω στα γαλήνια νερά της, «Το Μαριδάκι», η βάρκα του Ηλία, αρμένιζε ήσυχα, κουβαλώντας τους έξι φιλόδοξους ψαράδες οι οποίοι απογοητευμένοι από τα νέα για την αναπάντεχη αναχώρηση της Ζωής προσπαθούσαν να ανεβάσουν και πάλι τη διάθεσή τους. Σε αντίθεση με το υποκοριστικό του όνομα, «Το Μαριδάκι» ήταν αρκετά μεγάλο σε μέγεθος και χωρούσε άνετα όλη την παρέα. Δυο μπουκάλια εξαιρετικό κρασί και μερικά σακουλάκια με ξηρούς καρπούς τους συνόδευαν, όπως πάντα, στο μικρό ταξίδι τους. Η παραμονή τους πάνω στην κουνιστή βάρκα θα διαρκούσε μέχρι το χάραμα. Το κρασί θα τους κρατούσε ζεστούς και οι ξηροί καρποί χορτάτους.

Η Ζωή, μαγεμένη από την ομορφιά της βραδιάς, κοίταζε τριγύρω με δέος. Είχε ξεσυνηθίσει την τόση ομορφιά. Ένα λεπτό στρώμα αλατιού είχε καθίσει πάνω στο πρόσωπο της και ένιωθε το δέρμα της να τεντώνεται, να την τραβάει. Η υγρασία έκανε τα μαλλιά της να φριζάρουν και, φουσκωμένα, έμοιαζαν με εκείνες τις γελοίες περούκες που φορούσαν κατά τον Μεσαίωνα. Μα δεν την ένοιαζε! Της είχε λείψει τόσο πολύ εκείνη η αίσθηση! Της είχε λείψει τόσο πολύ εκείνη η σιγή κάτω από το άγρυπνο βλέμμα της σελήνης λίγα μόλις μέτρα από την παραλία! Σε λιγάκι, τα καλάμια πήραν θέση και η ιεροτελεστία του ψαρέματος ξεκίνησε. Οι κουβέντες ήταν ψιθυριστές και τα γέλια πνιχτά για να μην τρομάξουν τα ψάρια και τραπούν σε φυγή. Λόγια ενωμένα σε ένα ατέλειωτο μουρμουρητό πλανιόταν στον αέρα πάνω από τη βάρκα. Ο Άρης και η Γωγώ, παρασυρμένοι από τη ρομαντική ατμόσφαιρα, άφηναν συχνά τα καλάμια από τα χέρια για να αγκαλιαστούν τρυφερά. Διακριτικά και σεμνά χαίρονταν τον έρωτα τους μα σαν γίνονταν αντιληπτοί, το σκηνικό άλλαζε και οι δυο τους έπεφταν θύματα των άκακων πειραγμάτων της παρέας.

Πρώτη η Μαρία, μετά από αρκετή ώρα αναμονής, τράβηξε ένα βαρβάτο μπαρμπούνι έξω από το νερό. Περήφανη το κράτησε ψηλά λες και ήταν τρόπαιο πρωταθλήματος. Τα πυρόξανθα λέπια του γυάλιζαν μέσα στο μισοσκόταδο καθώς σπαρταρούσε πληγωμένο πάνω στη βάρκα.

«Θα γίνει λουκούμι στη σχάρα!» ξεφώνισε η Λένα που η όρεξη της για φαγητό ήταν πάντοτε ακόρεστη.

Τυφλωμένοι από ζήλια οι υπόλοιποι επιδόθηκαν με μανία στις προσπάθειες για την προσθήκη και άλλων 'λάφυρων' στην ψαριά.

«Άντε να βγάλουμε το αυριανό τραπέζι, παιδιά!» αστειεύτηκε ο Άρης, ο οποίος αφήνοντας τη Γωγώ με ένα πεταχτό φιλί, επέστρεψε βιαστικά στο πόστο του. Το πρόγραμμα της επόμενης ημέρας περιελάμβανε πρωινό μπάνιο στη θάλασσα, ηλιοθεραπεία στην αμμουδιά μέχρι αργά το μεσημέρι και στη συνέχεια γεύμα με θαλασσινά, πριν έρθει η ώρα της αναχώρησης της Ζωής για τη Θεσσαλονίκη. Ο Άρης πάντα υπολόγιζε τα χρήματα περισσότερο από τους άλλους και έτσι θα ικανοποιούνταν ιδιαίτερα αν δεν χρειαζόταν να βάλει το χέρι βαθιά στην τσέπη.

Η Ζωή, αναπνέοντας σιγανά, αφουγκράζονταν τη θάλασσα, προσπαθώντας να εντοπίσει κάποια κίνηση κάτω από το απαλό νερό. Η νύχτα είχε προχωρήσει πια και είχε σιγήσει και ο τελευταίος θόρυβος από τον κόσμο που σεργιάνιζε νωρίτερα στην παραλία. Οι κουβέντες και τα χαχανητά πάνω στη βάρκα είχαν πάψει από ώρα. Απόλυτη ηρεμία. Μα εκείνη η σιωπή, εκείνη η γαλήνη, έμελλε σύντομα να διαταραχτεί. Η εξάτμιση μιας μοτοσυκλέτας, ενοχλητικά δυνατή μέσα στην σιγαλιά, ακούστηκε από την ακτή. Ο θόρυβος της, εξαιρετικά γνώριμος, της προκάλεσε ταραχή. Στρέφοντας το βλέμμα της προς την αμμουδιά, οι υποψίες της επιβεβαιώθηκαν. Η φιγούρα του Πέτρου έμοιαζε αγγελική κάτω από το αχνό φως της παλιάς λάμπας του δρόμου. Ήταν τόσο κοντά της! Ήταν τόσο κοντά της, μα δεν ήταν μόνος!

Ο χειρότερος εφιάλτης της ορθώθηκε ολοζώντανος, πραγματικός μπροστά στα έντρομα μάτια της! Μια ξανθή, μικροκαμωμένη κοπέλα, εκνευριστικά όμορφη, καθόταν πίσω του, πάνω στη μηχανή. Είχε τα χέρια της τυλιγμένα σφιχτά γύρω από το κορμί του. Δεν την είχε ξαναδεί ποτέ. Δεν γνώριζε ποια ήταν, μα για τη Ζωή είχε γίνει ξαφνικά ο πιο μισητός άνθρωπος σε ολόκληρο τον κόσμο! Με ποια δικαιολογία τον άγγιζε; Με ποιο θράσος τον αντίκριζε και του μιλούσε; Πώς κατάφερνε με τόση άνεση να τον πλησιάζει, ενώ η ίδια της αποτύχαινε παταγωδώς τόσα χρόνια; Σταματημένοι μέσα στο μισοσκόταδο, κουβέντιαζαν για ώρα. Παγωμένη, γύρισε την πλάτη της στην παρέα για να κρύψει τα πλημμυρισμένα της μάτια. Τα δάκρυα της σαν αθόρυβες, δροσερές στάλες βροχής, έπεφταν πάνω στο ασάλευτο νερό σχηματίζοντας κύκλους. Κράτησε το θολό της βλέμμα μακριά του. Δεν άντεχε να τον κοιτά! Στον πυθμένα της θάλασσας διέκρινε τις ελπίδες της να πνίγονται. Η ταλαιπωρημένη ζωή της είχε φτάσει στο τέλος της. Δίχως νόημα θα συνέχιζε να ζει στο εξής. Δίχως σκοπό θα ανέπνεε, από συνήθεια. Το πρόσωπο της έκαιγε και ο γρήγορος παλμός της έσπρωχνε την καρδιά έξω από τα στήθη της! Ήξερε πως κάποια στιγμή θα τον έβλεπε μπροστά της αλλά όχι έτσι! Όχι με αυτόν τον τρόπο!

Μια νύχτα παλιά ήρθε στο νου της. Μια νύχτα, τρία χρόνια πριν. Στα αυτιά της είχαν φτάσει φήμες που τον ήθελαν να έχει βρει τον έρωτα στην αγκαλιά ενός κοριτσιού από κάποιο διπλανό χωριό. Τα νέα την είχαν καταρρακώσει μα δεν είχε τύχει ποτέ να διασταυρωθούν οι δρόμοι τους. Ήταν ένα ειδύλλιο που υπήρχε μόνο μέσα στο μυαλό της και που ποτέ δεν είχε αποκτήσει σάρκα και οστά. Πρώτη φορά εκείνη τη βραδιά της βαρκάδας, η σκληρή θέα του Πέτρου σε τρυφερό τετ – α- τετ με κάποια άλλη έφερε το σκοτάδι στα μάτια της, το θάνατο στη ζωή της. νοώντας πως έτσι της κατάφερνε το τελειωτικό χτύπημα. Μα πώς να τον κατηγορήσει; Πώς να του ρίξει φταίξιμο; Δεν ήξερε πως με εκείνη την εμφάνιση του της είχε καταφέρει το τελειωτικό χτύπημα. Δεν γνώριζε πως εκείνη θυσίαζε τη δική της ζωή για χάρη του, ελπίζοντας πως κάποια μέρα θα απελευθερώνονταν από την φυλακή του.

Μοιρασμένη ανάμεσα σε κόσμους δυο, δεν προτιμούσε κανέναν! Ούτε κοντά του άντεχε μα ούτε μπορούσε μακριά του να ζήσει.

Πανικός την έπιασε στη σκέψη πως ίσως ποτέ να μην έβρισκε την ηρεμία της, ποτέ μετά από το θέαμα που μόλις είχε αντικρίσει. Έπρεπε να τελειώνει πια με εκείνη την ταλαιπωρία, μ' εκείνη την ψυχική εξαθλίωση. Και τώρα είχε ακόμη ένα κίνητρο. Όφειλε να υψώσει το ηθικό της, να δείξει λίγο εγωισμό, να παλέψει για το δικό της καλό. Ο Πέτρος της είχε δοθεί σε άλλη. Δεν ήταν διαθέσιμος. Ποτέ δεν θα γίνονταν δικός της. Ο γνώριμος ήχος της εξάτμισης ήχησε και πάλι. Το σκοτεινό βάθος του δρόμου έσβησε τις μορφές τους. Η Ζωή δεν γνώριζε τον προορισμό τους. Ούτε και ήθελε να τον μάθει.

12

Κυριακή πρωί. Κυριακή στο νησί. Τα μάτια της ήταν ορθάνοιχτα μα δεν είχε κουράγιο να μιλήσει σε κανέναν. Ούτε στον άνθρωπο, όποιος κι αν ήταν αυτός, που την καλούσε τόσο επίμονα στο κινητό της και που το έκανε να βουίζει ασταμάτητα από ώρα πάνω στο κομοδίνο. Η δυσάρεστη έκπληξη της χτεσινής νύχτας την είχε καταρρακώσει. Τελικά, η ηχηρή επιμονή της Λένας, την ανάγκασε να απαντήσει.

«Εμπρός;» ψιθύρισε με βραχνή φωνή.

«Ακόμη κοιμάσαι, υπναρού; Σήκω γρήγορα, βάλε μαγιό και θα περάσω σε ένα τέταρτο να σε πάρω. Οι άλλοι έχουν κατέβει από ώρα στην παραλία και μας περιμένουν».

Κανείς δεν είχε αντιληφθεί τι είχε συμβεί. Κανείς δεν είχε καταλάβει την ταραχή της. Για όλους ήταν μια υπέροχη βραδιά με μια εξίσου υπέροχη συνέχεια το επόμενο πρωινό. Μα το δικό της κέφι είχε χαθεί και η ψυχολογική της εξάντληση έκανε το προγραμματισμένο μπάνιο να μοιάζει με βασανιστήριο. Η διάθεση της δεν αρκούσε ούτε για να σηκωθεί από το κρεβάτι.

«Λενιώ μου, νομίζω πως δεν θα έρθω. Δεν αισθάνομαι πολύ καλά». Χρησιμοποιώντας μια χιλιοειπωμένη δικαιολογία, επιχείρησε να αποφύγει την συνάντηση με την παρέα. Θλίβονταν πραγματικά που θα τους απογόητευε με την απουσία της μα ειλικρινά, ένιωθε πως θα ήταν ευκολότερο να πεθάνει!

«Όλοι μας αισθανόμαστε άσχημα μετά από τέτοιο ξενύχτι. Μόλις σηκωθείς θα νιώσεις καλύτερα. Δεν γίνεται να λείψεις σήμερα! Ένας Θεός ξέρει πότε θα σε ξαναδούμε!»

«Έχεις δίκιο καλή μου αλλά οι δυνάμεις μου με έχουν εγκαταλείψει. Κάντε το μπάνιο σας εσείς κι εγώ ίσως περάσω αργότερα να πιω μια ρακή μαζί σας την ώρα του φαγητού. Να τιμήσω και την πετυχημένη ψαριά μας!» είπε με έναν ψεύτικο ενθουσιασμό. Η αλήθεια ήταν πως οι φιλότιμες προσπάθειες της παρέας δεν είχαν αποδώσει καρπούς. Το τραυματισμένο μπαρμπούνι της Μαρίας, ξαπλωμένο μέσα στο ψάθινο καλάθι, αποτελούσε την μοναδική απόδειξη πως η παρέα είχε βγει για ψάρεμα. Με ευφυή μαεστρία, όλα τα υπόλοιπα ψάρια που είχαν πλησιάσει το 'Μαριδάκι' τσιμπούσαν τα δολώματα και ξεγλιστρούσαν μέσα στο νερό αποφεύγοντας τα αγκίστρια. «Αυτά είναι ψάρια πανεπιστημίου!» ξεφώνισε αγανακτισμένος ο Ηλίας βλέποντας τα δολώματα του να πηγαίνουν χαράμι.

«Όπως επιθυμείς, Ζωή μου. Δεν θα επιμείνω περισσότερο. Πάντως, αν δεν έρθεις και το μεσημέρι, θα στείλω τα αγόρια να σε φέρουν σηκωτή» την απείλησε γλυκά η Λένα.

«Θα είμαι εκεί. Θα έρθω να σας δω και να σας αποχαιρετήσω».

Παρέμεινε άτονη στο κρεβάτι, ξάγρυπνη και χλωμή. Η ραγισμένη της καρδιά δεν είχε πάψει ακόμη να κλαίει ραγισμένη. Πάλευε να συνειδητοποιήσει όσα είχε αντικρίσει. Πάλευε να βάλει τη ζωή της σε μία τάξη απ' το μηδέν. Με βλέμμα κενό, καρφωμένο στον απέναντι τοίχο, παρακολουθούσε σε επανάληψη τον βίαιο επίλογο της πεντάχρονης εκείνης ιστορίας να ζωγραφίζεται πάνω στο λευκό, πλαστικό χρώμα. Έπρεπε να μπει ένα τέλος. Δεν είχε άλλα δάκρυα. Της είχε τελειώσει ο πόνος. Το αίσθημα της αυτοσυντήρησης την διέταζε να τον ξεπεράσει, να σκοτώσει το φάντασμα του που στοίχειωνε κάθε βήμα της. Εκείνο ήταν από την αρχή το σχέδιο, εκείνος ήταν πάντοτε ο σκοπός. Ξαφνικά, βρέθηκε πάλι στην αρχή, στο σημείο αφετηρίας της. Ζούσε ξανά την ημέρα της αναχώρησης της για τη Θεσσαλονίκη, με το όνειρο της απελευθέρωσης από τα δεσμά του. Το βράδυ της Κυριακής που είχε ξημερώσει από ώρα την περίμενε για δεύτερη φορά μια παρόμοια αναχώρηση με το ίδιο όνειρο στα στήθη. Μόνο που τώρα πια τα δεδομένα ήταν διαφορετικά. Ήταν γεγονός πως ο Πέτρος είχε χαρίσει την καρδιά του σε δύο χέρια ξένα. Με άλλη μοιράζονταν τα βράδια του, σε άλλη έδινε τη ζωή του. Δεν υπήρχε πια περιθώριο πισωγυρίσματος. Έπρεπε να αποκτήσει κι εκείνη μια ζωή. Το μοναχικό της διαμέρισμα ίσως τελικά να της πρόσφερε τη σωτηρία.

Φωνές ζωηρές ακούστηκαν από την αυλή. Παραμερίζοντας την κουρτίνα, είδε την μητέρα της και την Ηρώ να διασχίσουν το πέτρινο μονοπάτι του κήπου. «Τέλειωσε η κυριακάτικη λειτουργία» σκέφτηκε. Οι δυο τους ήταν παρούσες κάθε Κυριακή για να πάρουν την ευλογία του ιερέα αλλά και για μάθουν τα τελευταία νέα του χωριού. Μετά το τέλος της λειτουργίας το ποίμνιο σχημάτιζε 'πηγαδάκια' στο προαύλιο του ναού και τα κοινωνικά σχόλια δεν είχαν τελειωμό. Με το αντίδωρο στα χέρια φλυαρούσαν κομψές μες τα φουστάνια τους καθώς πλησίαζαν στη βεράντα. Και ο πατέρας της ήταν τακτικός στην εκκλησία λόγω της φιλίας του με τον παπα- Σταμάτη. Εκείνη την ημέρα, όμως, είχε πάρει 'ρεπό'. Βρίσκονταν από νωρίς στο καφενείο για το πολυαναμενόμενο τουρνουά τάβλι των βετεράνων του χωριού το οποίο, ενώ ήταν σχεδιασμένο για την ερχόμενη Κυριακή, τελικά πραγματοποιούνταν εκτάκτως μια εβδομάδα νωρίτερα. Έπαθλο για το νικητή ένα κιλό λαβράκια και ένα δείπνο για δύο άτομα στο εστιατόριο του Πέτρου, στο Ηράκλειο. Τον πατέρα της δεν τον ενδιέφεραν τα δώρα. Αυτό που ποθούσε ήταν η δόξα της νίκης. Με πόδια βαριά σηκώθηκε από το κρεβάτι μόλις τις άκουσε να μπαίνουν στο σαλόνι.

«Καλημέρα, κορίτσια!» Έπρεπε να προσποιηθεί την εύθυμη, αφήνοντας πίσω της το δράμα που ζούσε τις τελευταίες ώρες και να διασκεδάσει τη θλίψη της. Τα μάτια της στράφηκαν απευθείας στη μητέρα της. Κάθε φορά που χρησιμοποιούσε χαρακτηρισμούς που ταίριαζαν περισσότερο σε γυναίκες μικρότερης ηλικίας, η μητέρα της κολακευόταν τόσο πολύ που τα μάγουλα της κοκκίνιζαν και μειδιούσε αμήχανα. Σαν δυο ντομάτες ώριμες έγιναν κι εκείνο το πρωινό.

«Καλημέρα!» απάντησαν και οι δυο ξαφνιασμένες που την έβλεπαν ξύπνια τόσο νωρίς. Μετά το ξενύχτι της προηγούμενης βραδιάς;, καμία τους δεν θα εντυπωσιάζονταν αν η Ζωή παρέμενε κλεισμένη στο υπνοδωμάτιο ως αργά το μεσημέρι ή ακόμη και μέχρι το απόγευμα. Οι τρεις τους προχώρησαν μέσα στην κουζίνα.

«Πώς και ξύπνησες τόσο νωρίς; Πρέπει να γύρισες πολύ αργά χτες. Δεν σε πήρα χαμπάρι» σχολίασε η Ηρώ ψήνοντας ταυτόχρονα τρία καφεδάκια.

«Δεν είχα ύπνο. Μπορεί να ξενύχτησα αλλά δεν κουράστηκα ιδιαίτερα. Περάσαμε πολύ όμορφα με τα παιδιά».

«Βγάλατε κανένα ψάρι ή άδικα ξεροσταλιάζατε μέσα στη νύχτα;» συνέχισε η μητέρα της. Ποτέ της δεν ήταν υπέρ του ψαρέματος. Το θεωρούσε χάσιμο χρόνου. Για εκείνη ήταν πολύ πιο εύκολη μια βόλτα στο ιχθυοπωλείο από το να περιμένεις για ώρες ένα κούνημα της πετονιάς πάνω σε μια βάρκα. Όλες μαζί ξέσπασαν σε γέλια ακούγοντας την τρομερή, θαλασσινή λεία της παρέας. Τα φλιτζανάκια με τον καφέ, στο μεταξύ, είχαν παραταχθεί πάνω στο ηλιόλουστο τραπέζι του μπαλκονιού και το ίδιο έκαναν γύρω τους τα τρία 'κορίτσια'. Η Ζωή απέφυγε διακριτικά να ρωτήσει την Ηρώ σχετικά με την δική της βραδιά. Δεν ήθελε να μάθει τίποτα για εκείνον. Δεν θα άντεχε να ακούσει την σκληρή αλήθεια να βγαίνει από τα χείλη της αδερφής της. Απολάμβανε αδιάφορα τον καφέ της ενώ η Ηρώ την κοίταζε περιμένοντας μια ένδειξη ενδιαφέροντος και για τη δική της νύχτα διασκέδασης. Στη σιωπή της Ζωής απάντησε με σιωπή. Ήταν πολύ περήφανη για να ανοίξει το θέμα με δική της πρωτοβουλία.

«Δεν θα πιστέψεις ποια συναντήσαμε στην εκκλησία!» Η κουβέντα της μητέρας της παρέσυρε τη συζήτηση μακριά από τα γεγονότα της χτεσινής βραδιάς και απάλλαξε τη Ζωή από την αμηχανία της.

«Ποια;»

«Τη θεία Ευτυχία! Ήρθε χτες το βράδυ αργά από την Αθήνα. Σε περιμένει από το σπίτι να σε δει. Καλά θα κάνεις να περάσεις κάποια στιγμή πριν φύγεις». Η θεία Ευτυχία ήταν η μικρότερη αδερφή του πατέρα της. Από χρόνια είχε μετακομίσει στην Αθήνα αναζητώντας εργασία και σύζυγο. Το πρώτο το βρήκε. Το δεύτερο όμως όχι. Ανύπαντρη στα πενήντα της, είχε αφοσιωθεί πια ολοκληρωτικά στην δουλειά της.

«Δεν το πιστεύω! Θα περάσω σίγουρα να την δω. Δεν θυμάμαι καν πότε βρεθήκαμε για τελευταία φορά. Για την ακρίβεια, θα την επισκεφτώ μόλις τελειώσω τον καφέ μου». Η θεία Ευτυχία, όντας το μόνο κορίτσι ανάμεσα στα τέσσερα αδέρφια, ήταν εξαιρετικά αγαπητή σε όλους. Αν και συνήθως οι γεροντοκόρες φημίζονται για τον δύστροπο και ευερέθιστο χαρακτήρα τους, η συγκεκριμένη ήταν μια γλυκύτατη κυρία. Δεν είχε αποκτήσει ποτέ δικά της παιδιά και, έτσι, είχε δώσει όλη την αγάπη της στη Ζωή και την Ηρώ από τότε που ήταν ακόμη βρέφη. Ο χαρακτήρας της ήταν αξιολάτρευτος και η συναναστροφή μαζί της απολαυστική. Είχε μια αισιοδοξία ανεξάντλητη και μια καταδεκτικότητα εντυπωσιακή. Χάριζε απλόχερα τις συμβουλές της και έδειχνε κατανόηση σε ότι κι αν της έλεγες. Επίσης, ήταν η μοναδική συγγενής που έρχονταν ενίοτε στο χωριό. Τα άλλα αδέρφια του πατέρα της είχαν ξενιτευτεί από δεκαετίες, ο ένας στην Αμερική και ο άλλος στη Γερμανία. Η μητέρα της Ζωής ήταν μοναχοκόρη και έτσι δεν υπήρχαν θείοι και θείες από τη δική της πλευρά.

«Αν θέλεις, πάρε και την Ηρώ για παρέα» πρότεινε η μητέρα της. Τις καμάρωνε πολύ τις κόρες της όταν κυκλοφορούσαν μαζί.

«Μπεμπεκάκι, τι λες; Θα έρθεις μαζί μου ή μήπως έχεις άλλα σχέδια;»

«Μάλλον θα σε αφήσω να πας μόνη σου. Περιμένω τηλέφωνο από τα παιδιά. Όλο και κάτι θα κανονίσουμε». Ήταν ακόμη λιγάκι μουτρωμένη που η Ζωή δεν ενδιαφέρθηκε για το πώς είχε περάσει τη βραδιά της.

«Μανούλα μου, να μην με περιμένετε για μεσημεριανό. Έχουμε τραπέζι αποχαιρετισμού με την παρέα μου. Μετά την επίσκεψη στη θεία θα πάω απευθείας να τους βρω. Εντάξει;»

«Εντάξει, αγάπη μου. Απλά φρόντισε να γυρίσεις στο σπίτι εγκαίρως. Δεν θέλω να αγχωθείς για το ταξίδι σου».

Επιστρέφοντας στο δωμάτιο, έστρωσε το σχεδόν άθικτο κρεβάτι της και έβγαλε από την ντουλάπα το αγαπημένο της μπλουτζίν και το κίτρινο μακό της. Τα ακούμπησε προσεκτικά στο κρεβάτι για να μην τσαλακωθούν. Με την ευκαιρία ξεκρέμασε και όλα τα υπόλοιπα ρούχα που είχε φέρει μαζί της και τα πέταξε άτσαλα παραδίπλα. Με τον ίδιο άτακτο τρόπο θα τα στρίμωχνε και μέσα στη βαλίτσα της αργότερα. Όλα προορίζονταν για το πλυντήριο και επομένως δεν υπήρχε λόγος ιδιαίτερης φροντίδας. Όρθια μπροστά στο μπουντουάρ, τόνισε τις βλεφαρίδες της με το βουρτσάκι της μάσκαρας και ρόδιζε τα ζυγωματικά της με το αφράτο πινέλο. Έβρεξε τις μπούκλες της και έφυγε βιαστικά για το σπίτι της θείας της. Ανυπομονούσε να δει το καλοσυνάτο της πρόσωπο και να ακούσει τον γλυκό της λόγο. Αν και η διάθεση της παρέμενε πεσμένη γνώριζε πως δεν θα τη δυσκόλευε η συντροφιά της θείας Ευτυχίας. Δεν χρειάζονταν ποτέ να υποκριθεί μπροστά της. «Η κακοκεφιά είναι δικαίωμα όλων» συνήθιζε η θεία να λέει.

Περπατώντας μια απόσταση περίπου δέκα λεπτών, βρέθηκε έξω από τον ψηλό, πέτρινο τοίχο της αυλής της. Η θεία, διαθέτοντας μια διόλου ευκαταφρόνητη περιουσία λόγω της εξέχουσας θέσης που κατείχε στην Εφορία όπου εργαζόταν επί είκοσι πέντε συναπτά έτη, είχε χτίσει ένα πανέμορφο εξοχικό στην βόρεια άκρη του χωριού. Η Ζωή και η Ηρώ συνήθιζαν να το αποκαλούν 'το παλάτι'. Μέσα από τα προστατευτικά τείχη της αυλής, δέσποζε ένας τεράστιος, μοναδικά περιποιημένος κήπος. Το μεγαλόπρεπο κτίριο του σπιτιού ήταν τοποθετημένο στο κέντρο του, πάνω σε ένα μικρό ύψωμα για καλύτερη θέα. Από τα τεράστια μπαλκόνια του ήταν ορατό όλο το χωριό, η πόλη του Ηρακλείου, η γύρω εξοχή και φυσικά η θάλασσα. Ήταν πολύ άνετη οικονομικά η θεία Ευτυχία αλλά είχε καταφέρει να παραμείνει απλή και ταπεινή. Σταματημένη μπροστά στην περίτεχνη αυλόπορτα, η Ζωή θυμήθηκε τη μητέρα της να περιγράφει τον τρόπο με τον οποίο η θεία τους είχε βοηθήσει αρκετές φορές στο παρελθόν, όταν αντιμετώπιζαν οικονομικές δυσκολίες. Ατέλειωτοι καβγάδες είχαν διαδραματιστεί μέσα στο σπίτι για να την πείσουν να δεχτεί τα δανεισμένα χρήματα πίσω, όταν τελικά αναθάρρευαν. Βέβαια, ο πατέρας της, παρά την επιμονή της θείας, της είχε επιστρέψει όλα. Την αγαπούσε πολύ την αδερφή του και εκτιμούσε τη βοήθεια της. Μα κι εκείνος ήταν πάντα στη διάθεση της, πρόθυμος να την εξυπηρετήσει κάθε φορά που τον χρειάζονταν. Η σχέση των δυο τους ήταν πραγματικά αξιοζήλευτη και σπάνια μεταξύ αδερφών.

Ένας τζίτζικας που είχε θρονιαστεί στο πόμολο της αυλόπορτας, πήδηξε τρομαγμένος από το άγγιγμα της Ζωής. Μα κι εκείνη ταράχτηκε από την ξαφνική του κίνηση καθώς δεν τον είχε αντιληφθεί. Με βήματα προσεκτικά διέσχισε τον κήπο, ανέβηκε την ημικυκλική σκάλα και χτύπησε δύο φορές το ρόπτρο της εξώπορτας. Τα τακούνια της θείας ακούστηκαν να πλησιάζουν γρήγορα προς το μέρος της.

«Καλώς τη Ζωίτσα μου! Έλα στην αγκαλιά μου να σε χαρώ!» Οι αγκαλιές της θείας ήταν πάντα υπερβολικά σφιχτές και μεγάλης διάρκειας.

«Γεια σου, θεία μου!» ψιθύρισε με πνιχτή φωνή η Ζωή, ασφυκτικά πιεσμένη μέσα στα δυο της χέρια.

Όταν κατάφερε να αντικρίσει το πρόσωπο της, η εικόνα της δεν είχε απολύτως καμία διαφορά από την τελευταία τους συνάντηση,

150

όποτε κι αν είχε εκείνη συμβεί. Τα γκριζωπά, καρέ μαλλιά της ήταν χτενισμένα με τον ίδιο τρόπο που επέλεγε από τότε που μπορούσε να τη θυμηθεί. Οι ελάχιστες ρυτίδες που είχε κάτω από τα μάτια της παρέμεναν πεισματικά ελάχιστες κόντρα σε κάθε νόμο της φυσιολογικής φθοράς. Το πρόσωπο της έλαμπε φρέσκο και ροδοκόκκινο όπως πάντα, με τα δυο της μάτια πιο γαλανά από ποτέ. Ήταν λες και ο ανελέητος χρόνος δεν την άγγιζε, λες και σκόπιμα αγνοούσε την ύπαρξη της. Με κινήσεις ζωηρές οδήγησε τη Ζωή προς το σαλόνι.

«Το ξέρεις πως εγώ δεν θέλω επισημότητες. Πάντα προτιμώ το μικρό καναπεδάκι μας μέσα στο πρόχειρο καθιστικό και το ίδιο εξακολουθώ να προτιμώ και τώρα. Δεν θα ακούω καν τι μου λες μέσα στο αχανές σαλόνι σου!» αστειεύτηκε η Ζωή, κλείνοντας της το μάτι. Το γάργαρο γέλιο της θείας αντήχησε μέσα στο ψηλοτάβανο σαλόνι.

«Ότι θέλει το κορίτσι μου!» Η θεία Ευτυχία δεν της χαλούσε ποτέ χατίρι.

Το στρόγγυλο, ρουστίκ τραπεζάκι του καθιστικού φωτισμένο αμυδρά στη γωνία πίσω από το τζάκι, ήταν, ως συνήθως, γεμάτο γλυκίσματα. Ήταν το αγαπημένο σημείο του σπιτιού για τη Ζωή και την Ηρώ. Όταν ήταν μικρές, τρύπωναν στο δωμάτιο χωρίς να τους πάρει είδηση κανείς και γέμιζαν τις χούφτες τους με καραμέλες και σοκολάτες. Δεν παραδέχονταν τη ζαβολιά τους σε κανέναν ούτε όταν τις έπιαναν επ' αυτοφώρω με τα ασημόχαρτα του περιτυλίγματος στα χέρια και με υπολείμματα σοκολάτας γύρω από τα χείλη. Δεν ένιωθαν τύψεις ούτε ενοχές. Ήξεραν πως η θεία Ευτυχία θα ξαναγέμιζε τις πορσελάνινες φοντανιέρες την ίδια μέρα με ακόμη περισσότερες λιχουδιές χωρίς να τις μαλώσει.

«Άπλωσε το χέρι σου και δοκίμασε ότι τραβάει η ψυχή σου. Εξάλλου, ποτέ σου δεν ντράπηκες. Ευκαιρία να θυμηθείς τις παλιές σου συνήθειες!» Έχοντας παρατηρήσει το βλέμμα της Ζωής που είχε καρφωθεί με νοσταλγία στο λατρεμένο της τραπεζάκι, την παρότρυνε να κάνει ακόμη μια φορά την κλασική της σκανταλιά. Η Ζωή άρπαξε βιαστικά ένα σοκολατάκι μαργαρίτα και δύο καραμέλες βουτύρου και κάθισε δίπλα της στον καναπέ με βλέμμα ενοχικό. Το διασκέδασαν τόσο πολύ εκείνο το αθώο παιχνίδι και οι δυο τους!

«Για πες μου, λοιπόν, ωραία η Θεσσαλονίκη;» Η θεία είχε ήδη πληροφορηθεί τα νέα της Ζωής στο προαύλιο του ναού από τις δύο 'πιστές εκκλησιαζόμενες' και αγωνιωδώς ζητούσε να μάθει λεπτομέρειες.
«Όλα καλά. Απλά είναι ακόμη αρχή και προσπαθώ να προσαρμοστώ. Είναι τόσο διαφορετική η ζωή στην πόλη και τόσα πολλά αυτά που πρέπει να συνηθίσω!»
«Να 'ξερες πόσο μου θυμίζεις τον εαυτό μου! Την ημέρα που πρωτόφτασα στην Αθήνα ήμουν κι εγώ εντελώς χαμένη. Πνιγμένη μέσα στο πλήθος, ένιωθα φόβο και απογοήτευση. Πίστευα πως ποτέ δεν θα κατάφερνα να βρω τον δρόμο μου. Ήμουν όμως αποφασισμένη και πεισματάρα. Ήθελα μια νέα ζωή και είχα βαλθεί να την κατακτήσω. Το ίδιο ισχύει και για σένα. Αν είσαι σίγουρη πως αυτό θέλεις τότε να εμείνεις και στο τέλος είμαι σίγουρη πως θα πετύχεις το σκοπό σου, όποιος κι αν είναι αυτός. Είσαι όμως σίγουρη, μικρή μου, για την επιλογή σου ή απλά κάνεις μια δοκιμή;» Η θεία μιλούσε σαν να είχε μυριστεί τα ενδόμυχα μυστικά της και τις απειλητικές της ανασφάλειες.
«Είμαι σίγουρη». Τα λόγια της δεν έπεισαν ούτε την θεία Ευτυχία αλλά ούτε και τον εαυτό της.
«Το σημαντικότερο προτέρημα στη ζωή είναι να ξέρεις τι είναι αυτό που θέλεις και να μένεις πιστή σε αυτό. Η έλλειψη στόχων είναι επικίνδυνη. Χαίρομαι που έχεις πάρει συνειδητά την απόφαση σου και σου εύχομαι κάθε επιτυχία».
«Σε ευχαριστώ πολύ. Ελπίζω η διαδρομή μου να μοιάσει με τη δική σου».
«Όσον αφορά στα επαγγελματικά, εννοείς. Στον αισθηματικό τομέα έχω αποτύχει οικτρά. Αποτελώ, δυστυχώς, ένα λαμπρό παράδειγμα προς αποφυγή. Μονάχη μου ξεκίνησα και είκοσι πέντε χρόνια μετά εξακολουθώ να είμαι μονάχη. Αλήθεια, για πες μου, έχεις βρει κανένα καλό παλικάρι; Την τελευταία φορά που ανταμώσαμε ήσουν πολύ αρνητική θυμάμαι, υπερασπιζόμενη μαχητικά την ελευθερία και την ανεξαρτησία σου». Η 'ανάγκη για ανεξαρτησία' αντιστοιχούσε κατά τη Ζωή στην αδυναμία της να εκφράσει τα συναισθήματα της στον Πέτρο.
«Δεν κινείται φύλλο» είπε διστακτικά αμφιβάλλοντας πως η θεία της θα δέχονταν ένα τέτοιο επιχείρημα.

«Το ξέρεις πως δεν μπορώ να πιστέψω κάτι τέτοιο. Είναι αφύσικο ένα τόσο όμορφο κορίτσι να μην έχει τις κατακτήσεις του. Και μην τολμήσεις να ισχυριστείς ότι κανένας τους δεν αξίζει την προσοχή και την αγάπη σου. Στα νιάτα μου ήμουν κι εγώ επιλεκτική. Έψαχνα τον τέλειο ή τουλάχιστον εκείνον που θα άγγιζε την τελειότητα. Αυτά τα λάθη πληρώνω τώρα. Μην ψάχνεις τον έρωτα μόνο σε όμορφους και καταξιωμένους άντρες. Δεν μπορείς να φανταστείς που μπορεί να κρύβεται!»

Η Ζωή, αμίλητη, την άκουγε με σκυμμένο το κεφάλι. Ακόμη κι όταν η θεία σταμάτησε για λίγο να μιλά, δεν σήκωσε τα μάτια της να την κοιτάξει. Δεν ήταν από υπερβολική επιλεκτικότητα που ήταν μόνη της τόσο καιρό. Άλλος ήταν ο λόγος.

«Παιδί μου, είναι άγρια η μοναξιά. Πίστεψε με, αν μπορούσα να γυρίσω το χρόνο πίσω, δεν θα είχα καταλήξει έρμη, σαν την καλαμιά στον κάμπο. Είναι πολύ εύκολο να πέσεις στην ίδια παγίδα με μένα. Φυσικά δεν εννοώ πως σε έχουν πάρει και τα χρόνια και πρέπει να βιάζεσαι αλλά δεν πρέπει να επαναπαύεσαι κιόλας. Θέλει θάρρος ο έρωτας για να μην ανακαλύψεις ξαφνικά πώς η νιότη σου πήγε χαμένη μαζί με τις πολύτιμες ευκαιρίες που απέρριψες. Μην κάνεις τα ίδια λάθη που έκανα κι εγώ».

Εκείνο το θάρρος έψαχνε τόσα χρόνια μα ακόμη δεν το είχε βρει! Ένα παγερό κύμα φόβου διαπέρασε το κορμί της. Ποτέ της δεν είχε φανταστεί τον εαυτό της σε ένα μέλλον μοναχικό και απομονωμένο. Μα ήταν αλήθεια πως ο κίνδυνος ελλόχευε και τα λόγια της θείας, σοφά και απολύτως ταιριαστά με την περίπτωση της, την είχαν συγκλονίσει. Η θεία Ευτυχία δεν είχε βρει τον έρωτα αν και η καρδιά της δεν ήταν ποτέ αγκιστρωμένη σε έναν μόνο άντρα. Δίσταζε απλά να πει το 'ναι' γιατί πάντα έψαχνε το κάτι παραπάνω. Πόσο δυσκολότερο θα ήταν για την ίδια όταν, όχι μόνο θα έπρεπε να αποκολληθεί από τη σχέση εξάρτησης από τον Πέτρο αλλά και να φανεί δυνατή και διαθέσιμη για μια καινούρια αρχή! Πίσω από την επιφανειακή ευτυχία και ηρεμία της θείας της, μια σκοτεινή σκιά μαρτυρούσε πως η έλλειψη της συντροφιάς και της υποστήριξης ενός άντρα της στοίχιζε καθημερινά. Δεν ήθελε να έχει την ίδια κατάληξη με εκείνη! Η ζωή της έπρεπε να πάρει διαφορετική τροπή! Όφειλε να φροντίσει τον εαυτό της, σπάζοντας τις βαριές αλυσίδες που την ανάγκαζαν να ακολουθεί το ίδιο, δυσάρεστο μονοπάτι τα τελευταία χρόνια.

«Παλιότερα συνήθιζα να λέω, αυτοσαρκαζόμενη, πως το όνομα μου δεν θα έπρεπε να είναι Ευτυχία αλλά 'Ατυχία'! Μα δεν φταίει η κακή μου τύχη, μονάχα οι επιλογές και οι αποφάσεις μου. Λένε πως αυτά είναι και τυχερά αλλά δεν πρέπει να μένουμε παθητικοί. 'Συν Αθηνά και χείρα κίνει!'»

«Μην μου ανησυχείς κι έχω τα μάτια μου ανοιχτά. Δεν είμαι αρνητικά προκατειλημμένη απλά δεν έχει προκύψει κάτι ακόμη. Θα φυλάξω τις συμβουλές σου και θα τις έχω πάντοτε πυξίδα». Μέσα στα στήθη της ένιωσε μια βιάση, μια λαχτάρα. Όλα συνηγορούσαν υπέρ ενός νέου ξεκινήματος και δεν είχε σκοπό να εθελοτυφλήσει.

«Ώρα για μια πρόποση!» Η θεία, ικανοποιημένη από τα λεγόμενα της Ζωής, γέμισε δύο ποτηράκια με το λικέρ τριαντάφυλλο που κρατούσε αποθηκευμένο στην γυάλινη καράφα. Στάθηκε όρθια μπροστά της. Τα χείλη της σούφρωσαν, έκφραση που δήλωνε πως με το νου της έφτιαχνε μια μαντινάδα για την περίπτωση. Σαν τον πατέρα της κι εκείνη, δεν έχανε ευκαιρία να δείξει το ταλέντο της στους στίχους.

«Περήφανη σαν αετός, κούκλα σαν ανεμώνη,
Είθε τα χρόνια που θα 'ρθουν, να μην σε βρούνε μόνη!»

Τα ποτηράκια τσούγκρισαν στον αέρα και το λικέρ έσταξε σαν μέλι στο λαιμό.

Η καρδιά της είχε αναθαρρέψει και η αισιοδοξία, σαν ήλιος καλοκαιρινός, ξεπάγωσε την ψυχή της. Αν και τα λόγια της θείας Ευτυχίας ήταν σκληρά, δεν τη στενοχώρησαν. Απεναντίας, της είχαν αναπτερώσει το ηθικό και με βήματα ελαφριά περπατούσε το δρόμο προς την παραλία. Στο χέρι της κρατούσε σφιχτά το 'πεσκέσι' που της είχε προμηθεύσει συγκινημένη στο πλατύσκαλο της εξώπορτας την ώρα που την αποχαιρετούσε. Ένα σακουλάκι γεμάτο ως επάνω με γλυκά. «Για να 'ναι γλυκό το ταξίδι σου!» της είχε πει.

Με ένα τηλεφώνημα η Γωγώ, την είχε ενημερώσει λίγο νωρίτερα πως όλα ήταν έτοιμα για να ξεκινήσει το μεσημεριανό φαγοπότι στο ταβερνάκι 'Πλάι στο κύμα'. Και ήταν όντως πλάι στο κύμα. Τις μέρες που ο αέρας ήταν λιγάκι πιο δυνατός το θαλασσινό νερό έφτανε μέχρι τα μπροστινά τραπέζια. Οι πελάτες, με τα πόδια τους γυμνά, απολάμβαναν το νόστιμο φαγητό αλλά και την δροσερή αλμύρα στις πατούσες τους. Με ψυχολογία εντελώς απαλλαγμένη από την πρωινή μιζέρια, ανυπομονούσε να τους συναντήσει.

Οι πρώτοι μεζέδες είχαν ήδη πάρει τη θέση τους πάνω στο πλαστικό, λευκό τραπεζομάντιλο. Τα χαμόγελα των φίλων της πλάτυναν σαν την είδαν να ζυγώνει από μακριά περπατώντας ξυπόλυτη πάνω στην ψιλή αμμουδιά.

«Μια ρακή για το κορίτσι!» έδωσε εντολή ο Ηλίας. Τελικά το είχε το αρχηγιλίκι μέσα του εκείνο το παιδί. Πάντα ήθελε να έχει το πρώτο πρόσταγμα αλλά και την τελευταία κουβέντα. Αφού τοποθέτησε τα παπούτσια της πάνω στην καυτή άμμο, κάθισε στην κεφαλή του τραπεζιού, στη θέση που της είχαν φυλάξει αδειανή, μιας που ήταν το τιμώμενο πρόσωπο της ημέρας.

«Καλύτερα σε βλέπω και χαίρομαι» παρατήρησε η Λένα.

«Λίγη παραπάνω ξεκούραση χρειαζόμουν. Τώρα είμαι μια χαρά».

«Να κάνω σινιάλο στο Σταύρο για παραγγελία;» πήρε πάλι τα ηνία ο Ηλίας. Αφού συμφώνησαν όλοι τους, ο σερβιτόρος και φίλος τους όπως και όλα τα παιδιά του χωριού, έβγαλε από το τσεπάκι του λευκού πουκαμίσου του το μπλοκάκι και το στυλό του και πλησίασε το τραπέζι. Μέχρι να ολοκληρωθεί η καταγραφή των επιλογών της παρέας, η Ζωή είχε κατεβάσει σαν νερό το πρώτο ποτηράκι με τη ρακή. Το δεύτερο το ακούμπησε άδειο πάνω στο τραπέζι τη στιγμή που κατέφτασαν τα πρώτα πιάτα.

«Ο έρωτας και το ποτό θέλουν ρέγουλα, Ζωή μου!» τη συμβούλεψε ο Άρης απορημένος με την ταχύτητα της.

Πριν προλάβει ο Σταύρος να αδειάσει τον δίσκο του, η Ζωή, υψώνοντας αδύναμα το χέρι της, θέλησε να πάρει το λόγο και να προσθέσει άλλα δυο πιάτα στην παραγγελία. Μιλώντας σιγανά και με διακοπές, λόγω του λόξιγκα που μόλις είχε ξεκινήσει να την βασανίζει, μουρμούρισε με σκυμμένο το κεφάλι της λόγια που δεν έγιναν κατανοητά από κανέναν. Στην παράκληση του σερβιτόρου για μια επανάληψη των όσων είπε, δυνάμωσε τη φωνή της όσο μπορούσε.

«Δύο πραγματάκια θέλω! Μόνο δύο. Μία σαλάτα πράσινη με μαρούλι και πρόκα και λίγες πιπεριές χλωρίνης! Θα τα καταφέρεις, Σταύρο μου, ή σου είναι δυσκολάκι;» Σουρωμένη και προβληματισμένη κοιτούσε με μάτια ζαλισμένα την παρέα που πνίγονταν στα γέλια. Κάτι είχε συμβεί μα δεν το είχε καταλάβει. Και δεν την ένοιαζε και πολύ.

Είχε βυθιστεί τόσο γλυκά στην ευφορία που της είχε φέρει το αλκοόλ! Παρασυρμένη από την πρόσκαιρη, τεχνητή ευθυμία της ξέσπασε κι εκείνη σε γέλια, παρότι αγνοούσε ποιο ήταν το αστείο. Ήταν τόσο όμορφη η ζωή της ξαφνικά!

Ο Σταύρος δεν κούνησε ρούπι μόνο διπλώθηκε στα δυο και έπιανε το στομάχι του που πονούσε από τα γέλια.

«Ακόμη εδώ είσαι;» τον μάλωσε η Ζωή σαν αντιλήφθηκε ότι η παραγγελία της παρέμενε ανεκτέλεστη.

«Θέλω να ακούσω κι άλλα!» κατάφερε να απαντήσει εκείνος μετά βίας και ξαναφούντωσαν τα χαχανητά.

Εκεί τελείωσε το ταξίδι της Ζωής στον κόσμο των παραισθήσεων. Δεν της επιτράπηκε να πιει άλλη ρακή. Το δέχτηκε συγκαταβατικά. Εξάλλου, η χαλάρωση που της χάριζε η μέθη ήταν εξαιρετικά επικίνδυνη. Δεν ήθελε να υπερβεί το σημείο ελέγχου της και να ξεστομίσει άκριτα κάτι που θα το μετάνιωνε αργότερα. Η Μαρία έστυψε μισό λεμόνι και την πίεσε να το πιει. Ήταν ιδανικό για να ξεπλύνει τον οισοφάγο της και να διαλύσει την ποσότητα του αλκοόλ. Επανήλθε στην πρότερη, φυσιολογική της κατάσταση αρκετά γρήγορα.

Μετά από ώρα, τα πιάτα δεν είχαν αδειάσει ακόμη μα το ρολόι στο χέρι της έδειχνε πως έπρεπε να επιστρέψει στο σπίτι. Είχε αναβάλει την ώρα του χωρισμού τους όσο ήταν δυνατό μα πλέον δεν είχε άλλα περιθώρια καθυστέρησης.

«Πρέπει να φύγω» είπε με παράπονο. Πόσο γρήγορα είχαν κυλήσει οι μέρες στο νησί! Πόσο σύντομο ήταν το ταξίδι της! Βαστώντας τα παπούτσια της στο ένα χέρι και το σακουλάκι με τα γλυκά της θείας Ευτυχίας στο άλλο, τους φίλησε όλους, έναν προς έναν. Δεν άντεχε τους αποχαιρετισμούς γι' αυτό και η διαδικασία ήταν σύντομη. Ήθελε να αποφύγει τους συναισθηματισμούς και να θυμάται με χαμόγελο εκείνη την ημέρα.

«Τα λέμε!» την χαιρέτησε τελευταία η Γωγώ σαν να επρόκειτο να ξαναβρεθούν το βραδάκι.

Ο ουρανός είχε συννεφιάσει και ο αέρας μύριζε βροχή. «Ελπίζω να μην χαλάσει την παρέα» σκέφτηκε η Ζωή με νοσταλγία καθώς ακολουθούσε το δρομάκι που έβγαζε στο σπίτι της. Ήταν Ιούλιος, πέρυσι το καλοκαίρι, όταν μια ξαφνική μπόρα τους είχε διακόψει πάνω στο φαγητό και τους είχε υποχρεώσει να τρέχουν σαν τρελοί. Αρπάζοντας ο καθένας ότι έβρισκε μπροστά του, πάλευαν να γλιτώσουν τους μεζέδες και τους εαυτούς τους από τις χοντρές στάλες, τρυπώνοντας μέσα στο ταβερνάκι. Πατάτες σκόρπιες στο δρόμο μαζί με λασπωμένα αγγουράκια και ντομάτες φανέρωναν την αναστάτωση. Ακόμη και τα τηγανητά καλαμαράκια είχαν γίνει σούπα και κολυμπούσαν μέσα στα πιάτα.

Ένα κιλό φρεσκότατα λαβράκια μέσα σε ένα κουτί από φελιζόλ την υποδέχτηκαν στα σκαλιά του μπαλκονιού. Σαν συνειδητοποίησε τι σήμαινε αυτό, γούρλωσε τα μάτια της και όρμησε μέσα στο σπίτι.

«Μπαμπά μου! Μπαμπάκα μου! Το πήραμε το πρωτάθλημα; Την σηκώσαμε την κούπα;» τσίριζε εκστασιασμένη τρέχοντας από το ένα δωμάτιο στο άλλο.

«Μπορείς να υποκλιθείς στο μεγαλείο μου!» ξεπρόβαλε μέσα από το λουτρό ο πατέρας της έχοντας περασμένη την πετσέτα γύρω από το στήθος του σαν αυτοκρατορικό μανδύα.

«Συγχαρητήρια! Είμαι πολύ περήφανη! Είσαι ο καταπληκτικότερος μπαμπάς του κόσμου!» Αγκαλιασμένοι μέσα στο διάδρομο χοροπηδούσαν σαν μικρά παιδιά. Τον ενθουσιασμό της τον είχε πάρει από εκείνον, αναμφίβολα.

«Άσε τις επευφημίες τώρα και τρέξε να ετοιμαστείς γιατί έχεις αρχίσει και με αγχώνεις. Ούτε τη βαλίτσα σου δεν ετοίμασες ακόμη! Θα με αναγκάσεις να τρέχω στο δρόμο και ξέρεις πως το 'κατσαριδάκι' μας δεν αντέχει και πολλά ζόρια».

«Όπως διατάξει ο πρωταθλητής!»

Τα άτσαλα στοιβαγμένα ρούχα της έλειπαν πάνω από το κρεβάτι. «Μάλλον τα καταχώνιασε η Ηρώ μέσα στην ντουλάπα» υπέθεσε. Μα ούτε εκεί ήταν. Από την πόρτα του δωματίου της έβαλε μια δυνατή φωνή.

«Μαμά!»

«Πες το!»

«Μήπως είδες πουθενά τα ρούχα μου; Τα έχω χάσει!»

«Δώσε μου μισό λεπτό!» Από το βάθος του διαδρόμου, η μητέρα της φάνηκε να προχωράει καμαρωτή. Σαν έφτασε κοντά της, είδε τα ρούχα που αναζητούσε, πλυμένα και σιδερωμένα μέσα στην αγκαλιά της. Η μητέρα της δεν είχε καταφέρει να αντισταθεί στον πειρασμό και τα μαγικά της χέρια είχαν κάνει και πάλι τη δουλειά που γνώριζαν τόσο καλά.

«Έτοιμα, ψυχούλα μου». Εκείνη η ανιδιοτελής αγάπη της και η συγκινητική φροντίδα της ήταν πολύτιμα όσο τίποτε.

«Μα δεν σου ζήτησα να τα πλύνεις» της γκρίνιαξε η Ζωή.

«Δεν χρειαζόταν να μου το ζητήσεις. Άσε με να σε περιποιηθώ τώρα που σε έχω κοντά μου» είπε και ακούμπησε τα ζεστά ρούχα στο κρεβάτι της Ηρώς.

Την ώρα που τα τακτοποιούσε προσεκτικά μέσα στη βαλίτσα της, η μητέρα της ήρθε και πάλι από την κουζίνα.

«Μέσα στο αλουμινόχαρτο σου έχω κολατσιό για τη δουλειά. Λίγη σπανακόπιτα και μερικά τυροπιτάκια».

«Να 'σαι καλά, μαμά μου. Σε ευχαριστώ πολύ.»

Μέσα στο μικρό τσαντάκι της κράτησε μόνο ότι θα χρειάζονταν για την πτήση, μαζί και τα γλυκίσματα της θείας Ευτυχίας. Όλα τα υπόλοιπα τα στρίμωξε στην μοναδική αποσκευή της. Τράβηξε το σηκωμένο χερούλι και τα μικρά ροδάκια κύλησαν έξω από το δωμάτιο. Γυρνώντας να κλείσει την πόρτα και το φως, αντίκρισε πάλι το κρεβάτι της αδειανό. Ήταν τόσο στενάχωρη εκείνη η εικόνα μα η φυγή ήταν η μόνη λύση.

«Θα έρθω κι εγώ μαζί σας στο αεροδρόμιο. Θέλω να σε ξεπροβοδίσω» είπε η Ηρώ που είχε καταφτάσει εκείνη την ώρα στο σαλόνι.

«Να ρωτήσουμε πρώτα τον μπαμπά αν αντέχει το σαραβαλάκι μας το βάρος τριών ατόμων!» σχολίασε ευδιάθετη η Ζωή. Όσο άσχημα είχε ξεκινήσει εκείνη η μέρα, τόσο όμορφα είχε εξελιχτεί. Από τη μια η 'θεραπευτική' συζήτηση με τη θεία Ευτυχία και από την άλλη η απολαυστική συνάντηση με την παρέα της είχαν διαγράψει καθετί σκοτεινό από το νου της. Η επιστροφή της στην πόλη έμοιαζε να είναι η σωστή επιλογή. Κατέβηκε τα σκαλιά της βεράντας πιο συνειδητοποιημένη από ποτέ. Από πίσω ακολούθησε η μητέρα της, εμφανώς συγκινημένη.

«Στο καλό, παιδί μου! Να προσέχεις και να μας ξανάρθεις σύντομα!» είπε και την τράβηξε στην αγκαλιά της. Αφού αντάλλαξαν κάμποσα φιλιά, μητέρα και κόρη χωρίστηκαν.

Σαν να βρίσκονταν σε ταξί, η Ζωή και η Ηρώ κάθισαν στα πίσω καθίσματα του αυτοκινήτου, αφήνοντας τον πατέρα τους μονάχο μπροστά να οδηγεί. Τα μαβιά σύννεφα άρχισαν να ρίχνουν διστακτικά τις πρώτες στάλες. Η ατμόσφαιρα ήταν βαριά και υγρή και της θύμισε την υγρασία της Θεσσαλονίκης που την ταλαιπωρούσε από την πρώτη μέρα της άφιξης της. Το αυτοκίνητο γρύλιζε καθ' όλη τη σύντομη διαδρομή δίνοντας την εντύπωση πως παραπονιόταν κι εκείνο για την αναχώρηση της. Η θολή εικόνα του αεροδρομίου που εμφανίστηκε σύντομα μπροστά τους δεν την ενοχλούσε τόσο πολύ πια. Ήταν η αφετηρία της, η αρχή του ταξιδιού της προς την καινούρια της ζωή. Μπορεί να είχε ξαναζήσει την ίδια κατάσταση λίγο καιρό πριν, μα τώρα η αποφασιστικότητα της να ξεφύγει δεν μπορούσε καν να συγκριθεί με την τότε αβεβαιότητα και την ανασφάλεια της. Άξιζε την ευτυχία και θα έκανε ότι ήταν δυνατό για να την αποκτήσει. Ο γυρισμός της στην Θεσσαλονίκη μάλλον θα ήταν ευκολότερος από ότι περίμενε.

Η βροχή είχε δυναμώσει πολύ και οι υαλοκαθαριστήρες αγωνίζονταν να διατηρήσουν καθαρό το παρμπρίζ και ανοιχτό το πεδίο ορατότητας του οδηγού. Με μειωμένη ταχύτητα, έφτασαν μπροστά στην πύλη.

«Κανένας μας δεν σκέφτηκε να πάρει ομπρέλα. Μείνετε μέσα μέχρι να βγάλω τη βαλίτσα», γκρίνιαξε ο πατέρας της καθώς ετοιμάζονταν να βγει από το αυτοκίνητο φορώντας για προστασία το ασπρόμαυρο καπελάκι του Ο.Φ.Η.

«Παραμένει φανατικός! Δεν χάνει ούτε ένα παιχνίδι εντός έδρας!» τον επέπληξε έμμεσα η Ηρώ, απευθυνόμενη δήθεν στη Ζωή. «Το γήπεδο δεν είναι για την ηλικία του. Μα δεν μας ακούει!» συνέχισε αφού ο πατέρας της είχε κλείσει την πόρτα πίσω του.

Από το βρεγμένο παράθυρο της Ζωής, ο σηκωμένος του αντίχειρας τις ειδοποίησε δευτερόλεπτα αργότερα να κατέβουν. Βλέποντας το σύνθημα οι δυο τους άνοιξαν ταυτόχρονα τις πόρτες δεξιά και αριστερά. Έτρεξαν γρήγορα να προστατευθούν κάτω από το υπόστεγο του αεροδρομίου και ενώ είχαν παραμείνει μόνο για λίγο ακάλυπτες μέσα στη βροχή, είχαν μουσκευτεί αρκετά. Η κατάσταση του πατέρα τους ήταν όμως αυτό που απασχολούσε περισσότερο τη Ζωή. Με τα ρούχα κολλημένα πάνω του και τα παπούτσια του να αφήνουν μικρές λίμνες πίσω από κάθε του βήμα, ήταν πολύ επικίνδυνο να κρυώσει.

«Σε ευχαριστώ που με έφερες, μπαμπά μου. Από εδώ και πέρα αναλαμβάνω εγώ. Εσύ γρήγορα στο σπίτι να στεγνώσεις» του είπε παίρνοντας τη βαλίτσα της από τα χέρια του.

«Πώς θα περιμένεις μόνη σου τόση ώρα;» ρώτησε εκείνος, μα σαν είδε το αυστηρό της βλέμμα, αναγκάστηκε να υποχωρήσει. Ήξερε πως δεν θα μπορούσε εύκολα να της αλλάξει γνώμη.

«Αντίο, αδερφούλα! Να προσέχεις τον εαυτό σου και θα τα πούμε σύντομα. Μπορεί να σε επισκεφτώ κανένα Σαββατοκύριακο! Τελευταία γυρνάει έντονα μες το μυαλό μου αυτή η ιδέα» είπε η Ηρώ.

«Θα σε περιμένω όποτε θελήσεις!» Θα ήταν υπέροχο να έχει την Ηρώ, έστω και για λίγες μέρες παρέα στη Θεσσαλονίκη.

Με μια αγκαλιά που χώρεσε και τους τρεις έπεσε η αυλαία εκείνων των τελευταίων οικογενειακών στιγμών. Η Ζωή σέρνοντας τη βαριά βαλίτσα της πέρασε την πύλη και κατευθύνθηκε προς τα ελεγκτήρια των εισιτηρίων. Ο κόσμος που περίμενε να εξυπηρετηθεί ήταν λιγοστός και έτσι δεν ταλαιπωρήθηκε για ώρα, όρθια στην ουρά.

Καθισμένη στις πλαστικές θέσεις της αίθουσας αναμονής πήρε το κινητό τηλέφωνο στα χέρια της. Ήταν η κατάλληλη στιγμή να ενημερώσει την Ελισάβετ για την πρόωρη επιστροφή της, προτού απενεργοποιήσει το κινητό της για την επιβίβαση. Ο Άγγελος όμως την κάλεσε πρώτος, πριν προλάβει να σχηματίσει τον αριθμό της Ελισάβετ.

«Είσαι ακόμη θυμωμένη;» τη ρώτησε με επιφύλαξη.

«Χτες σου μίλησα λίγο απότομα, Άγγελε μου, και να με συγχωρείς. Εσύ δεν φταις σε τίποτα. Απογοητεύτηκα πολύ γι' αυτό αντέδρασα έτσι» τον ενθάρρυνε ακούγοντας τον μετρημένο και διστακτικό.

«Δεν πειράζει. Σε καταλαβαίνω απόλυτα. Κι εγώ εκνευρίζομαι όταν μου χαλάνε τα σχέδια. Πού βρίσκεσαι; Έφτασες στο αεροδρόμιο;»

«Ναι κύριε Προϊστάμενε, μην ανησυχείτε. Δεν θα την χάσω την πτήση μου. Θα είμαι παρούσα στο πόστο μου αύριο πρωί – πρωί».

«Ωραία. Θα σου πρότεινα να πέσεις νωρίς για ύπνο απόψε. Πίστεψε με, αύριο μας περιμένει δύσκολη μέρα. Τώρα που το σκέφτομαι, να έρθω να σε πάρω από το αεροδρόμιο; Ο καιρός εδώ είναι άσχημος και θα δυσκολευτείς να βρεις ταξί». Η χαρακτηριστική του ευγένεια δεν του επέτρεπε να παραβλέψει την σπουδαιότητα μιας τέτοιας πρότασης.

160

«Σε ευχαριστώ αλλά θα μας παραλάβει ο Κωνσταντίνος. Κι εμένα και τη βαλίτσα μου. Το έχουμε κανονίσει από μέρες».

«Μάλιστα». Η επίμονη παρουσία του Κωνσταντίνου, που πετάγονταν σαν κοκόρι από το πουθενά, δεν τον ευχαριστούσε ιδιαίτερα. «Όπως και να 'χει, χαίρομαι που θα σε δω σύντομα. Οφείλω να ομολογήσω πως η απουσία σου ήταν όχι απλά αισθητή αλλά τρομακτική». Δεν τσιγκουνεύονταν ποτέ τα λόγια του. Ήταν αληθινός και ειλικρινής, χωρίς ενδοιασμούς.

«Θα με δεις αύριο, λοιπόν».

«Ανυπομονώ. Καλό ταξίδι, αστέρι».

«Καληνύχτα».

Σειρά είχε τώρα η Ελισάβετ. Μετά από μια μικρή αναμονή, απάντησε λαχανιασμένη.

«Ορίστε;»

«Τάξε μου, τάξε μου!»

«Τι έγινε; Είμαι όλη αυτιά!» Αμέσως κατάλαβε πως η Ζωή θα της έλεγε κάτι που θα την χαροποιούσε.

«Σε λίγο πετάω για Θεσσαλονίκη».

«Με συγκινείς. Τόσο πολύ σου έλειψα;»

«Καλή η παρέα σου αλλά δεν μπορώ να πω ότι απαρνήθηκα τον ήλιο και τη θάλασσα για να δω τα μουτράκια σου! Προέκυψε ένα θέμα στη δουλειά και πρέπει να επιστρέψω νωρίτερα».

«Με το καλό! Σε περιμένω. Να σε ρωτήσω, θέλεις αύριο το βράδυ να βρεθούμε; Έχω το δώρο που σου χρωστάω για το καινούριο σου σπίτι και θέλω να σου το δώσω».

«Όπως θέλεις».

«Να βρεθούμε στο σπίτι σου; Το δώρο είναι λιγάκι βαρύ για να το περιφέρω στις καφετέριες».

«Εντάξει. Σε βολεύει στις 9;»

«Μια χαρά. Τα λέμε από κοντά!»

Ήταν δύο κόσμοι τόσο άγνωστοι και ασύνδετοι μεταξύ τους, αυτός της Κρήτης και εκείνος της Θεσσαλονίκης. Δύο πραγματικότητες διαφορετικές, αταίριαστες. Και οι δυο, όμως, είχαν ένα κομμάτι της καρδιάς της.

Το Boeing 737 βούιζε σειόμενο κατά την απογείωση. Η απότομη επιτάχυνση, σε συνδυασμό με την κλίση του αεροπλάνου, έκαναν το κεφάλι της να στριφογυρίζει. Φυσικά, το μερίδιο της ευθύνης της είχε και η ρακή. Το αλκοόλ δεν είχε απορροφηθεί ακόμη εντελώς από το αίμα της και τα αποτελέσματα της αλόγιστης κατανάλωσης του ήταν αναπόφευκτα αισθητά. Στη δεξιά τσέπη του μπλουτζίν εντόπισε τα γλυκά της θείας Ευτυχίας που σκόπιμα τα είχε φυλάξει εκεί. Εντόπισε μια καραμέλα, ξετύλιξε το περιτύλιγμα της και άρχισε να την πιπιλίζει. Έκλεισε τα μάτια της και έγειρε το κεφάλι της στο μαξιλαράκι του καθίσματος. Το μυαλό της ήταν απρόσμενα ανέφελο και άδειο από σκέψεις. Είχε ταλαιπωρηθεί τόσο πολύ τις τελευταίες μέρες, που ζητούσε κι αυτό την ανάπαυση του. Το γεγονός ότι δεν είχε ανταμώσει τον Πέτρο όλη την ημέρα, την είχε βοηθήσει να το διατηρήσει σε αδράνεια. Μια συνάντηση τους σίγουρα θα της είχε επαναφέρει ένα σωρό συλλογισμούς. Κάτι τέτοιο όμως δεν είχε συμβεί. Μάλιστα, είχαν περάσει αρκετές ώρες χωρίς να τον φέρει στο νου της και αυτό ήταν μεγάλο κατόρθωμα. Αποκοιμήθηκε ήρεμα καθώς το αεροπλάνο διέσχιζε τους αιθέρες.

Η βροχή έπεφτε με την ίδια μανία στη Θεσσαλονίκη όπως και στο Ηράκλειο. Οι ρόδες το αυτοκινήτου του Κωνσταντίνου σήκωναν κύματα νερού, γεμάτα χώμα και φύλλα, καθώς οδηγούσε αργά και προσεκτικά προς το διαμέρισμα της. Η κίνηση ήταν αυξημένη και ήταν αβέβαιο για πόσο θα έπρεπε να παραμείνουν καθηλωμένοι στα καθίσματα τους. Η ευχάριστη φλυαρία του Κωνσταντίνου και οι ερωτήσεις του σχετικά με το ταξίδι της, που έπεφταν πιο πυκνές από τις στάλες της βροχής, έκαναν τον χρόνο να κυλήσει εύκολα. Τελικά, έχοντας διανύσει σε μία ώρα την απόσταση των είκοσι λεπτών, έστριψαν στο στενό της Ζωής. Ο Κωνσταντίνος της προσέφερε ευγενικά την ομπρέλα του και τη συνόδευσε ως το διαμέρισμα, επωμιζόμενος το βάρος της βαλίτσας της. Κωνσταντίνος και Άγγελος ανταγωνίζονταν σε τρόπους και ευγένεια, στήθος με στήθος. Αφήνοντας την αποσκευή της δίπλα στον μπουφέ, στάθηκε ακίνητος στην εξώπορτα.

«Αν και θα ήθελα να σε χαρώ λιγάκι παραπάνω, θα σε αφήσω να ξεκουραστείς». Την καληνύχτισε με ένα φιλί και απομακρύνθηκε στο σκοτεινό διάδρομο.

Το άρωμα της πλανιόταν ακόμη στο χώρο παρά την ολιγοήμερη απουσία της γεγονός που την έκανε να τον αισθανθεί γρήγορα γνώριμο και οικείο. Προτού αδειάσει τη βαλίτσα της, έλεγξε όλα τα δωμάτια, παρακινημένη ίσως από την θέληση να βεβαιωθεί πως δεν υπήρχε κανένα ίχνος παραβίασης, κανένα ύποπτο σημάδι. Όλα έμοιαζαν άθικτα. Αν είχε σκεφτεί να αλλάξει την κλειδαριά λίγο νωρίτερα θα είχε αποφύγει όλη εκείνη την μπερδεμένη ιστορία. «Κάλλιο αργά, παρά ποτέ» σκέφτηκε ικανοποιημένη και άρχισε να τακτοποιεί τα πράγματα της. Ένιωθε χαρούμενη που είχε επιστρέψει. Τόσο καιρό είχε στα χέρια της την απόλυτη ελευθερία, μα δεν το είχε συνειδητοποιήσει. Μέσα σε εκείνο το διαμέρισμα δεν υπήρχε λόγος να προσποιείται και να κρύβεται από κανέναν. Είχε τη δυνατότητα να είναι ο εαυτός της χωρίς να δίνει εξηγήσεις.

«Το ταξίδι μου ήταν μια χαρά, μαμά. Είμαι ήδη στο σπίτι. Να δώσεις την καληνύχτα μου σε όλους» ήταν η τελευταία κουβέντα που είπε νυσταγμένη πριν πλαγιάσει για ύπνο.

13

Η συρόμενη πόρτα της αίθουσας συνεδριάσεων στον δεύτερο όροφο άνοιξε μετά από τέσσερις ολόκληρες ώρες έντονων διαβουλεύσεων. Ένα διάλειμμα ήταν απαραίτητο. Οι πυρετώδεις διεργασίες είχαν ξεκινήσει από το πρωί μέσα σε ένα κλίμα έντασης και αναταραχής. Η πρόταση εξαγοράς της εφημερίδας από ξένους επενδυτές είχε πυροδοτήσει μια φρενήρη διαδικασία. Στατιστικές αναλύσεις, συγκρίσεις οικονομικών στοιχείων και εκτιμήσεις κερδοφορίας είχαν αποτελέσει το αντικείμενο της πολύωρης συζήτησης. Η Ζωή, καθισμένη στο γωνιακό τραπεζάκι της αίθουσας, κρατούσε τα πρακτικά. Αν και το κάπνισμα δεν επιτρέπονταν στον εσωτερικό χώρο του κτιρίου, η υπόθεση που είχε προκύψει απαιτούσε λίγη ελαστικότητα και οι λάτρεις της επιβλαβούς αυτής συνήθειας άναβαν το ένα τσιγάρο μετά το άλλο. Ο συσσωρευμένος καπνός είχε θολώσει την ατμόσφαιρα παρά τα δύο ανοιχτά παράθυρα και η Ζωή δυσκολεύονταν από ώρα να αναπνεύσει. Με τσουχτερά δάκρυα στα μάτια αναζήτησε λίγο φρέσκο αέρα στο στενό μπαλκονάκι του Τομέα Αλληλογραφίας. Η μέρα ήταν ηλιόλουστη, φωτεινή και η υγρασία στην ατμόσφαιρα ελάχιστη.

«Καλώς ήρθες» ακούστηκε από πίσω της η φωνή του Άγγελου, την ώρα που σκούπιζε τα μάτια της με το χαρτομάντιλο της. Βρίσκονταν κλεισμένος στην αίθουσα πολύ πριν φτάσει η Ζωή στο γραφείο και έτσι δεν του είχε δοθεί, ως εκείνη τη στιγμή, η ευκαιρία να την καλωσορίσει. Αν και φανερά εξαντλημένος και προβληματισμένος με την τρέχουσα κατάσταση, ήταν ανεπηρέαστα γοητευτικός. Την πλησίασε αργά και, με ένα τρυφερό χάδι στα μαλλιά, την φίλησε σταυρωτά.

«Καλώς σε βρήκα».

«Υποθέτω πως ήταν πολύ απότομη η προσγείωση σου στην καθημερινότητα. Αντιλήφθηκες και μόνη σου γιατί αναγκαστήκαμε να ανακαλέσουμε την άδεια σου».

«Εννοείται πως είναι αναγκαία η παρουσία όλων μας με τέτοιες εξελίξεις».

«Πώς ήταν το ταξίδι σου; Ξεκουράστηκες αρκετά; Κατά πάσα πιθανότητα θα χρειαστεί να μείνουμε παραπάνω στο γραφείο σήμερα. Ίσως και αύριο και μεθαύριο».

«Είμαι μια χαρά, μην ανησυχείς».

«Μόλις χαλαρώσουμε από αυτή την τρέλα, θα ήθελα να βρεθούμε. Νομίζω είναι καιρός να κουβεντιάσουμε για εμάς τους δυο». Η έκφραση του προσώπου του άλλαξε και με βλέμμα ντροπαλό, που δεν προσιδίαζε με τον δυναμισμό και τον αέρα του, την κάρφωνε στα μάτια. Παρά την εργασιακή θύελλα και την κούραση του, φαίνονταν να τον απασχολεί έντονα η προοπτική μιας σχέσης μεταξύ τους. Ίσως η στιγμή που είχε επιλέξει να μην ήταν η ιδανικότερη αλλά η επιθυμία του να εκφράσει όσα είχε μέσα του είχε επικρατήσει της λογικής. Έχοντας εκδηλώσει για ακόμη μια φορά ευθαρσώς το έντονο ενδιαφέρον του για τη Ζωή αναζητούσε μια ανταπόκριση, θετική ή αρνητική, στην πρόταση του. Άξιζε μια απάντηση και για πρώτη φορά είχε δηλώσει ξεκάθαρα την παράκληση του αυτή. Η Ζωή, ξαφνιασμένη από την αμεσότητα της συμπεριφοράς του, κούνησε το κεφάλι της συγκαταβατικά.

«Έχεις δίκιο» του είπε. Αν και δεν είχε καταλήξει σε μια απόφαση ακόμη, δεν μπορούσε να παραβλέψει το γεγονός ότι ο Άγγελος είχε δείξει άπλετη υπομονή και κατανόηση τόσο καιρό. Του όφειλε μια εξήγηση. Θα είχε αρκετό χρόνο μέχρι να τελειώσει η φασαρία στην εφημερίδα και μέχρι να κανονιστεί το ραντεβού τους για να προλάβει να ξεδιαλύνει τα αισθήματα της.

«Ελπίζω να μας δώσεις μια ευκαιρία» της ψιθύρισε στο αυτί, κρατώντας τα δύο της χέρια σφιχτά μες τις παλάμες του και προχώρησε έξω από το γραφείο.

Η πίεση που της είχε ασκήσει της δημιούργησε μια μάλλον ευχάριστη αίσθηση. Ήταν υπέροχο να την πολιορκεί ένας τέτοιος νεαρός. Η πρόταση του της έδινε τη δυνατότητα να αποτινάξει το ζυγό της θλίψης που την πονούσε τόσα χρόνια. Σίγουρα θα αναλογίζονταν σοβαρά το ενδεχόμενο να του προσφέρει μια θετική απάντηση και να ξεκινήσει μαζί του ένα καινούριο ταξίδι, ιδίως μετά τα τελευταία γεγονότα στο νησί. Επέστρεψε στην αίθουσα με το μυαλό της γεμάτο σκέψεις. Βηματίζοντας προς το μικρό, γωνιακό γραφείο, ένιωθε τα μάτια του να την παρακολουθούν.

Στις επτά το απόγευμα, ο Διευθυντής τερμάτισε προσωρινά τις συζητήσεις. «Και αύριο μέρα είναι» είπε δυνατά από την κορυφή του τεράστιου, ορθογώνιου τραπεζιού. Όλοι οι παρευρισκόμενοι, με τη σειρά, σηκώθηκαν από τις θέσεις τους. Άλλο ένα 'οχτάωρο' είχε φτάσει στο τέλος του. Με τα δάχτυλα της να καίνε αγκυλωμένα από την καταγραφή των πρακτικών στο πληκτρολόγιο του υπολογιστή, η Ζωή πήρε την τσάντα της και στράφηκε προς την πόρτα. Ο Άγγελος την χαιρέτησε από μακριά. Είχε ακόμη κάποιες υποχρεώσεις που θα τον κρατούσαν στο γραφείο, άγνωστο για πόση ώρα. Κατεβαίνοντας τα σκαλιά προς την έξοδο συνειδητοποίησε την καταπόνηση της. Είχε όμως διάθεση για μια ήσυχη βραδιά στο σπίτι, παρέα με την Ελισάβετ. Πλησιάζοντας στη στάση του λεωφορείου, την ενημέρωσε τηλεφωνικά πως είχε σχολάσει και πως θα την περίμενε στο διαμέρισμα της.

Το θυροτηλέφωνο χτύπησε δυνατά την ώρα που κατευθυνόταν προς την κάμαρα της για να ντυθεί, μετά από ένα αναζωογονητικό ντους. Τυλιγμένη με την πετσέτα της, έσπευσε να απαντήσει. Στρόγγυλες σταγόνες νερού λέκιαζαν το μαρμάρινο πάτωμα ώσπου να καταφτάσει η Ελισάβετ στην πόρτα της. Την είδε να πλησιάζει κρατώντας μια μεγάλη χαρτοσακούλα με ένα λευκό φιόγκο στο πλάι και σέρνοντας τα πόδια της άκομψα λόγω του βάρους που είχε στα δυο της χέρια.

«Τα κατάφερα!» αναστέναξε με ανακούφιση σαν έφτασε ταλαιπωρημένη στον προορισμό της.

«Δεν ήταν ανάγκη να μπεις σε τόσο κόπο ούτε σε τέτοια έξοδα!» της γκρίνιαξε η Ζωή, βλέποντας το ογκώδες δώρο της.

«Ήταν χαρά μου! Για το καινούριο σου σπιτικό!» της ευχήθηκε και έγειρε μπροστά για να την φιλήσει.

Ώσπου να ντυθεί η Ζωή, η Ελισάβετ είχε τοποθετήσει την χάρτινη τσάντα στον πάγκο της κουζίνας και είχε βολευτεί στο διθέσιο καναπεδάκι απέναντι.

«Εμπρός, άνοιξε τα δώρα σου!» της είπε ανυπόμονα τη στιγμή που βγήκε από το δωμάτιο της.

«Είναι πολλά; Με κακομαθαίνεις!» Η Ζωή λάτρευε να δέχεται δώρα και η αγωνιώδης έκφραση της την έκανε να μοιάζει με δεκάχρονο, εκστασιασμένο κοριτσάκι. Λύνοντας τον λευκό φιόγκο, αντίκρισε τρεις συσκευασίες στο εσωτερικό της σακούλας.

«Άνοιξε πρώτα τα μεγάλα κουτιά» την παρακίνησε η Ελισάβετ.

Μια ξύλινη κρεμάστρα τοίχου για την ποδιά μαγειρικής και τις πετσέτες της ξεπρόβαλε μέσα από την πρώτη συσκευασία. Τα χρώματα της απαλά, ταίριαζαν απόλυτα στο στυλ της κουζίνας που είχε εμπνευστεί ο Κωνσταντίνος. Πάνω στο μπεζ λούστρο της, ανάγλυφες, ροζ φράουλες την έκαναν ακόμη πιο μοναδική.

«Στο είχα πει πως όλα τα δώρα μου θα είναι για την κουζίνα σου. Ξέρω πόσο αγαπάς αυτό τον χώρο. Ελπίζω να τα χαρείς» σχολίασε η Ελισάβετ βλέποντας την ενθουσιώδη αντίδραση της Ζωής.

Το δεύτερο κουτί, λίγο μικρότερο σε μέγεθος, έκρυβε ακόμη μια υπέροχη έκπληξη. Στην ίδια μπεζ απόχρωση, ένα περίτεχνο, σκαλιστό ραφάκι, αποτελούσε το δεύτερο κομμάτι του σετ. Μια κρεμαστή ταμπέλα στο μπροστινό του μέρος, ροζ όπως και οι φράουλες, έγραφε με σκαλιστά γράμματα «Μπαχαρικά».

«Οι επιλογές σου είναι εξαιρετικές! Συγχαρητήρια για το γούστο σου!» Όλα τα είδη που είχε διαλέξει η Ελισάβετ ήταν της αρεσκείας της και η ικανοποίηση της ήταν πρόδηλη.

Μονάχο μες τη σακούλα απέμενε το τρίτο και τελευταίο πακέτο. Μπροστά στα έκπληκτα μάτια της, μέσα από το χαρτί περιτυλίγματος που κατακρεούργησε από τη βιασύνη της, εμφανίστηκε μια συλλογή από λιλιπούτεια βαζάκια για μπαχαρικά. Η χαρά της εκτινάχτηκε στα ύψη! Πόσο λάτρευε εκείνα τα κουκλίστικα είδη για το νοικοκυριό! Κάθε ένα είχε πάνω του μια διαφορετική, καλλιγραφική επιγραφή, 'Μοσχοκάρυδο', 'Κύμινο', 'Δενδρολίβανο', 'Κόλιανδρος'. Τα μυρωδάτα μυστικά της επιτυχημένης μαγειρικής θα είχαν πλέον τη θέση που τους άρμοζε. Στο εξής, θα έμεναν μόνιμα παραταγμένα στο ράφι τους, έτοιμα για χρήση ανά πάσα στιγμή. Ο κόσμος της κουζίνας της είχε γίνει ακόμη πιο όμορφος, πιο απολαυστικός! Με μια σφιχτή αγκαλιά ευχαρίστησε θερμά την Ελισάβετ για την καλοσύνη της.

«Λέω απόψε να μην καθίσουμε στο σαλόνι. Είναι πολύ άνετος αυτός ο καναπές» πρότεινε η Ελισάβετ που είχε βουλιάξει ήδη στην μαλακή του επιφάνεια. Η Ζωή συμφώνησε αμέσως και αφού γέμισε δύο κολονάτα ποτήρια με λευκό κρασί, βολεύτηκε δίπλα της. Το ταξίδι στην πατρίδα της και η απρόοπτη εξέλιξη του ήταν το πρώτο θέμα συζήτησης. Η Ελισάβετ την ζήλευε που είχε καταφέρει να αποδράσει, έστω και για λίγο, από την ρουτίνα και την μονοτονία της καθημερινότητας στο μαγευτικό νησί της και δεν ντράπηκε να της το δείξει. Είχε γνωρίσει στο παρελθόν κάποιες από τις ομορφιές της Κρήτης και είχε μάλιστα σκοπό να την επισκεφτεί ξανά.

«Και τώρα τα κεφάλια μέσα. Πώς είναι η έκτακτη κατάσταση στη δουλειά;» τη ρώτησε συμπονετικά.

«Επικρατεί μια τρέλα. Όλα είναι ρευστά και κανείς δεν είναι βέβαιος σχετικά με το τι πρόκειται να επακολουθήσει. Ένα είναι σίγουρο. Με περιμένουν πολλές υπερωρίες».

«Με τέτοιο Προϊστάμενο δεν θα είχα κανένα πρόβλημα να κοιμάμαι και να ξυπνάω στο γραφείο». Η εκτίμηση της για τον Άγγελο, τόσο για την εξωτερική του εμφάνιση όσο και για το ποιόν του χαρακτήρα του ήταν δεδομένη από την πρώτη στιγμή που τον είχε συναντήσει σε εκείνο το σαββατιάτικο δείπνο που τους είχε ετοιμάσει η Ζωή.

«Τον έχεις συμπαθήσει πολύ, έτσι δεν είναι;»

«Πιστεύω ότι σπανίζουν τέτοια 'κελεπούρια' στις μέρες μας. Και είναι τόσο φανερό ότι σε έχει ερωτευτεί που απορώ πως δεν το έχεις αντιληφθεί, πως δε το έχεις εκμεταλλευτεί ακόμη!»

«Η αλήθεια είναι πως πλέον το έχω καταλάβει».

«Σου έκανε πρόταση;» Τα μάτια της Ελισάβετ γούρλωσαν ανυπομονώντας να ακούσει τα νεότερα.

«Κατά κάποιο τρόπο. Μου έχει εκφράσει το ενδιαφέρον του επανειλημμένα όλο αυτό το διάστημα και σήμερα μου ζήτησε να του δώσω μια απάντηση. Θα ήθελα να μου πεις την άποψη σου».

«Δεν το πιστεύω! Άλλες θα πέθαιναν να βρίσκονται στη θέση σου κι εσύ μου είσαι αναποφάσιστη! Ένα μεγάλο 'ναι' να είναι η απάντηση σου! Αυτή είναι η άποψη μου. Θα πικράνουμε λιγάκι τον Κωνσταντίνο δυστυχώς αλλά δεν τίθεται θέμα σύγκρισης των δυο τους».

Ο σχολιασμός της σχετικά με τον Κωνσταντίνο έφερε ένα αμήχανο χαμόγελο στα χείλη της Ζωής. Η Ελισάβετ αδυνατούσε να δεχτεί το δισταγμό της φίλης της σχετικά με την πρόταση του Άγγελου και ο λόγος ήταν πως αγνοούσε εντελώς το γεγονός πως η καρδιά της φίλης της είχε αιχμαλωτιστεί από καιρό στην μακρόχρονη, πολυτάραχη ιστορία με τον Πέτρο. Δεν της είχε μιλήσει ποτέ για τα αισθήματα που έτρεφε για εκείνον. Ίσως ήταν και καλύτερα που δεν γνώριζε τίποτα. Ο Πέτρος δεν θα έπρεπε να αποτελέσει τροχοπέδη στην απόφαση της ούτε αντικείμενο σκέψεων πια. Είχε φτιάξει τη ζωή του και το ίδιο όφειλε να κάνει και η Ζωή. Η Ελισάβετ, βασιζόμενη σε μια ανεπηρέαστη εκτίμηση των δεδομένων, συνηγορούσε υπέρ μιας θετικής απάντησης στο ερωτικό κάλεσμα του Άγγελου. Αγανακτισμένη από την αδικαιολόγητη ψυχική νωθρότητα της φίλης της μπροστά σε αυτή την πολλά υποσχόμενη νέα προοπτική συνέχισε δυναμικά το λόγο της με σκοπό να τη συνετίσει.

«Ας πάρουμε τα πράγματα με τη σειρά. Είσαι ελεύθερη και διαθέσιμη, έτσι δεν είναι; Εκτός και αν μου κρύβεις κάτι».

«Ελεύθερη και διαθέσιμη».

«Θα συμφωνήσεις μαζί μου πως ο Άγγελος είναι όμορφος, έξυπνος και ευγενικός;»

«Ναι. Τα προτερήματα του είναι πολλά».

«Πιστεύεις ότι ταιριάζετε και μπορείτε να συνυπάρξετε σε μια σχέση;»

«Όπως δείχνουν μέχρι στιγμής τα πράγματα, οι χαρακτήρες μας είναι ταιριαστοί και συμβατοί». Η ατμόσφαιρα θύμιζε τηλεπαιχνίδι ερωταπαντήσεων.

«Έχεις προσέξει κάτι στην συμπεριφορά του που σε ξενίζει και σου προκαλεί υποψίες πως ενδέχεται να μην σου συμπεριφερθεί σωστά; Σε έχει φέρει ποτέ σε δύσκολη θέση μέσα στο εργασιακό σας περιβάλλον ή, αντιθέτως, είναι διακριτικός;»

«Καθημερινά λείπει αρκετές ώρες από το γραφείο σε εξωτερικές δουλειές. Όταν επιστρέφει, οι συζητήσεις μας σχετίζονται επί το πλείστον με εργασιακά ζητήματα. Σπάνια το θέμα γίνεται πιο προσωπικό αλλά ακόμη και σε αυτή την περίπτωση δεν έχει κάνει ποτέ κάτι για να με εκθέσει και να μου προκαλέσει αμηχανία».

«Ωραία λοιπόν. Το συμπέρασμα είναι εύκολο και η απόφαση, κατά τη δική μου γνώμη, μπορεί να ληφθεί άμεσα. Δεν έχεις να φοβηθείς τίποτε. Ο Άγγελος έχει όλα τα προσόντα, εσωτερικά και εξωτερικά για να σταθεί άξια στο πλευρό σου. Το οφείλεις στον εαυτό σου τουλάχιστον να δοκιμάσεις. Θα είναι πράγματι κρίμα να μείνεις μόνη σου ενώ σου δίνεται τέτοια ευκαιρία. Δεν την μπούχτισες ακόμη την μοναξιά;»

Τη σκυτάλη των ερωτήσεων άρπαξε στη συνέχεια η Ζωή.

«Κι αν χωρίσουμε; Πώς θα συνεχίσουμε να εργαζόμαστε στον ίδιο χώρο;»

«Έχω σχηματίσει την εντύπωση πως πρόκειται για έναν αξιοπρεπή και σοβαρό άντρα. Δεν πιστεύω πως είναι ικανός για μικροπρέπειες και παιδιαρίσματα. Ένας χωρισμός δεν είναι απαραίτητο να έχει δυσάρεστα παρεπόμενα. Μπορεί να πραγματοποιηθεί με κόσμιο τρόπο».

«Κι αν χάσω τη δουλειά μου;»

«Ο Άγγελος σε προσέλαβε; Αυτός είναι ο εργοδότης σου;»

«Όχι».

«Επομένως, δεν έχει την αρμοδιότητα να σε απολύσει. Ούτε πιστεύω πώς θα χρησιμοποιούσε ποτέ άνανδρα και ύπουλα μέσα για να εισηγηθεί την απομάκρυνση σου από την εφημερίδα όταν επάξια έχεις κερδίσει τη θέση σου εκεί. Εξακολουθώ να πιστεύω πως πρέπει να του δώσεις τουλάχιστον μια ευκαιρία. Θα ήταν τραγικό να απορρίψεις έναν τέτοιο σύντροφο από φόβο μήπως χάσεις τη θέση σου. Δουλειές υπάρχουν μπόλικες. Οι άντρες είναι δυσεύρετοι. Οι σωστοί άντρες. Και να θυμάσαι πάντα πως η ευκαιρία είναι γυναίκα φαλακρή με ελάχιστα μαλλιά στο μέτωπο μονάχα. Αν δεν την εκμεταλλευτείς όταν σου προσφέρεται, σου γυρνάει την πλάτη και είναι αδύνατο μετά να την αρπάξεις!»

Η καθαρή οπτική που είχε επί του θέματος η Ελισάβετ την είχε εμψυχώσει σημαντικά. Απαλλαγμένη από νοσταλγικά πισωγυρίσματα και αμφιβολίες, ένιωθε τη ζυγαριά του νου της να γέρνει αισθητά υπέρ της πιθανότητας να γίνει ζευγάρι με τον Άγγελο. Η 'συνήγορος' του Προϊσταμένου της, με τη βοήθεια πειστικών επιχειρημάτων, είχε κατορθώσει να εκμηδενίσει τους ενδοιασμούς της, τουλάχιστον για την ώρα. Η Ζωή γνώριζε βέβαια, βαθιά μέσα της, πως θα έπρεπε να συντρίψει οριστικά τους δαίμονες του παρελθόντος προτού δώσει την καρδιά της σε κάποιον άλλον. Ας ήταν εκείνη η τελευταία μάχη στην πορεία της προς την ευτυχία!

Είχε υπάρξει μόνη για τόσο καιρό που κάθε σκέψη του επικείμενου ειδυλλίου της με τον Άγγελο, έκανε την καρδιά της να σκιρτά δυνατά και το πρόσωπο της να κοκκινίζει από γλυκιά ντροπή. Θα άλλαζε τόσο πολύ η ζωή και η καθημερινότητα της! Θα αποκτούσε ξανά τις ρομαντικές συνήθειες των ερωτευμένων. Θα έβρισκε την ηρεμία και την γαλήνη της μέσα στην αγκαλιά του Άγγελου. Πόσο εύκολα θα μπορούσε να τον ερωτευτεί αν κατάφερνε να ρίξει μαύρη πέτρα πίσω της και να αποκολληθεί από το πρόσφατο παρελθόν της!

«Ρώτα κι εμένα που δεν βρίσκω την τύχη μου πουθενά!» Απογοητευμένη η Ελισάβετ, έστρεψε την συζήτηση στα στάσιμα από πολύ καιρό προσωπικά της. Έμοιαζε τρομερά απελπισμένη κουνώντας το κεφάλι της δεξιά και αριστερά σε μια κατάφωρη ένδειξη του αδιεξόδου στο οποίο είχε περιέλθει.

«Πάει πολύς καιρός που κάποιος ενδιαφέρθηκε για μένα. Ο οποιοσδήποτε! Μήπως φταίει ο χαρακτήρας μου; Η εξωτερική μου εμφάνιση; Δεν ξέρω ειλικρινά τι να σκεφτώ. Ντρέπομαι που το λέω αλλά έχω πελαγώσει. Είναι κι εκείνος ο φίλος του αδερφού μου, ο Γιώργος, που μου αρέσει τόσο πολύ! Μα δεν με έχει προσέξει ποτέ του!» Στα μεγάλα, εκφραστικά της μάτια κύλησαν δύο δάκρυα. Ήταν πολύ καλή και γενικά ευπαρουσίαστη κοπέλα η Ελισάβετ. Πραγματικά δεν της άξιζε η μοναξιά. Η στενοχώρια της υψώθηκε ανάμεσα τους σαν βουνό και η Ζωή έψαχνε κάποιο τρόπο για να την ελαφρύνει.

«Έχω μια ιδέα!» αναφώνησε μετά από λίγο, έχοντας βρει τον τρόπο βοήθειας που αναζητούσε. Με έναν πρωτοφανή δυναμισμό, σαν να είχε λύσει όλα τα δικά της προβλήματα, επιχείρησε να αναπτερώσει, με τη σειρά της, το γκρεμισμένο ηθικό της Ελισάβετ.

«Δεν θέλω να αμφισβητήσεις ποτέ ξανά τον χαρακτήρα σου και την προσωπικότητα σου. Είσαι ένα υπέροχο παιδί και σου εύχομαι να παραμείνεις έτσι. Το μόνο που επιδέχεται ίσως μιας μικρής παρέμβασης είναι η εξωτερική σου εμφάνιση. Είσαι αναντίρρητα μια όμορφη κοπέλα αλλά και η ομορφιά χρειάζεται την ενίσχυση της». Η Ελισάβετ ποτέ δεν συνήθιζε να μακιγιάρεται ή να φτιάχνει τα μαλλιά της. Μόνιμα άβαφη και με ένα ατημέλητο χτένισμα, λες και κάθε μέρα στον κόσμο της φυσούσε θυελλώδης άνεμος, στηριζόταν αποκλειστικά στα φυσικά της χαρίσματα. Είχε έρθει η ώρα όμως για μια αλλαγή.

«Ενίσχυση;» Με βλέμμα μπερδεμένο, έμοιαζε να απορεί πραγματικά.

«Θα ήθελα να σου συστήσω κάποιους καινούριους φίλους. Ελπίζω να τους εκτιμήσεις δεόντως. Δώσε μου μόνο μισό λεπτό» της είπε η Ζωή και χάθηκε βιαστικά μέσα στο δωμάτιο της. Επέστρεψε με ένα νεσεσέρ γεμάτο καλλυντικά.

«Να σου γνωρίσω την πούδρα, το κραγιόν, το ρουζ όπως επίσης τη λακ και τον αφρό χτενίσματος. Όσο όμορφη κι αν είσαι, λίγη περιποίηση με τα κατάλληλα προϊόντα, θα σου προσδώσει άλλη γοητεία και λάμψη. Μου εμπιστεύεσαι το πρόσωπο και τα μαλλιά σου για μια έμπρακτη απόδειξη των όσων ισχυρίζομαι;»

«Κάνε με ότι θες. Χειρότερη δεν πρόκειται να γίνω!» γέλασε δυνατά με τον αυτοσαρκασμό της η Ελισάβετ και αφέθηκε στα χέρια της Ζωής.

Η βραδιά είχε αποκτήσει κοριτσίστικο άρωμα. Η Ζωή, αφού έδωσε πρώτα στα φρύδια της Ελισάβετ ένα πιο καμπυλωτό σχήμα, όπως της υποδείκνυε ο προϋπάρχων σχηματισμός τους, στη συνέχεια χρησιμοποίησε, με τη σωστή σειρά, όλα τα καλλυντικά, αναδεικνύοντας αισθητά τα παραμελημένα κάλλη της Ελισάβετ. Στόχος της ήταν να την εντυπωσιάσει και να την πείσει πως το μακιγιάζ είναι απαραίτητο ακόμη και στα πιο όμορφα πρόσωπα. Το σεσουάρ, αν και ημιεπαγγελματικό, σε συνδυασμό με τον αφρό και την στρόγγυλη της βούρτσα κατάφεραν να τιθασεύσουν τις εξαγριωμένες φύτρες της Ελισάβετ και να δώσουν αρμονική κατεύθυνση στα ακατάστατα μαλλιά της.

«Είσαι εκπληκτική! Θα ζαλιστείς με το αποτέλεσμα. Ο Γιώργος όχι μόνο θα σε προσέξει με τέτοια εμφάνιση αλλά φοβάμαι πως θα πέσει λιπόθυμος!». Τα 'αποκαλυπτήρια' πραγματοποιήθηκαν μπροστά στον καθρέφτη του μπάνιου.

«Απίστευτο! Φώτισε το πρόσωπο μου! Τα μαλλιά μου είναι αυτά;» Με το στόμα ανοιχτό, η ανανεωμένη Ελισάβετ προσπαθούσε να συνειδητοποιήσει την μεταμόρφωση της.

«Και για όλα αυτά χρειάστηκαν μόνο δεκαπέντε λεπτά. Δεν νομίζεις ότι αξίζει τον κόπο;»

« Στο εξής, το νεσεσέρ μου κι εγώ θα είμαστε αχώριστοι! Το πιστολάκι των μαλλιών θα γίνει το φονικό μου όπλο!»

Το περπάτημα της Ελισάβετ είχε άλλο αέρα κατά την έξοδο της από το διαμέρισμα, λίγο πριν τα μεσάνυχτα. Η αυτοπεποίθηση της είχε ενδυναμωθεί. Ο στόχος της Ζωής είχε επιτευχθεί και με το παραπάνω. Ικανοποιημένη από το αποτέλεσμα του καλλωπισμού και χαλαρωμένη από την ευχάριστη βραδιά, άρχισε να μαζεύει τα σκόρπια καλλυντικά από τον καναπέ της κουζίνας, πριν πέσει για ύπνο. Ο ήχος του κινητού της τηλεφώνου διατάραξε την νυχτερινή ησυχία. Κάποιος την ζητούσε παρά το περασμένο της ώρας. Υποθέτοντας αυθόρμητα πως την καλούσε η Ελισάβετ, απάντησε με άνεση στο τηλεφώνημα, χωρίς να κοιτάξει την αναγραφή του ονόματος του ανθρώπου που την καλούσε στη φωτεινή οθόνη του κινητού.

«Ναι;»

«Εμπρός;» επανέλαβε πιο δυνατά σαν ήρθε αντιμέτωπη με την εκκωφαντική σιωπή από την άλλη άκρη της γραμμής. Αν και η σύνδεση δεν φαινόταν να έχει κάποιο τεχνικό πρόβλημα, μιας και δεν ακουγόταν κάποιο βουητό, δεν έλαβε καμιά απάντηση.

«Παρακαλώ;» επέμεινε για τρίτη φορά. Και πάλι τίποτα. Έκλεισε το τηλέφωνο και ανέτρεξε στη λίστα των κλήσεων για να δει ποιος την έψαχνε. Βλέποντας την αναφορά 'Απόκρυψη αριθμού' κατάλαβε πως δεν μπορεί να της είχε τηλεφωνήσει η Ελισάβετ καθώς ποτέ δεν χρησιμοποιούσε την συγκεκριμένη επιλογή λειτουργίας. Κάποιος άλλος της είχε τηλεφωνήσει αλλά δεν μπορούσε να γνωρίζει την ταυτότητα του. «Ας με ξαναπάρουν» σκέφτηκε.

Είχε αποκοιμηθεί βαθιά όταν το τηλέφωνο της χτύπησε ξανά. Αυτή τη φορά, αν και τα μάτια της ήταν θολά απ' τον ύπνο, κατάφερε να διακρίνει την ένδειξη 'Απόκρυψη αριθμού' στην οθόνη του κινητού. Στο ξυπνητήρι, πάνω στο κομοδίνο της, είδε πως η ώρα είχε πάει τρεις. Ζαλισμένη απάντησε διστακτικά.

«Ναι;»

Μα κι εκείνη τη φορά, κανείς δεν της μίλησε. Μόνο μια ανάσα σιγανή έφτανε στα αυτιά της.

«Ορίστε;» Η ανάσα ταράχτηκε, έγινε γρηγορότερη από την ξαφνική, ανεβασμένη ένταση της φωνής της αλλά και πάλι επικράτησε σιωπή.

Κλείνοντας το τηλέφωνο ενοχλημένη, το έθεσε στην αθόρυβη λειτουργία. Δεν είχε διάθεση να παίζει παιχνίδια μέσα στη νύχτα. Στα λεπτά που μεσολάβησαν μέχρι να την ξαναπάρει ο ύπνος, η σκέψη και οι υποψίες της οδηγήθηκαν στον Άγγελο. Ίσως εκείνος είχε νιώσει την ανάγκη να την ακούσει αλλά δίσταζε, λόγω της ακατάλληλης ώρας, να το παραδεχτεί. Νωρίτερα το πρωί η Ζωή είχε παρατηρήσει έκπληκτη τον συνηθισμένο δυναμισμό του να εκθρονίζεται από μια απρόσμενη, συναισθηματική συστολή την ώρα που στέκονταν κοντά της. Η στάση του έκρυβε μια έντονη ντροπή και ίσως να ήταν αυτή η αιτία που τον ανάγκαζε να κρατήσει τα χείλη του σφαλιστά σε εκείνα τα βραδινά τηλεφωνήματα.

14

Το λεωφορείο διέσχιζε αργά την παραλιακή διαδρομή του προς το κέντρο της πόλης, ασφυκτικά γεμάτο με κόσμο. Έξω από τα παράθυρα, το πρωινό ήταν πραγματικά μαγευτικό. Η θάλασσα άστραφτε γαλήνια κάτω από τις λαμπερές αχτίδες του ήλιου. Επικρατούσε τόση ομορφιά τριγύρω που η Ζωή, αν και στριμωγμένη σε μια γωνιά του λεωφορείου, απολάμβανε ιδιαιτέρως το συνήθως κουραστικό δρομολόγιο. Με απογοήτευση συνειδητοποιούσε πως θα έπρεπε να θυσιάσει μια μέρα σαν και εκείνη για χάρη της εφημερίδας. Θα ήταν τυχερή αν κατάφερνε να σχολάσει πριν το σούρουπο. Αμέτρητες σελίδες πρακτικών περίμεναν και πάλι να γραφτούν από τα δικά της χέρια της. «Έχε χάρη που χρειάζομαι τη δουλειά!» συλλογίστηκε ελαφρώς αγανακτισμένη.

«Δεν ήξερα πως διαθέτεις το άγγιγμα του Μίδα!» Η φωνή της Ελισάβετ μέσα από το ακουστικό του κινητού της την έφερε σε αμηχανία, από την πρώτη στιγμή που απάντησε στην κλήση της. Ήταν τόσο δυνατή που όλο όσοι βρίσκονταν κοντά της άκουγαν, άθελα ή ηθελημένα, τις ατάκες της υπερβολικά εύθυμης φιλενάδας της.

«Τι είναι αυτά που λες;» τη ρώτησε η Ζωή, μη αντιλαμβανόμενη την αναφορά της στον μυθικό βασιλιά της Φρυγίας.

«Τα δυο σου χέρια έκαναν θαύματα και πήρα να σου το πω. Μέχρι να φτάσω στο σπίτι χτες πρέπει να μέτρησα περίπου είκοσι κεφάλια που γύρισαν στο πέρασμα μου! Είχες δίκιο! Λίγη περιποίηση χρειαζόμουν για να κάνω θραύση!»

«Πολύ χαίρομαι!»

«Επομένως, μπορώ να σε διαβεβαιώσω πως δεν θα σταματήσω να σου κάνω παρέα».

«Υπήρχε τέτοιο ενδεχόμενο; Με έχεις μπερδέψει! Ή εσύ δεν μιλάς ξεκάθαρα ή εγώ δεν έχω ξυπνήσει ακόμη!»

«Θα είμαι ειλικρινής μαζί σου. Πολλές φορές σκέφτηκα πως ίσως να μου έκοβε τα 'τυχερά' η αφοπλιστική σου εμφάνιση. Ας μην γελιόμαστε, μέχρι τώρα ωχριούσα μπροστά σου. Ήταν λογικό να τραβάς όλα τα βλέμματα πάνω σου. Αλλά τώρα μπήκα κι εγώ στο παιχνίδι!» Μεταξύ αστείου και σοβαρού, η Ελισάβετ παραδέχτηκε μια υποβόσκουσα ανασφάλεια που την προβλημάτιζε ως εκείνη την ημέρα, μια ανασφάλεια που δεν θα είχε τολμήσει να της φανερώσει υπό διαφορετικές συνθήκες.

«Τρέμε κόσμε! Τρέμε Γιώργο!» αστειεύτηκε η Ζωή, αποφεύγοντας να σχολιάσει την συνταρακτική, πρωινή της αποκάλυψη. Πάντοτε θεωρούσε την Ελισάβετ άνετη και ακομπλεξάριστη και δεν είχε υποπτευθεί πως μπορεί να έκανε τέτοιες σκέψεις με το νου της. «Να σε ρωτήσω, μήπως μου τηλεφώνησες χτες αφού είχες φύγει από το σπίτι μου;» συνέχισε η Ζωή.

«Όχι. Δεν σε πήρα εγώ. Έγινε κάτι;» Σωστά είχε υποθέσει πως η Ελισάβετ δεν θα την καλούσε ποτέ με απόκρυψη.

«Τίποτα, μην ανησυχείς».

«Εντάξει λοιπόν. Σε ευχαριστώ και πάλι για τη βοήθεια σου. Καλή δουλειά και ελπίζω να τελειώσει σύντομα η αναταραχή στην εφημερίδα».

Μα η αναταραχή διήρκεσε δύο ολόκληρες εβδομάδες. Δύο εβδομάδες τόσο φορτικές που την έφτασαν τελικά στα όρια της υπερκόπωσης. Το μυαλό της είχε κομματιαστεί από την ασταμάτητη ροή δεδομένων και πληροφοριών. Τα δάχτυλα της, πρησμένα από το ατέλειωτο, βιαστικό γράψιμο, δεν έκλειναν σε γροθιά. Η άβολη καρέκλα της στην αίθουσα των συνεδριάσεων είχε σακατέψει το κορμί της και η σπονδυλική της στήλη ήταν στα πρόθυρα σκολίωσης. Μέχρι και τα ροδαλά της μάγουλα είχαν κιτρινίσει και παρέα με δύο μαύρους, φουσκωτούς κύκλους κάτω από τα μάτια της δεν θύμιζαν σε τίποτα το φρέσκο και νεανικό της πρόσωπο. Δύο εβδομάδες πίεσης που της στέρησαν τρία πολύτιμα κιλά από το βάρος της και της χάρισαν μια αχνή ρυτίδα, την πρώτη στο αψεγάδιαστο πρόσωπο της. Τα βάσανα τόσων χρόνων δεν είχαν καταφέρει να σημαδέψουν την επιδερμίδα της αλλά έφτασε εκείνη η πρόταση εξαγοράς για να κάνει την αρχή.

Η καθημερινή, τουλάχιστον δεκάωρη παραμονή της στο γραφείο, την είχε εξαντλήσει τόσο ώστε μετά το σχόλασμα, δεν είχε κουράγιο για τίποτα. Ακόμη και το ντους ήταν επώδυνο και κουραστικό. Αδύναμη και καχεκτική βολόδερνε μέσα στο διαμέρισμα αναζητώντας λίγη ξεκούραση. Η υπερένταση δυσχέραινε τη χαλάρωση της και έπρεπε να παλέψει για ώρες αρκετές κάθε φορά μέχρι να καταφέρει να ηρεμήσει. Κι όταν τελικά τα κατάφερνε, το ξυπνητήρι στο κομοδίνο τρυπούσε τα μηνίγγια της και την ανάγκαζε να σηκωθεί και πάλι από το κρεβάτι. Πρώτη φορά στη ζωή της ένιωθε τόσο κατάκοπη και άτονη. Φοβόταν πως δεν θα ξεκουράζονταν ποτέ μετά από εκείνη την κατάσταση. Στο ψυγείο της δεν υπήρχε τίποτα και το καθημερινό φαγητό της ήταν ένα έτοιμο, κρύο σάντουιτς τυλιγμένο μέσα στη ζελατίνα από το ταχυφαγείο της γειτονιάς. Δεν θυμόταν πότε ήταν η τελευταία φορά που είχε φορέσει την ποδιά της για να μαγειρέψει στην κουζίνα. Σίγουρα πάντως, ήταν πριν το ταξίδι της στην Κρήτη.

Η ξύλινη πόρτα του διαμερίσματος της είχε παραμείνει ερμητικά κλειστή όλο αυτό το διάστημα καθώς δεν ήταν σε θέση να δέχεται επισκέψεις. Οι επαφές της με τον Κωνσταντίνο και την Ελισάβετ ήταν αποκλειστικά τηλεφωνικές. Σκυμμένη πάνω από το ακουστικό, προσπαθούσε να παραμένει ξύπνια για να μάθει τα νέα τους. Εκείνη δεν είχε τίποτα καινούριο να μοιραστεί μαζί τους καθώς η ζωή της είχε περιοριστεί προσωρινά ανάμεσα στο σπίτι και το γραφείο. Εξέφραζαν έντονα τα παράπονα τους που δεν μπορούσαν να την συναντήσουν μα ταυτόχρονα έδειχναν κατανόηση και υπομονή. Θα αναπλήρωναν τον χαμένο χρόνο μόλις ομαλοποιούνταν η κατάσταση. Αντιλαμβάνονταν και οι δυο τους την κρισιμότητα του θέματος και το γεγονός πως η Ζωή κινδύνευε να χάσει τη θέση της σε περίπτωση εξαγοράς. Ήταν πραγματικοί φίλοι και το αποδείκνυαν περίτρανα μπροστά σε εκείνη τη δύσκολη περίσταση. Την στήριζαν αληθινά, έστω και από απόσταση.

Ο Κωνσταντίνος, πιο διαισθητικός και σκεπτικός από την Ελισάβετ, φαίνονταν να ανησυχεί και για την κατάσταση της υγεία της. Σε κάθε συνομιλία τους της τόνιζε πως έπρεπε να τρέφεται σωστά και να μην παραμελεί τον εαυτό της. Σε ένα τηλεφώνημα μάλιστα, αργότερα εκείνη την ίδια ημέρα, είχε ακούσει την φωνή της τόσο εξασθενημένη που δεν κρατήθηκε και άρχισε να την κατσαδιάζει σαν αυστηρός δάσκαλος που επιπλήττει αδιάβαστο μαθητή.

«Θα έρθω να σε πάρω από το γραφείο. Θα πάμε στο γιατρό».

«Είμαι καλά, αλήθεια. Πρόκειται για μια απλή κούραση. Δεν συντρέχει λόγος ανησυχίας». Ότι κι αν έλεγε όμως, η αδύναμη φωνή της μαρτυρούσε πως κάτι δεν πήγαινε καλά.

«Τα χέρια μου είναι δεμένα. Δεν μπορώ να σε απαγάγω για να σε πάω στο νοσοκομείο. Το γνωρίζω το πείσμα σου» υποχώρησε απογοητευμένος εκείνος αφού είχε επιμείνει αρκετά. Ήθελε να την φροντίσει και να βεβαιωθεί πως δεν κινδυνεύει να αρρωστήσει, μα η Ζωή δεν του το επέτρεπε. Στην παρούσα φάση δεν είχε χρόνο για τίποτα.

Πεισματάρα όμως δεν ήταν μόνο η Ζωή. Και ο Κωνσταντίνος το είχε αυτό το φυσικό 'χάρισμα'. Την ώρα που η Ζωή έπαιρνε μια ανάσα κατά τη διάρκεια του διαλείμματος, πηγαινοερχόμενη στο διάδρομο έξω από την αίθουσα συνεδριάσεων για να ξεπιαστεί, την πλησίασε η συμπαθέστατη κοπέλα από την υποδοχή και, μιλώντας της για πρώτη φορά, της παρέδωσε ένα μικρό δέμα.

«Ένας νεαρός μου ζήτησε να σου το δώσω».

«Νεαρός; Σε ευχαριστώ πολύ. Σου άφησε όνομα;»

«Όχι, μου είπε πως θα καταλάβεις. Ήθελε να σε περιμένει αλλά επειδή δεν μπορούσα να τον ενημερώσω με βεβαιότητα για την ακριβή ώρα του διαλείμματος, αναγκάστηκε να φύγει». Πριν ολοκληρώσει τη φράση της καλά – καλά, άρχισε να βηματίζει προς τα πίσω. Βιάζονταν να επιστρέψει στη θέση της. Ποιος ήξερε τι φουρτούνες αντιμετώπιζε κι εκείνη με τα γεγονότα των τελευταίων ημερών!

«Ο γλυκός μου ο Κωνσταντίνος!» Πάντα κατάφερνε να την συγκινεί με την ευαισθησία του. Έσκισε το καφετί περιτύλιγμα του μικρού πακέτου που έμοιαζε να είναι φαρμακείου. Ένα κουτί βιταμίνες με γεύση πορτοκάλι κρύβονταν από κάτω.

'Αν ήσουν ο Ποπάι, θα σου έφερνα σπανάκι!

Για σένα όμως ιδανικό είν' το πορτοκαλάκι!'

Το χαριτωμένο δίστιχο που είχε σκαρφιστεί ο Κωνσταντίνος έφερε ένα χαμόγελο στα χείλη της. Γραμμένο άτσαλα πάνω στο σκληρό χαρτόνι του κουτιού, της θύμιζε οδηγίες δοσολογίας από το χέρι κάποιου βιαστικού γιατρού. Κατά τη γνώμη του ήταν επείγουσα ανάγκη να ανακτήσει η Ζωή τη χαμένη της δύναμη και ενεργητικότητα. Οι βιταμίνες σίγουρα θα βοηθούσαν. Το κρυφό ταλέντο του στους στίχους και ο πολύπλευρα χαρισματικός χαρακτήρας του έκαναν τη Ζωή να τον εκτιμήσει και να τον αγαπήσει ακόμη περισσότερο.

Η Ελισάβετ από την άλλη μεριά, κατά τις τηλεφωνικές τους συνομιλίες, ασχολούνταν λίγο πιο επιφανειακά με την ταλαιπωρία της φίλης της και περίμενε απλά να τελειώσει η 'φασαρία', δείχνοντας φυσικά την πρέπουσα συμπαράσταση. Μα η Ζωή δεν μπορούσε να την κατηγορήσει που δεν συμμερίζονταν, στον ίδιο βαθμό με τον Κωνσταντίνο, την κατάσταση της. Η αλήθεια ήταν πως άλλα θέματα την απασχολούσαν και είχαν απορροφήσει το μεγαλύτερο μέρος της προσοχής της. Η αλλαγή στην εμφάνιση της είχε ελκύσει τελικά το ενδιαφέρον του Γιώργου και είχε προκαλέσει τα θετικά του σχόλια στον αδερφό της Ελισάβετ. Ένα φλερτ είχε ξεκινήσει ανάμεσα τους και εκείνο ήταν το ζήτημα των ημερών. Η Ελισάβετ ενθουσιασμένη ανυπομονούσε να βρεθούν για να της αραδιάσει όλες τις εξελίξεις με κάθε λεπτομέρεια. Η Ζωή χαίρονταν πραγματικά που είχε μπορέσει να συντελέσει σε εκείνη την επιτυχία και άφηνε την Ελισάβετ να το χαρεί χωρίς να την φορτώνει με τα δικά της προβλήματα. Εξάλλου ήταν κάτι που ονειρευόταν τόσο καιρό και θα ήταν απρέπεια εκ μέρους της να της το χαλάσει.

«Αν συνεχίσουν έτσι τα πράγματα, σε λίγο καιρό θα κυκλοφορούμε τετράδα!» της είπε μια μέρα εκστασιασμένη απ' το τηλέφωνο η ανανεωμένη φίλη της. Ήταν αισιόδοξη πως η υπόθεση με τον Γιώργο θα είχε την επιθυμητή κατάληξη και παράλληλα θεωρούσε δεδομένο πως η Ζωή θα αποδεχόταν την πρόταση του Άγγελου. Η τελευταία της συνάντηση με τη Ζωή την είχε αφήσει με την εντύπωση πως δεν θα τον απέρριπτε. Όντως, η αλήθεια ήταν κάπως έτσι. Η Ζωή είχε κρατήσει τα λόγια της σαν φυλαχτό και έχοντας την Ελισάβετ οδηγό προσπαθούσε να μην λοξοδρομήσει και να παραμείνει πιστή στην σχεδόν οριστική απόφαση της. Η αναστάτωση στην δουλειά της έδινε το χρονικό περιθώριο να προσαρμοστεί και να αποδεχτεί την επικείμενη αλλαγή στα συναισθηματικά της και να συνηθίσει στην ιδέα να είναι ζευγάρι με τον Προϊστάμενο της.

Ο Άγγελος είχε πάψει να της τηλεφωνεί. Περνούσαν τόσες ώρες παρέα στην εφημερίδα που δεν υπήρχε λόγος να τηλεφωνιούνται στον ελάχιστο χρόνο που έμεναν χώρια. Η στάση του ήταν πολύ διακριτική και αυτό την ανακούφιζε. Δεν ήταν καθόλου φορτικός μαζί της .Ήξερε πως αργά ή γρήγορα θα έπαιρνε μια απάντηση και πως οποιαδήποτε πίεση θα λειτουργούσε αντίθετα από το επιθυμητό. Στα σύντομα διαλείμματα την ακολουθούσε μονάχα για να της πει δυο λόγια τρυφερά αλλά ποτέ δεν παρασύρονταν σε προσπάθειες χειραγώγησης της ή κατανόησης των σκέψεων της. Ήταν και εκείνος τόσο εξουθενωμένος που δεν είχε αντοχή για παιχνίδια.

Χιλιόμετρα μακριά, στην όμορφη πατρίδα της, είχε σημάνει συναγερμός. Ποικίλες αντιδράσεις από τα τρία μέλη της οικογένειας της πλημμύριζαν τις σύντομες αλλά περιεκτικές τηλεφωνικές συνομιλίες. Κανείς δεν είχε μείνει ατάραχος από την είδηση σχετικά με την ενδεχόμενη εξαγορά. Η μητέρα της Ζωής, υπερήφανη για την θέση της κόρης της στην εφημερίδα, απεύχονταν οτιδήποτε θα μπορούσε να απειλήσει τη σταθερότητα στα επαγγελματικά της. Κάθε βράδυ στην προσευχή της παρακαλούσε το Θεό να μην αναταράξει τη σταδιοδρομία της που διαγράφονταν λαμπρή υπό την ομπρέλα προστασίας ενός τόσο φερέγγυου εργοδότη. Ο πατέρας της, από την άλλη μεριά, την καθησύχαζε λέγοντας πως αν απολύονταν και δυσκολεύονταν να βρει σύντομα καινούρια εργασία, θα την περίμενε στο χωριό, με την αγκαλιά του ανοιχτή. Μάλιστα, έμοιαζε να χαίρεται ιδιαίτερα με τη συγκεκριμένη προοπτική. Δεν είχε συμβιβαστεί ακόμη με το γεγονός πως η Ζωή είχε φύγει μακριά του. Εκείνη όμως που λαχταρούσε περισσότερο από όλους να επιστρέψει η Ζωή στην Κρήτη ήταν η Ηρώ. Δύο και τρεις φορές της τηλεφωνούσε κάθε μέρα για να ενημερώνεται σχετικά με τα νεότερα της 'έκτακτης επικαιρότητας' όπως έλεγε. Κι εκείνη κάθε βράδυ, πριν κοιμηθεί, προσευχόταν για την Ζωή αλλά ζητούσε τα ακριβώς αντίθετα από τη μητέρα της. Παρακαλούσε να γυρίσει το συντομότερο δυνατό η αδερφή της στο σπίτι. Από την αρχή είχε θεωρήσει πως η εγκατάσταση της στη Θεσσαλονίκη ήταν μέγα λάθος και της το δήλωνε σε κάθε ευκαιρία. Μάλλον ήταν πολύ δύσκολο για εκείνη να είναι μόνη με τους γονείς της στο πατρικό, χωρίς την παρέα της Ζωής. Δεν είχε άλλο λόγο για να επιθυμεί τόσο έντονα την παλιννόστηση της. Ήταν έτοιμη, ανά πάσα στιγμή, να της κλείσει εισιτήριο για το Ηράκλειο, εισιτήριο χωρίς επιστροφή.

Όπως ήταν αναμενόμενο, κάθε τηλεφωνική επαφή με το νησί, της έφερνε στο νου τον Πέτρο. Η εικόνα του πάνω στη μηχανή παρέα με εκείνη την κοπέλα, πετάγονταν αναπόφευκτα μπροστά της και την ταλαιπωρούσε για ώρα. Μια ανεξέλεγκτη οργή δυνάμωνε απευθείας το καρδιοχτύπι της και θόλωνε ακόμη περισσότερο το ομιχλώδες τοπίο του μυαλού της. Δεν είχε τρόπο να το αντιμετωπίσει την εικόνα που είχαν αντικρίσει τα μάτια της. Με πολύ κόπο και προσπάθειες απεγνωσμένες κατάφερνε κάθε φορά να διαλύει το ζωντανό όραμα του. Όλα είχαν γκρεμιστεί εκείνη τη νύχτα στην παραλία όμως η Ζωή, ακόμη καταδικασμένη, τριγυρνούσε ολομόναχη μέσα στα ερείπια αναζητώντας τη διέξοδο. Αποφεύγοντας όσο ήταν δυνατόν να ασχολείται με το συγκεκριμένο γεγονός, είχε ελαχιστοποιήσει τις σκέψεις της για εκείνον. Ο θυμός, της είχε αδειάσει την καρδιά. Η γλυκόπικρη θαλπωρή που της έφερνε η ανάμνηση του είχε αρχίσει να ξεθωριάζει. Μόνο ένα πρωτόγνωρο αίσθημα φόβου σιγόκαιγε στο απόλυτο κενό της ψυχής της, ένας φόβος για το άγνωστο ταξίδι που θα ξεκινούσε σύντομα στην αγκαλιά του Άγγελου.

Η αναταραχή διήρκεσε δύο ολόκληρες εβδομάδες. Ήταν Παρασκευή πρωί όταν η πολύκροτη υπόθεση έληξε και η εργασιακή φουρτούνα κόπασε, αφήνοντας στο πέρασμα της το ανθρώπινο δυναμικό της εφημερίδας κομματιασμένο από τους έντονους ρυθμούς. Η απόφαση είχε ληφθεί. Η πρόταση εξαγοράς είχε απορριφθεί, φέρνοντας σε όλους χαμόγελα ανακούφισης. Το καθεστώς ιδιοκτησίας θα παρέμενε το ίδιο και οι συνθήκες εργασίας ανεπηρέαστες. Ήταν ο καλύτερος τρόπος για να τελειώσει η εβδομάδα. Ο καλύτερος τρόπος για να αρχίσει ένα Σαββατοκύριακο χαλάρωσης.

Το βράδυ της ίδιας ημέρας επέστρεψε στο σπίτι σωματικά αποδυναμωμένη αλλά ψυχολογικά αναπτερωμένη. Οι δύο επόμενες ημέρες θα ήταν αφιερωμένες αποκλειστικά στον εαυτό της. Δεν έπρεπε να σηκωθεί από το κρεβάτι αν ήθελε να αποφύγει την ολοκληρωτική κατάπτωση του οργανισμού της. Δεν θα ασχολούνταν με τίποτα. Το παχύ στρώμα σκόνης που κόντευε να αλλάξει το χρώμα των επίπλων στο διαμέρισμα θα έμενε για λίγο καιρό ακόμη άθικτο. Για λίγες μέρες ακόμη το φαγητό της θα επιλέγονταν προσεκτικά από τους καταλόγους των καταστημάτων ντελίβερι της περιοχής. Στα χέρια θα της παραδίδονταν, έτοιμο και ζεστό. Προτεραιότητα είχε η τόνωση του οργανισμού της και μόνο. Παρασκευή βράδυ ενημερώθηκε και η οικογένεια της στην Κρήτη σχετικά με την οριστική κατάληξη του ζητήματος της πώλησης της εφημερίδας. Στην κλήση απάντησε ο πατέρας της, ο οποίος δέχτηκε τα νέα με έναν αναστεναγμό.

«Δηλαδή δεν θα γυρίσεις κοντά μας» σχολίασε. Εκείνη ήταν η κύρια ουσία της απόφασης για απόρριψη της εξαγοράς. Δεν την εξέπληξε η αντίδραση του. Μέσα από την γραμμή, η Ζωή άκουγε την μητέρα της να δοξάζει τον Ύψιστο για τη χαρά που τους είχε δώσει ενώ ταυτόχρονα η Ηρώ βλαστημούσε την τύχη της, όσο πιο κόσμια μπορούσε. Η μητέρα της, αρπάζοντας σχεδόν το ακουστικό του τηλεφώνου από τα χέρια του συζύγου της, ζήτησε να της μιλήσει.

«Τέλος καλό, όλα καλά αγάπη μου! Οι προσευχές μας εισακούστηκαν! Το μόνο που θέλω είναι να μου υποσχεθείς πως θα ξεκουραστείς. Τρέμει η ψυχή μου που έχασες τη ζωντάνια σου!»

«Σου το υπόσχομαι. Εξάλλου δεν έχω δύναμη για τίποτα. Το σπίτι είναι εντελώς παραμελημένο αλλά θα χρειαστεί να περιμένει. Η σκέψη, και μόνο, της φασίνας με εξοντώνει».

«Μην καταπιαστείς με τίποτα! Την άλλη εβδομάδα που θα ανέβει η Ηρώ θα σε βοηθήσει να καθαρίσετε παρέα».

«Θα έρθει η Ηρώ;» Η άδεια καρδιά της γέμισε ξαφνικά ενθουσιασμό και λαχτάρα.

«Σε μια εβδομάδα ακριβώς, την ερχόμενη Παρασκευή. Θα μείνει το Σαββατοκύριακο και θα επιστρέψει τη Δευτέρα. Έχει καιρό που το συζητάμε και με αφορμή τα τελευταία γεγονότα και την κούραση σου σκεφτήκαμε πως είναι σκόπιμο να γίνει αυτό το ταξίδι τώρα, τώρα που χρειάζεσαι κι εσύ λίγη βοήθεια. Μακάρι να μπορούσα να ανεβώ κι εγώ αλλά κάποιος πρέπει να φροντίζει και τον πατέρα σας».

Προτού προλάβει να χαιρετήσει την μητέρα της, το ακουστικό είχε αλλάξει και πάλι χέρια.

«Την γλίτωσες πάλι, αδερφούλα. Η ξενιτιά σε κράτησε κοντά της». Η Ηρώ, εμφανώς δυσαρεστημένη με την παράταση της παραμονής της Ζωής στη Θεσσαλονίκη, της μίλησε με βαριά καρδιά. Το μόνο που την χαροποιούσε ήταν το επικείμενο ταξίδι της.

«Αν δεν ήμουν εγώ στην πόλη, δεν θα είχες την ευκαιρία να κάνεις ταξιδάκια, μικρή μου!» ελάφρυνε την ατμόσφαιρα η Ζωή, παραξενεμένη από την έντονα έκδηλη στενοχώρια της αδερφής της.

«Παρασκευή βραδάκι θα χτυπήσω το κουδούνι σου».
«Θέλεις να ρωτήσω τον Κωνσταντίνο αν μπορεί να σε πάρει από το αεροδρόμιο;»
«Πολύ καλή ιδέα. Κάν' του μια ερώτηση και ενημέρωσε με».
«Εντάξει. Σε περιμένω πως και πώς! Θα τα περάσουμε πολύ ωραία».
«Κι εγώ ανυπομονώ! Καληνύχτα!»

Τα ευχάριστα νέα για τον ερχομό της Ηρώς απάλυναν ασυναίσθητα τον πόνο της και απομάκρυναν την ένταση που κλυδώνιζε το κορμί της. Η προσμονή της άφιξης της είχε ήδη αρχίσει να λειτουργεί θεραπευτικά. Η επιλογή του χρόνου πραγματοποίησης εκείνου του ταξιδιού ήταν ιδανική. Θα ήθελε πολύ να ακούσει την άποψη της Ηρώς σχετικά με το ενδιαφέρον του Άγγελου, προτού του δώσει την οριστική της απάντηση. Είχε δρομολογήσει ήδη νοερά μια συνάντηση με όλη την παρέα για το επόμενο Σάββατο ώστε να έχει την ευκαιρία να συστήσει τους δυο τους και να μάθει τις εντυπώσεις της. Πίστευε πως η αντίδραση της θα ήταν ενθουσιώδης και θα την παρότρυνε ακόμη περισσότερο να δεχτεί την πρόταση του. Η ανυποχώρητη επιμονή που χαρακτήριζε το 'μπεμπεκάκι' θα την ωθούσε ακόμη πιο αποφασιστικά να μετατρέψει τις σκέψεις της σε πράξεις και να του πει τελικά το 'ναι'. Μπορούσε σχεδόν να δει ολοζώντανο το εκφραστικό της πρόσωπο και τα πονηρά της μάτια να την κατευθύνουν προς μια θετική ανταπόκριση. Η αρχή μιας σχέσης με τον Άγγελο ίσως να καταπράυνε και την ανεξήγητη, ισχυρή επιθυμία της Ηρώς που κάθε τόσο της ζητούσε έμμεσα να τα παρατήσει όλα και να επιστρέψει στο νησί. Οι προβληματισμοί της σχετικά με την μοναχική καθημερινότητα της Ζωής δεν θα είχαν πλέον λόγο να υφίστανται. Για πρώτη φορά, μετά από τόσο καιρό, η Ζωή θα ακολουθούσε τη συμβουλή της μικρότερης αδερφής της να ανοιχτεί και να καλωσορίσει την αγάπη και την τρυφερότητα.

Ο Άγγελος αποτελούσε εξαιρετική επιλογή συντρόφου και αυτό θα συντελούσε επίσης στο να πειστεί η Ηρώ πως, όλα τα προηγούμενα χρόνια, η Ζωή έμενε μόνη της απλά επειδή δεν είχε εμφανιστεί ο κατάλληλος άντρας κι όχι επειδή η καρδιά της ήταν 'ελαττωματική'. Αμέτρητες φορές της το είχε δηλώσει ξεκάθαρα η Ζωή μα η Ηρώ πάντοτε κρατούσε τις επιφυλάξεις της. Όλες οι αμφιβολίες της θα εξανεμίζονταν πια και οι υποψίες της πως μπορεί να συνέβαινε κάτι άλλο θα εκμηδενίζονταν. Τα έρημα μερόνυχτα της στην Κρήτη θα δικαιολογούνταν πλήρως και η Ηρώ θα έπαυε να ψαχουλεύει μανιωδώς το καθετί. Το μυστικό της θα ήταν επιτέλους ασφαλές από το άγρυπνο βλέμμα και το ερευνητικό πνεύμα της. Ήταν εντυπωσιακός ο ρυθμός με τον οποίο πολλαπλασιάζονταν οι λόγοι που καθιστούσαν αναγκαία μια συνάντηση της Ηρώς με τον Άγγελο λεπτό με το λεπτό. Ήταν αποκλειστικά δική της υπόθεση να φροντίσει ώστε να πραγματοποιηθεί εκείνη η τόσο απαραίτητη γνωριμία.

Έπιασε τον εαυτό της να αποζητά πραγματικά την προτροπή και την ώθηση της Ηρώς για να ξεκινήσει τη σχέση της με τον Άγγελο. Φυσικά, αντιλαμβάνονταν πως αυτό δεν μπορούσε να θεωρηθεί καλός οιωνός. Το γεγονός ότι δεν μπορούσε να καταλήξει μόνη της σε μια απόφαση και ζητούσε ενθάρρυνση από τα προσφιλή της πρόσωπα, σήμαινε πολλά. Πρόδιδε αβεβαιότητα για τα αισθήματα της, δήλωνε προσκόλληση στο παρελθόν και ατολμία για ένα νέο ξεκίνημα. Πόσο άδικο θα ήταν για τον Άγγελο να τον αφήσει να πιστεύει πως είναι εντελώς αποφασισμένη και χαρούμενη για μια μεταξύ τους σχέση! Μήπως μια αρνητική απάντηση θα έπρεπε να προτιμηθεί; Αρχικά, μπορεί να του προξενούσε πόνο και απογοήτευση αλλά ίσως τελικά να απέβαινε προς όφελος του. Ή μήπως πραγματικά είχε αρχίσει να τον ερωτεύεται και απλά χρειαζόταν εντατικότερες προσπάθειες για να γλιτώσει από το ταλαίπωρο παρελθόν της;

Ένιωσε να παρασύρεται και πάλι σε απύθμενους λογισμούς. Έπρεπε πάση θυσία να αποφύγει κάτι τέτοιο. Αν επέτρεπε στον εαυτό της να αναλύσει περαιτέρω την κατάσταση και να αναλογιστεί εκτενέστερα το δίλημμα της, ήταν βέβαιο πως θα οδηγούνταν στην απόρριψη του Άγγελου. Ο καημός της για τον Πέτρο θα επικρατούσε, εξολοθρεύοντας κάθε άλλο συναίσθημα και, πλανεμένη, για ακόμη μια φορά, θα λύγιζε ανήμπορη μπροστά στον βαρύ ζυγό της ασίγαστης αγάπης της. Η επικείμενη, ποθητή αλλαγή απαιτούσε επιφανειακότερη αντιμετώπιση και τολμηρά βήματα για να τελεσφορήσει. Διαφορετικά ήταν δεδομένη η εκ των προτέρων καταδίκη της προοπτικής ενός ειδυλλίου με τον υπέροχο Προϊστάμενο της. Πάγωσε, λοιπόν, κάθε επικίνδυνη σκέψη και επικεντρώθηκε και πάλι στη χαλάρωση της. Κοροϊδεύοντας τον ίδιο της τον εαυτό πως η απόφάση της ήταν αμετάκλητη, ξάπλωσε στον καναπέ του σαλονιού και άνοιξε την τηλεόραση με τη φωνή χαμηλωμένη. Θα έμενε μόνη όλο το Σαββατοκύριακο, απολαμβάνοντας την ηρεμία και τη ζεστασιά του διαμερίσματος της.

Όταν άρχισε να νιώθει λίγο καλύτερα, λίγο πιο δυνατή, ήταν Κυριακή απόγευμα. Μέσα στις καλοκαιρινές πιτζάμες της, που δεν τις είχε βγάλει για δύο εικοσιτετράωρα περίπου, ένιωσε τη ζωντάνια της να επανέρχεται δειλά. Η ανάπαυση και η ησυχία είχαν επαναφέρει το χρώμα στα μάγουλα της και το κορμί της είχε καρδαμώσει. Αισθανόταν τόσο ευδιάθετη ξαφνικά που η απρόσμενη εμφάνιση του Κωνσταντίνου στην πόρτα της δεν την ενόχλησε καθόλου.

Με αποκλειστικό σκοπό να βεβαιωθεί πως η Ζωή ήταν καλά, τουλάχιστον στην υγεία της, τόλμησε μια επίσκεψη - αστραπή. Και πάλι στάθηκε στο κατώφλι της εισόδου από διακριτικότητα χωρίς να μπει στο διαμέρισμα. Ικανοποιημένος αντίκρισε την βελτιωμένη της κατάσταση. Η Ζωή τον ευχαρίστησε γλυκά για τις βιταμίνες που της είχε προμηθεύσει και, αφού τον συνεχάρη για το εμπνευσμένο του δίστιχο, τον ενημέρωσε για τον ερχομό της Ηρώς. Η απάντηση του ήταν αναμενόμενα θετική όταν του ζήτησε να την παραλάβει από το αεροδρόμιο. Ήταν μια σύντομη και ευχάριστη συνάντηση των δυο τους. Λίγο πριν αποχαιρετιστούν προσωρινά, η Ζωή τον πληροφόρησε και για την έξοδο που προγραμμάτιζε για το ερχόμενο Σάββατο. Η έκφραση του αγρίεψε σαν έμαθε πως στην παρέα θα παρευρίσκονταν και ο Άγγελος.

«Τόσο πολύ τον έχεις συμπαθήσει τελικά; Θα έχουμε μόνιμη συνοδεία την αλαζονεία του;» Η τραχιά φωνή του προσέδωσε ακόμη περισσότερη αγένεια στην αντίδραση του. Η αποκάλυπτη αντιπάθεια του ηλέκτρισε την ατμόσφαιρα και η φιλική κουβέντα τους πήρε άλλη τροπή. Η Ζωή έμεινε να τον κοιτάει αποσβολωμένη. Ο Κωνσταντίνος εμφανίστηκε μπροστά της άξεστος και προσβλητικός όσο ποτέ άλλοτε. Το μειλίχιο πρόσωπο του και η γλυκιά ομιλία του είχαν εξαφανιστεί. Το μικρό πράσινο τέρας ονόματι ζήλια είχε δολοφονήσει τον καλοσυνάτο φίλο της και τον είχε μεταμορφώσει σε άβουλο υποχείριο της.

«Είσαι τόσο άδικος! Ο Άγγελος είναι ένας καταπληκτικός νεαρός και αξίζει την εκτίμηση όλων μας. Λυπάμαι που θα σε δυσαρεστήσω αλλά θα είναι στη συντροφιά μας το Σάββατο. Εξάλλου θέλω να τον συστήσω και στην Ηρώ. Αν σε ενοχλεί τόσο πολύ η παρουσία του, μπορείς να απέχεις!» Μιλώντας κοφτά και αυστηρά, η Ζωή επιχείρησε να θέσει κάποια όρια στην παράλογη συμπεριφορά του.

«Μήπως μπορώ να μάθω γιατί είναι απαραίτητο να τον γνωρίσει η Ηρώ;» Ο εκνευρισμός του γιγαντώθηκε από την επιμονή της Ζωής να υπερασπίζεται το νεότερο μέλος της παρέας. Η ζήλεια του δεν υποχωρούσε και τον εξανάγκαζε να συνεχίζει να παραφέρεται.

«Η άποψη που θα διαμορφώσει η Ηρώ για τον Άγγελο θα μετρήσει πολύ στο αν θα δεχτώ ή όχι την πρόταση του να γίνουμε ζευγάρι. Έχει εκδηλώσει το ενδιαφέρον του για μένα και αναμένει την απόφαση μου». Λίγα λεπτά νωρίτερα, δεν θα τολμούσε καν να σκεφτεί να του αναφέρει το, τρομερό ίσως για εκείνον, ενδεχόμενο μιας σχέσης της με τον Άγγελο. Είχε όμως χάσει πια τον αυτοέλεγχο της και, εξοργισμένη από τα λόγια του, δεν λογάριαζε καθόλου αν θα τον πλήγωνε.

Στο άκουσμα του συνταρακτικού νέου, τα μάτια του έγειραν στο πάτωμα τρομαγμένα και, αμήχανος, έκανε δύο βήματα πίσω. Αγκομαχώντας να περιορίσει το σοκ του, απάντησε κομπιάζοντας.

«Αν θέλεις την άποψη μου, δεν είναι κατάλληλος για σένα» ήταν το μόνο που είπε και με μια κίνηση των χεριών του έδειξε πως δεν είχε να προσθέσει κάτι άλλο για το συγκεκριμένο ζήτημα. Μεσολάβησε σύντομη σιωπή. Η ένταση της ολιγόλεπτης συζήτησης τους είχε απελευθερώσει κάποια καταπιεσμένα συναισθήματα του Κωνσταντίνου και η Ζωή τον έβλεπε μπροστά της να κορώνει από ντροπή. Ήταν αποκλειστικά υπεύθυνος για το τεταμένο κλίμα και το γνώριζε πολύ καλά. Επιθυμώντας να μην χωριστούν μαλωμένοι, ζήτησε από τη Ζωή να συγχωρέσει την αγένεια του και να ξεχάσει την αψιμαχία που είχε μόλις προηγηθεί. Το παρακλητικό του ύφος και το παρακλητικό του χαμόγελο κατάφεραν να την μαλακώσουν γρήγορα. Ίσως από συμπόνια, ίσως και από οίκτο, η Ζωή έδειξε επιείκεια για την απαράδεκτη συμπεριφορά του. Με μια υπόσχεση πως θα συναντιόντουσαν πριν το Σαββατοκύριακο, χωρίστηκαν χωρίς φιλιά και αγκαλιές.

15

Χάρτινοι, ογκώδεις πύργοι, στοιβαγμένοι άτακτα, την περίμεναν υπομονετικά πάνω στο γραφείο της, τη Δευτέρα το πρωί. Αυτοκόλλητα σημειώματα από τον Άγγελο και τον Γενικό Διευθυντή την ενημέρωναν για τη σειρά προτεραιότητας των αναβλημένων λόγω της πρότασης εξαγοράς καθηκόντων της, μια σειρά που έπρεπε να ακολουθηθεί κατά γράμμα, χωρίς παρεκκλίσεις. Μια νέα εβδομάδα ξεκινούσε, μια εβδομάδα συνηθισμένη, με αυξημένη αλλά ελέγξιμη ροή εργασιών. Αρκετά ξεκούραστη και αναθαρρημένη η Ζωή, ήταν πανέτοιμη να ασχοληθεί με τις γνώριμες αρμοδιότητες της. Η συσσωρευμένη δουλειά δεν την τρόμαζε. Έχοντας βγει σχετικά αλώβητη από την πίεση των τελευταίων ημερών, θεωρούσε τα πάντα αντιμετωπίσιμα. Κανένας φιλόδοξος επενδυτής δεν είχε καταφέρει να την ταρακουνήσει από την πολύτιμη θέση της και ακόμη και το βαρύ φορτίο που την περίμενε της ήταν ιδιαίτερα ευχάριστο. Χρόνος και υπομονή απαιτούνταν μόνο για να επανέλθουν όλα στο φυσιολογικό. Όλο το προσωπικό φαινόταν χαρούμενο που επέστρεφε στην εύρυθμα ρυθμισμένη καθημερινότητα. Όλοι τους ήταν παρόντες και μάχιμοι, παρά την ταλαιπωρία τους.

Μόνο ο Άγγελος έλειπε από το γραφείο του. Οι παραμελημένες εξωτερικές εργασίες δύο ολόκληρων εβδομάδων επέβαλαν την πολύωρη απουσία του. Ο χαμένος χρόνος έπρεπε να αναπληρωθεί και θα ήταν μεγάλο κατόρθωμα αν προλάβαινε να επιστρέψει στην εφημερίδα πριν σχολάσει η Ζωή. Αν και για όλους τους υπόλοιπους η ταραχή είχε καταλαγιάσει, για τον Άγγελο τα μεθεόρτια εκείνης της υπόθεσης θα ήταν το ίδιο κοπιαστικά και εξαντλητικά. Επιφορτισμένος με ένα σωρό υποχρεώσεις λόγω της εξέχουσας θέσης του, θα αργούσε ακόμη να αποτινάξει από πάνω του την ένταση και να συνέλθει. Ολομόναχη μέσα στους τέσσερις τοίχους του 'Τομέα Αλληλογραφίας', απολαμβάνοντας την ηρεμία πίσω από την κλειστή πόρτα του γραφείου, προσπαθούσε να βάλει τάξη στο χάος. Απόλυτα αφοσιωμένη στην δουλειά της, δεν σταμάτησε να εργάζεται ούτε λεπτό. Ρουφώντας μηχανικά τον παγωμένο καφέ της, δούλευε χωρίς διακοπή, σαν αυτοματοποιημένο ρομπότ. Επιτελώντας το έργο της με μεθόδευση και προσοχή, παρατηρούσε το ύψος των στοιβών να χαμηλώνει αισθητά λεπτό προς λεπτό. Εξαιρετικά ικανοποιημένη με την απόδοση της, σχόλασε ακριβώς στην ώρα της. Ο Άγγελος ακόμη δεν είχε φανεί. Ο αξιοθαύμαστος επαγγελματισμός που τον διέκρινε ήταν ακόμη ένα στοιχείο που την γοήτευε πάνω του.

Έφυγε από την εφημερίδα νιώθοντας ένα περίεργο κενό από την απουσία του. Όχι μόνο δεν τον είχε δει αλλά ούτε τον είχε ακούσει. Άλλες μέρες, όταν αναγκάζονταν να λείψει, την καλούσε στο τηλέφωνο για να της δώσει δήθεν οδηγίες και εντολές. Αφορμές για να ακούσει τη φωνή της και να της πει ένα γλυκό λόγο. Εκείνη την ημέρα, όμως, το τηλέφωνο είχε μείνει βουβό. Η Ζωή το απέδωσε απλά στην πολλή δουλειά.

Ο ήλιος έλαμπε ακόμη δυνατός την ώρα που κατηφόριζε την πλατεία Αριστοτέλους για να επιβιβαστεί στο λεωφορείο. Η θάλασσα μπροστά της γυάλιζε καθάρια και ήρεμη. Ξέγνοιαστοι ηλικιωμένοι ξεκουράζονταν στα παγκάκια επιβλέποντας τα εγγόνια τους που επιδίδονταν σε ατέλειωτα παιχνίδια. Ερωτευμένα ζευγαράκια, πιασμένα χέρι – χέρι, χαίρονταν τη βόλτα τους και το υπέροχο, καλοκαιρινό απόγευμα. Η Ζωή, έχοντας ακόμη αρκετή ανάγκη για ξεκούραση, ανυπομονούσε να επιστρέψει στο σπίτι. Από τη στιγμή που είχε λήξει η ιστορία με τα παράξενα μηνύματα ένιωθε μια ιδιαίτερη αγάπη για το διαμέρισμα της. Ο άλλοτε παγερός και απόμακρος χώρος του είχε γίνει το κέντρο του κόσμου της. Ήσυχο και απόλυτα ιδιωτικό, ήταν το λιμανάκι της, έτοιμο να καλωσορίσει κάθε χαρά αλλά και να στεγάσει κάθε δυσκολία και στενοχώρια. Μέρα με τη μέρα εκμεταλλεύονταν και απολάμβανε όλο και περισσότερο το μοναδικό περιβάλλον που είχε δημιουργήσει ο Κωνσταντίνος και έχοντας αποβάλει κάθε υποψία για εκείνον και τον Άγγελο, τίποτα δεν την εμπόδιζε από το να το χαρεί απροβλημάτιστη. Πρώτο της μέλημα φτάνοντας, θα ήταν να μπει στην κουζίνα και να φτιάξει ένα χορταστικό και τονωτικό δείπνο. Ανυπομονούσε να χρησιμοποιήσει τα μικρά βαζάκια με τα μπαχαρικά που της είχε χαρίσει η Ελισάβετ. Κατόπιν σύντομης σκέψης, τα γεμιστά κανελόνια με κοτόπουλο φάνταζαν να είναι η προτιμότερη επιλογή. Από καιρό τα λαχταρούσε ο ουρανίσκος της και είχε έρθει η ώρα να τα γευτεί.

Τα κλειστά παραθυρόφυλλα είχαν κρατήσει το διαμέρισμα δροσερό. Αφήνοντας τα κλειδιά της πάνω στον μπουφέ έσπευσε να τα ανοίξει διάπλατα, να φωτίσει το σαλόνι. Στη συνέχεια στράφηκε προς την μπαλκονόπορτα της κουζίνας που κι εκείνη στέκονταν ερμητικά κλειστή, με ελάχιστες δέσμες φωτός να γλιστρούν μέσα από τις πυκνές της γρίλιες.

«Θεέ μου!» Πάγωσε. Έμεινε ακίνητη στην πόρτα της κουζίνας. Η καρδιά της χτυπούσε σαν τρελή και το βλέμμα της είχε κοκαλώσει, κοιτώντας το τραπέζι! Εκείνος είχε εμφανιστεί ξανά! Το παράλογο θράσος του είχε οδηγήσει και πάλι τα βήματα του μέσα στο διαμέρισμα της. Παρά την αλλαγή της κλειδαριάς και την ενίσχυση της ασφάλειας, είχε καταφέρει να τρυπώσει και πάλι για να εκτελέσει τις αρρωστημένες εντολές του μυαλού του. Το ίδιο φρικιαστικό παιχνίδι και πάλι από την αρχή! Ποιο λόγο είχαν όλα αυτά; Σε τι αποσκοπούσε η παρεμβατική του συμπεριφορά; Το λησμονημένο αίσθημα του κινδύνου κυρίευσε και πάλι τα φυλλοκάρδια της, πιο απειλητικό από ποτέ! Η ηρεμία της αποτελούσε παρελθόν. Το διαμέρισμα της είχε παραδοθεί αμαχητί, για ακόμη μια φορά, στα σχέδια του άγνωστου καταπατητή της ιδιωτικότητας της.

Άναψε αμέσως το φως. Τα παραθυρόφυλλα θα έμεναν κλειστά για αρκετή ώρα ακόμη. Αυτό που προείχε ήταν τα δύο περίεργα αντικείμενα που καλούσαν το βλέμμα της, πάνω από το ελαφρώς τσαλακωμένο τραπεζομάντιλο. Πλησίασε διστακτικά. Ένα ξύλινο, λευκό αεροπλάνο, σαν εκείνα που παίζουν τα παιδιά, με δυο δάκρυα στο κατσουφιασμένο, ζωγραφιστό του πρόσωπο, ήταν τοποθετημένο πάνω σε έναν μικρό, πρόχειρο χάρτη. Το ανεπιτήδευτο χέρι του επισκέπτη της είχε αποπειραθεί να σκιαγραφήσει με μολύβι ολόκληρη τη χώρα και τα αποτελέσματα μαρτυρούσαν πως η προσπάθεια του είχε πραγματοποιηθεί υπό πίεση και ταραχή. Μια στραβή γραμμή με κόκκινο στυλό τόνιζε εμφαντικά τη διαδρομή μεταξύ Θεσσαλονίκης και Ηρακλείου. Ο δημιουργός του σκίτσου υπαινίσσονταν ξεκάθαρα πως γνώριζε την σύνδεση της Ζωής με αυτές τις δύο πόλεις. Στο δεξί φτερό του θλιμμένου αεροπλάνου, ένα κομμάτι χαρτί κρέμονταν διπλωμένο προσεκτικά.

'Σβήσαν τ' αστέρια τ' ουρανού σαν έφυγες μακριά μου
Ζω κι αναπνέω μοναχά σαν είσαι εσύ κοντά μου'

Με ένα τρυφερό ποίημα είχε επιχειρήσει και πάλι να μοιραστεί τα συναισθήματα του μαζί της. Ο έρωτας του για τη Ζωή ήταν αναμφισβήτητος όπως και η έφεση του στους στίχους. Γνώριζε για το ταξίδι της και μάλιστα ότι είχε πραγματοποιηθεί με αεροπλάνο. Το νόημα του ποιήματος δήλωνε πως η απουσία της του είχε κοστίσει πολύ. Καμιά απειλή δεν κρύβονταν ούτε εκείνη τη φορά πίσω από τις λέξεις που είχαν χρησιμοποιηθεί παρά μόνο μια αδυσώπητη ανάγκη να την έχει κοντά του. Παρόλα αυτά, όμως, όσο γλυκά κι αν ήταν τα λόγια του, όσο αθώο κι αν έμοιαζε το αεροπλανάκι παραπέμποντας στην αγνότητα της παιδικής ηλικίας, το παράπτωμα του παρέμενε το ίδιο ασυγχώρητο και αδικαιολόγητο. Για ποιο λόγο μετέρχονταν όλα εκείνα τα μέσα για να δηλώσει τον έρωτα του; Γιατί δεν της μιλούσε απλά; Η κατάσταση είχε παρατραβήξει. Δεν έπρεπε να δοθεί άλλη συνέχεια!

Βουβή και αμήχανη, όρθια δίπλα στο τραπέζι, ένιωθε την αντοχή της να εξαντλείται. Τα τελευταία αποθέματα της υπομονής της είχαν στερέψει από καιρό. Εκείνη τη στιγμή, μια αστραπιαία σκέψη έκανε την ανάγκη αποκάλυψης της αλήθειας και αποκατάστασης της ηρεμίας ακόμη πιο επείγουσα. «Την Παρασκευή έρχεται η Ηρώ! Δεν πρέπει να καταλάβει τίποτα!» σκέφτηκε αγχωμένη. Όλα έπρεπε να τελειώσουν πριν τον ερχομό της μικρής της αδερφής! Δεν μπορούσε καν να φανταστεί τι θα επακολουθούσε σε περίπτωση που η Ηρώ αντιλαμβάνονταν τι συνέβαινε. Δεν ήταν, φυσικά, δυνατόν να της αρνηθεί τη φιλοξενία της ούτε να αναβάλει επ' αόριστον το προγραμματισμένο της ταξίδι. Όφειλε να πάρει την κατάσταση στα χέρια της προτού να είναι αργά. Η παραμικρή υποψία της Ηρώς θα την ανάγκαζε να της εξιστορήσει όλη την υπόθεση. Όλες οι ελπίδες της μετά θα στηρίζονταν στην δική της κατανόηση και σιωπή, ένα ενδεχόμενο απίθανο. Ο έκρυθμος χαρακτήρας της θα τα τίναζε όλα στον αέρα. Άμεσα θα ενημέρωνε τους γονείς τους και θα πετύχαινε την, ευκταία για εκείνη, επιστροφή της Ζωής στο νησί. Η συνύπαρξη στο ίδιο χωριό με εκείνον, με εκείνον και την κοπέλα του θα την αποτρέλαινε. Δεν υπήρχε περίπτωση να γίνει κάτι τέτοιο! Εκνευρισμένη από το αδιέξοδο που αντιμετώπιζε πέταξε το μικρό, λευκό αεροπλάνο στον τοίχο του δωματίου. Τα μύρια κομμάτια του έπεσαν σαν αφράτο χιόνι πάνω στο πάτωμα.

Ποιες ήταν οι επιλογές της; Με ποιο τρόπο θα ήταν εφικτό να βάλει τέλος σε εκείνη την ιστορία; Κάθισε στην καρέκλα προσπαθώντας να συγκεντρωθεί και να επισπεύσει τους συλλογισμούς της. Για ώρα προσπαθούσε να εξηγήσει το λόγο που ο επισκέπτης της δεν αποκάλυπτε την ταυτότητα του. Πάντα κατέληγε στο ίδιο συμπέρασμα, επηρεασμένη ίσως από την δική της, προσωπική εμπειρία. Ίσως ήταν τόσο ερωτευμένος μαζί της που δείλιαζε να εμφανιστεί μπροστά της. Η ανασφάλεια τον ανάγκαζε να εκδηλώνεται μόνο μέσω μηνυμάτων. Επομένως, εφόσον η Ζωή επεδίωκε να κλείσει εκείνη η υπόθεση, το μόνο που χρειάζονταν ήταν να του δώσει λίγο θάρρος, είτε επρόκειτο για τον Άγγελο είτε για τον Κωνσταντίνο, μιας και μοναδικοί ύποπτοι εξακολουθούσαν να θεωρούνται αποκλειστικά οι δυο τους. Θα επιχειρούσε να επικοινωνήσει μαζί του χρησιμοποιώντας τον δικό του τρόπο. Εξάλλου δεν είχε άλλη επιλογή. Πήρε μια λευκή σελίδα κι ένα στυλό στα χέρια της.

'Ποιος είσαι;'

Απρόσωπες και ευθείς, εκείνες οι δύο λέξεις, εξέφραζαν μια απλή απορία. Δεν είχε καταφύγει ούτε σε ύβρεις ούτε σε απειλές. Διατύπωσε μια απλή ερώτηση χωρίς να θέλει να τον φοβίσει ή να τον απομακρύνει. Δεν υπήρχε άλλη εναλλακτική πέρα από το να τον αντιμετωπίσει προσωπικά, κατάματα. Ευελπιστώντας για μια ανταπόκριση, δίπλωσε τη σελίδα όπως έκανε κι εκείνος και την άφησε πάνω στο τραπέζι. Ήταν η πρώτη φορά που εύχονταν να εμφανιστεί σύντομα στο διαμέρισμα. Όσο νωρίτερα έβλεπε το σημείωμα της, τόσο πιο γρήγορα θα επέρχονταν το τέλος.

Σαν άνοιξε τα παραθυρόφυλλα της κουζίνας, το φως της ημέρας είχε χαθεί. Ο έναστρος, νυχτερινός ουρανός έριχνε ασημένιες αχτίδες στο περβάζι της. Μάζεψε το θρυμματισμένο παιχνίδι από το πάτωμα και το πέταξε στα σκουπίδια. Ο προχειροφτιαγμένος χάρτης βρήκε τη θέση του στο κρυμμένο χαρτόκουτο, μέσα στην ντουλάπα, μαζί με όλα τα υπόλοιπα 'τεκμήρια' της ιστορίας. Το στομάχι της είχε αρχίσει να διαμαρτύρεται έντονα από ώρα. Δεν μπορούσε να το αγνοήσει άλλο. Αναβάλλοντας τα κανελόνια για την επομένη, τσίμπησε λίγο κέικ σοκολάτα με ένα ποτήρι χυμό. Ξάπλωσε στο κρεβάτι, αν και ήταν ακόμη νωρίς, αφήνοντας το πιάτο της λερωμένο στο νεροχύτη. Η ζυγαριά της καχυποψίας ξεπήδησε ξανά μέσα στο μυαλό της, καθώς ατένιζε το ταβάνι της κάμαρας της. Ο Άγγελος ή ο Κωνσταντίνος έμοιαζε πιο ένοχος, σύμφωνα με τα τελευταία δεδομένα;

Στη σκέψη της πρώτος ήρθε ο Κωνσταντίνος. Ήταν άραγε απλή σύμπτωση που η επανεμφάνιση του μυστήριου επισκέπτη της συνέπεσε με τον καβγά τους και την πληροφορία πως η Ζωή ίσως και να αποδέχονταν την ρομαντική πρόταση του Άγγελου; Μήπως δεν ήταν τυχαίο αλλά σκόπιμο; Ίσως ο Κωνσταντίνος ένιωσε να απειλείται άμεσα και για το λόγο αυτό ενεργοποιήθηκε ξανά, επιθυμώντας να εκφράσει την αγάπη του έστω και με τον περίεργο εκείνο τρόπο. Ενδεχομένως ήθελε να δηλώσει πως υπήρχε και κάποιος άλλος που τη νοιάζονταν και την αγαπούσε, εκτός από τον Προϊστάμενο της. Μπορεί ακόμη να ήλπιζε πως θα αποσπούσε την προσοχή της μακριά από εκείνον, προσφέροντας στον εαυτό του λίγο χρόνο για να σκεφτεί την επόμενη κίνηση του και να αποσοβήσει το κακό. Επιπλέον, η θλίψη που περιγράφονταν στο ποίημα, θλίψη που ήταν αποτέλεσμα της απουσίας της Ζωής, ήταν ένα αίσθημα που είχε εκδηλωθεί φανερά από τον Κωνσταντίνο κατά τη διάρκεια της παραμονής της στο νησί. Δεν είχε περάσει ούτε ένα εικοσιτετράωρο από τη στιγμή που είχαν αποχαιρετιστεί στο αεροδρόμιο της Θεσσαλονίκης αλλά ο Κωνσταντίνος της παραπονιόταν μέσω τηλεφώνου πως τον είχε ξεχάσει. Στερούμενη λογικής βάσης, εκείνη η δήλωση έμοιαζε υπερβολική και παράλογη από την πρώτη στιγμή που την είχε ξεστομίσει ο Κωνσταντίνος. Ένα ακόμη στοιχείο που ενδυνάμωνε την πιθανότητα της ενοχής του ήταν το αναμφισβήτητο ταλέντο στους στίχους που χαρακτήριζε τόσο τον δημιουργό του τελευταίου, συγκινητικού σημειώματος όσο και τον Κωνσταντίνο, μετά το δίστιχο που είχε αναγράψει πάνω στο κουτί των βιταμινών.

Η ίδια ενοχή έπεφτε το ίδιο βαριά πάνω στους ώμους και του Άγγελου. Διαθέτοντας ένα προφίλ σαγηνευτικό και επίμονα διεκδικητικό, ο νεαρός εκείνος θα μπορούσε εύκολα, σε κλάσματα του δευτερολέπτου, να μεταμορφωθεί μπροστά στα μάτια της, σε ένα παρανοϊκό καρδιοκατακτητή. Η Ζωή θυμόταν ακόμη τη δήλωση του, στην αρχή της γνωριμίας τους, με την οποία την είχε διαβεβαιώσει πως ήταν διατεθειμένος να κάνει τα πάντα για να κερδίσει την αγάπη μιας γυναίκας. Αυτή η γυναίκα ήταν πλέον η Ζωή και τη δική της αγάπη ζητούσε, φανερά, επίσημα. Επιπλέον, ο Άγγελος είχε χαρακτηρίσει την απουσία της τρομακτική, το διήμερο που εκείνη είχε κατεβεί στην Κρήτη, γεγονός που ταίριαζε επίσης στο νόημα του ποιήματος. Όπως και ο Κωνσταντίνος, έτσι και ο Άγγελος, είχε στη διάθεση του άπλετο χρόνο για να πραγματοποιήσει τα σχέδια του όσο έλειπε από το γραφείο σε εξωτερικές δουλειές, κατά τη διάρκεια του οχταώρου. Ίσως ήθελε να κρατήσει την ατμόσφαιρα ζεστή με εκείνο τον τρόπο, τώρα που ήταν πιεσμένος από τον εργασιακό φόρτο, μέχρι να έρθει η στιγμή να πάρει την απάντηση της Ζωής. Μια μελλοντική ίσως παραδοχή πως αυτός κρύβονταν πίσω από όλα αυτά, ενδεχομένως να την κολάκευε και να την συγκινούσε, εξασφαλίζοντας του μια θετική απάντηση. Το μοναδικό στοιχείο που παρέμενε ανεπιβεβαίωτο ήταν οι στιχουργικές του ικανότητες.

Όποιος απ' τους δυο κι αν αποδεικνύονταν τελικά να είναι ο 'εμπνευστής' εκείνης της ιδιάζουσας απόπειρας προσέγγισης της Ζωής, αυτό που ήταν βέβαιο ήταν πως η Ζωή θα έπρεπε να αναβάλει την απάντηση που χρωστούσε στον Άγγελο έως ότου το τοπίο ξεκαθαρίσει. Αν εκείνος ήταν υπεύθυνος για όλα αυτά, τότε μια θετική απόκριση θα την έμπλεκε σε μια αρρωστημένη σχέση και θα την ένωνε με έναν άνθρωπο αμφίβολης ψυχικής ισορροπίας. Δεν ήθελε να ριψοκινδυνεύσει κάτι τέτοιο. Όσο παρέμενε απασχολημένος με τη φουρτούνα στο γραφείο, δεν θα αναγκάζονταν να τον συναντήσει, να τον αντιμετωπίσει. Υπήρχε όμως η πιθανότητα να τη ζητήσει σε ραντεβού πριν ανακαλυφθεί ο ένοχος. Έπρεπε να σκεφτεί έναν τρόπο για να αποφύγει μια τέτοια συνεύρεση. Η τελική απόφαση της έπρεπε να βασίζεται σε πλήρη γνώση της αλήθειας. Δεν ήθελε να αποδεχτεί την πρόταση του έχοντας ακόμη αμφιβολίες για την ενοχή του αλλά ούτε και να τον απορρίψει οριστικά σε περίπτωση που δεν είχε καμία ανάμειξη σε όλη εκείνη την υπόθεση. Πώς θα μπορούσε να καθυστερήσει την απάντηση της; Με ποιο τρόπο θα μπορούσε να τον αποφύγει διακριτικά; Η λύση που έψαχνε άναψε σαν λαμπάκι φωτεινό μες το μυαλό της. Χρησιμοποιώντας το ταξίδι της Ηρώς σαν δικαιολογία, θα του υπόσχονταν πως θα του απαντούσε αφού εκείνη θα επέστρεφε στην Κρήτη. Στο μεταξύ θα είχε περισσότερο χρόνο να διαλευκάνει το μυστήριο αλλά και θα προλάβαινε να συστήσει τον Άγγελο στην Ηρώ για να πάρει και την δική της άποψη. Σε περίπτωση που αποδεικνύονταν η αθωότητα του, η γνώμη της Ηρώς θα ήταν εξαιρετικής σημασίας για την οριστική της απόφαση.

Τα μάτια της έκλειναν βαριά από την ταλαιπωρία. Στο μυαλό της είχε σχηματιστεί ένα υποτυπώδες σχέδιο και ήλπιζε πως θα κατάφερνε να ηρεμήσει και να κοιμηθεί σύντομα. Ανυπομονούσε να έρθει η επόμενη μέρα, αγωνιούσε να δει την απάντηση του άγνωστου διεκδικητή της καρδιάς της. Υπήρχε φυσικά και το ενδεχόμενο να μην ανταποκριθεί στο σημείωμα της αλλά αυτό ήταν κάτι που δεν ήθελε να το σκεφτεί ακόμη. Κούρνιασε κάτω από το σεντόνι της για να αποκοιμηθεί. Ένα γραπτό μήνυμα στο κινητό της διέκοψε την χαλάρωση της.

«Είσαι ελεύθερη αύριο το βράδυ;» Ο Κωνσταντίνος, εκμεταλλευόμενος την υπόσχεση της πως θα αντάμωναν πριν το Σαββατοκύριακο, δεν άφηνε τον καιρό να πάει χαμένος.

«Λίγο δύσκολα για αύριο. Ίσως το κανονίσουμε για την Τετάρτη». Το σύντομο κείμενο της απάντησης της έφεγγε μέσα στο σκοτάδι, πάνω στην οθόνη του τηλεφώνου.

Άλλο μήνυμα δεν ακολούθησε. Ο Κωνσταντίνος προτίμησε να της τηλεφωνήσει και να της ζητήσει το λόγο της άρνησης της προφορικά.

«Είσαι θυμωμένη μαζί μου;» τη ρώτησε, πιστεύοντας πως η διαμάχη τους είχε προκαλέσει την απόρριψη της. Η φωνή του ακούγονταν φοβισμένη μέσα στην απόλυτη ησυχία της τηλεφωνικής σύνδεσης.

«Όχι, Κωνσταντίνε μου. Δεν είμαι θυμωμένη, απλά κουρασμένη. Νιώθω ακόμη λίγο άτονη και γι' αυτό δεν έχω διάθεση για βόλτες. Αν νιώσω καλύτερα, θα βρεθούμε την Τετάρτη». Είχε γίνει πολύ καλή στα ψέματα τον τελευταίο καιρό. Δεν ήταν από κούραση που αρνήθηκε να βρεθεί μαζί του. Το μόνο που την ένοιαζε και προγραμμάτιζε για την επόμενη ημέρα ήταν να επιστρέψει στο διαμέρισμα της και να ελέγξει αν της είχε αφήσει κάποιο απαντητικό σημείωμα ο επισκέπτης της. «Εξάλλου θέλω να δυναμώσω πριν έρθει η Ηρώ. Δεν θα ήταν σωστό να είμαι στο κρεβάτι κατά την παραμονή της εδώ» συνέχισε. Όχι μόνο έλεγε ψέματα αλλά τα στόλιζε και με περιττά επιχειρήματα.

«Εντάξει, ομορφιά μου. Θα περιμένω να μου πεις εσύ όποτε αισθανθείς πιο δυνατή. Καληνύχτα και όνειρα γλυκά».

«Καληνύχτα».

Βολεύτηκε στην ίδια θέση που είχε και πριν. Μα, όχι για πολύ. Μέσα σε λίγα δευτερόλεπτα το κινητό της ξαναχτύπησε. Αυτή τη φορά δεν ήταν ο Κωνσταντίνος.

«Εμπρός;»

«Παρακαλώ;»

Η ίδια, ανατριχιαστική ανάσα που την είχε αναστατώσει λίγα βράδια πριν, την έψαχνε και πάλι. Μέσα σε μια απροσδιόριστη βουή, εξωτερικού μάλλον χώρου, ακούγονταν βαριά και αργή. Όσες φορές κι αν ζήτησε η Ζωή να μάθει ποιος την καλούσε, δεν πήρε καμία απάντηση. Έχοντας επιμείνει αρκετά, έκλεισε το τηλέφωνο αγανακτισμένη. Αν και είχε ενοχληθεί, ταυτόχρονα συνειδητοποίησε πως εκείνη η κλήση την είχε βοηθήσει να αντιληφθεί κάτι ιδιαιτέρως σημαντικό. Αν αυτός που της τηλεφωνούσε ήταν ο ίδιος άνθρωπος με εκείνον που έμπαινε στο διαμέρισμά της, δηλαδή ή ο Άγγελος ή ο Κωνσταντίνος, μάλλον θα έπρεπε να απαλλάξει τον δεύτερο από κάθε εμπλοκή στην υπόθεση με τα μηνύματα. Η κλήση του Κωνσταντίνου, που μόλις είχε προηγηθεί, φανέρωνε μια ησυχία ενώ το δεύτερο τηλεφώνημα, που έγινε σε πολύ σύντομο χρονικό διάστημα, πραγματοποιήθηκε από ένα μέρος διαφορετικό, βοερό. Επομένως, το συμπέρασμα ήταν διπλό. Είτε ότι ο Κωνσταντίνος δεν είχε καμία σχέση με τα μηνύματα, είτε ότι αυτός που την καλούσε με απόκρυψη δεν ήταν ο μυστήριος επισκέπτης της αλλά κάποιος άλλος.

Το αναστατωμένο υποσυνείδητό της, της επιφύλασσε άσχημη συνέχεια. Ένας τρομακτικός εφιάλτης προκάλεσε το ξαφνικό ξύπνημά της, όταν η νύχτα είχε προχωρήσει αρκετά. Λουσμένη μέσα σε κρύο ιδρώτα, με τα μάτια της γεμάτα δάκρυα και την καρδιά της σφιγμένη σαν πέτρα, άναψε το φως του δωματίου της για να συνέλθει. Πόσο περίεργα φρικτό ήταν το όνειρό της! Πόσο αντικατόπτριζε όμως την πραγματικότητα! Πρωταγωνιστές ο Πέτρος, ο Άγγελος και ο Κωνσταντίνος. Τρία πρόσωπα ασύνδετα μα κυρίαρχα μέσα στο μυαλό της. Συγκεντρωμένους τους είδε και τους τρεις στην όμορφη παραλία του μικρού χωριού της απέναντι από την αυλή του πατρικού της. Έμοιαζαν απορροφημένοι σε έναν έντονο καβγά. Η Ζωή, κρυμμένη καλά πίσω από ένα βράχο, κράτησε μυστική την παρουσία της. Απότομα σκουντήματα και βίαια χτυπήματα συνόδευαν τις δυνατές φωνές τους. Αιτία της διαμάχης και της πάλης ήταν η ίδια η καρδιά της. Παγιδευμένη μέσα στα γεροδεμένα τους χέρια σπαρταρούσε, υποφέροντας αβάσταχτους πόνους. Καθένας την τραβούσε προς το μέρος του με μανία, τραυματίζοντας την άπονα. Όλοι την ήθελαν δική τους! Εκείνη πληγωμένη, έσταζε κόκκινες στάλες αίμα πάνω στην χρυσή αμμουδιά. Ώσπου στο τέλος δεν άντεξε, σκίστηκε σε τρία κομμάτια, ένα για τον καθένα. Ικανοποιημένοι από το μερίδιο, χαρούμενοι για το λάφυρό τους, χωρίστηκαν ακολουθώντας δρόμους διαφορετικούς. Το μεγαλύτερο κομμάτι είχε απομείνει στα χέρια του Πέτρου. Μόνο εκείνο χτυπούσε ακόμη ζωντανό ενώ τα άλλα δυο κείτονταν ακίνητα, νεκρά. Κρυμμένη ακόμη πίσω από το βράχο, ένιωθε να κομματιάζεται, να πεθαίνει. Ξύπνησε, αγκομαχώντας να ανασάνει.

16

«Καλημέρα, κύριε Παναγιώτη.» Ο χαιρετισμός της Ζωής ξάφνιασε τον νυσταγμένο θυρωρό. Το πνεύμα του κοιμόταν ακόμη εκείνο το όμορφο πρωινό της Τρίτης αν και ήταν από νωρίς όρθιος στο πόστο του.

«Είναι όντως μια καλή μέρα!» της απάντησε, προσποιητά ευδιάθετος αν και ήταν περισσότερο από προφανές πως θα προτιμούσε να χουζούρευε ακόμη στο κρεβάτι του.

Καλημερίζοντας όλους τους συναδέλφους στο ισόγειο, αφού τώρα πια είχε γνωριστεί καλά με όλους, πήρε το ασανσέρ, πατώντας το κουμπί του πρώτου ορόφου, με προορισμό τον 'Τομέα Αλληλογραφίας'. Η ίδια διαδρομή, κάθε πρωί. Τα πόδια της λειτουργούσαν αυτόματα. Ακόμη και με μάτια κλειστά θα μπορούσε να οδηγηθεί στη θέση της. Η πόρτα του γραφείου της ήταν ακόμη κλειστή, ακριβώς όπως την είχε αφήσει το προηγούμενο απόγευμα φεύγοντας. Ανοίγοντας την, διαπίστωσε πως όντως ο Άγγελος έλειπε και πάλι. «Μακάρι να μην έρθει ούτε σήμερα!» ευχήθηκε μέσα της. Δεν ήθελε να καταφύγει σε ψεύτικες δικαιολογίες για να αποφύγει ένα ραντεβού μαζί του. «Ας είναι μια μέρα ήσυχη, αφιερωμένη αποκλειστικά στη δουλειά!» Οι επιβεβαιώσεις που ζητούσε για την πιθανή, ολοήμερη απουσία του Άγγελου, δεν άργησαν να της δοθούν.

Το αναλογικό τηλέφωνο πάνω στο γραφείο της χτύπησε ακριβώς τη στιγμή που κάθισε στην δερμάτινη, περιστρεφόμενη καρέκλα της. Αμέσως κατάλαβε την φωνή του. Την καλημέρισε γλυκά, φυσιολογικά, παρότι υπερβολικά αγχωμένος. Προτεραιότητα στη συζήτηση τους είχαν οι ερωτήσεις και οι οδηγίες σχετικά με τη δουλειά. Η Ζωή τον ενημέρωσε με κάθε λεπτομέρεια για τα ζητήματα που είχε διευθετήσει την προηγούμενη ημέρα αλλά και για το μελλοντικό της πρόγραμμα. Ιδιαίτερα ευχαριστημένος εκείνος της έδωσε τα εύσημα για την ταχύτατη και αποτελεσματική ανταπόκριση στα καθήκοντα της και, αμέσως μετά, προχώρησε στο προκείμενο, στο θέμα που ταλάνιζε, χωρίς εκείνος να το υποψιάζεται, το μυαλό της τερματίζοντας την αγωνία της.

«Θα λείψω και σήμερα, αστέρι. Μάλιστα, όχι μόνο σήμερα αλλά ολόκληρη την εβδομάδα». Τα νέα ήταν ακόμη καλύτερα από αυτά που επιθυμούσε! Μόλις είχε αποκλειστεί το ενδεχόμενο να της ζητήσει ο Άγγελος μια απάντηση σύντομα και η καρδιά της πετάρισε από χαρά. «Θα περάσουν μέρες χωρίς να σε δω. Περιττό να σου πω πως μου λείπεις ήδη» συνέχισε εκείνος το ίδιο γλυκά.

«Μπορούμε να βρεθούμε το Σαββατόβραδο, αν έχεις τη διάθεση. Έρχεται η αδερφή μου από την Κρήτη και ήδη σχεδιάζω έξοδο με όλη την παρέα. Θα ήθελα πολύ να την γνωρίσεις!» πρότεινε η Ζωή, θέλοντας να του δείξει κι εκείνη κάποιο ενδιαφέρον από τη μεριά της.

«Πολύ ευχαρίστως! Όσο κουρασμένος και να είμαι δεν υπάρχει περίπτωση να απουσιάσω από μια τέτοια συνάντηση!» Ενθουσιάστηκε πάρα πολύ με την πρόταση της και η Ζωή γνώριζε πολύ καλά από πού πήγαζε εκείνη η υπέρμετρη χαρμονή. Το πονηρό μυαλό του σίγουρα θα είχε σκεφτεί πως η επιθυμία της Ζωής να τον συστήσει στην αδερφή του σήμαινε ότι είχε αποφασίσει να δεχτεί την πρόταση του.

«Θα μιλήσουμε για τις λεπτομέρειες ως τότε».

«Εντάξει, Ζωή μου. Καλή συνέχεια!»

«Καλή συνέχεια και σε εσένα».

Εφησυχασμένη πως ο Άγγελος δεν θα εμφανιζόταν ξαφνικά από το πουθενά, έπεσε με τα μούτρα στη δουλειά. Την προσοχή της συχνά αποσπούσαν σκέψεις σχετικά με την εξέλιξη της ημέρας μετά την επιστροφή της στο σπίτι. Θα λάμβανε άραγε κάποια απάντηση στην γραπτή ερώτηση της ο άγνωστος επισκέπτης της θα παρέμενε άγνωστος, επιλέγοντας να μην αποκαλύψει το όνομα του; Όλα ήταν πιθανά, μα η Ζωή προτιμούσε να παραμείνει αισιόδοξη. Πόσο ήθελε να τελειώσει μια και καλή εκείνο το κυνήγι του εντυπωσιασμού της που της είχε δημιουργήσει τόσα προβλήματα! Το αίσθημα του φόβου που την ακολουθούσε μέσα στο ίδιο της το διαμέρισμα, η αβέβαιη ακόμη πορεία της ερωτικής της ζωής αλλά και ο τρόπος που εσκεμμένα αντιμετώπιζε ορισμένους ανθρώπους του στενού της περιβάλλοντος, όλα εξαρτιόταν από την δική του απάντηση. Υπομονή ήταν το μόνο που μπορούσε να κάνει.

«Σας ζητάει η δεσποινίς Κυπριανίδου. Να σας συνδέσω;» τη ρώτησε η κοπέλα από το τηλεφωνικό κέντρο. «Η Ελισάβετ;» αναρωτήθηκε η Ζωή. Γιατί δεν της τηλεφώνησε στο κινητό;

«Παρακαλώ;»

«Καλημέρα! Συγχώρα με που σε ενοχλώ! Ξέρω πως έχεις το κινητό σου στο αθόρυβο γι' αυτό πήρα το θάρρος να σε καλέσω στο γραφείο. Έχεις δουλειά;» Εκστασιασμένη, μιλούσε τόσο γρήγορα που η Ζωή έπρεπε να καταβάλει επιπλέον προσοχή για να προλάβει τη γρήγορη ροή του λόγου της.

«Τίποτα που δεν μπορεί να περιμένει. Τι έγινε;»

« Έχω ραντεβού απόψε και ήθελα να σου το πω! Ραντεβού με το Γιώργο, χάρη σε σένα!»

«Δεν ξέρεις πόσο χαίρομαι! Μπράβο!» Και όντως χαίρονταν πολύ, παρόλο που σε κάτι τέτοιες στιγμές η δική της καρδιά μάτωνε από ζήλια .

«Να βρεθούμε σύντομα να σου πω τα νεότερα!»

«Θα βρεθούμε και μπορώ να σου πω από τώρα το πότε. Έρχεται η Ηρώ από Κρήτη και σκεφτόμουν να βρισκόμασταν όλοι μαζί το Σάββατο. Θα μας κάνεις την τιμή;»

«Εννοείται. Έχω πάρα πολύ καιρό να δω το 'μπεμπεκάκι'. Κι αν όλα πάνε καλά, μπορεί να φέρω και το Γιώργο παρέα» ξέσπασε σε αμήχανα γέλια. Η Ζωή μπορούσε να φανταστεί τα μάγουλα της να κοκκινίζουν και τα μάτια της να λάμπουν γυαλιστερά.

«Πολύ καλή η ιδέα σου! Καλή επιτυχία λοιπόν και τα λέμε το Σάββατο!»

«Σε ευχαριστώ και πάλι για τη βοήθεια σου!»

Ακόμη μια ιστορία αγάπης έπαιρνε το δρόμο της, σαν εκείνη της Γωγώς και του Άρη. Έτσι θα έπρεπε να είναι πάντα ο έρωτας. Να σου δίνει χαρά, όχι πόνο και δάκρυα. Πότε θα είχε και η ίδια την ευλογία να ζήσει μια τέτοια ευτυχία; Ο πολύπαθος έρωτας της για τον φίλο της αδερφής της τίποτα καλό δεν της είχε προσφέρει. Καημός και θλίψη έκαιγαν τα σωθικά της για χρόνια. Μα ήταν τόσο ανυπέρβλητα τα αισθήματα της, τόσο έντονα και συνταρακτικά, που δεν υπήρχε καμία διέξοδος. «Βοήθα με, Θεέ μου! Βοήθα με να ξεχάσω!» Έστρεψε το παρακλητικό της βλέμμα προς το μέρος του ταβανιού, κατ' επέκταση προς τον ουρανό, προτού επιστρέψει και πάλι στην εργασία της.

Το τηλέφωνο έμεινε βουβό για όλη την υπόλοιπη μέρα κι εκείνη ήρεμη, έστω κι επιφανειακά, έκανε τη δουλειά της. Το στυλό έπεσε από τα χέρια της και αρπάζοντας την τσάντα της σηκώθηκε βιαστικά παρατώντας τη δουλειά της μισοτελειωμένη, μόλις οι δείκτες του ρολογιού έδειξαν την ώρα της σχόλης. Τρέχοντας σχεδόν κατέβηκε τα σκαλιά της εφημερίδας. Βγαίνοντας από το επιβλητικό κτίριο δεν κατευθύνθηκε προς τη στάση του λεωφορείου ως συνήθως αλλά ανηφόρισε προς την πιάτσα των ταξί, λίγα στενά παραπάνω. Ήθελε να φτάσει στο διαμέρισμα της το συντομότερο δυνατό και κάτι τέτοιο δεν θα ήταν εφικτό με το βασανιστικά αργό λεωφορείο της γραμμής. Όρμησε απρόσεκτα στο πίσω κάθισμα του πρώτου κυανόλευκου αυτοκινήτου που βρέθηκε μπροστά της και έδωσε στον οδηγό τα στοιχεία του προορισμού της, φωνάζοντας σχεδόν από την ανυπομονησία. Ο οδηγός που ένιωσε τη βιασύνη της, πάτησε το γκάζι απότομα. Το σώμα της έπεσε με δύναμη πάνω στο πλαστικό κάλυμμα του καθίσματος.

Η διαδρομή καλύφθηκε ανέλπιστα γρήγορα. Κατεβαίνοντας από το ταξί, ελάχιστα μέτρα από το σπίτι της, άρχισε να τρέχει. Φτάνοντας στο διαμέρισμα, άνοιξε λαχανιασμένη την πόρτα και άναψε το φως. Επιτέλους! Είχε έρθει η στιγμή που περίμενε! Το βλέμμα της χτένισε την περιοχή του σαλονιού. Τίποτα ύποπτο. Από την μισόκλειστη πόρτα της κουζίνας ένα αμυδρό, σχεδόν ανεπαίσθητο φως και μια ευωδιαστή μυρωδιά ξεχύνονταν στο σαλόνι. Πλησίασε με θαρραλέα βήματα, παρά τον φόβο της για το τι κρύβονταν από πίσω. Το κορμί της ρίγησε ανατριχιασμένο.

Το απαλό ημίφως που επικρατούσε στο χώρο δυσκόλευε την όραση της. Πίεσε το διακόπτη της κουζίνας αποφασιστικά. Το θέαμα μπροστά στα μάτια της ήταν ιδιαίτερα απολαυστικό μα κανένα σημείωμα δεν ήταν ορατό με την πρώτη ματιά. Δύο αναμμένα κεριά στο κέντρο του τραπεζιού δίπλα σε ένα ψηλόλιγνο μπουκάλι κρασί στόλιζαν με το κιτρινωπό τους φως ένα πλήρες, ρομαντικό δείπνο, στρωμένο για δυο. Το σερβιρισμένο φαγητό άχνιζε ακόμη και το δροσερό κρασί μέσα στα ποτήρια δεν είχε προλάβει να ζεσταθεί. «Ήρθε! Ήταν εδώ πριν λίγο!» συνειδητοποίησε ταραγμένη. «Μήπως είναι ακόμη εδώ;» Η αναπνοή της σταμάτησε. Με κινήσεις σιγανές, έβγαλε ένα μαχαίρι από το συρτάρι της κουζίνας για την περίπτωση που θα χρειάζονταν προστασία. Κρατώντας το παρατεταμένο μπροστά της ξεκίνησε να ελέγξει τα υπόλοιπα δωμάτια. Έπρεπε να βεβαιωθεί πως ήταν μόνη στο σπίτι προτού ασχοληθεί περαιτέρω με το σκηνικό του δείπνου.

Αν και η έρευνα κράτησε λίγα μόνο λεπτά, της φάνηκαν αιώνας. Με τρεμάμενα χέρια άνοιξε την πόρτα του δωματίου της και του μπάνιου. Ήταν ολομόναχη. Κανείς άλλος δεν βρισκόταν εκεί μαζί της. Επέστρεψε στην κουζίνα με την αγωνία της αμείωτη. Τι να πρωτοκοιτάξει; Που να ψάξει για την απάντηση που αναζητούσε; «Αυτό είναι το δικό μου σερβίτσιο!» ήταν η πρώτη σκέψη που ήρθε στο μυαλό της, καθώς άρχισε να παρατηρεί διεξοδικότερα το στημένο σκηνικό. «Ούτε σήμερα θα φτιάξω κανελόνια!» ήταν η δεύτερη. Φυσικά, η δεύτερη εκείνη σκέψη ανατράπηκε πολύ σύντομα. Δεν θα ήταν φρόνιμο να αγγίξει το σερβιρισμένο φαγητό, όσο νόστιμο κι αν φαινόταν, όσο και αν πεινούσε. Κάτι τέτοιο θα ήταν τόσο επικίνδυνο όσο και αφελές. Απλώνοντας τα χέρια της, άρχισε να ανασηκώνει τα πιάτα και τα ποτήρια από το τραπέζι απαρνούμενη την 'ευγενική' απόπειρα του ' ακάλεστου 'μουσαφίρη' της να την περιποιηθεί. Ένα προς ένα τα εξέταζε εξονυχιστικά και τα μετέφερε στο νεροχύτη. Μέσα στην ψυχή της η απογοήτευση θέριευε καθώς δεν έβρισκε πουθενά το πολυπόθητο χαρτί με την απάντηση. «Ίσως τον τρόμαξα. Ίσως δεν είναι έτοιμος ακόμη να επικοινωνήσει μαζί μου και να αποκαλυφτεί» συλλογίστηκε.

Τελευταίο πάνω στο τραπέζι απέμενε ένα πιάτο του γλυκού, με δύο κομμάτια τούρτα σοκολάτα. Το άρπαξε νευριασμένη και το πέταξε πάνω στη στοίβα του νεροχύτη, προκαλώντας του μια βαθιά ρωγμή. Ένας συρτός θόρυβος ακούστηκε από το πάτωμα. «Χαρτί;» αναρωτήθηκε. Σαν χαμήλωσε αργά το βλέμμα της προς την πηγή του θορύβου είδε την επιθυμία της να ικανοποιείται. Ένα κομμάτι χαρτί, διπλωμένο στα δύο ως συνήθως, έστεκε ακίνητο πάνω στο καλοκαιρινό χαλί της κουζίνας. «Μου απάντησε!» Στα μάτια της άστραψε η ελπίδα πως σύντομα θα τέλειωνε το περίεργο μαρτύριο της. Η μέχρι τότε απροσδιόριστη και απειλητική παρουσία του επισκέπτη της έπαιρνε σάρκα και οστά μέσω εκείνου του μικρού χαρτιού. Τον ένιωσε να περπατάει δίπλα της μέσα στο σπιτικό της, πιο ζωντανό από ποτέ. Η κίνηση του να ανταποκριθεί στην ερώτηση της την έκανε να νιώσει πιο άνετα και να αποβάλει αρκετό από τον τρόμο που της προκαλούσε εκείνη η ιστορία. Έσκυψε και σήκωσε το χαρτάκι με ευλαβική προσοχή. Η αγωνία της κορυφώθηκε. Μέσα εκεί, κρύβονταν η λύση του μυστηρίου. Ποιο όνομα θα αντίκριζε; Άγγελος ή Κωνσταντίνος; Κάθισε στον καναπέ, πήρε μια βαθιά ανάσα και το ξεδίπλωσε αργά.

'Μη φοβάσαι'

Μα, άλλη ήταν η ερώτηση της! Άλλη απάντηση περίμενε! Αποτυχία! Αν και είχε τολμήσει να της δώσει κάποιο σημείο ζωής, τελικά δεν είχε πειστεί να φανερώσει την ταυτότητα του. Αντιλαμβανόμενος τον δικαιολογημένο φόβο της, περιορίστηκε μονάχα στο να την ησυχάσει πως δεν ήθελε το κακό της. Θα την γαλήνευε περισσότερο όμως αν απλά της φανέρωνε ποιος ήταν. Αποθαρρυμένη, προσπάθησε να ερμηνεύσει το καινούριο σημείωμα. Αρχικά, αποφάσισε πως η ανταλλαγή σημειωμάτων μεταξύ τους μπορούσε και έπρεπε να συνεχιστεί, εφόσον φαίνονταν να είναι κι εκείνος σύμφωνος σε κάτι τέτοιο. Επιπρόσθετα, η καθησυχαστική απάντηση που είχε επιλέξει να της δώσει, ενίσχυσε μεμιάς την υποψία της πως επρόκειτο για άνθρωπο γνωστό της, για κάποιον που δεν είχε ήθελε να την τρομάξει. Ο σκοπός του δεν ήταν εκφοβιστικός. Με εκείνα τα δύο δεδομένα στο μυαλό της, δεν θα τα παρατούσε εύκολα. Τώρα που είχε γίνει η αρχή, έπρεπε να το φτάσει μέχρι το τέλος. Πήρε και πάλι χαρτί και στυλό. Θα ζητούσε το όνομα του για ακόμη μια φορά.

'Σε παρακαλώ, πες μου ποιος είσαι'

Δεύτερο σημείωμα από τα χέρια της. Χρησιμοποιώντας ευγένεια στο λόγο της και περισσότερες σε αριθμό λέξεις, τακτική που υποδήλωνε άνεση και κατά κάποιο τρόπο την αποδοχή της ύπαρξης του, επιχείρησε να μαλακώσει την στάση του και να τον φέρει πιο κοντά της. Το άφησε πάνω στο τραπέζι της κουζίνας, στην ίδια ακριβώς θέση με το προηγούμενο. Ένα ακόμη εικοσιτετράωρο αγχώδους αναμονής είχε μόλις ξεκινήσει. Λογικά, το απόγευμα της επομένης θα μάθαινε αν το διαφορετικό ύφος του λόγου της και η επιμονή της είχαν σταθεί ικανά να φέρουν τα επιθυμητά αποτελέσματα.

Χαρούμενη και λυπημένη συνάμα, χωρίς να ξέρει ακριβώς πώς να αισθανθεί, στράφηκε προς το νεροχύτη. Ο κάδος των σκουπιδιών γέμισε σύντομα με πεταμένο φαγητό την ίδια ώρα που εκείνη έτρεμε από την πείνα. Πάνω στα πιάτα δεν είχε μείνει ούτε ψίχουλο. Με λεπτομερή επιμέλεια, σαπούνισε τα κομμάτια του σερβίτσιου που είχαν χρησιμοποιηθεί και τα επανατοποθέτησε στη θέση τους μέσα στο ντουλάπι. «Δεν θα αντέξω κι απόψε κέικ με χυμό» σκέφτηκε. Ο οργανισμός της εκλιπαρούσε για μια γερή δόση πρωτεϊνών και βιταμινών, στην προσπάθεια του να ανακάμψει. Κάποια στιγμή θα έπρεπε να μαγειρέψει.

Τα άδεια κανελόνια παρατάχθηκαν μέσα στο στρόγγυλο ταψί. Καθώς προετοίμαζε τη γευστική τους γέμιση, ένα ειρωνικό χαμόγελο εμφανίστηκε στο πρόσωπο της. Ήταν δυνατό με τόσα γεγονότα που διαδραματίζονταν μέσα στο διαμέρισμα της, να βρίσκει το κουράγιο και να λειτουργεί σαν χαρωπή νοικοκυρά; Είχε συνηθίσει τόσο τις παράνομες βόλτες του ώστε να έχει την ψυχραιμία να μαγειρεύει αμέριμνη στον ίδιο χώρο που πριν από λίγο κυκλοφορούσε κι εκείνος; Δεν είχε όμως άλλη επιλογή. Έπρεπε να φροντίσει τον εαυτό της.

Το θρεπτικό της δείπνο είχε αρχίσει να ροδίζει μέσα στο φούρνο σκορπώντας αρώματα στο γύρω χώρο, όταν το κινητό της χτύπησε μέσα από την τσάντα της. Ξέπλυνε τα χέρια της από την άσπρη σάλτσα την οποία ετοιμάζονταν να περιχύσει πάνω τους κι έτρεξε στο σαλόνι για να απαντήσει. 'Απόκρυψη αριθμού' και πάλι στην οθόνη. Τα τηλεφωνήματα με απόκρυψη ήταν πλέον καθημερινά, όπως ακριβώς και τα σημειώματα. Αν εκείνος που της τηλεφωνούσε με τέτοια επιμονή, χωρίς να εμφανίζει ποτέ τον αριθμό του, ήταν ο ίδιος άνθρωπος που έμπαινε στο διαμέρισμα της, τότε ήταν προφανές από τη συχνότητα της επικοινωνίας τους πως η υπόθεση όντως όδευε προς το φινάλε. Εκείνο όμως το τηλεφωνικό κρυφτό της είχε προκαλέσει έντονο εκνευρισμό. Στο εξής δεν θα απαντούσε σε καμία κλήση με απόκρυψη. Ίσως έτσι κατάφερνε να του δώσει ένα μάθημα σχετικά με τη σημασία της ειλικρίνειας και του θάρρους στις ανθρώπινες σχέσεις.

«Κι εγώ που νόμιζα πως ήταν ο Κωνσταντίνος...» σκέφτηκε, επιστρέφοντας στην κουζίνα. Δεν είχε λησμονήσει την επιθυμία του να συναντηθούν μα η κρισιμότητα των τελευταίων εξελίξεων δεν της άφηνε ούτε μυαλό ούτε χρόνο για διασκέδαση. Ήλπιζε πως μέσω της σκόπιμης σιωπής της και της διακριτικής απουσίας της, ο σπιτονοικοκύρης της θα καταλάβαινε πως δεν ήταν ακόμη σε θέση να ξεκινήσει τις εξόδους. Η πραγματικότητα που έπρεπε να του παρουσιαστεί ήταν πως η εξάντληση της από τις δύο εξοντωτικές εβδομάδες που είχαν προηγηθεί, την ταλάνιζε ακόμη. Είχε κατανόηση ο Κωνσταντίνος και η Ζωή ήθελε να πιστεύει πως δεν θα δημιουργούνταν πρόβλημα.

Φυσικά, δεν του τηλεφώνησε ούτε την επομένη ούτε και σκόπευε να τον καλέσει τις επόμενες ημέρες. Το πιθανότερο ήταν να συναντηθούν όλοι μαζί το Σαββατόβραδο. Η Ελισάβετ ήταν η μοναδική επαφή που είχε με την παρέα. Νωρίς το πρωί της Τετάρτης, κι ενώ η Ζωή ήταν απορροφημένη με την δουλειά της, την ενημέρωσε για την υπέροχη εξέλιξη του ραντεβού της με το Γιώργο στέλνοντας της ένα μήνυμα στο κινητό που είχε περισσότερα θαυμαστικά παρά λέξεις. Έπλεε σε πελάγη ευτυχίας η Ελισάβετ και αυτό ήταν αντιληπτό ακόμη και στο γραπτό της λόγο. 'Θα τον γνωρίσεις το Σάββατο!' ήταν η κατακλείδα του μηνύματος της.

Το εργασιακό οχτάωρο πέρασε και χάθηκε γοργά. Οι στοίβες πάνω από το γραφείο της είχαν εξαφανιστεί ως διά μαγείας μέσα σε τρεις μόλις ημέρες. Στο εξής, θα είχε τη δυνατότητα να χαλαρώσει τους ρυθμούς της και να δουλεύει φυσιολογικά. Αντικείμενο της ασχολίας της θα αποτελούσαν μόνο τα τρέχοντα, καθημερινά ζητήματα και αυτό θα ήταν κάτι εύκολα αντιμετωπίσιμο. Ένα βάρος είχε φύγει από πάνω της τώρα που όλα είχαν μπει σε μία σειρά. Επαναπαυμένη και ήσυχη έκλεισε την πόρτα του μοναχικού γραφείου της χωρίς δευτερόλεπτο υπερωρίας. Η αγωνία της για την δεύτερη απάντηση που την περίμενε στο διαμέρισμα, έμοιαζε ακόμη μεγαλύτερη εκείνη την δεύτερη ημέρα της ιδιότυπης επικοινωνίας των δυο τους. Με την ίδια ορμητικότητα μπήκε στο πρώτο από τα παρκαρισμένα στη σειρά ταξί της πιάτσας και ξεκίνησε για το σπίτι. Στο μυαλό της χιλιάδες ερωτηματικά αυξάνονταν με γεωμετρική πρόοδο καθώς πλησίαζε στον προορισμό της. Πώς θα έπρεπε να αντιδράσει από τη στιγμή που θα μάθαινε το επίμαχο όνομα; Θα ήταν σωστό να επικοινωνήσει η ίδια με τον μυστηριώδη επισκέπτη της ή μήπως θα ήταν προτιμότερο να αναμείνει τη δική του κίνηση; Τι λόγια θα έπρεπε να χρησιμοποιήσει και τι στάση να κρατήσει μετά την αποκάλυψη της αλήθειας; Όφειλε να είναι σκληρή ή ήπια και συμπονετική; Το ταξί φρέναρε απότομα μπροστά την οικοδομή με τον αριθμό 10 προτού προλάβει να καταλήξει σε κάποια απόφαση.

Σαν σίφουνας ξεκλείδωσε τις κλειδαριές της κεντρικής εισόδου. Μπαίνοντας, διέσχισε γρήγορα το χώρο του σαλονιού αγνοώντας σκόπιμα να τον ελέγξει και κατευθύνθηκε απευθείας στην κουζίνα χωρίς τον παραμικρό δισταγμό. Η διαίσθηση της έλεγε πως το αναμενόμενο σημείωμα θα είχε τοποθετηθεί και πάλι εκεί. Ανάβοντας το φως, την περίμενε και πάλι μια έκπληξη, μια έκπληξη όμως διαφορετική. Το πολυπόθητο χαρτάκι βρίσκονταν ακουμπισμένο στον πάγκο, γερμένο λοξά πάνω στην ανοξείδωτη πιατοθήκη μα τριγύρω του η κουζίνα έμοιαζε να 'χει μείνει άθικτη. Τίποτα δεν πρόδιδε πως κάποιος άλλος, εκτός από την ίδια, είχε βρεθεί εκεί. Κανένα δείπνο με κεριά, κανένα ρομαντικό σκηνικό δεν την περίμενε εκείνο το απόγευμα. Αισθάνθηκε μια μικρή απογοήτευση. Είχε συνηθίσει την κολακεία που της προκαλούσαν όλες οι προσπάθειες του να την σαγηνεύσει και, τώρα που τη στερήθηκε, δεν της άρεσε και ιδιαίτερα. Ακατανόητη γυναικεία ιδιοσυγκρασία. Το μικρό χαρτί είχε υγραθεί ως τη μέση από μια μικρή σταγόνα νερού που βρίσκονταν από το προηγούμενο βράδυ πάνω στον πάγκο. Το μετέφερε προσεκτικά στα χέρια της και κάθισε στον καναπέ για να το διαβάσει.

'Στην αγκαλιά σου τρυφερά, για πάντα να με κλείσεις,
μόλις λυθεί το αίνιγμα, μόλις με αντικρίσεις'

Άσχετη απάντηση και πάλι. Αντί για το όνομα που τόσο ανυπόμονα καρτερούσε πήρε ένα ακόμη δίστιχο, ελαφρώς μουτζουρωμένο από τη νοτισμένη επιφάνεια του χαρτιού. Ο γλυκομίλητος επισκέπτης της μέσω της καινούριας του στιχουργικής δημιουργίας άφηνε μάλλον να εννοηθεί πως το όνομα του δεν είχε καμία ιδιαίτερη σημασία. Τουλάχιστον για την ώρα. Αυτό που θεωρούσε σημαντικότερο, όπως προέκυπτε, ήταν να εξασφαλίσει την αποδοχή της όταν θα έφτανε η στιγμή να κοιταχτούν κατάματα. Δεν ήταν αντίθετος σε μια συνάντηση των δυο τους! Επιθυμούσε να βγάλει τη μάσκα του! Ήθελε να φέρει την αλήθεια στο φως. Πόσο ήθελε και η Ζωή να τον συναντήσει! Μια τέτοια προοπτική δεν της δημιούργησε φόβο αλλά μια απερίγραπτη προσμονή. Μπορεί και πάλι να μην της είχε χαρίσει το όνομα του αλλά η φανερή πρόθεση του να ανταμώσουν την βεβαίωνε πως θα το μάθαινε σύντομα, έστω και με τρόπο διαφορετικό. Φαντάστηκε τη στιγμή που θα τον έβλεπε μπροστά της κι εκείνος θα της εξηγούσε όλους τους λόγους που τον είχαν οδηγήσει σε εκείνη την ανεξήγητη για τη Ζωή συμπεριφορά. Μακάρι η συνάντηση να είχε κανονιστεί από τον πρώτο καιρό που είχε αρχίσει να μπαινοβγαίνει στο διαμέρισμα της! Θα είχε γλιτώσει από τόσο φόβο, άγχος και στενοχώρια! Τώρα, αν και αρκετά καθυστερημένα, θα είχε τελικά την ευκαιρία να δει επιτέλους το πρόσωπο του, είτε επρόκειτο για τον Άγγελο είτε για τον Κωνσταντίνο. Τέρμα πια οι αρρωστημένες, οι τραγελαφικές καταστάσεις μέσα στο διαμέρισμα. Πλησίαζε ο καιρός που θα κέρδιζε και πάλι την χαμένη ηρεμία της.

Όσο περισσότερο επεξεργάζονταν την ιδέα της μεταξύ τους συνεύρεσης τόσο ένιωθε να μην κρατιέται, να μην μπορεί να περιμένει. Ήθελε να τον συναντήσει άμεσα, λαχταρούσε να δει την όψη του μυστήριου 'κυνηγού' της καρδιά της. Μα κάτι τέτοιο, δυστυχώς, δεν ήταν δυνατόν. Εκείνος θα επέστρεφε λογικά την επόμενη μέρα για να παραλάβει το σημείωμα της Ζωής και μετά εκείνη θα ήταν αναγκασμένη να περιμένει τη δική του πρωτοβουλία για μια συνάντηση. Έπρεπε να του δείξει πως η συνάντηση τους ήταν επείγουσα. Έπρεπε να βρεθούν προτού καταφτάσει το 'μπεμπεκάκι'. Πήρε χαρτί και στυλό.

'Πού και πότε;'

Απέφυγε να ζητήσει το όνομα του για ακόμη μια φορά, ακολουθώντας τους δικούς του κανόνες, πηγαίνοντας με τα νερά του ώστε να μην προκαλέσει η ίδια της τη δυσαρέσκεια του και καταστρέψει με τα ίδια της τα χέρια την πρόοδο που είχαν πραγματοποιήσει. Είχε στη διάθεση της δύο μέρες πριν την επίσκεψη της Ηρώς και όλα έπρεπε να πραγματοποιηθούν με ταχύτητα φωτός. Θα προλάβαινε άραγε να διαλευκάνει την υπόθεση πριν εμφανιστεί η δαιμόνια αδερφή της ή όλη εκείνη η ιστορία θα κατέληγε σε δική της, προσωπική πανωλεθρία και αναγκαστική επιστροφή στο νησί; Αγχωμένη που άφηνε την τύχη της στα χέρια του, εύχονταν να της προτείνει μια ημερομηνία κοντινή, μια από τις ημέρες που υπολείπονταν ως την Παρασκευή. Μα τι θα γινόταν αν η συνάντηση τους αναβαλλόταν για λίγο αργότερα και τα τρυφερά μηνύματα συνεχίζονταν για τις επόμενες ημέρες; Η

Ηρώ θα αντιλαμβανόταν το τι συνέβαινε και θα δημιουργούσε ενδοοικογενειακό σαματά. Ξεφυσώντας προβληματισμένη, βάδιζε πάνω κάτω την κουζίνα. Το περπάτημα πάντοτε ενίσχυε την συγκέντρωση της. Έπρεπε κάτι να σκεφτεί. Οι κινήσεις της όφειλαν να είναι δραστικές και αποτελεσματικές. Αναλογίζονταν όλα τα δεδομένα ξανά και ξανά. Το χαλί της κουζίνας κόντευε να λιώσει από το ατέλειωτο, ασταμάτητο πήγαινε- έλα της. Ώσπου τελικά είχε μια πολύ καλή ιδέα! Πήρε το κινητό στα χέρια της και σχημάτισε έναν αριθμό, χωρίς να διακόψει τον μηχανικό βηματισμό της.

«Καλησπέρα, αστέρι!» Ο Άγγελος ακούστηκε ξαφνιασμένος από το απογευματινό της τηλεφώνημα.

«Καλησπέρα. Τι κάνεις; Πού είσαι;»

«Με βρίσκεις στο γραφείο. Ήρθα να αφήσω κάποια έγγραφα στο Διευθυντή για υπογραφή. Μόλις του τα παραδώσω θα επιστρέψω κατευθείαν στο σπίτι. Είμαι πτώμα».

«Απορώ πως τα καταφέρνεις να τρέχεις ακόμη με τέτοιους ρυθμούς!»

«Δεν μπορώ να κάνω διαφορετικά. Κάποια θέματα πρέπει να διευθετηθούν και κανείς δεν μπορεί να πάρει τη θέση μου. Κι εσένα όμως σου αρμόζουν έπαινοι. Παρατήρησα πως το γραφείο σου έχει αδειάσει από εκκρεμότητες. Αποδείχτηκες εξαιρετική επιλογή τελικά, Ζωή μου! Τα κατάφερες πολύ καλά για πρωτάρα στη δουλειά και τώρα δικαιούσαι να χαλαρώσεις».

«Βασικά, γι' αυτό σου τηλεφωνώ. Η αλήθεια είναι πως δεν αισθάνομαι πολύ καλά. Από το πρωί με ταλαιπωρούν ζαλάδες. Η πίεση μου έχει κατρακυλήσει στα βάραθρα και αισθάνομαι μια γενικότερη σωματική κατάπτωση. Ήθελα να σε ρωτήσω αν μπορώ να απουσιάσω αύριο από το γραφείο. Γνωρίζω πως κι εσύ θα λείπεις αλλά, ειλικρινά, νιώθω πως πρέπει να μείνω στο κρεβάτι μου. Υπόσχομαι πως την Παρασκευή θα επιστρέψω στη θέση μου γερή και ακμαία».

«Μήπως θέλεις να περάσω να σε δω; Χρειάζεσαι τίποτα;» Έντονη ανησυχία για την κατάσταση της πρόδιδε ξαφνικά η φωνή του.

«Όχι, σε ευχαριστώ. Απλά θέλω να ξαπλώσω. Λοιπόν, μπορώ να έχω μια μέρα άδεια;»

«Δεν υπάρχει λόγος να σου το αρνηθώ. Αξίζεις λίγη ξεκούραση. Σου τη χρωστάω εξάλλου από την απρόσμενη παύση των διακοπών σου».

«Σε ευχαριστώ, Άγγελε μου».

«Θα προσπαθήσω να ξεκλέψω λίγο χρόνο αύριο και να σε επισκεφτώ. Υπόσχομαι πως δεν θα σε κουράσω. Απλά θέλω να σε δω».

«Είσαι γλυκός που με σκέφτεσαι αλλά δεν θα βρίσκομαι στο σπίτι. Θα μείνω σε μια φίλη μου για να με έχει στο νου της σε περίπτωση που κάτι χρειαστώ». Σκόπιμα δεν αναφέρθηκε ούτε στο όνομα εκείνης της υποτιθέμενης φίλης της ούτε και φάνηκε διατεθειμένη να δώσει περισσότερες πληροφορίες. Το σχέδιο που είχε στο μυαλό της έπρεπε να ακολουθηθεί με σύνεση και προσοχή.

«Χαίρομαι που θα έχεις κάποιον να σε φροντίζει. Λυπάμαι όμως που δεν μπορώ να είμαι εγώ. Όπως και να 'χει, σου εύχομαι περαστικά».

«Σε ευχαριστώ. Καλό βράδυ».

«Καληνύχτα, κορίτσι μου».

Το πρώτο μέρος του σχεδίου της είχε ολοκληρωθεί με επιτυχία. Θα παρέμενε στο διαμέρισμα της την επόμενη ημέρα και ήταν ιδιαίτερα ευτυχισμένη γι' αυτό. Επειδή ο χρόνος την πίεζε ασφυκτικά και δεν είχε την πολυτέλεια να εξαρτάται από την βούληση του ερωτοχτυπημένου επισκέπτη της, πήρε την κατάσταση στα χέρια της. Έχοντας πλέον την δυνατότητα να λείψει από το γραφείο, θα τον περίμενε καρτερικά στο σπίτι. Κάποια στιγμή μέσα στη μέρα ήταν σίγουρο πως θα την επισκέπτονταν, για να πάρει ανυποψίαστος το σημείωμα της και να αφήσει το δικό του. Εκείνη τότε, θα εμφανίζονταν μπροστά του και όλα θα τελείωναν στη στιγμή. Θα ανακάλυπτε την ταυτότητα του και δεν θα υπήρχε λόγος να περιμένει, σε αναμμένα κάρβουνα, την συνάντηση τους. Η ρώσικη ρουλέτα με το χρόνο θα την αναδείκνυε νικήτρια, τα μηνύματα θα σταματούσαν και η Ηρώ δεν θα καταλάβαινε απολύτως τίποτα.

Η παραποιημένη αλήθεια που παρουσίασε στον Άγγελο, τόσο για την ετοιμόρροπη υγεία της όσο και για την παραμονή της στο σπίτι της φίλης της, ήταν υποχρεωτική. Έπρεπε να τον πείσει πως δεν θα βρίσκονταν στο διαμέρισμα της για δύο λόγους. Πρώτον, αν ο Άγγελος ήταν το πρόσωπο που αναζητούσε μέσω των σημειωμάτων θα παρέμενε άφαντος γνωρίζοντας πως η Ζωή είναι ξαπλωμένη στο κρεβάτι της και ξεκουράζεται. Έτσι, η κατά πρόσωπο συνάντηση που σχεδίαζε θα τινάζονταν στον αέρα. Το ραντεβού τους θα καθυστερούσε ακόμη περισσότερο και όλα θα ήταν και πάλι ρευστά. Από την άλλη, αν δεν ήταν εκείνος ο εμπνευσμένος ποιητής των ρομαντικών δίστιχων του έρωτα, τότε μια επίσκεψη του στην νοσούσα βοηθό του, ενδεχομένως να συνέπιπτε με την εμφάνιση του πραγματικού υπαίτιου. Ποια θα μπορούσε τότε να είναι η αντίδραση της; Πώς θα σύστηνε τον άνθρωπο εκείνο στον Άγγελο, σε περίπτωση ταυτόχρονης παρουσίας τους στο σπίτι; Τι εξηγήσεις θα έδινε για να μην ριψοκινδυνεύσει την μελλοντική σχέση της με τον, αθώο τελικά, προϊστάμενο της; Ναι μεν θα ανακάλυπτε τον ένοχο αλλά παράλληλα θα κλόνιζε την αγάπη και την εμπιστοσύνη του Άγγελου στο πρόσωπο της. Επομένως, κανένα από τα δύο επίμαχα πρόσωπα, ούτε ο Άγγελος ούτε ο Κωνσταντίνος, δεν έπρεπε να γνωρίζει πως η Ζωή θα βρισκόταν κρυμμένη στην κάμαρα της όλη την επόμενη ημέρα. Σε περίπτωση που θα της τηλεφωνούσε ο δεύτερος, θα άκουγε ακριβώς τα ίδια ψέματα που είχε ήδη πει στον Άγγελο, σαν να έπαιζε και πάλι την ίδια, μαγνητοφωνημένη κασέτα. Μόνο έτσι θα ήταν δυνατό να τελεσφορήσει το σχέδιο της και να πιάσει τον επισκέπτη της επί το έργο.

Έξω από το παράθυρο της είχε πέσει ήδη η νυχτιά. Μετά από το πλήρες δείπνο της, ένιωθε εντυπωσιακά δυνατότερη. Η διατροφή είχε παίξει καθοριστικό ρόλο στην προσπάθεια της να καταπολεμήσει τα τελευταία απομεινάρια της πρωτοφανούς κόπωσης που βίωνε τελευταία. Η δύσκολη μέρα που θα ξημέρωνε το επόμενο πρωινό θα απαιτούσε ψυχική και σωματική αντοχή εκ μέρους της για να τα βγάλει πέρα. Ήταν βέβαιο πως την περίμενε μεγάλη αναστάτωση και το καλύτερο που μπορούσε να κάνει ήταν να ξαπλώσει μια ώρα αρχύτερα. Ένας καλός ύπνος θα της εξασφάλιζε την δύναμη και το κουράγιο που θα χρειάζονταν για να αντιμετωπίσει τις ραγδαίες εξελίξεις της ημέρας. Σφάλισε τα παντζούρια του δωματίου της και κούρνιασε στο κρεβάτι.

Το τηλεφώνημα της Ηρώς ήρθε προτού προλάβει να αποκοιμηθεί. Η γλυκιά, οικεία φωνή της ήταν ότι καλύτερο μπορούσε να ακούσει πριν κλείσει τα μάτια της.

«Τι κάνεις, αδερφούλα; Κατάφερες να ξεκουραστείς καθόλου; Δεν πιστεύω να καθαρίζεις και να συγυρίζεις το σπίτι εν αναμονή του ερχομού μου. Η σκόνη στα έπιπλα θα πρέπει να είναι τουλάχιστον τρία δάχτυλα όταν έρθω και η βρομιά στο πάτωμα θα πρέπει να θυμίζει ξερές αφάνες της ερήμου. Διαφορετικά θα μαλώσουμε. Στο λέω από τώρα. Έχω και μια αποστολή να εκτελέσω, μην το ξεχνάς».

«Η κατάσταση είναι πολύ χειρότερη από αυτό που μου περιγράφεις. Αλλά σου υπόσχομαι πως δε θα πιάσω ξεσκονόπανο στα χέρια μου μέχρι να 'ρθεις. Μπορώ να κάνω υπομονή δύο μέρες ακόμη. Όσο για μένα, αισθάνομαι πολύ καλύτερα. Αύριο που έχω και άδεια από τη δουλειά πιστεύω πως θα συνέλθω τελείως».

«Άδεια; Τιμητική για τις άριστες επιδόσεις σου;»

«Κατά κάποιο τρόπο. Η ουσία είναι πως δεν θα το κουνήσω όλη μέρα από το σπίτι».

«Κανόνισε να δυναμώσεις γιατί όταν έρθω περιμένω να με κυκλοφορήσεις, έτσι;»

«Μην ανησυχείς καθόλου. Είναι όλα προγραμματισμένα».

«Ανυπομονώ να έρθει η Παρασκευή, να σε δω».

«Κι εγώ, μικρή μου. Ο Κωνσταντίνος θα έρθει να σε πάρει από το αεροδρόμιο οπότε δεν πρέπει να ανησυχείς γι' αυτό. Θα σε φέρει κατευθείαν στο σπίτι».

«Ωραία. Τα λέμε από κοντά. Καληνύχτα».

Μετά το τέλος της κλήσης, μια και μόνο σκέψη κλωθογύριζε στο νου της απειλητικά, ασταμάτητα. «Δύο μέρες έχουν απομείνει.» Δύο μέρες μέχρι τον ερχομό της. Η προσμονή της Ηρώς είχε μετατραπεί σε πραγματικό θρίλερ. Λίγη ώρα αργότερα, τα μάτια της σφάλισαν βαριά με εκείνη την ίδια σκέψη.

17

Στις επτά το πρωί το ξυπνητήρι της κουδούνιζε δαιμονισμένα πάνω από το κομοδίνο, γδέρνοντας, δονούμενο, το βαμμένο έπιπλο. Τα βλέφαρα της παρέμεναν πεισματικά κολλημένα μεταξύ τους. Ακόμη της έλειπε ύπνος. Ένιωθε το σώμα της να ζυγίζει περίπου εκατό κιλά, εξαιρετικά βαρύ για να καταφέρει να το σηκώσει από το κρεβάτι και το πνεύμα της εξακολουθούσε να ταξιδεύει στη σφαίρα των ονείρων. Ζεστές αχτίδες ήλιου έμπαιναν από τις γρίλιες και έλαμπαν φωτεινές πάνω στα κλειστά της μάτια. Κάτω από το έντονο, επίπονο φως τους, αισθανόταν να βρίσκεται υπό ανάκριση. Όσο και αν ήθελε να φωλιάσει ακόμη λίγο στη ζεστή αγκαλιά του κρεβατιού της, ήξερε πως έπρεπε να σηκωθεί. Μα ήταν τόσο δύσκολο. Ήταν ένα από εκείνα τα πρωινά που το στρώμα λειτουργεί σαν ισχυρός μαγνήτης και δεν σε αφήνει να απομακρυνθείς. Είχε όμως τόσα πράγματα να κάνει, τόσες λεπτομέρειες να φροντίσει που δεν είχε την άνεση να σπαταλήσει ούτε ελάχιστα λεπτά κάτω από το σεντόνι. Αρκετά ενοχλημένη από την αναγκαστική επαναφορά της στην πεζή πραγματικότητα, εγκατέλειψε το κρεβάτι της με δυσφορία.

Σέρνοντας τα πόδια της βαριεστημένα, οδηγήθηκε στο μπάνιο. Ίσως το δροσερό νερό της βρύσης την βοηθούσε να συνέλθει και να θέσει το ναρκωμένο της μυαλό σε εγρήγορση. Ένιωθε να ξανακυλάει σε ύπνο βαθύ την ώρα που, με σκυμμένο το κεφάλι πάνω από το νιπτήρα, έριχνε γεμάτες χούφτες νερό στο πρόσωπο της. Δυο ελαφριά χτυπήματα, ένα σε κάθε μάγουλο, κατάφεραν να την ξυπνήσουν για τα καλά. Κοιτάζοντας το ταλαιπωρημένο της πρόσωπο στον καθρέφτη μπορούσε εύκολα να διακρίνει τα σημάδια της ταλαιπωρίας από όλα όσα συνέβαιναν στη ζωή της. Η σφριγηλότητα και η φρεσκάδα του είχαν κρυφτεί πίσω από μια ωχρή επιδερμίδα, ραγισμένη και εύθραυστη. Ακόμη δεν είχε αποκτήσει την ήρεμη και ισορροπημένη ζωή που αναζητούσε μετακομίζοντας στην πόλη, μακριά από την παθιασμένη εμμονή της για τον Πέτρο. 'Ο επιμένων νικά' συλλογίστηκε, σαρκάζοντας την ατυχία της.

Αν και δεν θα πήγαινε εκείνη την ημέρα στη δουλειά, έπρεπε να ενεργήσει ακριβώς όπως και κάθε πρωί και να κάνει τις ίδιες, καθημερινές κινήσεις που προηγούνταν της αναχώρησης της για το γραφείο. Της φαίνονταν αστείο μα τα σημάδια στο πέρασμα της έπρεπε να μαρτυρούν πως ήταν μια φυσιολογική ημέρα όπως όλες οι άλλες. Προσπάθησε να θυμηθεί τη διαδρομή που έκανε αγουροξυπνημένη, για να δημιουργήσει ακριβώς την ίδια ατμόσφαιρα. Πρώτο της μέλημα ήταν πάντοτε να πλυθεί και να μακιγιαριστεί στο μικρό δωμάτιο του μπάνιου. Άνοιξε το ντουλάπι όπου φύλαγε τα καλλυντικά της και ακούμπησε πρόχειρα δίπλα στο νιπτήρα το κόκκινο νεσεσέρ της. Αν και θεωρούσε απίθανο το ενδεχόμενο ο επισκέπτης της να μπει σε εκείνο το χώρο δεν ήθελε να ρισκάρει κάποια υποψία του για την δική της παρουσία εκεί και μια ξαφνική φυγή του. Όλα έπρεπε να είναι ακριβώς όπως κάθε πρωί. Κρατώντας το μικρό μπουκαλάκι με το απαλό, αισθησιακό της άρωμα της ψέκασε στον αέρα για να δημιουργήσει την εντύπωση πως το είχε χρησιμοποιήσει πριν φύγει. Ένα υγρό σύννεφο από τα μόρια του αρώματος πλανήθηκε στον αέρα ώσπου εξαφανίστηκε.

Κατευθύνθηκε στην κουζίνα. Εκεί, πλυμένη και βαμμένη, ετοίμαζε έναν πρόχειρο καφέ τον οποίο απολάμβανε την ίδια ώρα που ντυνόταν. Ποτέ δεν έβγαινε στο δρόμο χωρίς μια τονωτική δόση καφεΐνης. Έτσι κι εκείνο το πρωί. Ήπιε τον δροσερό ρόφημα της καθώς άλλαζε τις πιτζάμες της με ένα άνετο φόρεμα, από εκείνα που είχαν παλιώσει αρκετά και δεν φορούσε πια έξω από το σπίτι. Τις τοποθέτησε δήθεν βιαστικά στη γωνία του καναπέ της κουζίνας. Αισθάνονταν λίγη ντροπή που δεν συμμάζευε τα ρούχα της πριν φύγει για τη δουλειά αλλά δεν ήταν η ώρα κατάλληλη για να αλλάξει συνήθειες. Όσο για τις παντόφλες της, πήραν τη θέση τους ακριβώς δίπλα στην κεντρική είσοδο του διαμερίσματος, στο πλάι του μπουφέ. Ήταν το τελευταίο πράγμα που έκανε πριν φύγει.

Δεν είχε δεύτερο ζευγάρι μα δεν την απασχολούσε ιδιαίτερα το γεγονός πως θα έμεναν τα πόδια της γυμνά. Δεν είχε σκοπό να κάνει βόλτες από δωμάτιο σε δωμάτιο. Θα παρέμενε καθηλωμένη στο κρεβάτι της, κλειδωμένη μέσα στην κάμαρα της μέχρι το απόγευμα, μέχρι να έρθει η ώρα που επέστρεφε φυσιολογικά στο σπίτι από τη δουλειά.

Όλα έμοιαζαν ιδανικά παρατημένα. Με τα παντζούρια όλα κλειστά, βυθισμένο στο μισοσκόταδο, το διαμέρισμα έδινε την εικόνα πως εκείνη είχε φύγει κιόλας εσπευσμένα. Το μόνο που απέμενε να κάνει πριν κρυφτεί στο δωμάτιο της ήταν να εφοδιαστεί τις απαραίτητες προμήθειες που θα χρειάζονταν κατά τη διάρκεια της ημέρας. Για κανέναν λόγο δεν έπρεπε να ξεμυτίσει παρά μόνο για το κάλεσμα της 'φύσης'. Επομένως ήταν αρκετά όλα όσα έπρεπε να μεταφέρει μέσα στην μικρή της κρυψώνα. Ένα θερμός γεμάτο με καφέ και μια κανάτα με νερό θα καταπολεμούσαν τη δίψα της αποτελεσματικά, μέσα στο αποπνικτικά ζεστό δωμάτιο. Για να αντιμετωπίσει την επερχόμενη πείνα της, γέμισε ένα πιάτο με τα κανελόνια που είχαν περισσέψει από το προηγούμενο βράδυ. Έτσι, δεν θα ξέμενε από φαγητό και δεν θα κινδύνευε να προδοθεί από το δυνατό γουργουρητό του άδειου στομαχιού της. Τέλος, για προληπτικούς λόγους, πήρε ένα σπρέι άμυνας, σπρέι πιπεριού που είχε φυλαγμένο στο ντουλάπι της κουζίνας αν και δεν πίστευε πως θα προέκυπτε η ανάγκη να το χρησιμοποιήσει. Ήταν καταλυτική και άμεση η επίδραση του σε οποιονδήποτε το εισέπνεε. Έτσι, αν τα πράγματα έπαιρναν επικίνδυνη τροπή, με ένα ψέκασμα στο πρόσωπο του επισκέπτη της, θα έβγαινε από την δύσκολη θέση και θα αποκτούσε και πάλι τον έλεγχο των πραγμάτων.

Ελέγχοντας για τελευταία φορά πως το σημείωμα της παρέμενε τοποθετημένο σε εμφανές σημείο και ήταν εύκολα ορατό, μπήκε στο δωμάτιο της και έκλεισε πίσω της την πόρτα που το χώριζε από την κουζίνα. Ήταν ευτύχημα που εκείνη η πόρτα διέθετε κλειδί, διαφορετικά δεν θα μπορούσε να βεβαιώσει πως η συνάντηση τους θα πραγματοποιούνταν τη στιγμή που εκείνη θα το αποφάσιζε. Αν η θολωτή πόρτα της παρέμενε ξεκλείδωτη, εκείνος θα είχε τη δυνατότητα να την διαβεί απρόσμενα, να ξαφνιαστεί από την παρουσία της και να χαθεί βιαστικά μέσα στο σκοτάδι, προτού εκείνη προλάβει να δει το πρόσωπό του. Τώρα, όμως, δεν υπήρχε τέτοια περίπτωση. Η Ζωή, με γρήγορες κινήσεις, θα εμφανίζονταν μπροστά του όταν οι συνθή-

κες θα ήταν ιδανικές. Ανοίγοντας στο ελάχιστο τα παραθυρόφυλλα του δωματίου ώστε να μπαίνει επαρκές φως που θα διευκόλυνε την όποια ασχολία της κατά την διάρκεια της παραμονής της εκεί. Παράλληλα όμως η ένταση του δεν θα ήταν ευδιάκριτη από την κουζίνα. Ανακάθισε στο κρεβάτι αναστενάζοντας.
«Μακάρι να έρθει γρήγορα!» ευχήθηκε. Δεν ήθελε να ξοδέψει όλη την ημέρα της ανάμεσα στους τέσσερις τοίχους του δωματίου, μέσα στο ημίφως και την σιωπή.
Το ρολόι έδειχνε 8 το πρωί. Είχε περάσει ήδη μια ώρα από τη στιγμή που σηκώθηκε, μετά κόπων και βασάνων, και ένιωθε εντελώς ξύπνια πια. Τέτοια ήταν περίπου η ώρα που έφευγε καθημερινά. Επομένως στο εξής, ανά πάσα ώρα και στιγμή, ήταν πιθανό να τον ακούσει να μπαίνει κρυφά. Έπρεπε να μείνει σιωπηλή για να αντιληφθεί άμεσα τον ερχομό του. Το διπλό κρεβάτι της έτριζε ελαφρώς, πράγμα επικίνδυνο. Ήταν ανάγκη να βρει μια βολική στάση και να μείνει ασάλευτη. Αν ξάπλωνε, υπήρχε ο κίνδυνος να αποκοιμηθεί και πάλι, σε ανύποπτο χρόνο. Σε εκείνη την περίπτωση δεν θα ήταν σε θέση να ελέγχει το σώμα της και ενδεχομένως μέσα στον ύπνο της να άρχιζε να στριφογυρνά πάνω στο κρεβάτι αποκαλύπτοντας άθελα της την Δεν έπρεπε να αποκοιμηθεί! Έπρεπε να μείνει ανακαθισμένη, ακουμπώντας πάνω στο δερμάτινο κεφαλάρι ώσπου εκείνος να εμφανιστεί.

Τα πρώτα λεπτά κύλησαν μαρτυρικά αργά, κοιτώντας τον τοίχο απέναντι. Άρχισε να αναζητά μια απασχόληση για να περάσει πιο ευχάριστα το χρόνο της. Το μυθιστόρημα που κρατούσε φυλαγμένο στο πρώτο συρτάρι του κομοδίνου της, της ήρθε στο μυαλό. Το είχε αφήσει μισοτελειωμένο για το λόγο ότι η συνταρακτική, ερωτική του υπόθεση της θύμιζε τον Πέτρο και γέμιζε με πίκρα την πληγωμένη της καρδιά. Υπό τις παρούσες συνθήκες όμως έμοιαζε να είναι η ιδανική λύση. Αφέθηκε να ταξιδέψει μέσα στις σελίδες του και να ζήσει νοερά την διαδραματιζόμενη, δακρύβρεχτη ιστορία, σε όλο της το μεγαλείο. Η ταύτιση της ζωής της με εκείνη της ηρωίδας ήταν εξωπραγματική. Λες και το βιβλίο αυτό αποτελούσε την αφήγηση των πρώιμων χρόνων της δικής της ιστορίας με τον Πέτρο. Λες και διάβαζε το δικό της πρόσφατο παρελθόν γραμμένο στο χαρτί. Τραγικά ειρωνικό. Παρόλα αυτά, έπαιρνε θάρρος, έστω διαβάζοντας πως κι άλλοι σήκωναν τον ίδιο σταυρό με εκείνη.

Ήρθαν αρκετές στιγμές που διέκοψε το διάβασμα της τρομαγμένη νομίζοντας πως είχε ακούσει την πόρτα να ανοίγει με έναν ήχο συρτό, ακολουθούμενο από έναν ανεπαίσθητο βηματισμό προς την κουζίνα. Για ώρα δεν ανέπνεε καν. Δεν ανοιγόκλεινε ούτε τα βλέφαρα της. Αν ήταν εφικτό θα σταματούσε και το ίδιο της το καρδιοχτύπι της. Ο δυνατός παλμός της έμοιαζε να αντηχεί σε όλο το διαμέρισμα. Μόλις βεβαιώνονταν πως όλα ήταν αποκύημα της φαντασίας της επέστρεφε τα μάτια της στο βιβλίο, παραμένοντας σε επιφυλακή.

Είχε φτάσει πια στην τελευταία σελίδα του βιβλίου. Διαβάζοντας αργά τις στερνές γραμμές, ανακουφίστηκε που το δράμα της ηρωίδας είχε αίσιο τέλος. Αυτή ήταν και η ειδοποιός διαφορά με τη δική της ζωή. Ο δικός της έρωτας είχε λήξει άδοξα, με τον χειρότερο δυνατό τρόπο, εκείνο το βράδυ στην παραλία του χωριού της. Τουλάχιστον το μυθιστόρημα, της είχε αφήσει ένα γλυκό συναίσθημα δικαίωσης και ικανοποίησης. Πόσο ευτυχισμένη θα ήταν αν η αγάπη της για τον Πέτρο είχε την ίδια κατάληξη! Τίποτα άλλο δεν θα ζητούσε! Ποτέ ξανά! Κοντά του, η ζωή της θα γίνονταν ένα παραμύθι! Θα είχε όλα όσα επιθυμούσε κι ακόμη παραπάνω! Θα τον είχε δικό της και ο σκοπός της ζωής της θα είχε εκπληρωθεί! «Αυτά γίνονται μόνο στα βιβλία...» σκέφτηκε, προσπαθώντας να προσγειώσει το μυαλό της που είχε αρχίσει να αιωρείται σε έναν κόσμο ανύπαρκτο, απίθανο.

Ήταν περασμένες τέσσερις κι ακόμη κανένα ίχνος του. Για δύο ώρες ακόμη, η Ζωή ήταν υποχρεωμένη να παραμείνει εγκλωβισμένη μέσα στο δωμάτιο της, μέχρι να έρθει η στιγμή της καθιερωμένης, απογευματινής επιστροφής της. Είχε πεινάσει αρκετά και έτσι, αποφάσισε να τιμήσει την υπέροχη, προσωπική δημιουργία της με τα ζυμαρικά. Παρότι κρύα, τα κανελόνια ήταν εξίσου απολαυστικά. Προσπαθώντας με οξυμένη προσοχή να μην ακουμπήσει το πιρούνι στο πιάτο της, προς αποφυγή του ανατριχιαστικού ήχου που δημιουργεί η τριβή τους, η διαδικασία του γεύματος διήρκεσε υπερβολικά πολλή ώρα. Μα, κανένας δεν την βίαζε. Δεν υπήρχε λόγος να αγχωθεί. Όταν είχε καταναλώσει όλη την ποσότητα που υπήρχε στο πιάτο, με το στομάχι της φουσκωμένο, βύθισε το σώμα της σε μια πιο οριζόντια στάση για να μπορέσει να χωνέψει το φαγητό της συντομότερα. Με τα μάτια καρφωμένα στο ταβάνι και όχι στον τοίχο απέναντι που της προκαλούσε νύστα, οπλίστηκε με όλη την υπομονή που της είχε απομείνει και περίμενε. Τα χρονικά περιθώρια είχαν στενέψει επικίνδυνα. Η όποια κίνηση του θα πραγματοποιούνταν μέσα στην επόμενη ώρα.

«Απίστευτο! Δεν ήρθε!» μουρμούριζε αγανακτισμένη από την αδικη ταλαιπωρία της, κατευθυνόμενη προς το μπάνιο, λίγο μετά τις 6. Με τη λήξη του σιωπηλού συναγερμού, έτρεξε απευθείας στην τουαλέτα. Η κύστη της κόντευε να εκραγεί από ώρα αλλά είχε καταφέρει να κρατηθεί. Ο νους της δεν μπορούσε να χωρέσει την ειρωνικά συγχρονισμένη παραμονή του επισκέπτη της στην αφάνεια. Τις τελευταίες μέρες μπαινόβγαινε καθημερινά στο διαμέρισμα, αλλά εκείνη την ημέρα για κάποιο λόγο δεν είχε εμφανιστεί αφήνοντας την γραπτή συνομιλία τους ξαφνικά στη μέση. Μιλώντας δυνατά, καταριόταν την ατυχία της. Είχε πλέον την ελευθερία να κάνει όση φασαρία ήθελε. Αν και ο παραμικρός θόρυβος ακουγόταν έντονα ενοχλητικός στα αυτιά της, αδυνατούσε να συγκρατήσει τα θυμωμένα λόγια της. Το απογοητευτικό εκείνο φιάσκο είχε τεντώσει το νευρικό της σύστημα. Πώς ήταν δυνατόν να μην έχει παρουσιαστεί; Μήπως δεν ήταν τυχαία η απουσία του; Μήπως είχε βρει κάποιον τρόπο για να την παρακολουθεί και επομένως γνώριζε πως δεν είχε φύγει από το σπίτι; Όλα ήταν πιθανά μέσα στο μυαλό της. Οι ελπίδες και οι προσδοκίες της για τη λήξη της υπόθεσης γκρεμίστηκαν, έγιναν συντρίμμια. Απέμενε μονάχα η Παρασκευή κι αυτή ως το απόγευμα για να προλάβει να ξεκαθαρίσει το τοπίο, πριν έρθει η Ηρώ.

Μάταια πάλευε να ηρεμήσει. Στη σκέψη του περιορισμένου χρόνου που είχε στη διάθεση της, ανατριχιαστικά ρίγη διαπερνούσαν κάθε κύτταρο του κορμιού της. Ανήσυχη βημάτιζε και πάλι πάνω στο χαλί της κουζίνας. «Ήξερε πως ήμουν εδώ; Και αν ναι, πώς το ήξερε;» αναρωτιόταν ασταμάτητα. Μια υπόνοια άρχισε να σχηματίζεται αργά μέσα στο πολυμήχανο μυαλό της, μια υπόνοια βασισμένη στις πολυάριθμες αστυνομικές ταινίες δράσης που έβλεπε στο παρελθόν. Ίσως ο επισκέπτης της να είχε τοποθετήσει κάποιο σύστημα παρακολούθησης μέσα στο χώρο για να είναι απολύτως βέβαιος πως κανείς δεν βρίσκεται εκεί, πριν εισέλθει. Ενδεχομένως έτσι να αιτιολογούνταν και το γεγονός πως παρότι είχε μπει στο διαμέρισμα τόσες φορές, το έκανε μόνο όταν η Ζωή ήταν απούσα.

Γονατίζοντας μπροστά στο διπλό ντουλάπι, κάτω από το νεροχύτη της κουζίνας, εντόπισε ανάμεσα στα μπουκάλια των απορρυπαντικών τον μεγεθυντικό φακό που είχε τοποθετήσει εκεί την πρώτη μέρα της άφιξης της. Αν και δεν ήξερε τι ήταν ακριβώς αυτό που έψαχνε ή πώς έμοιαζε οπτικά, ήταν σίγουρη πως το μέγεθος του θα ήταν περιορισμένο, αν όχι απειροελάχιστο, ούτως ώστε να μην είναι εύκολα ορατό. Επομένως, με γυμνό μάτι, τα αποτελέσματα της έρευνας της θα ήταν αμφισβητήσιμα. Ενώ, με τη βοήθεια του κατάλληλου εκείνου εργαλείου, η δουλειά της θα διευκολύνονταν αισθητά. Με τον ειδικό φακό, δεν θα έμενε χιλιοστό ανεξέταστο. Με το στρόγγυλο, παχύ γυαλί του μπροστά στα μάτια της, ξεκίνησε από την κουζίνα να αναζητά οτιδήποτε περίεργο, οτιδήποτε αταίριαστο στο χώρο.

Ολοκληρωτικά άκαρπη θα μπορούσε να χαρακτηριστεί η έρευνα της καθώς, μετά από αρκετή ώρα προσπαθειών, δεν είχε εντοπίσει απολύτως τίποτα. Το μόνο που κατάφερε ήταν να αποκτήσει έναν ανυπόφορο πόνο στα δύο πρησμένα και ζαλισμένα της μάτια. Ο επισταμένος έλεγχος κάθε γωνιάς του σπιτιού δεν είχε αποδώσει καρπούς. Η πιθανότητα λοιπόν να παρακολουθείται το διαμέρισμα, απορρίφθηκε με τόση βεβαιότητα όση δικαιολογούσε ο ερασιτεχνισμός της πάνω στο θέμα. Επιστρέφοντας το μεγεθυντικό φακό στη θέση του, συνειδητοποίησε πως δεν μπορούσε να κάνει κάτι άλλο παρά να μείνει άπραγη και να περιμένει το επόμενο απόγευμα και την πιθανή επανεμφάνιση του. Η αγωνιώδης ερώτηση που είχε γράψει πάνω στο λευκό χαρτί, σχετικά με το χρόνο και τον τόπο της μελλοντικής συνάντησης των δυο τους, ανέμενε ακόμη μια απάντηση. Μόνο όταν θα είχε δοθεί εκείνη η καίρια, ζητούμενη πληροφορία, θα ήταν δυνατό να προχωρήσει παρακάτω η ιστορία και να οδηγηθεί ένα βήμα πιο κοντά στο τέλος της. Το επίκεντρο των εξελίξεων, επομένως, μεταφέρονταν αναγκαστικά για την επόμενη ημέρα. Όσο για τις δικές της κινήσεις, ήταν ήδη προσχεδιασμένες μέσα στο μυαλό της.

Τελειώνοντας την εργασία της στην εφημερίδα θα επέστρεφε το γρηγορότερο δυνατόν στο σπίτι. Θα είχε μία ώρα περιθώριο μέχρι να προβάλει η Ηρώ στο κατώφλι της. Ήλπιζε πως το χρονικό εκείνο διάστημα θα ήταν αρκετό για να εξαφανίσει οτιδήποτε θα μαρτυρούσε πως κάτι περίεργο συνέβαινε. Εάν το δικό της σημείωμα βρίσκονταν ακόμη πάνω στο τραπέζι θα το ξεφορτωνόταν στη στιγμή. Περίπου η ίδια διαδικασία θα ακολουθούνταν στην περίπτωση που στη θέση του δικού της σημειώματος έβρισκε την απάντηση που λαχταρούσε.

Θα έκρυβε το επίμαχο χαρτί στο, ειδικό γι' αυτό το σκοπό, χαρτόκουτο βαθιά μέσα στην ντουλάπα της εκεί όπου φύλαγε όλα τα υπόλοιπα δώρα και μηνύματα του επισκέπτη της. Τον υπολειπόμενο χρόνο θα τον αφιέρωνε στο να 'ξεστήσει' το σκηνικό που ενδεχομένως να είχε δημιουργηθεί και πάλι για χάρη της και να επαναφέρει το διαμέρισμα της στην κανονική του κατάσταση.

«Μίλησα πριν λίγο με την Ηρώ. Συνεννοηθήκαμε για αύριο. Ελπίζω να είσαι καλύτερα. Πάνω από όλα προέχει η υγεία!» Ο Κωνσταντίνος είχε επιληφθεί όλων των λεπτομερειών σχετικά με τον ερχομό της Ηρώς, όπως δήλωνε στο γραπτό του μήνυμα απαλλάσσοντας τη Ζωή από το να ασχοληθεί η ίδια με ο θέμα. Παράλληλα, καθιστούσε σαφές πως δεν είχε παρεξηγήσει την απουσία της και την αποφυγή μιας συνάντησης μαζί του. Το διακριτικό και γλυκό του μήνυμα της προκάλεσε την επιθυμία να του μιλήσει.

«Ήμουν σίγουρη πως θα καταλάβαινες» του είπε, μόλις απάντησε στην κλήση της. «Υπόσχομαι να αναπληρώσω το Σάββατο το βράδυ. Θα είμαστε ωραία παρέα, αυξημένη μάλιστα κατά ένα άτομο» συνέχισε. Θεώρησε σωστό να ενημερώσει τον Κωνσταντίνο για την παρουσία του Γιώργου, καθώς στο παρελθόν είχε δείξει έντονα σημάδια πως δεν δεχόταν με τον καλύτερο τρόπο τις απρόσμενες εμφανίσεις άλλων αρσενικών στη δική του 'περιοχή'. Ακόμη θυμόταν την αντίδραση του την ημέρα της γνωριμίας του με τον Άγγελο.

«Και ποιο είναι αυτό το άτομο παρακαλώ;»

«Το όνομα του είναι Γιώργος και είναι το αγόρι της Ελισάβετ». Η Ζωή φρόντισε να προβεί εγκαίρως στις απαραίτητες διευκρινίσεις προτού προλάβει ο Κωνσταντίνος να κάνει με το νου του ένα σωρό υποθέσεις.

«Μπράβο η Ελισάβετ! Και μου είχε δώσει την εντύπωση πως δεν ήταν πολύ δραστήρια σε αυτά τα θέματα».

«Τα πράγματα αλλάζουν, γλυκέ μου.»

«Τα πράγματα θα αλλάξουν και για σένα, ομορφιά μου;» Το ερώτημα του, κεραυνός εν αιθρία! Γεμάτο υπονοούμενα, την έφερε σε αμηχανία. Έμμεσα απευθυνόμενος στην πρόταση του Άγγελου, επιχείρησε ουσιαστικά να μάθει αν η Ζωή είχε καταλήξει σε κάποια απόφαση. «Έλα, σε πειράζω» της είπε γελώντας συγκρατημένα σαν αντιλήφθηκε πως εκείνη δίσταζε να του απαντήσει. Ήταν ακόμη εμφανής η ενόχληση του σχετικά με το πιθανό ειδύλλιο της Ζωής και του Άγγελου. Σύ-

220

ντομα όμως θα αποκαλύπτονταν αν εκείνη η στάση του σχετίζονταν με το παιχνίδι που παίζονταν από καιρό στο διαμέρισμα της. Σύντομα η Ζωή θα ήταν σε θέση να ξεκαθαρίσει αν ο συμπαθέστατος νεαρός που είχε για σπιτονοικοκύρη άξιζε πράγματι την εκτίμηση της ή αν ήταν ο ένοχος που σουλατσάριζε κρυφά μέσα στον ιδιωτικό της χώρο.

«Σας περιμένω, λοιπόν, αύριο το απόγευμα. Να μου την φέρεις γρήγορα. Ανυπομονώ να την δω!» απάντησε, επιλέγοντας να αλλάξει διπλωματικά το θέμα.

«Στις διαταγές σας. Καληνύχτα».

«Καληνύχτα, Κωνσταντίνε».

Τελευταία νύχτα ηρεμίας στο σπίτι. Οι επόμενες μέρες, έως την αναχώρηση της Ηρώς για το νησί το πρωί της Δευτέρας, δεν θα ήταν το ίδιο διασκεδαστικές και απολαυστικές για τη Ζωή όπως και για όλους τους υπόλοιπους. Χαίρονταν βέβαια που θα αντάμωνε και θα φιλοξενούσε την μικρή της αδερφή αλλά ταυτόχρονα υπέφερε αγωνιώντας για το τι επρόκειτο να συμβεί παράλληλα με την παρουσία της Ηρώς στο διαμέρισμα. Τίποτα δεν ήταν βέβαιο, μόνο το ότι θα έπρεπε να είναι διαρκώς σε επαγρύπνηση και επιφυλακή για να προλαβαίνει τις εξελίξεις πριν εκείνες καταστρέψουν αδίστακτα τη ζωή της και οδηγήσουν τα βήματα της και πάλι πίσω στο χωριό.

Η αυλαία ετοιμάζονταν να ανοίξει στην τελευταία εκείνη παράσταση. Με την ίδια σε ρόλο πρωταγωνιστικό και με φινάλε ευμετάβλητο, ήταν άγνωστο αν θα εξελίσσονταν τελικά σε δράμα ή σε αισθηματική περιπέτεια με ευτυχισμένο τέλος. Με το μέλλον της να παραπαίει στο χείλος του γκρεμού, ξάπλωσε στο κρεβάτι. Αδυνατώντας να κατανοήσει το λόγο που της συνέβαιναν όλα αυτά, αναρωτιόταν τί της ξημέρωνε την επομένη. Ήταν άραγε γραφτό της να μείνει για πάντα στο χωριό, καταδικασμένη να ζει μαζί με εκείνον, έστω κι από μακριά, ώσπου να 'ρθει η μέρα που θαρραλέα θα τον αντίκριζε κατάματα και θα του ψιθύριζε το «σ'αγαπώ»; Μήπως η ζωή προσπαθούσε να της δώσει ένα μάθημα, να τη συμβουλέψει πως θα έβρισκε τη γαλήνη μονάχα όταν θα έπαυε να αγνοεί το χτυποκάρδι της και τις επιθυμίες της; Πόση ευτυχία μπορεί να κρύβει εξάλλου μια ψεύτικη, καινούρια ζωή;

18

«Θεέ μου, την επόμενη Παρασκευή!» πρόλαβε μόνο να σκεφτεί. Ένα σκοτεινό, μαύρο πέπλο έπεσε μπροστά στα μάτια της, τα γόνατα της λύγισαν και ημιλιπόθυμη σωριάστηκε στον καναπέ της κουζίνας. Στα παγωμένα χέρια της, η ρομαντική, μουσική κάρτα που είχε βρει πάνω στο τραπέζι κατά την επιστροφή της από το γραφείο, πλημμύριζε το γύρω χώρο με μια γλυκιά μελωδία. Μια υπέροχη, νοσταλγική μπαλάντα έντυνε με νότες τις κρίσιμες εκείνες στιγμές. Πάνω στο βελούδινο εξώφυλλο της, δύο καρδιές ακολουθούσαν ένα μονοπάτι στρωμένο με ροδοπέταλα που οδηγούσε σε μια παραδεισένια παραλία. Στο σκληρό εσωτερικό της, σκόρπιες λέξεις σχημάτιζαν τις συγκλονιστικές λεπτομέρειες της συνάντησης τους.

'Παρασκευή 1 Αυγούστου
Λευκός Πύργος
Στις 10:00
Θα σε περιμένω'

Τα μάτια της άνοιξαν δειλά, έπειτα από κάμποση ώρα. Ένιωθε τον χρόνο να έχει παγώσει. Σαν συνειδητοποίησε τι είχε συμβεί πριν χάσει τις αισθήσεις της, η καρδιά της άρχισε και πάλι να χτυπά δυνατά, ψάχνοντας διέξοδο να βγει από το στήθος. Ήταν πλέον γεγονός! Το ραντεβού είχε κανονιστεί! Ακριβώς σε μια εβδομάδα, την ερχόμενη Παρασκευή, όλα θα τελείωναν. Αποφασιστικός και λακωνικός, ο 'γνωστός άγνωστος' του περίεργου εκείνου παιχνιδιού, έχοντας αντιληφθεί την σύμφωνη γνώμη της Ζωής να ανταμώσουν, πήρε την κατάσταση στα χέρια του, επιστρέφοντας για ακόμη μια φορά μυστικά στο διαμέρισμα. Ορίζοντας ημερομηνία, μέρος και ώρα, ζωγράφισε με σκούρο μελάνι την απαρχή του επίλογου εκείνης της ιστορίας.

Με το ζαλισμένο της βλέμμα διάβαζε ξανά και ξανά το μήνυμα του, αναζητώντας νοήματα κρυμμένα πίσω από τις λέξεις. «Στις 10 νυχτώνει για τα καλά.» συλλογίστηκε. Κάτω από το μεθυστικό μανδύα του φεγγαριού και μέσα στο μισοσκόταδο είχε επιλέξει να αντιμετωπίσει για πρώτη φορά το βλέμμα της. Ίσως να ένιωθε πιο άνετα να εμφανιστεί μπροστά της μέσα στην αποπλανητική αγκαλιά της νύχτας. Ήταν έτοιμος να βγάλει τη μάσκα του αλλά όχι υπό το έντονο, σχεδόν ανακριτικό, φως της ημέρας. Ο Λευκός Πύργος, σημείο κατατεθέν για ραντεβού, ενίσχυε ακόμη περισσότερο τον περίεργο ρομαντισμό της συνάντησης τους.

«Κι εγώ πως θα τον αναγνωρίσω;» αναρωτήθηκε αυθόρμητα η Ζωή, παραδομένη σε ένα ανεξέλεγκτο άγχος που θόλωνε το μυαλό της. Μα εκείνο ήταν ένα ερώτημα στο οποίο είχε ήδη απαντήσει η ίδια της από καιρό. Σύμφωνα με τις ως τότε υποψίες της, κατέληγε πάντοτε στο συμπέρασμα πως επρόκειτο είτε για τον Άγγελο είτε για τον Κωνσταντίνο, δηλαδή για πρόσωπο γνωστό της. Παραβλέποντας κι εκείνος να της δώσει οποιαδήποτε πληροφορία αναγνώρισης του, επιβεβαίωνε απλά την πεποίθηση της. Το μυστήριο θα λύνονταν μόλις τον αντίκριζε. Ένα πρόσωπο οικείο μέσα στο άγνωστο πλήθος.

Η ώρα είχε κυλήσει ασυναίσθητα. Το συνταρακτικό μήνυμα που είχε λάβει την είχε αποσυντονίσει σε τέτοιο βαθμό που είχε λησμονήσει επικίνδυνα την ασταμάτητη περιστροφή των δεικτών του ρολογιού. Σε μισή ώρα περίπου θα κατέφτανε η Ηρώ με τον Κωνσταντίνο στο κατώφλι της. Πετάχτηκε βιαστικά από τον καναπέ! Έπρεπε να εξαφανίσει όλες τις αποδείξεις της παρουσίας του. Εκτός από την κάρτα, τίποτα άλλο δεν υπήρχε στον χώρο που να απαιτούσε συγκάλυψη και τακτοποίηση. Το μόνο που έπρεπε να κάνει ήταν να την τοποθετήσει μέσα στο χαρτόκουτο της ντουλάπας. Στη συνέχεια, θα αφιέρωνε τον υπολειπόμενο χρόνο στο να αποβάλει την φανερή αναστάτωση της και να συγκεντρωθεί αποκλειστικά στον ερχομό της μικρής της αδερφής. Θα ήταν τραγικό να την προδώσει η ίδια της η συμπεριφορά, τώρα που διαδραματίζονταν οι τελευταίες πράξεις του έργου.

Για τελευταία φορά, διάβασε την κάρτα προσεκτικά, παρατηρώντας κάθε λεπτομέρεια από τις τέσσερις σελίδες της λες και αδυνατούσε να πιστέψει στα ίδια της τα μάτια. Η ταραχή της δεν θα είχε εύκολα τελειωμό! Μια μπερδεμένη πληροφορία, γραμμένη στο οπισθόφυλλο, παρέτεινε βασανιστικά τη σύγχυση της. Δύο σειρές λέξεις, τις οποίες δεν είχε προσέξει νωρίτερα τάραξαν εκ νέου τα σωθικά της.

'Τ' όνομα μου σκορπισμένο,
Μες τα γράμματα κρυμμένο'

«Το όνομα του;» ψιθύρισε έκπληκτη! Τόση ώρα κρατούσε στα χέρια της τη λύση του μυστηρίου μα δεν το είχε καν αντιληφθεί! Επτά ημέρες πριν ανταμωθούν, για κάποιο λόγο που μόνο εκείνος γνώριζε, αποφάσισε να αποκαλύψει απρόσμενα την ταυτότητα του. Ίσως επιθυμούσε να την καθησυχάσει, να την προϊδεάσει, ώστε να φτάσει στο σημείο της συνάντησης τους σχετικά προετοιμασμένη. Ενδεχομένως να προσπαθούσε να αποφύγει μια πιθανή, άσχημη αντίδραση από την πλευρά της. Η απάντηση που διακαώς αναζητούσε η Ζωή τόσο καιρό, το όνομα του ανθρώπου που είχε αναταράξει με θυελλώδη ορμή τη ζωή της, βρίσκονταν πλέον στη διάθεση της. Έπρεπε να ερμηνεύσει την αινιγματική πληροφορία και να καταφέρει να το ανακαλύψει προτού υποδεχτεί την Ηρώ! Δεν θα άντεχε την άγνοια, ούτε και για λίγες ημέρες!

Τσαλακώνοντας, άθελα της, το σκληρό χαρτόνι άνοιξε και πάλι την δίφυλλη κάρτα στη μέση. Τα γράμματα του κειμένου απλώνονταν δελεαστικά μπροστά της. Η μοναδική εξήγηση που ήταν σε θέση να σκεφτεί ήταν πως κάποια από τα γράμματα που είχαν χρησιμοποιηθεί για τη σύνταξη των λεπτομερειών της συνάντησης τους, συνέθεταν και το όνομα του μυστηριώδη επισκέπτη της. Τυχαία, επιχείρησε να σχηματίσει πρώτα το όνομα του Άγγελου, πριν από αυτό του Κωνσταντίνου. Δευτερόλεπτα αργότερα, η κάρτα έπεσε βαριά στο πάτωμα. Μοναδικό σημάδι ζωής πάνω στο ακίνητο κορμί της, η γρήγορη ανάσα που έπαλλε το στήθος της. Η αλήθεια είχε πια αποκαλυφθεί! Τίποτα δεν θα ήταν το ίδιο στο εξής! Οι φόβοι και οι υποψίες της είχαν επιβεβαιωθεί και σωρεία νέων, ανατρεπτικών δεδομένων είχε τινάξει την πραγματικότητα της στον αέρα! Μύριες νέες σκέψεις, αμέτρητες, ραγδαίες εξελίξεις μέσα σε λίγα μόλις δευτερόλεπτα! Πόσο δύσκολο είναι να αλλάξεις τη στιγμή την εικόνα που έχεις για έναν άνθρωπο!

«Ο Άγγελος!» Ο αβίαστος σχηματισμός του ονόματος του από τα διαθέσιμα γράμματα του κειμένου απέδειξε πως οι υποψίες της για εκείνον ήταν τραγικά σωστές. Ο ευγενικός νεαρός που συναναστρέφονταν με άνεση στο χώρο της εφημερίδας αλλά και εκτός αυτού, ήταν ο ίδιος άνθρωπος που μπαινόβγαινε θρασύδειλα στο διαμέρισμα της. Έχοντας καταλήξει στο ζητούμενο συμπέρασμα, ένιωθε να χάνει τον έλεγχο των συναισθημάτων της. Ξάφνιασμα, απογοήτευση, φόβος και θυμός μπλέχτηκαν σε κουβάρι. Ο γοητευτικός Προϊστάμενος της, ο άνθρωπος που είχε κερδίσει την εκτίμηση και τη συμπάθεια της, ο άντρας στον οποίο σκόπευε, έστω και δοκιμαστικά, να χαρίσει την καρδιά της, είχε μεταμορφωθεί οριστικά και αμετάκλητα σε έναν διαταραγμένο ψυχασθενή ο οποίος, εναλλάσσοντας προσωπικότητες με απίστευτη ευκολία, την πολιορκούσε τόσο καιρό με τον πιο αρρωστημένο τρόπο. Η επικίνδυνη προσωπικότητα του είχε απαγκιστρωθεί στον έρωτα της προτού ακόμη γνωριστούν, θέτοντας σε λειτουργία το διεστραμμένο σχέδιο του. Αδυνατώντας να συνειδητοποιήσει πως το διπλό παιχνίδι που έπαιζε λειτουργούσε μόνο εις βάρος του, είχε επιδοθεί σε έναν ουτοπικό αγώνα να την κατακτήσει.. Πώς θα τον αντίκριζε στην σαββατιάτικη έξοδο τους; Πώς θα ήταν δυνατό να συνεργαστεί μαζί του τη Δευτέρα στο γραφείο; Πόσο θράσος απαιτούνταν για να αναμένει μετά από όλα αυτά μια θετική απάντηση στην ερωτική του πρόταση; Ένας άνθρωπος της ζωής της μόλις είχε τυλιχτεί στις φλόγες, καίγοντας στο πέρασμα του την επαγγελματική της σταθερότητα αλλά και την προοπτική μιας αισθηματικής σχέσης μεταξύ τους.

Νευριασμένη και καθόλου κολακευμένη από το παιχνίδι του, όπως εκείνος μάλλον θα περίμενε, άρπαξε την κάρτα και κατευθύνθηκε προς την κάμαρα της. Θα την καταχώνιαζε κι εκείνη στο σκοτεινό χαρτόκουτο και, τουλάχιστον για τις επόμενες ημέρες, θα προσπαθούσε να ξεχάσει την ύπαρξη της. Ο νους της ακόμη δεν είχε καταφέρει να χωρέσει τις ακραίες ενέργειες του παρανοϊκού εκείνου τύπου. «Πόσο άδικη ήμουν με τον Κωνσταντίνο!» σκέφτονταν θλιμμένη την ώρα που άνοιγε τα ξύλινα φύλλα της ντουλάπας της. Μηχανικά το βλέμμα της σύρθηκε και πάλι πάνω στο κείμενο ακολουθώντας τις εντολές μιας κρυφής ανάγκης για επιβεβαίωση της αθωότητας του! Πεπεισμένη πως τα γράμματα θα αποδεικνύονταν ελλιπή στην προσπάθεια σχηματισμού και του δικού του ονόματος, επανέλαβε μηχανικά την ίδια διαδικασία αναζήτησης, προτού κρύψει την κάρτα στο σκοτεινό κουτί.

«Αδύνατο!» Ένας πόνος ακατανόητος, οξύς, τράνταξε τα σωθικά της σαν είδε το όνομα του Κωνσταντίνου να σχηματίζεται με την ίδια ευκολία όπως εκείνο του Άγγελου. Μέχρι εκείνη τη στιγμή δεν είχε νιώσει ποτέ ξανά το αίσθημα της απώλειας και την δηλητηριώδη στενοχώρια που σου προκαλεί μια προδομένη φιλία. Η αγωνία της πήρε ξαφνικά κι άλλη παράταση και δεν έμελλε να τερματιστεί μέχρι την στιγμή της συνάντησής τους στο καθορισμένο ραντεβού. Αν και ο μυστηριώδης επισκέπτης της είχε την πρόθεση να φανερώσει το όνομά του, δεν ήταν δυνατό να φανταστεί πως ο τρόπος που προσέφερε εκείνη την πληροφορία δεν θα ξεκαθάριζε το τοπίο, ούτε στο ελάχιστο. Το αποτέλεσμα εξακολουθούσε πεισματικά να είναι διφορούμενο. Μια ακόμη τραγική σύμπτωση που κλόνιζε την ψυχραιμία της.

«Πόσο πρέπει να υπέφερε!» άλλαξαν μεμιάς οι σκέψεις της για το πρόσωπο του Κωνσταντίνου αναλογιζόμενη την πιθανότητα να ευθύνεται εκείνος για όλα αυτά. Τα αισθήματα που την κυρίευσαν μετά τη δεύτερη εκείνη ανακάλυψη ήταν τελείως διαφορετικά από την οργή που της είχε προξενήσει το πρώτο συμπέρασμα για τον Άγγελο. Συμπόνια και λύπηση αισθάνθηκε για τον καλό της 'φίλο', σκεπτόμενη πως τόσα χρόνια πονούσε βουβά. Ίσως η ταύτιση της ιστορίας του με την δική της ήταν η αιτία που την έκανε πιο ελαστική απέναντί του. Γνώριζε πόσο δύσκολα σχηματίζονται οι λέξεις στα χείλη όταν η καρδιά σου λιώνει από έρωτα. Πόσο ακατόρθωτο είναι να εκμυστηρευτείς την αγάπη σου στον άνθρωπο που σου κόβει την αναπνοή. Αναμφίβολα, ο τρόπος που είχε επιλέξει ο Κωνσταντίνος για να βρει το θάρρος που του έλειπε ήταν ανεπίτρεπτος και δεν θα του το συγχωρούσε έτσι απλά. Μα η σκληράδα της μαλάκωνε και η ευαισθησία της αποδεικνύονταν ισχυρότερη, στην σκέψη πως οι κρυφές 'βόλτες' στο διαμέρισμά της αποτελούσαν μια διέξοδο, ένα αποκούμπι μιας δειλής καρδιάς.

Η κάρτα βρίσκονταν ακόμη μέσα στα δυο της χέρια, την ώρα που ο Κωνσταντίνος κόρναρε από τον δρόμο για να αναγγείλει την άφιξή τους. Οι δυνατοί παλμοί της δεν είχαν προλάβει να υποχωρήσουν και το μυαλό της τυραννούσαν σκέψεις ασυνάρτητες, μπερδεμένες. Τα χρονικά περιθώρια όμως είχαν πια εξανεμιστεί. Ήταν αναγκασμένη να τους αντιμετωπίσει χωρίς δυνατότητα επιλογής ή περαιτέρω καθυστέρησης. Έκλεισε με βία το χαρτόκουτο και έτρεξε να τους υποδεχτεί. Το θέατρο είχε μόλις ξεκινήσει!

Η είσοδος της οικοδομής υποχώρησε σε μια απότομη κίνηση της Ηρώς. Ο Κωνσταντίνος, ζωσμένος την ογκώδη βαλίτσα της, δεινοπαθούσε υπομονετικά μέσα στην αποπνικτική, απογευματινή ζέστη. Η Ζωή τους παρακολουθούσε από το κατώφλι της να διανύουν τη μικρή απόσταση ως την πόρτα της, παλεύοντας να συγκεντρώσει τη διαλυμένη ψυχραιμία της. Μεταμορφώνοντας τον εαυτό της, έστω και επιφανειακά, σε μια άριστη οικοδέσποινα, άνοιξε την αγκαλιά της προσποιητά απροβλημάτιστη. Το σώμα της χτύπησε άτσαλα πάνω στην πόρτα από την ενθουσιώδη ορμή της μικρής της αδερφής που έπεσε με φόρα μέσα στα δυο της χέρια.

«Καλώς τους!» Χαμογελούσε εγκάρδια, ίσως και υπερβολικά, σε μια απέλπιδα προσπάθεια να αντιμετωπίσει φυσιολογικά τον ερχομό τους.

«Καλώς σε βρήκα, αδερφούλα!» Η Ηρώ χίμηξε μέσα στο σπίτι και απλώθηκε αναπαυτικά πάνω στον καναπέ του σαλονιού, πιο όμορφη από ποτέ μέσα στο γαλάζιο της φόρεμα. «Θα περάσουμε υπέροχα!» φώναξε ενθουσιασμένη. Η διάθεση της ήταν εξαιρετικά ανεβασμένη και αυτό ίσως βοηθούσε τη Ζωή να αποβάλει από το δικό της νου τα τελευταία γεγονότα γρηγορότερα. Ο ταλαιπωρημένος 'αχθοφόρος' την καλησπέρισε με ένα απαλό φιλί και έκανε δύο βήματα στο εσωτερικό του διαμερίσματος ακουμπώντας τη βαριά βαλίτσα στο πάτωμα.

«Αυτή τη φορά δεν μου γλιτώνεις, Κωνσταντίνε. Θα μου επιτρέψεις να σε κεράσω τουλάχιστον έναν καφέ!» του είπε η Ζωή, βλέποντας τον να κοντοστέκεται δίπλα στην είσοδο. Παρότι τα αισθήματα της ήταν ανάμεικτα εκείνη την ώρα, αισθάνονταν την υποχρέωση και την επιθυμία να τον ευχαριστήσει με κάποιο τρόπο για τον κόπο του και την πολύτιμη βοήθεια του.

«Αφού επιμένεις...» δέχτηκε, μάλλον διστακτικά, την πρόταση της. Στα μάτια του ένα βλέμμα ανεξήγητο, απροσδιόριστο, σκοτείνιαζε την συνήθως χαρωπή όψη του. Η Ζωή, αδυνατώντας να ασχοληθεί με κάτι άλλο πέρα από την άφιξη τους, το προσπέρασε συνειδητά.

«Θα με συγχωρέσεις για την ακαταστασία αλλά...» εξακολούθησε να υποδύεται τον ρόλο της ατάραχης οικοδέσποινας.

«Δεν χρειάζεται να με πείσεις για την νοικοκυροσύνη σου. Γνωρίζω πόσο τακτική είσαι» έσπευσε, πάντα ευγενικός, να την δικαιολογήσει.

«Τώρα που κατέφτασε το 'βαρύ πυροβολικό' της καθαριότητας όλα θα τακτοποιηθούν σε χρόνο μηδέν. Τα πολλά χέρια είναι ευλογία». Η προοπτική της φασίνας δεν προβλημάτιζε την Ηρώ. Θα ήταν μάλιστα και ένας τρόπος να περάσουν εποικοδομητικά την ελεύθερη τους ώρα.

«Θα πιεις κάτι 'μπεμπεκάκι';» τη ρώτησε η Ζωή στο δρόμο για την κουζίνα.

«Ένα ποτήρι χυμό, αν σου είναι εύκολο».

Οι τρεις τους κάθισαν για λίγη ώρα στο σαλόνι, συζητώντας περί ανέμων και υδάτων, μέχρι που ο Κωνσταντίνος, έχοντας καταπιεί τον καφέ του με πρωτοφανή ταχύτητα, σηκώθηκε από τη θέση του και δήλωσε αποφασιστικά την αποχώρηση του.

«Να σας αφήσω να τα πείτε. Εμείς θα έχουμε όλο το χρόνο αύριο το βράδυ». Μια παράξενη αμηχανία συνόδευε τις εκφράσεις και την ομιλία του, μια αμηχανία την οποία δεν είχε ξαναδεί η Ζωή. «Περίεργο» συλλογίστηκε, αναρωτώμενη αν εκείνη η συμπεριφορά του σχετίζονταν με το κανονισμένο ραντεβού ή μήπως υποδήλωνε απλά μια ενόχληση για το γεγονός πως για μια ολόκληρη εβδομάδα η Ζωή είχε αποφύγει την συντροφιά του. Αμφιταλαντευόμενη, διέκοψε τη ροή των σκέψεων της προτού παγιδευτεί και πάλι σε ατέλειωτες εικασίες.

Οι δυο αδερφές μαζί, τον ξεπροβόδισαν ως την πόρτα. Η Ηρώ, ιδιαιτέρως διαχυτική μαζί του, χαρούμενη που τον έβλεπε ξανά μετά από καιρό, δεν σταμάτησε λεπτό να τον πειράζει. Η Ζωή, λιγάκι πιο απόμακρη και ουδέτερη, κρατούσε τις ισορροπίες.

«Καλό βράδυ. Σε ευχαριστώ και πάλι». Με εκείνα τα λόγια, έκλεισε την πόρτα του διαμερίσματος όταν ο Κωνσταντίνος είχε πια στραφεί προς την έξοδο της πολυκατοικίας.

«Λοιπόν, Από πού θα ξεκινήσουμε;» Η Ηρώ, σε μια ξεκαρδιστική πόζα, προσπαθώντας να φουσκώσει όσο πιο πολύ μπορούσε τα αδύνατα της μπράτσα, δήλωνε ακμαία και ετοιμοπόλεμη να ξεκινήσει τη μάχη με τη βρομιά.

«Είσαι τρελή; Νομίζεις πως θα σε αγγαρέψω μετά από τέτοιο ταξίδι; Απόψε θα χαλαρώσουμε και αύριο, πρωί – πρωί, αναλαμβάνουμε δράση. Εξάλλου, θέλω να πούμε τα νέα μας». Η Ζωή δεν θα δέχονταν επ' ουδενί αρνητική απάντηση και έτσι, λίγη ώρα αργότερα, θρονιασμένες αμέριμνα μέσα στο βασίλειο της σκόνης απολάμβαναν την υπέροχη, καλοκαιρινή βραδιά.

Η ανάλαφρη αύρα της Ηρώς, μοσχοβολώντας θαλασσινό αγέρα και αλμύρα, ταξίδεψε μεμιάς το νου της πίσω στην παραδεισένια πατρίδα της. Ήθελε να μάθει τα πάντα για τους γονείς της, για την παρέα της και για το χωριό, ελπίζοντας κρυφά μέσα της πως ίσως κατάφερνε να ξεκλέψει κάποιο νέο για τον Πέτρο. Ασυναίσθητα, έπιασε τον εαυτό της να ψάχνει απελπισμένα μια εικόνα του στα μάτια της αδερφής της, να αποζητά έστω μια αναφορά στο πρόσωπο του από τα χείλη της. Όσο κι αν είχε πληγωθεί την τελευταία φορά που τον είχε δει, η ανάγκη της να μάθει κάτι για εκείνον ήταν ανίκητη. Πιθανώς η Ηρώ να τον είχε συναντήσει πριν το ταξίδι της, εκείνη την ίδια ημέρα, να τον είχε αντικρίσει, να του είχε μιλήσει. Πόσο τη ζήλευε που μπορούσε τόσο εύκολα να τον έχει κοντά της, να μοιράζονται τον ίδιο αέρα, να ζουν την ίδια καθημερινότητα! Είχε περάσει καιρός πολύς που είχε αποχαιρετήσει τον τόπο της και ξόδευε ανούσια τη ζωή της σε εκείνη την πόλη, μα μέσα στην ψυχή της τον ένιωθε ακόμη να την καλεί να επιστρέψει.

Το μακροσκελές, λεκτικό παραλήρημα της Ηρώς κάλυψε με κάθε λεπτομέρεια, απαραίτητη και μη, όλα τα θέματα προς συζήτηση, εκτός από εκείνο που πύρωνε τα στήθη της αδερφής της, εκείνο που είχε την μεγαλύτερη σημασία. Ούτε μια κουβέντα για τον Πέτρο, ούτε ένα σχόλιο για την κοπέλα που είχε εμφανιστεί στο πλευρό του από το πουθενά. Η Ηρώ επικεντρώθηκε σε άλλα ζητήματα κάνοντας πιο βασανιστικό το ενδόμυχο μαρτύριο της Ζωής. Μετέφερε προσεκτικά τα νέα που της έστελναν οι αγαπημένοι της φίλοι και περιέγραφε με γλαφυρότητα τα ζουμερά κουτσομπολιά του χωριού. Τον περισσότερο όμως χρόνο του μονολόγου της τον αφιέρωσε στο να αναλύσει την ποικιλία των ενδοοικογενειακών αντιδράσεων που είχε προκαλέσει το θέμα της εξαγοράς της εφημερίδας και της πιθανής επιστροφής της Ζωής στο νησί. Υποστήριζε ακόμη σθεναρά την αντίληψη πως η μεγάλη της αδερφή έπρεπε να επιστρέψει στο χωριό και μάλιστα το συντομότερο δυνατό.

«Πότε θα το καταλάβεις επιτέλους πως η θέση σου είναι στο νησί κι ότι δεν έχεις καμιά δουλειά σε αυτόν τον άγνωστο τόπο;» σχολίασε καυστικά.

«Τόσο δύσκολα τα περνάς μόνη στο σπίτι που δεν αντέχεις χωρίς εμένα;»

«Μπορείς να το πεις κι έτσι». Η Ηρώ, γενικολογώντας, απέφυγε να εξηγήσει τους λόγους της άκαμπτης συμπεριφοράς της πάνω σε εκείνο το ζήτημα.

«Ίσως καταφέρω να σου αλλάξω γνώμη και να σε πείσω πως η παραμονή μου στη Θεσσαλονίκη δεν είναι τελικά τόσο λαθεμένη επιλογή. Βλέπεις, σου έχω ένα πολύ ευχάριστο νέο». Η κουβέντα είχε πάρει τέτοια τροπή που διευκόλυνε την ομαλή μετάβαση στο ζήτημα της πιθανής σχέσης της με τον Άγγελο. Βέβαια, το επικείμενο ραντεβού στο Λευκό Πύργο ήταν εκείνο που θα καθόριζε τις εξελίξεις στα αισθηματικά της αλλά στο μεταξύ ήθελε να μάθει την άποψη της Ηρώς για τον ενδεχομένως παρανοϊκό Προϊστάμενό της.

«Γνωρίζω πως ένας από τους λόγους που αντιτίθεσαι στην παραμονή μου εδώ είναι η ανησυχία σου που είμαι μόνη μου, χωρίς έναν σύντροφο. Αυτό όμως ενδέχεται να αλλάξει σύντομα» συνέχισε με πομπώδες ύφος λες η Ζωή αντιλαμβανόμενη πως αυτό που ξεστόμιζε ήταν ιδιάζουσας βαρύτητας. Προφέροντας εκείνα τα λόγια ένιωθε ταυτόχρονα την καρδιά της να ματώνει, να σκίζεται, να τραβάει άλλο δρόμο από εκείνον που πραγματικά ήθελε να περπατήσει μα ήταν αναγκασμένη να παραδεχτεί πως μια θετική απάντηση στον Άγγελο, σε περίπτωση απόδειξης της αθωότητάς του, ήταν η μοναδική θεραπεία για τον αδιέξοδο έρωτά της για τον Πέτρο. Έσφιγγε τα δόντια προσπαθώντας να πείσει τον εαυτό της για την ορθότητα εκείνης της απόφασης. Πρόδιδε τον ίδιο της τον εαυτό μα δεν μπορούσε να κάνει αλλιώς.

«Τι εννοείς;» τη ρώτησε η Ηρώ σχεδόν παγωμένη, με μάτια ορθάνοιχτα. Η ένθερμη αντίδραση που ανέμενε να δει η Ζωή να ξεχύνεται μπροστά της σαν ποτάμι ορμητικό παρέμεινε καλά κρυμμένη. Ίσως η μικρή της αδερφή χρειαζόταν περισσότερες πληροφορίες προτού αφεθεί να πανηγυρίσει έξαλλα.

«Εννοώ πως αύριο το βράδυ θα ήθελα να σου γνωρίσω ένα παλικάρι, ένα παλικάρι που ενδιαφέρεται για μένα και μου έχει προτείνει να είμαστε μαζί! Και φυσικά, θέλω να μάθω τη γνώμη σου!» Αυξάνοντας την ένταση της φωνής της προσπάθησε να προκαλέσει τον ενθουσιασμό της Ηρώς μα και πάλι το πρόσωπό της δεν έλαμψε από χαρά. Ανέκφραστο και αποσβολωμένο άρχισε να αποκτά σταδιακά μια περίεργη ωχρότητα.

«Ποιος είναι; Μου τον έχεις αναφέρει;» ρώτησε συλλαβιστά.

«Ο Άγγελος, ο Προϊστάμενος μου από το γραφείο. Είναι εξαιρετικός! Να δεις που θα εντυπωσιαστείς!»
«Θα τον δω αύριο, λοιπόν, και θα σου πω την άποψη μου», απάντησε άτονα, σχεδόν αδιάφορα εκείνη. Η Ζωή αδυνατώντας να κατανοήσει ή να παραβλέψει πια την αδικαιολόγητη στάση της, ζήτησε εξηγήσεις άτσαλα προσγειωμένη και απορημένη.

«Μπορείς να μου πεις τι συμβαίνει; Γιατί αντιδράς έτσι; Εγώ πίστευα πως θα τρελαθείς με τα νέα μου. Εσύ δεν μου έλεγες τόσο καιρό να ανοίξω την αγκαλιά μου στον έρωτα, να τολμήσω μια καινούρια σχέση; Γιατί είσαι τόσο απαθής; Δεν χαίρεσαι για μένα;»

«Φυσικά και χαίρομαι, αδερφούλα μου!» Η φωνή της ξαφνικά γλύκανε, στο πρόσωπο της ένα χαμόγελο, σαν ήλιος λαμπερός, ανέτειλε δειλά. «Συγνώμη που δεν αντέδρασα όπως θα 'θελες. Απλά με βρίσκεις εντελώς απροετοίμαστη. Δεν περίμενα να ακούσω τέτοια νέα. Χρόνια τώρα σε έχω συνηθίσει μόνη σου και δεν είναι τόσο εύκολο να απαλλαγώ από αυτή την εικόνα. Χρειάζομαι λίγο χρόνο για να συνειδητοποιήσω αυτό που μου είπες».

Δεν είχε και άδικο. Ήταν εξαιρετικά απρόσμενη η είδηση και ήταν λογικό να μείνει άναυδη από έκπληξη. Η μεγάλη της αδερφή φαίνονταν έτοιμη να εγκαταλείψει την ανεξαρτησία και την ελευθερία της και να καλωσορίσει στη ζωή της μια καινούρια αγάπη με όλα τα παρεπόμενα της. Χωρίς να της έχει εκμυστηρευτεί τίποτα, σχεδίαζε μια πολύ μεγάλη αλλαγή. Μάλλον ήταν αναμενόμενο το έντονο ξάφνιασμα της Ηρώς στο άκουσμα των εξελίξεων.

«Ελπίζω τώρα να βεβαιώθηκες πως η καρδιά μου ξέρει να αγαπά, πως μπορεί να χτυπήσει στο ρυθμό του έρωτα και πως ήμουν απόλυτα ειλικρινής μαζί σου όταν σου έλεγα πως τόσα χρόνια επέλεγα τη μοναξιά γιατί απλά δεν είχε εμφανιστεί ο κατάλληλος».

«Τώρα, δηλαδή, εμφανίστηκε ο κατάλληλος; Είσαι σίγουρη; Ξέρεις, αυτά τα θέματα δεν θέλουν βιασύνη. Δεν θα ήθελα να πληγωθείς. Είναι πολύ άσχημο να μετανιώνεις για τις ίδιες σου τις αποφάσεις και τις επιλογές». Τα λεγόμενα της Ηρώς φανέρωναν έναν συντηρητισμό που δεν άρμοζε καθόλου στην χειμαρρώδη και αδίστακτη, στα θέματα καρδιάς, προσωπικότητα της.

«Πότε ωρίμασες έτσι εσύ; Πάντοτε με μάλωνες που δεν άρπαζα τις ευκαιρίες που εμφανίζονταν στο δρόμο μου. Διαρκώς μου έλεγες πως η υπερανάλυση λειτουργεί μόνο ανασταλτικά. Πότε άλλαξαν τόσο δραματικά τα πιστεύω σου;»

«Οι αντιλήψεις μου δεν έχουν αλλάξει τόσο ριζικά όσο υποψιάζεσαι. Απλά εγώ, λόγω χαρακτήρα, μπορώ να αντιμετωπίσω ευκολότερα μια απογοήτευση και να ξεπεράσω εύκολα έναν χωρισμό ενώ εσύ πάντα επηρεάζεσαι βαθύτερα. Η συναισθηματική σου ανάρρωση απαιτεί αρκετό χρόνο και το τελευταίο που θέλω να δω είναι να θυσιάζεις τον καιρό σου αλόγιστα».

«Έννοια σου και θα είμαι ιδιαιτέρως προσεκτική. Δεν θα κάνω τίποτα αν δεν είμαι εντελώς σίγουρη» την καθησύχασε η Ζωή.

Ένα χασμουρητό διαρκείας και δύο, μικρά δάκρυα στα μάτια της Ηρώς σήμαναν πως ήταν ώρα να αποσυρθούν στην κρεβατοκάμαρα. Το 'μπεμπεκάκι' είχε καταβληθεί από το ταξίδι και χρειάζονταν άμεσα ξεκούραση για να ανταπεξέλθει στις δύσκολες, πρωινές της υποχρεώσεις. Η Ζωή, από την άλλη, δεν είχε ξεχάσει πως θα έπρεπε να σηκωθεί πιο νωρίς από εκείνη για να ελέγξει το χώρο για τυχόν ανεπιθύμητα σημάδια παραβίασης. Αφού έσβησε όλα τα φώτα, οδηγήθηκαν αγκαλιασμένες στην κάμαρα της, στο πίσω μέρος του διαμερίσματος. Θα κοιμόταν παρέα, στο ευρύχωρο, διπλό κρεβάτι και αυτό τις χαροποιούσε αφάνταστα. Η Ζωή ρύθμισε διακριτικά το ξυπνητήρι της για να βεβαιωθεί πως δεν θα παρακοιμόταν και ξάπλωσε κοντά της.

«Παίζουμε 'τα δάχτυλα' να θυμηθούμε τα παλιά;» πρότεινε η Ηρώ. Το παιχνίδι εκείνο πάντα κατάφερνε να τις ηρεμεί και να προετοιμάζει το έδαφος για έναν ήσυχο ύπνο. Μέσα στο σκοτάδι, κάθε μια με τη σειρά της, προσπαθούσε να μαντέψει πόσα δάχτυλα σήκωνε κρυφά η αντίπαλος. Νικήτρια στέφονταν εκείνη με τις περισσότερες σωστές απαντήσεις και, σαν έπαθλο, μπορούσε να ζητήσει από την άλλη ότι της ερχόταν στο νου.

«Αν κερδίσω εγώ, θέλω να αναλογιστείς σοβαρά αν είσαι πραγματικά ευτυχισμένη εδώ. Αν το συμπέρασμα σου δεν είναι απολύτως βέβαιο, θέλω να επιστρέψεις πίσω». Μεγάλη χάρη ζητούσε η Ηρώ, μια χάρη που ήταν αβέβαιο αν η Ζωή μπορούσε να εκπληρώσει.

«Αν κερδίσω εγώ, θέλω να μην στενοχωριέσαι αλλά να χαίρεσαι για μένα και να μου συμπαρασταθείς, όποια κι αν είναι η απόφαση μου».

Αφού συμφώνησαν, το παιχνίδι ξεκίνησε δυναμικά. Σταδιακά όμως, η γλυκιά νύστα έγινε βαρύτερη πάνω στα βλέφαρα τους, ώσπου το ακαταμάχητο άγγιγμα του Μορφέα σφύριξε απρόσμενα τη λήξη του παιχνιδιού, αφήνοντας τες ισόπαλες.

19

Το αγγελικά ήρεμο πρόσωπο της Ηρώς που κοιμόταν στο πλάι της ήταν το πρώτο πράγμα που αντίκρισαν τα νυσταγμένα της μάτια, μόλις το ξυπνητήρι της άρχισε να χτυπά, με σταδιακά αυξανόμενη ένταση, πάνω από το κομοδίνο. Κλείνοντας το βιαστικά, προτού προλάβει να ταράξει το γαλήνιο ύπνο της αδερφής της, έμεινε για λίγο ακίνητη στο κρεβάτι θέλοντας να απολαύσει το ιδιαίτερα ευχάριστο ξύπνημα της. Η οικεία εικόνα που ζέσταινε το βλέμμα της, την έκανε να αισθανθεί πως βρίσκονταν στο παλιό της δωμάτιο, πως είχε περάσει ακόμη μια όμορφη νύχτα στο πατρικό της. Θα έπαιρνε όρκο πως άκουγε τη μητέρα της να βηματίζει ελαφριά έξω από την πόρτα της έχοντας αρχίσει από νωρίς τις δουλειές, πως μύριζε τον φρεσκοαλεσμένο καφέ από την κουζίνα και πως η τηλεόραση έπαιζε σιγανά στο σαλόνι του σπιτιού. Γνώριμοι, λατρεμένοι, πρωινοί ήχοι μιας ολόκληρης ζωής.

Παραμερίζοντας προσεκτικά το σεντόνι, προχώρησε αθόρυβα ως την θολωτή πόρτα που χώριζε το υπνοδωμάτιο από την κουζίνα. Η Ηρώ δεν χουζούρευε ποτέ τα πρωινά και ήταν αναμενόμενο να σηκωθεί από λεπτό σε λεπτό. Έσπευσε, όσο πιο γρήγορα μπορούσε, να ελέγξει το διαμέρισμα για τυχόν σημάδια της ανεπιθύμητης παρουσίας του επισκέπτη της, προτού την δει να προβάλει ξαφνικά μπροστά της. Με μάτια διερευνητικά και οξυμένη όραση, εξέτασε κάθε γωνιά του σπιτιού. Τίποτα ανησυχητικό. Είχε, ευτυχώς, αποφύγει την οποιαδήποτε αναστάτωση εκείνη την ημέρα μα αυτό δεν ήταν βέβαιο πως θα διαρκούσε καθ' όλη την παραμονή της Ηρώς στη Θεσσαλονίκη. Η ίδια εκνευριστική διαδικασία θα έπρεπε να ακολουθείται ανελλιπώς κάθε πρωί, ως και τη Δευτέρα. Προσωρινά εφησυχασμένη, επέστρεψε στον χώρο της κουζίνας για να φτιάξει τον καφέ της, περιμένοντας την μικρή της αδερφής.

«Έναν σκέτο, παρακαλώ, με αμέτρητα παγάκια!» Η φωναχτή παραγγελία της Ηρώς μέσα από την κρεβατοκάμαρα ήρθε δέκα λεπτά αργότερα. Της άρεσε πολύ να βρίσκει τον καφέ της έτοιμο στο τραπέζι παρά να ταλαιπωρείται, αγουροξυπνημένη, να τον φτιάχνει μόνη της. Η Ζωή έσπευσε να ικανοποιήσει την επιθυμία της ξεχωριστής φιλοξενούμενης της. Στη συνέχεια, αραδιάζοντας ένα σωρό πιάτα πάνω στο τραπέζι, ετοίμασε ένα πλούσιο πρόγευμα που θα πρόσφερε και στις δυο τους την απαραίτητη ενέργεια για να αντιμετωπίσουν την επερχόμενη φασίνα. Η κατάσταση του διαμερίσματος ήταν τόσο άθλια που θα απαιτούσε πολλή προσπάθεια, άφθονο ιδρώτα και αρκετό χρόνο έως ότου γίνει βιώσιμο και πάλι.

Ζωηρή, χαμογελαστή και αναμαλλιασμένη η Ηρώ κάθισε αντίκρυ της στο τραπέζι. Είχε ξυπνήσει με κέφι και μπόλικη όρεξη για καθετί φαγώσιμο. Το αστείρευτο χιούμορ της κατέκλυσε την κουβέντα τους και τα γάργαρα γέλια τους δεν είχαν σταματημό όση ώρα έπαιρναν το πρωινό τους. Όταν πια τα στομάχια τους είχαν γεμίσει με νόστιμες, θρεπτικές λιχουδιές, ανασκουμπώθηκαν για να ξεκινήσουν την καθαριότητα, αφού πρώτα είχαν καταμερίσει το σύνολο των καθηκόντων. Η άψογη συνεργασία τους σε συνδυασμό με τις άριστες εκτελεστικές τους ικανότητες τις ανέδειξαν ταχύτατα σε αδιαμφισβήτητες νικήτριες του αγώνα κατά της βρομιάς. Το αποτέλεσμα τις ικανοποίησε και με το παραπάνω, ξεπερνώντας τις ήδη υψηλές προσδοκίες τους. Το διαμέρισμα γυάλιζε λαμπερό χωρίς το παραμικρό ίχνος σκόνης και μοσχοβολούσε απολυμασμένο και αρωματισμένο.

Αποκαμωμένες και οι δυο, λαχταρούσαν να χυθούν πάνω στο καναπέ και να καμαρώσουν τα κατορθώματά τους! Μα ο πνιγηρός ιδρώτας μπερδεμένος με τη απεχθή βρομιά πάνω στα κορμιά τους, δεν τους το επέτρεπε. Προκαλώντας μια δυσβάσταχτη φαγούρα σαν μάλλινη φανέλα το κατακαλόκαιρο, πρόσταζε πως μια επίσκεψη στο μπάνιο ήταν απαραίτητη πριν την ανάπαυση. Η μπανιέρα φάνταζε όαση και το δροσερό, κρυστάλλινο νερό μοναδική πηγή χαλάρωσης.

Πρώτη έτρεξε στο μπάνιο η Ηρώ, εκμεταλλευόμενη την ιδιότητα της φιλοξενούμενης, βγάζοντας ανυπόμονα τα ρούχα της στη διαδρομή.

«Αισθάνομαι πέντε χρόνια νεότερη και δέκα κιλά ελαφρύτερη!» ψιθύρισε αναστενάζοντας λίγο αργότερα ακολουθώντας την αντίθετη κατεύθυνση. Με τη σειρά της η Ζωή, μετά από αρκετή αναμονή στο διάδρομο, όρμησε στο γεμάτο υδρατμούς μπάνιο για να λυτρωθεί επιτέλους από το γλοιώδες στρώμα που απόφρασσε κάθε πόρο του σώματος της.

Οι δείκτες του ρολογιού της κουζίνας μόλις είχαν σμίξει μπροστά από το νούμερο 12, όταν, τυλιγμένη με την πετσέτα της και με τα πόδια γυμνά, μπήκε στο σαλόνι με ένα ηδονικό χαμόγελο απόλυτης ικανοποίησης. Η Ηρώ μουρμούριζε στο κινητό της. Σαν την πήρε είδηση, τερμάτισε τη συνομιλία της και την ακολούθησε μέχρι την πόρτα της κάμαρας.

«Τι έχει το πρόγραμμα στη συνέχεια, αδερφούλα;»

«Εγώ θα ξεκινήσω σιγά – σιγά το μαγείρεμα. Εσύ μπορείς να ξεκουραστείς και να χαλαρώσεις. Ήδη έκανες πάρα πολλά για μένα. Τώρα είναι η σειρά μου να σε περιποιηθώ».

«Σκέφτομαι να βγω μια βόλτα. Δεν έχω δει ακόμη την καινούρια σου γειτονιά και η μέρα μοιάζει τέλεια για μια τέτοια εξόρμηση. Ξέρεις πως δεν υπάρχει φόβος να χαθώ». Όντως, η Ηρώ είχε έντονα αναπτυγμένη την αίσθηση του προσανατολισμού και η Ζωή ενέκρινε ανεπιφύλακτα έναν περίπατο.

«Πολύ ωραία η ιδέα σου. Δεν υπάρχει λόγος να κλειστείς εδώ μέσα. Το μεσημεριανό θα είναι έτοιμο σε μιάμιση ώρα περίπου. Το μόνο που θέλω είναι να πάρεις το κινητό μαζί σου, σε περίπτωση που χρειαστεί να μιλήσουμε».

«Μα δεν το έχεις καταλάβει ακόμη πως το μαραφέτι αυτό είναι η επέκταση του χεριού μου; Δεν το αποχωρίζομαι ποτέ!»

Το ελαιόλαδο είχε αρχίσει να ζεσταίνεται πάνω στη φωτιά και το κοφτερό μαχαίρι της ανεβοκατέβαινε ασταμάτητα πάνω στο ξύλο κοπής, τεμαχίζοντας με ακρίβεια το ξερό κρεμμύδι. Παρά τα δακρυσμένα, θολωμένα της μάτια, η εικόνα που αντίκρισε η Ζωή λίγη ώρα μετά, έμοιαζε με πραγματική οπτασία. Μέσα σε ένα γκρι, κλος φόρεμα η Ηρώ παρουσιάστηκε υπέροχα αέρινη μπροστά της. Δυο μικροσκοπικές τιράντες άγγιζαν απαλά τους ώμους της και το δροσερό της άρωμα πλημμύριζε την ατμόσφαιρα.

«Έφερα τα 'καλά' μου για να κυκλοφορήσω στην συμπρωτεύουσα!» σχολίασε, αντιλαμβανόμενη την έκπληξη της Ζωής, πριν την χαιρετήσει με ένα φιλί.

«Κούκλα είσαι! Να προσέχεις. Μην αργήσεις κι ανησυχήσω».

«Μια βόλτα θα κάνω και θα επιστρέψω». Το τρίξιμο της πόρτας βύθισε το διαμέρισμα και πάλι στη σιωπή. Για την επόμενη ώρα ο μοναδικός ήχος που ακούγονταν μέσα στην απόλυτη ησυχία ήταν το κοκκινιστό που σιγόβραζε μέσα στην κατσαρόλα.

Μαλακό σαν λουκούμι, με έντονο άρωμα δάφνης, το κρέας έστεκε μοιρασμένο σε δύο πιάτα συνοδευμένο με σπυρωτό πιλάφι. Οι πολύχρωμες σαλάτες είχαν ψιλοκοπεί και το κρασί είχε σερβιριστεί άφθονο στα ημίψηλα ποτήρια. Είχαν περάσει ήδη δύο ώρες που απουσίαζε η Ηρώ αλλά ακόμη δεν είχε φανεί. «Μπορεί να χαζεύει τις βιτρίνες στον πεζόδρομο» υπέθεσε η Ζωή, αποφασισμένη να δείξει λίγη ακόμη υπομονή προτού της τηλεφωνήσει.

Σήκωσε το τηλέφωνο για να την καλέσει όταν πια το φαγητό είχε αρχίσει να κρυώνει επικίνδυνα, η σαλάτα να μαραίνεται και η ίδια να κυριεύεται από ανησυχία. Μετά από αρκετή αναμονή στο ακουστικό, η 'αγνοούμενη' μικρή της αδερφή απάντησε διστακτικά.

«Ναι;»

«Πού είσαι; Είσαι καλά; Το φαγητό κοντεύει να γίνει λάστιχο!»

«Πέρασε τόσο πολύ η ώρα; Συγνώμη, φαίνεται έχασα την αίσθηση του χρόνου. Βρήκα στο δρόμο μου ένα πολύ όμορφο καφέ και σταμάτησα να πάρω μια ανάσα». Πράγματι, οι απαλές νότες μουσικής και η βουή που έφταναν στα αυτιά της, επιβεβαίωναν πως η Ηρώ βρίσκονταν σε περιβάλλον καφετέριας.

«Άλλο πάλι και τούτο! Πώς έκανες εσύ κάτι τέτοιο; Δεν ντράπηκες να καθίσεις ολομόναχη εκεί;» την πείραξε, γνωρίζοντας τις αντιλήψεις της γι' εκείνο το θέμα. Η Ηρώ πάντοτε ήταν ιδιαίτερα επικριτική με όσους είχαν τη συνήθεια να απολαμβάνουν τον καφέ, το ποτό ή το φαγητό τους χωρίς την παρέα τουλάχιστον ενός ατόμου. Θεωρούσε πως ήταν μια ντροπιαστική, δημόσια παραδοχή της μοναξιάς τους. Η Ζωή, από την άλλη, δεν έβρισκε τίποτα το κατακριτέο σε αυτό αλλά όσα επιχειρήματα κι αν είχε μετέλθει για να την μεταπείσει είχαν αποδειχτεί ανεπαρκή.

«Ξεράθηκε το στόμα μου από τη ζέστη» δικαιολόγησε η Ηρώ την τόσο αντίθετη με τα πιστεύω της, συμπεριφορά της.

«Σε πόση ώρα να σε περιμένω;» επανήλθε στο προκείμενο η Ζωή.

«Σε πέντε λεπτά είμαι εκεί!»

Η ακρίβεια του υπολογισμού της ήταν απίστευτη για κάποιον που δεν γνώριζε την περιοχή τόσο καλά. Σε πέντε ακριβώς λεπτά το θυροτηλέφωνο κουδούνισε βραχνά. Δεν είπε κουβέντα μπαίνοντας στο διαμέρισμα, μόνο ζήτησε συγνώμη με τα μάτια της, κοιτώντας τη Ζωή ντροπαλά, ενοχικά.

Το μεσημεριανό, σε θερμοκρασία δωματίου πια, καταναλώθηκε εν μέσω αναστεναγμών τέρψης. Αν και παρέμειναν για ώρα καθισμένες στο τραπέζι, ούτε μια αναφορά δεν έγινε και πάλι, όπως και το πρωί, από την Ηρώ σχετικά με το νέο που της είχε ανακοινωθεί το προηγούμενο βράδυ. Αλλά και η Ζωή, ακολουθώντας την τακτική της αδερφής της, απέφυγε να το επαναφέρει από μόνη της. Βέβαιη πως θα εισέπραττε την αντίδραση που περίμενε σύντομα, δεν υπήρχε λόγος να γίνει κουραστική. Άκουγε μόνο με ευχαρίστηση τα ενθουσιώδη σχόλια της μικρής της αδερφής για την καινούρια γειτονιά που περιτριγύριζε το νέο της σπιτικό. Οι πρωτότυπες βιτρίνες των καταστημάτων, τα πολυσύχναστα, πλακόστρωτα δρομάκια και τα ασφυκτικά γεμάτα καφέ της είχαν δημιουργήσει μια πολύ θετική εντύπωση.

«Δεν είναι βέβαια και σαν το χωριό μας...» είπε τελειώνοντας. Η Ζωή, κουνώντας το κεφάλι συγκαταβατικά, συμφώνησε απόλυτα μαζί της. Ποια παραλία να συγκριθεί με το δικό της ακρογιάλι; Ποιο δρομάκι να ανταγωνιστεί τα γραφικά σοκάκια του χωριού της; Τι κι αν ήταν ταπεινά; Στέγαζαν με μεγαλόπρεπη θαλπωρή όλες τις αναμνήσεις της. Κανένας τόπος δεν ήταν σαν και τον δικό της, κανένα μέρος δεν θα μπορούσε να γίνει πατρίδα στην καρδιά της. Αιωνίως καταδικασμένη να νιώθει ξένη, πρόσκαιρη φιλοξενούμενη σε κάθε γωνιά του κόσμου, ήξερε πως μια ζωή θα επέστρεφε εκεί για να βρίσκει και πάλι απ' την αρχή τον πραγματικό εαυτό της, έναν εαυτό που επέλεξε να μείνει πίσω σεργιανίζοντας τα ίδια, λατρεμένα στενοσόκακα.

«Γη καλεί Ζωή! Με λαμβάνεις;» φώναξε η Ηρώ γελώντας υστερικά, κουνώντας τα χέρια της πέρα δώθε στον αέρα. Η Ζωή είχε βυθιστεί τόσο βαθιά στην μαγεία των νοσταλγικών σκέψεων της που δεν άκουγε το κινητό της τηλέφωνο το οποίο χτυπούσε δυνατά, δίπλα ακριβώς στο πιάτο της. Οι ζωηρές προσπάθειες της Ηρώς πρόλαβαν να την επαναφέρουν στην πραγματικότητα προτού εκείνο σιγήσει. Χαμογελώντας αμήχανα, το σήκωσε στα χέρια της για να απαντήσει.

«Απόκρυψη αριθμού!» Ο άγνωστος που της τηλεφωνούσε μόνο για να ακούσει τη φωνή της, χωρίς ποτέ να της μιλά, είχε επιλέξει την πιο ακατάλληλη στιγμή για να πραγματοποιήσει την κλήση του. Αν και η Ζωή είχε ορκιστεί να μην του ξανασηκώσει ποτέ το τηλέφωνο ήταν υποχρεωμένη, έχοντας την αδερφή της απέναντι, να παραβεί τον όρκο της για μια φορά, ώστε να μην κινήσει υποψίες ούτε και να της δώσει τροφή για σχόλια.

«Εμπρός;» ρώτησε με συγκαλυμμένο πανικό, βέβαιη πως δεν θα έπαιρνε απάντηση. Κι όντως, απόλυτη σιγή διαδέχτηκε την ερώτηση της. Μόνο η γνώριμη ανάσα ακούγονταν μέσα από το ακουστικό. Μα σήμερα ήταν πολύ διαφορετική. Πιο βαριά και τακτικά διακοπτόμενη, της έδωσε την εντύπωση πως όποιος βρίσκονταν στην άλλη άκρη της γραμμής έκλαιγε με παράπονο. Ένα δυνατό αναφιλητό επιβεβαίωσε μέσα σε λίγα δευτερόλεπτα την υποψία της. «Κλαίει!» σκέφτηκε έντρομη και συνάμα απορημένη. Έκλεισε το τηλέφωνο βιαστικά, προτού η έκφραση του προσώπου της αποκαλύψει την ισχυρή ταραχή της.

«Μάλλον έκαναν λάθος. Πάμε μέσα να ξαπλώσουμε; Θέλω να κάνεις το ντεμπούτο σου στη νυχτερινή ζωή της Θεσσαλονίκης, φρέσκια και ξεκούραστη. Θα συμμαζέψω εγώ το τραπέζι όταν σηκωθούμε» άλλαξε δήθεν αδιάφορη το θέμα, τοποθετώντας το κινητό πίσω στη θέση του.

Ο μεσημεριανός ύπνος, πράγματι, τις ωφέλησε πολύ. Λαμπερές και ευδιάθετες, ήταν πανέτοιμες για τη νυχτερινή τους έξοδο, αρκετή ώρα πριν το αυτοκίνητο του Κωνσταντίνου φανεί στο στενό για να τις παραλάβει. Γερμένος πάνω στο καπό, με το σώμα του φωτισμένο από τους δυνατούς προβολείς του αυτοκινήτου, ο Κωνσταντίνος πετάχτηκε ολόρθος σαν τις είδε να πλησιάζουν, εμφανώς γοητευμένος από την θεσπέσια εμφάνιση τους. Με μάτια έκπληκτα άπλωσε τα χέρια του για να τις υποδεχτεί.

«Δεν ξέρω ποια να πρωτοθαυμάσω! Είστε υπέροχες και οι δυο!» Έμοιαζε να έχει απαλλαγεί από τον προβληματισμό και την αμηχανία που τον διέκρινε κατά τη τελευταία τους συνάντηση. Με ένα πλατύ, ειλικρινές χαμόγελο, είχε ήδη αρχίσει να απολαμβάνει το αντάμωμα τους. Βολεύτηκαν και οι τρεις τους στα δερμάτινα καθίσματα του αυτοκινήτου, μύρια λαμπάκια άναψαν στο καντράν με την εκκίνηση της μηχανής και το αμάξι χάθηκε βιαστικά στο βάθος του δρόμου. Ο προορισμός τους ήταν επιλογή του Κωνσταντίνου. Επιθυμώντας να περιποιηθεί με τον καλύτερο δυνατό τρόπο 'τα κορίτσια του', όπως έλεγε, πρότεινε ένα από τα πιο γνωστά παραλιακά μπαράκια της περιοχής. Το ραντεβού με τους υπόλοιπους είχε κανονιστεί εκεί για τις δέκα και, όπως όλα έδειχναν, θα έφταναν στην ώρα τους.

Η Ζωή ανυπομονούσε να ξεκινήσει η βραδιά. Χρειάζονταν ένα ξέσκασμα επειγόντως έπειτα από την ανυπόφορη πίεση που είχε υπομείνει κατά τη διάρκεια της αναταραχής στο γραφείο. Αλλά και τα τεκταινόμενα στο διαμέρισμα δεν την είχαν αναστατώσει λιγότερο. Είχε την ανάγκη να καθαρίσει το μυαλό της από τις σκοτούρες, έστω και για ένα βράδυ. Με δεδομένο πως δεν είχε συχνά τη δυνατότητα να διασκεδάζει παρέα με την μικρή της αδερφή, είχε σκοπό να το ευχαριστηθεί όσο περισσότερο μπορούσε. Αγωνιούσε, επίσης, να γνωρίσει τον όμορφο νεαρό, ονόματι Γιώργο που είχε αποτρελάνει την φίλη της και να ελέγξει αν η Ελισάβετ εξακολουθούσε να περιποιείται τον εαυτό της όπως την είχε συμβουλεύσει. Η σχέση των δυο τους εξελίσσονταν ομαλά, όπως μάθαινε, αλλά επιθυμούσε να τους καμαρώσει και με τα ίδια της τα μάτια. Μα και ο Άγγελος της είχε λείψει αισθητά και ήθελε να τον ξαναδεί. Η μακρά απουσία του από το γραφείο της είχε δημιουργήσει ένα παράξενο αίσθημα κενού.

Κοντοστέκοντας στην είσοδο του μπαρ, ο Κωνσταντίνος πρόφερε καθαρά το ονοματεπώνυμο του και ο υπεύθυνος του καταστήματος, σοβαρός και αγέλαστος, τους οδήγησε με αργό βηματισμό στο τραπέζι της κράτησης τους. Είχαν φτάσει πρώτοι στο σημείο της συνάντησης και τακτοποιήθηκαν κατά βούληση στις άδειες θέσεις, περιμένοντας την άφιξη των υπολοίπων. Μετά από λίγο, ο σερβιτόρος ακούμπησε τα ποτά τους στο τραπέζι προσφέροντας τους ταυτόχρονα μια πλούσια ποικιλία συνοδευτικών. Ήταν προφανές πως το μαγαζί εκείνο ήταν άλλης ποιότητας, ανώτερης κλάσης. Η Ηρώ περιεργάζονταν άναυδη το χώρο γύρω της, ασυνήθιστη σε τόσο επίσημη περιποίηση και τέτοιο στυλ διασκέδασης.

«Ωραίο το χωριό μας αλλά τέτοια μπαρ δεν έχουμε! Ούτε και τόσο κόσμο! Βασικά, όπως υπολογίζω πρόχειρα, θα έπρεπε να συγκεντρωθεί όλη η νεολαία και από τα δέκα χωριά του Δήμου μας για να καταφέρουμε να γεμίσουμε το συγκεκριμένο χώρο. Να ρωτήσω, εδώ μπορούμε να χορέψουμε η θα γίνουμε ρεζίλι;» Η αθωότητα της ήταν τόσο συγκινητική όσο και ξεκαρδιστική. Τρανταχτά γέλια σκόρπισαν στον αέρα και οι γύρω παρευρισκόμενοι έστρεψαν το βλέμμα προς το τραπέζι τους, κοιτώντας τους με ένα μάλλον περίεργο ύφος

«Μαζί με το χορό απαγορεύεται και το γέλιο;» ρώτησε αμήχανα η 'άβγαλτη' Ηρώ, ακουμπώντας το χέρι μπροστά στα χείλη της, σε μια προσπάθεια να περιορίσει τα χαχανητά της.

Την ίδια ώρα, ένα τρυφερό χάδι στην πλάτη της Ζωής την έκανε να γυρίσει ξαφνιασμένη. Η Ελισάβετ, περιποιημένη στην τρίχα, αγνώριστη σχεδόν, εμφανίστηκε μπροστά της χωρίς να την έχει αντιληφθεί. Η ριζικά μεταποιημένη εμφάνιση της είχε κάνει αδύνατο τον εντοπισμό της μέσα στο πλήθος. Σαγηνευτικά θηλυκή και διακριτικά προκλητική χαιρέτησε τη Ζωή με ένα γλυκό φιλί ενώ ο Κωνσταντίνος είχε μείνει άφωνος, παλεύοντας να συνειδητοποιήσει την τρομακτική της αλλαγή.

«Πώς ομόρφυνες έτσι εσύ; Που την έκρυβες αυτή τη θεά τόσα χρόνια;» Η μεταμόρφωση της είχε ενθουσιάσει και την Ηρώ η οποία επιβράβευσε την προσπάθεια της με ένα γενναιόδωρο κομπλιμέντο.

«Να 'ναι καλά η αδερφή σου που μου άνοιξε τα μάτια! Επιτρέψτε μου να σας συστήσω το Γιώργο». Με περηφάνια παρουσίασε τον έρωτα της στην παρέα, ο οποίος, αγέρωχος στο πλάι της, έσφιξε με αυτοπεποίθηση τα χέρια όλων, για μια πρώτη γνωριμία. Ήταν ωραίος, πολύ ωραίος και είχε κάθε δίκιο η Ελισάβετ που τον περιέφερε σαν τρόπαιο. Είχε κερδίσει για τον εαυτό της ένα όμορφο, ευγενικό παλικάρι και το μόνο που είχε χρειαστεί ήταν λίγο ρουζ και μπόλικο θάρρος. Αν και ήταν πάντα δειλή, περισσότερο και από την Ζωή, στα ερωτικά θέματα, είχε καταφέρει τελικά να κατατροπώσει το τέρας της ντροπής και να διεκδικήσει σθεναρά αυτό που ζητούσε η ψυχή της. Ένας υπέροχος άντρας είχε έρθει κοντά της με μια απλή κίνηση, με μια κουβέντα. Μόνο εκείνη ασφυκτιούσε ακόμη στη σιωπή, μόνο το δικό της παλικάρι αγνοούσε τον έρωτα της. Ποτέ του δεν θα άκουγε το χτύπο της καρδιάς της. Ποτέ του δεν θα μάθαινε πόσο τον αγαπούσε. «Που πουλάν κουράγιο να πάρω κι εγώ;» αναλογίζονταν σιωπηλή, καταβεβλημένη από το αίσθημα αδικίας που της προκάλεσε η ευτυχία της Ελισάβετ. Θα τα παρατούσε όλα στη στιγμή αν ένιωθε έστω και λίγο θάρρος να σαλεύει στην καρδιά της. Θα τα παρατούσε όλα και θα έτρεχε στην αγκαλιά του!

Η επιβλητική παρουσία του Άγγελου ήταν η επόμενη που πρόβαλε στην είσοδο. Άπειρα βλέμματα καρφώθηκαν πάνω του, ακολουθώντας κάθε του κίνηση, κάθε του βήμα. Εκείνος, συνηθισμένος σε τέτοιου είδους εκδηλώσεις θαυμασμού, δεν έδωσε καμία σημασία. Μόνο έψαχνε με τα μάτια του να εντοπίσει την παρέα που τον περίμενε. Η Ζωή, υψώνοντας το χέρι της ψηλά, του έδωσε το στίγμα τους.

Αγκαλιάζοντας την δυνατά από τη μέση, την τράβηξε ελαφρά κοντά του. «Μου έλειψες» της ψιθύρισε στο αυτί προτού χαιρετήσει την υπόλοιπη παρέα. Ανατρίχιασε στα λόγια του, ζαλίστηκε από το άρωμα του μα πάλι συγκρατήθηκε. Μια δύναμη περίεργη, ανίκητη, δεν την άφηνε να χαρεί το ενδιαφέρον που της έδειχνε, να ζήσει τη στιγμή. Κάτι την τραβούσε πίσω και ήξερε ακριβώς τι ήταν αυτό. Ο Πέτρος, η ζωντανή μορφή του στα μάτια της κι εκείνη τη βραδιά, η μόνιμη σκέψη του στο μυαλό της κυρίευε τις αισθήσεις της. Ήταν αδύνατο να αφοσιωθεί σε οτιδήποτε άλλο, αδύνατο να τον ξεχάσει έστω για ένα λεπτό.

«Από την ομορφιά σου συμπεραίνω πως πρέπει να είσαι η Ηρώ. Εντελώς διαφορετική από την αδερφή σου μα εξίσου, απερίγραπτα εκπληκτική!» Ανυπεράσπιστη απέναντι στην γοητεία του, η Ηρώ ανεβοκατέβαζε τα μάτια της πάνω του λες και δεν χόρταινε να τον κοιτά, να τον ακούει. Ο Άγγελος την είχε κερδίσει με μια μόνο κουβέντα, όπως ήταν αναμενόμενο εξάλλου.

«Ελπίζω να μην μου την κουράζεις πολύ στο γραφείο, κύριε Προϊστάμενε». Η Ζωή θα περίμενε μια πιο έξυπνη ατάκα από τα χείλη της Ηρώς. Πάντα σκαρφίζονταν κάτι εύστοχο και έκλεβε την παράσταση, μα εκείνο το βράδυ, αποχαυνωμένη μπροστά του, φαίνονταν πως είχε χάσει τα λόγια της. Δεν την παρεξηγούσε όμως. Όλοι είχαν την ίδια αντίδραση στην πρώτη επαφή με τον Άγγελο. Κι εκείνη τα ίδια είχε πάθει όταν τον είχε πρωτοδεί, κοντά δύο μήνες πριν.

Η Ηρώ συνέχισε να τον παρατηρεί αποσβολωμένη όση ώρα εκείνος χαιρετούσε τους υπόλοιπους. Όλοι τον καλωσόρισαν θερμά εκτός από τον Κωνσταντίνο. Με μια παγερή χειραψία ανταποκρίθηκε στον χαιρετισμό του, κρατώντας τα μάτια του χαμηλά και τα χείλη του σφαλιστά. Εξακολουθούσε να είναι ιδιαίτερα εχθρικός απέναντι του. Σε αντίθεση με την αντιμετώπιση που είχε επιφυλάξει ο Κωνσταντίνος στον Άγγελο την ημέρα της γνωριμίας τους, η στάση του απέναντι στο Γιώργο ήταν πολύ πιο άνετη και καταδεκτική. Προσπαθούσε με κάθε τρόπο να τον κάνει να αισθανθεί άνετα επιστρατεύοντας όλους τους καλούς του τρόπους. Μέχρι και ψιλή κουβέντα του άνοιγε όταν επικρατούσε πρόσκαιρη σιωπή. Ήταν το αγόρι της Ελισάβετ και έτσι δεν είχαν τίποτα να χωρίσουν. Δε υπήρχε μεταξύ τους ίχνος ανταγωνισμού. Ενώ η συνύπαρξη του με τον Άγγελο κλυδωνίζονταν από την παράλληλη κτητικότητα απέναντι στη Ζωή. Ο Κωνσταντίνος, όλη τη βραδιά, απηύθυνε το λόγο στον 'ανεπιθύμητο' Προϊστάμενο της εφημερίδας μόνο για να αντικρούει αγενώς τα επιχειρήματα του, να αναιρεί τα λεγόμενα του και να σχολιάζει πικρόχολα σχεδόν κάθε του λέξη. Ο Άγγελος από την άλλη, επιλέγοντας να αποφύγει τις μικρότητες για ακόμη μια φορά, σεβόμενος την αντιπάθεια που εισέπραττε, απλά τον απέφευγε. Αδιαφορούσε και ήταν το καλύτερο που μπορούσε να κάνει για να μην χαλάσει τη βραδιά. Όταν έπαιρνε τον λόγο φρόντιζε να μην τον κοιτά αλλά να επικεντρώνει το βλέμμα του στους υπόλοιπους, οι οποίοι απολάμβαναν να συζητούν μαζί του. Περισσότερο από όλους έμοιαζε να έχει μαγευτεί από τον πολυδιάστατο χαρακτήρα του η Ηρώ, η οποία αναζωπύρωνε την κουβέντα τους ασταμάτητα, χρησιμοποιώντας ενίοτε ακόμη και άσχετα επιχειρήματα. Δεν χόρταινε να τον ακούει.

Η νύχτα είχε προχωρήσει αρκετά και τα πνεύματα είχαν χαλαρώσει. Ένα πηγαδάκι με επίκεντρο τον Κωνσταντίνο είχε σχηματιστεί στη μια πλευρά του τραπεζιού, ένα πηγαδάκι στο οποίο δεν συμμετείχε η Ζωή, καθισμένη στην απέναντι γωνία. Παρέα με το ποτό της, είχε γείρει στον καναπέ, χαζεύοντας το λιγοστό κόσμο που είχε απομείνει τριγύρω. Ο Άγγελος, σκουντώντας με νόημα την Ελισάβετ, ζήτησε τη θέση της δίπλα στη Ζωή κι εκείνη του την παραχώρησε πρόθυμα.

«Δεν αντέχω άλλο. Πρέπει να μάθω την απάντηση σου. Πότε θα βρεθούμε;» τη ρώτησε σιγανά. Το παραπονεμένο βλέμμα του χάθηκε στα μάτια της. Η Ζωή δεν είχε τη δυνατότητα να το καθυστερήσει άλλο. Μα πριν συναντηθεί μαζί του έπρεπε να ανακαλύψει τον επίμονο, κρυφό της θαυμαστή. Ήθελε να του δώσει μια απάντηση μα δεν ήταν ακόμη σε θέση να γνωρίζει ποια ήταν αυτή. Αν αρνούνταν την αγάπη του και στη συνέχεια ανακάλυπτε πως δεν ευθύνονταν εκείνος για τα γεγονότα στο διαμέρισμα της, τότε πιθανώς να μετάνιωνε την απόφαση της αυτή. Η γοητεία του έμοιαζε ικανή να την σώσει από την εμμονή της για τον Πέτρο που καθημερινά ροκάνιζε λίγο – λίγο τη ζωή της. Όμως, ούτε θετικά μπορούσε να του απαντήσει πριν το ραντεβού στο Λευκό Πύργο. Έπρεπε να σκεφτεί κάτι και γρήγορα. Στριμωγμένος κοντά της, κρέμονταν απ' τα χείλη της.

«Το ερχόμενο Σάββατο. Προτιμώ να μην βρεθούμε καθημερινή. Θα ήθελα να μιλήσουμε με την ησυχία μας, χωρίς να σκεφτόμαστε το πρωινό ξύπνημα της επόμενης ημέρας. Θα μπορούσαμε να τα πούμε και σήμερα αλλά, όπως βλέπεις, μας πρόλαβε η Ηρώ». Άφησε σκόπιμα να εννοηθεί πως ίσως του έδινε την απάντηση της εκείνο το Σαββατοκύριακο αν δεν την είχε επισκεφτεί η μικρή της αδερφή. Αναβάλλοντας το ραντεβού τους για το επόμενο Σαββατόβραδο, θα προλάβαινε να βεβαιωθεί σχετικά με την ενοχή ή της αθωότητα του αλλά και να πάρει την άποψη της Ηρώς.

Το άλλο Σάββατο λοιπόν» αναθάρρεψε εκείνος, δείχνοντας να κατανοεί τους λόγους της περαιτέρω καθυστέρησης.

Στο μεταξύ η Ηρώ, έχοντας σηκωθεί από τον καναπέ, είχε αρχίσει να λικνίζεται επικίνδυνα, ακούγοντας το αγαπημένο της τραγούδι να παίζει δυνατά μέσα από τα ηχεία. Ο ρυθμός κυλούσε τόσο φυσικά μέσα της που συχνά ήταν αδύνατο να τον ελέγξει. Μαζί της παρέσυρε και τα άλλα μέλη της παρέας που, έχοντας αδειάσει αρκετά μπουκάλια αλκοόλ, έμοιαζαν να μην τους νοιάζει τι θα σκεφτούν οι γύρω. Εξάλλου στο μπαρ είχαν απομείνει ελάχιστοι πελάτες πια. Χαλαρωμένοι κι εκείνοι από το περασμένο της ώρας, δεν δίστασαν να ακολουθήσουν το παράδειγμα της. Σε λίγα λεπτά, όλοι οι τελευταίοι εναπομείναντες ενώθηκαν σε μια εύθυμη παρέα χορεύοντας ζωηρά μέχρι τις πρώτες πρωινές ώρες.

Το γλυκοχάραμα έριχνε ένα θαμπό, αρρωστημένο φως στα χλωμά, ξενυχτισμένα πρόσωπα τους καθώς προχωρούσαν προς τα σταθμευμένα αυτοκίνητα τους. Η Ηρώ σιγοτραγουδούσε τρεκλίζοντας σε όλη τη σύντομη διαδρομή. Η Ελισάβετ με τον Γιώργο είχαν αποχωρήσει λίγο νωρίτερα, αφήνοντας τους υπόλοιπους τέσσερις να κλείσουν τη βραδιά.

«Να σας πάω στο σπίτι;» πρότεινε ο Άγγελος ευγενικά στη Ζωή και την Ηρώ. Δεν είχε κανένα σκοπό να παραγκωνίσει ή να υποβιβάσει τον Κωνσταντίνο. Απλά σαν αληθινός τζέντλεμαν όφειλε τουλάχιστον να κάνει την ερώτηση.

«Εγώ τις έφερα κι εγώ θα τις γυρίσω!» Απότομος και αδικαιολόγητα θιγμένος ο Κωνσταντίνος απέρριψε άμεσα την πρόταση του, προτού προλάβουν εκείνες να απαντήσουν. Η ακραία, απόλυτη αντίδραση του θα μπορούσε να σταθεί αιτία παρεξήγησης αλλά ο Άγγελος έδωσε και πάλι τόπο στην οργή επιλέγοντας τη σιωπή.

«Ελπίζω να σε ξαναδώ σύντομα. Ήταν τιμή μου που σε γνώρισα». Ο χαιρετισμός του Άγγελου προς την Ηρώ ήταν ιδιαίτερα θερμός. Εκείνη, αμείωτα γοητευμένη, άφησε τον εαυτό της να παρασυρθεί και τον φίλησε πεταχτά στο μάγουλο. Ξαφνιασμένος από την αυθόρμητη κίνηση της, της χαμογέλασε τρυφερά και στη συνέχεια στράφηκε προς τη Ζωή.

«Καληνύχτα, αστέρι μου!» Για μερικά λεπτά την κράτησε σφιχτά στην αγκαλιά του σαν να έψαχνε κουράγιο για μια ακόμη εβδομάδα υπομονής που υπολείπονταν μέχρι την συνάντηση τους. Η Ζωή ανταπέδωσε γλυκά το χαιρετισμό του. Ο συναγερμός του αυτοκινήτου του απενεργοποιήθηκε με το πάτημα ενός κουμπιού και σε λίγα δευτερόλεπτα είχε εξαφανιστεί από τα μάτια της.

Στο δρόμο της επιστροφής, ένιωθε αδύναμη να συγκρατήσει το θυμό της για την ανεπίτρεπτη και προσβλητική συμπεριφορά του Κωνσταντίνου. Τον έβλεπε να οδηγεί με τον αέρα του 'νικητή' και αισθάνονταν τα νεύρα της να φουντώνουν. Ίσως η μόνη λύση, ήταν να μην τον ξαναφέρει στην ίδια παρέα με τον Άγγελο. Ένιωθε εξοργισμένη μα δεν ήταν ώρα να ξεκινήσει καβγά. Το κεφάλι της είχε αρχίσει να βουίζει ανυπόφορα. Οι δύο τελευταίες γουλιές ουίσκι που ήπιε βιαστικά λίγο πριν βγουν από το μπαρ είχαν αρχίσει να επιδρούν δυνατά στον οργανισμό της.

Είχε πάψει να αισθάνεται τα πέδιλα που ήταν σφιχτά δεμένα γύρω από τους αστραγάλους της, την ώρα που έσερνε τα βαριά της πόδια μέχρι την πόρτα του διαμερίσματος. Ο Κωνσταντίνος, υποβαστάζοντας και τις δύο τους, που βρίσκονταν σε παρόμοια, ετοιμόρροπη κατάσταση, έμοιαζε να παίζει το ρόλο που ήθελε τόσο πολύ. Φρόντιζε τα κορίτσια του και ήταν ενοχλητικά περήφανος γι' αυτό. Παίρνοντας τα κλειδιά από τα χέρια της Ζωής, ξεκλείδωσε την πόρτα και άναψε το φως του σαλονιού.

«Σίγουρα θα τα καταφέρετε μόνες σας;» τις ρώτησε με ανήσυχο ενδιαφέρον πριν τις καληνυχτίσει.

«Τι μπορεί να πάθουμε μέσα στο σπίτι; Το πολύ - πολύ εγώ να αποκοιμηθώ στην μπανιέρα και η Ζωή στο πάτωμα!» Τα λόγια της Ηρώς έβγαιναν ακαταλαβίστικα μέσα από τα μουδιασμένα της χείλη. Το οινόπνευμα είχε κυριεύσει ολότελα τις αισθήσεις της.

«Μην ανησυχείς, Κωνσταντίνε. Είμαστε μια χαρά» τον καθησύχασε η Ζωή τραβώντας ταυτόχρονα την πόρτα πίσω από την πλάτη του, δηλώνοντας του διακριτικά πως είχε έρθει η ώρα να πουν την τελευταία καληνύχτα.

«Καληνύχτα, λοιπόν. Αν χρειαστείτε κάτι, τηλεφωνήστε μου αμέσως».

«Σε ευχαριστώ. Καληνύχτα». Εκσφενδόνισε τα πέδιλα της δεξιά και αριστερά και ακολούθησε τα βήματα της Ηρώς που είχε ήδη μπει στην κρεβατοκάμαρα.

Χωρίς να βγάλει τα ρούχα της, χωρίς να ξεβαφτεί, η μικρή της αδερφή είχε ήδη ξαπλώσει ξερή πάνω στο κρεβάτι. «Πολύ καλή ιδέα!» σκέφτηκε η Ζωή. Ούτε εκείνη είχε το κουράγιο ή την υπομονή να βάλει τις πιτζάμες της και να καθαρίσει το πρόσωπο της από το μακιγιάζ. Ήθελε μόνο να σωριαστεί δίπλα της. Εξαντλημένη, ζαλισμένη έπεσε άτσαλα πάνω στο απολαυστικά δροσερό σεντόνι. Η ανάσα της Ηρώς ακούγονταν βαριά, γρήγορη, μυρίζοντας έντονα αλκοόλ. Έκλεισε τα μάτια της εξουθενωμένη. Το ταβάνι στριφογύριζε με ταχύτητα φωτός από πάνω της και το βουητό στα αυτιά της γίνονταν ολοένα και πιο δυνατό.

«Λοιπόν, τι έχεις να μου πεις για τον Άγγελο;» Με κόπο κατάφερε να συντάξει την ερώτηση της μα ήθελε να μάθει άμεσα τις εντυπώσεις της Ηρώς. Απάντηση δεν πήρε. Το 'μπεμπεκάκι' είχε κιόλας αποκοιμηθεί. Το ρολόι στο κομοδίνο της έδειχνε επτά όταν έκλεισε τα μάτια της. Έδειχνε επτά και συνέχισε να χτυπάει ρυθμικά πάνω στο κομοδίνο, με το ξυπνητήρι του απενεργοποιημένο!

20

«Ώρα να σηκωθείς! Μεσημέριασε!» Η Ηρώ, καθισμένη δίπλα της στο κρεβάτι, της χάιδευε απαλά τα μαλλιά, προσπαθώντας να την ξυπνήσει γλυκά. Το επίμονο κάλεσμά της την ανάγκασε να ανοίξει τα μάτια της αν και νωχελικά, βαριεστημένα. Οι αχτίδες του ήλιου, λαμπερές πάνω στον απέναντι τοίχο, μαρτυρούσαν με τη θέση τους πως η ώρα είχε περάσει.

«Θεέ μου! Το ξυπνητήρι!» συνειδητοποίησε έντρομη πως είχε ξεχάσει να το ρυθμίσει μέσα στην παραζάλη της. Τι είχε δει η Ηρώ; Τι είχε συμβεί την ώρα που εκείνη κοιμόταν ανέμελη; Ακίνητα ξαπλωμένη, σοκαρισμένη, αγωνιούσε να καταλάβει από την έκφραση του προσώπου της αν είχε αντιληφθεί το παραμικρό σχετικά με την περίεργη κατάσταση που επικρατούσε στο διαμέρισμα.

«Μπορεί να κοντεύει δύο μα εγώ θα φτιάξω πρωινό». Η Ηρώ ήταν απροβλημάτιστη, φυσιολογική, σαν τίποτα να μην είχε κινήσει την περιέργεια της.

«Έρχομαι σε ένα λεπτό» απάντησε η Ζωή ανακουφισμένη. Ένας φοβερός πονοκέφαλος σφυροκοπούσε τα μηνίγγια της και το αγχώδες ξύπνημα της τον επιδείνωσε τρομακτικά. Η έντονη μυρωδιά του αλκοόλ μέσα στο υπνοδωμάτιο έκανε την ατμόσφαιρα αποπνικτική. Άνοιξε ορθάνοιχτα το παράθυρο για να μπει φρέσκος αέρας και προχώρησε στην ηλιόλουστη κουζίνα. Ταλαιπωρημένες και οι δυο από το ξενύχτι, περιφερόμενες ιδιαιτέρως αργά, λες και είχαν κινητικά προβλήματα, συναντήθηκαν στο τραπέζι. Δεν ήταν εξοικειωμένες με εκείνου του είδους τη διασκέδαση, με τόσο δυνατά ντεσιμπέλ και τόση πολυκοσμία και ήταν βέβαιο πως θα αργούσαν να συνέλθουν από τη χτεσινή τους έξοδο.

«Γάλα ή χυμό;» ρώτησε η Ηρώ με φωνή τόσο ψιθυριστή που μετά βίας ακούγονταν. Έμοιαζε να υποφέρει κι εκείνη από παρόμοιο πονοκέφαλο και να μην αντέχει ούτε την ίδια της την ομιλία.

«Θα προτιμήσω χυμό. Λοιπόν, πώς τα πέρασες χτες μικρή μου;» Η Ζωή θα έφτανε και στο θέμα του Άγγελου αλλά πρώτα έκανε μια γενική εισαγωγή για να οδηγήσει σταδιακά την αδερφή της στο επίμαχο ζήτημα.

«Όλα ήταν υπέροχα! Η νυχτερινή Θεσσαλονίκη είναι μαγευτική! Αλλά σήμερα νιώθω κομμάτια, ένα όρθιο πτώμα».

«Κι εγώ επίσης. Μην νομίζεις πως κυκλοφορώ και πολύ τώρα που έχω πλήρη ελευθερία και αμέτρητες επιλογές εξόδου. Μου αρέσει περισσότερο να υποδέχομαι τα παιδιά στο σπίτι. Και μιας και το έφερε ο λόγος στα παιδιά, είμαι έτοιμη να ακούσω εντυπώσεις!» Μια μικρή παύση μεσολάβησε όσο η Ηρώ μετέφερε τα τελευταία πιάτα στο τραπέζι, μαζί με το χυμό της Ζωής, μια παύση που της προξένησε φόβο για το τι θα άκουγε στη συνέχεια. Τελειώνοντας την μεταφορά του πρωινού, η Ηρώ κάθισε απέναντι της έτοιμη να πάρει και πάλι το λόγο και να απαντήσει στην ερώτηση της.

«Πολύ ευχάριστη η νέα σου παρέα. Καθένας τους είναι μοναδικός» σχολίασε εγκριτικά.

«Πώς σου φάνηκε η 'καινούρια' Ελισάβετ; Δεν είναι πολύ ωραίο ζευγάρι με το Γιώργο;»

«Ειλικρινά, συγκλονίστηκα με την εμφάνιση της. Τρόμαξα να την αναγνωρίσω. Όσο για τον Γιώργο, είναι πράγματι εξαιρετικός. Φάνηκε να του αρέσει πολύ και η παρέα του Κωνσταντίνου. Από την άλλη, υπάρχει κανείς που να μην ταιριάζει μαζί του; Υπάρχει κανείς που να μπορεί να του αντισταθεί; Τα λόγια δεν αρκούν για να περιγράψουν τον σπάνιο χαρακτήρα του».

Ο τρόπος που η Ηρώ παρουσίαζε τον Κωνσταντίνο την εξόργισε, την έκανε να απορήσει. Μα πώς ήταν δυνατό να μην έχει αντιληφθεί την ύπουλη, μοχθηρή συμπεριφορά του απέναντι στον Άγγελο; Ήταν τόσο μεθυσμένη που δεν είχε καταλάβει τίποτα όλη τη βραδιά ή μήπως του είχε τόση αδυναμία που του συγχωρούσε, στη στιγμή, οποιαδήποτε ανάρμοστη κουβέντα και πράξη, εθελοτυφλώντας ηθελημένα; Δεν θα θυσίαζε ούτε ένα λεπτό από το χρόνο της για να αναλωθεί σε μια άσκοπη φιλονικία σχετικά με το ποιόν του σπιτονοικοκύρη της. Άλλο θέμα την έκαιγε και είχε έρθει η στιγμή να επικεντρωθεί αποκλειστικά σε αυτό.

«Ο μόνος που έμεινε ασχολίαστος είναι ο αγαπητός μου Προϊστάμενος. Από ότι μπόρεσα να διακρίνω χτες πρέπει να σε ενθουσίασε. Είχα δίκιο λοιπόν; Δεν είναι εντυπωσιακός;»

«Εμφανισιακά, ναι». Οι πρώτες καμπάνες άρχισαν να ηχούν! Το συγκρατημένο σχόλιο της Ηρώς σε συνδυασμό με το απότομα αλλαγμένο, σοβαρότερο ύφος της, προμήνυαν πως η συζήτηση θα κυλούσε πολύ διαφορετικά από ότι πίστευε. Δεν μπορούσε να διανοηθεί καν πως η εντύπωση της για εκείνον δεν ήταν αμιγώς θετική. Όλο το βράδυ δεν είχε ξεκολλήσει από πάνω του, δείχνοντας φανερά σαγηνευμένη και ευχαριστημένη με την παρουσία του. Η γνωριμία τους είχε εξελιχθεί τόσο ομαλά, η έξοδος τους είχε κυλήσει τόσο όμορφα, μα ξαφνικά η στάση της μικρής της αδερφής έρχονταν να τα ανατρέψει όλα.

«Εμφανισιακά; Υπονοείς κάτι;» Με αποδιοργανωμένο μυαλό και βλέμμα καρφωμένο στα χείλη της Ηρώς, περίμενε να ακούσει τη συνέχεια.

«Θα είμαι απόλυτα ειλικρινής και ξεκάθαρη μαζί σου. Θα σου πω ευθέως την άποψη μου χωρίς υπεκφυγές. Μην ξεχνάς όμως πως η τελική απόφαση είναι αποκλειστικά δική σου. Εσύ θα κληθείς να συνυπάρξεις μαζί του και αν πιστεύεις πως ταιριάζετε πραγματικά δεν έχεις λόγο να ακούσεις κανέναν». Δυναμικά και αποφασιστικά η Ηρώ μπήκε απευθείας στο θέμα, εξακολουθώντας να προετοιμάζει έμμεσα τη Ζωή πως τα σχόλια που θα ακολουθούσαν δεν θα ήταν εγκωμιαστικά. Τι είχε εντοπίσει πάνω του που ήταν επιλήψιμο; Τι ήταν εκείνο για το οποίο θα μπορούσε να τον κατηγορήσει;

«Αναμφισβήτητα είναι ένας άντρας που ξεχωρίζει. Η ομορφιά του είναι απίστευτη. Η κορμοστασιά του επιβλητική. Το εξωτερικό παρουσιαστικό του κερδίζει αναντίρρητα τις εντυπώσεις. Μα δεν αρκούν μόνο αυτά για να σχετιστείς ερωτικά με έναν άνθρωπο» συνέχισε, χρησιμοποιώντας λόγο κοφτό, παγερό. Τα λόγια της ακούγονταν σχεδόν αστεία προερχόμενα από την Ηρώ, η οποία ποτέ δεν έψαχνε τα πράγματα σε βάθος κι αντιμετώπιζε τον έρωτα περισσότερο σαν παιχνίδι.

«Συμφωνώ. Θα πρέπει και οι χαρακτήρες να είναι συμβατοί για να επιτύχει μια σχέση. Κι από ότι καταλαβαίνω, θεωρείς πως ο δικός μου χαρακτήρας δεν ταιριάζει με αυτόν του Άγγελου;» Μα τι του έλειπε; Πόσα ακόμη χαρίσματα θα έπρεπε να διαθέτει για να είναι άξιος να σταθεί στο πλάι της;

«Δεν ξέρω πώς να το θέσω. Δεν μπορώ να πω πως δεν ταιριάζετε. Ο Άγγελος αναμφισβήτητα είναι προικισμένος με όλα τα καλά. Ευγένεια, ήθος, αξιοπρέπεια, εξυπνάδα, χιούμορ. Απλά κάτι με ξενίζει πάνω του, χωρίς να μπορώ να πω ακριβώς τι είναι αυτό». Το μυαλό της Ηρώς έπαιρνε χιλιάδες στροφές το δευτερόλεπτο παλεύοντας να συνειδητοποιήσει την αιτία που της είχε δημιουργήσει ανασφάλεια για το πρόσωπο του και να την μοιραστεί με την Ζωή. Ξεφυσούσε αγανακτισμένη βλέποντας τις σκέψεις της να οδηγούνται σε αδιέξοδο.

«Δηλαδή θα με συμβούλευες να παραβλέψω το αληθινό, από του ενδιαφέρον και να θυσιάσω τα χειροπιαστή αισθήματα του στο βωμό μιας απροσδιόριστης και αδιευκρίνιστης καχυποψίας σου;»

«Κάθε άλλο. Δεν σου ζητώ να θυσιάσεις ή να απορρίψεις απολύτως τίποτα. Το μόνο που θα σου συνιστούσα είναι να αφιερώσεις λίγο χρόνο παραπάνω για να τον γνωρίσεις όσο καλύτερα γίνεται. Με αυτό τον τρόπο η απόφαση σου θα είναι βέβαιη, θα εκμηδενίσεις κάθε ενδεχόμενο λάθους και θα αποφύγεις, όσο είναι δυνατό, τον κίνδυνο να μετανιώσεις αργότερα για την επιλογή σου. Μην ξεχνάς πως η μια και μοναδική συνάντηση που είχα μαζί του με υποχρεώνει να σου μιλάω με κάθε επιφύλαξη, βασιζόμενη στην εντύπωση που πρόλαβα να σχηματίσω μέσα σε μια βραδιά. Μακάρι να αποδειχτεί πραγματικά αντάξιος σου. Μα όλα αυτά με τον καιρό. Μου ζήτησες τη γνώμη μου και γι' αυτό σου τη λέω. Επαναλαμβάνω πως η τελική απόφαση είναι δική σου». Η ροή του λόγου της ήταν αδιάκοπη. Δεν χρειάζονταν να σκεφτεί τίποτα. Τα είχε όλα έτοιμα, έτοιμα να της τα ξεφουρνίσει.

Πελαγωμένη η Ζωή έβλεπε με θλίψη την ώθηση που περίμενε από το χέρι της Ηρώς να μεταμορφώνεται σε ένα βασανιστικό τράβηγμα προς τα πίσω. Η παρότρυνση που αποζητούσε από τα χείλη της αδερφής της, είχε γίνει δισταγμός. Τα λεγόμενα της όχι μόνο δεν την έπεισαν πως μια θετική απάντηση στον Άγγελο θα ήταν η απόλυτα σωστή επιλογή μα κατάφεραν να βαρύνουν την καρδιά της με περισσότερους ενδοιασμούς. Τι ήταν εκείνο που έβλεπε στον Άγγελο και την ανάγκαζε να συγκρατιέται; Μήπως τελικά ο Κωνσταντίνος και η Ηρώ είχαν δίκιο που εντόπιζαν κάτι περίεργο πάνω του; Μήπως, σαν ικανότατα λαγωνικά, είχαν μυριστεί την διπλή του προσωπικότητα ενώ η Ελισάβετ, απονήρευτη και αθώα, τον ενέκρινε αβίαστα με μάτια κλειστά, με μάτια θαμπωμένα από τη γοητεία του;

Αν και περίμενε πως το τοπίο θα είχε πια ξεκαθαρίσει, ένιωθε πιο μπερδεμένη από ποτέ, ανήμπορη να διαλέξει ένα μονοπάτι. Η ίδια της η αδερφή είχε ρημάξει την αποφασιστικότητα που τόσο καιρό πάλευε να χτίσει και είχε συντρίψει κάθε σχέδιο για το μέλλον της. Με τα ίδια της τα χέρια η Ηρώ κλείδωνε την πόρτα της αιώνιας φυλακής της, κρατώντας την απομονωμένη στο κελί της χωρίς οξυγόνο, χωρίς ζωή. Ήταν έτοιμη να βάλει τα κλάματα, να ξεσπάσει σε λυγμούς, όταν η αφόρητη πίεση στο στήθος της την έκανε να ξεστομίσει το ανήκουστο.

«Πρόσφατα μου είχες πει πως ένα παλικάρι σαν τον Πέτρο θα μου άξιζε! Θυμάσαι; Μόνο εγώ βλέπω την ομοιότητα των δυο τους σε ήθος, τρόπους και συμπεριφορά;» Το όνομά του γέμισε μέλι το πικραμένο στόμα της. Έμεινε έκπληκτη με τον ίδιο της τον εαυτό που είχε τολμήσει να μιλήσει για εκείνον μπροστά στην Ηρώ μα ήταν η αγανάκτηση και η απογοήτευση που κατηύθυναν τις πράξεις της.

«Μην τον συγκρίνεις με τον Πέτρο! Δεν έχει καμία σχέση με τον Πέτρο!» Το πρόσωπο της Ηρώς, κόκκινο από θυμό, έβγαζε φλόγες. Τα μάτια της αυστηρά, γυάλιζαν με οργή. Κοιτούσε τη Ζωή αγριεμένη, σαν να είχε ακούσει την πιο βαριά βλαστήμια. Πόσο δίκιο είχε! Κανείς δεν μπορούσε να συγκριθεί με τον Πέτρο! Κανείς, ποτέ και πουθενά! Εκατό ζωές κι αν ζούσε δεν θα έβρισκε όμοιό του! Η εκτίμηση, η συμπάθεια και η αγάπη που του είχε ο κόσμος όλος, μαζί και η αδερφή της, τσάκισε το ηθικό της για ακόμη μια φορά. Ναι, ήταν το καλύτερο παλικάρι, το πιο όμορφο, το πιο άξιο μα δεν μπορούσε να τον έχει δικό της! Τα οργισμένα λόγια της Ηρώς στο άκουσμα του ονόματος του φίλου της, έμοιαζαν να τσιρίζουν ανατριχιαστικά μέσα στα αυτιά της 'Μην παλεύεις άδικα! Δεν θα τον ξεπεράσεις ποτέ!'

«Δεν υπάρχει λόγος να συνεχίσουμε αυτή την κουβέντα. Μου είπες τη γνώμη σου και σε ευχαριστώ» είπε η Ζωή, τερματίζοντας απότομα τη συζήτηση. Δεν βρήκε το κουράγιο να προφέρει ξανά το όνομα του ούτε για να ζητήσει συγνώμη από την θιγμένη αδερφή της. Είχε κουραστεί τόσο από τις αντιπαραθέσεις, τα επιχειρήματα και τις πιέσεις! Όλα έμοιαζαν τόσο μάταια και πάλι, τόσο αδιάφορα και ανούσια, επειδή απλά δεν σχετίζονταν με εκείνον!

«Θα περιμένω να με ενημερώσεις μόλις καταλήξεις στην απόφαση σου. Όποια κι αν είναι αυτή. Μου το υπόσχεσαι;» πρόσθεσε την τελευταία της κουβέντα επί του θέματος και η Ηρώ.

«Θα είσαι η πρώτη που θα μάθεις τα νέα».

Αν και είχε περάσει αρκετή ώρα από το τέλος της συζήτησης τους, η Ζωή δεν έλεγε να ηρεμήσει. Ξαπλωμένη στον καναπέ του σαλονιού απέναντι από την Ηρώ, χαζεύοντας δήθεν τηλεόραση, προσπαθούσε να κρύψει την αναστάτωση της πίσω από προσποιητά γέλια και τεχνητή ευθυμία. Η ψυχραιμία της είχε ταραχτεί όχι τόσο από την απογοητευτικά επιφυλακτική στάση της Ηρώς απέναντι στον Άγγελο αλλά από την απροκάλυπτη δήλωση της για την ασύγκριτη υπεροχή του Πέτρου σε σχέση με τον πιθανό, μελλοντικό σύντροφο της. Όποια πρόοδο κι αν είχε πραγματοποιήσει τόσο καιρό μακριά από εκείνον, προσπαθώντας να πείσει τον εαυτό της πως υπάρχουν και άλλοι άντρες άξιοι της αγάπης της, είχε εξανεμιστεί. Η Ζωή ήξερε πολύ καλά πως κανείς δεν ήταν σαν τον Πέτρο! Αυτό ήταν που πάλευε να ξεχάσει! Μα ήρθε η Ηρώ να της το τονίσει ευθαρσώς και να την αποτελειώσει. Η επιβεβαίωση της μοναδικότητας του ήταν χτύπημα δυνατό κάτω από τη μέση, χτύπημα που τη γύρισε πολλά βήματα πίσω στην επίμοχθη πορεία της προς την οριστική απελευθέρωση της.

Το ίδιο ανήσυχη με εκείνη ήταν όμως και η Ηρώ. Για κάποιο λόγο, η προσβλητικά άστοχη κατά τη γνώμη της, απόπειρα σύγκρισης του Πέτρου με τον Άγγελο της είχε προκαλέσει έντονη ενόχληση.

«Τι θα 'λεγες για μια βόλτα; Κάπου εδώ κοντά, για έναν καφέ.» Της έλειπε το κουράγιο της Ζωής μα σκέφτηκε πως μια έξοδος ίσως κατάφερνε να κατευνάσει τα πνεύματα.

«Καλύτερα να με σκοτώσεις. Δεν το κουνάω από αυτό τον καναπέ! Το κεφάλι μου ακόμη γυρίζει!»

Καμιά από τις δύο δεν είχε όρεξη για απογευματινό σεργιάνι. Η άρνηση της Ηρώς, ευκταία και επιθυμητή, χαροποίησε ιδιαίτερα τη Ζωή καθώς ο πονοκέφαλος που την ταλαιπωρούσε από ώρα, ήταν ακόμη επίμονα ανυποχώρητος. Είχαν πάρει τη σωστή απόφαση συμφωνώντας να παραμείνουν εντός του διαμερίσματος δεδομένου ότι θα έπρεπε να ανακτήσουν τις δυνάμεις τους για την επόμενη ημέρα. Οι υποχρεώσεις της Ζωής στο γραφείο ήταν καθημερινά απαιτητικές και όφειλε να είναι ακμαία για να τις διεκπεραιώσει. Μα και την Ηρώ την περίμενε το κουραστικό ταξίδι της επιστροφής της στο νησί. Ναι μεν η εξυπηρετικότητα του Κωνσταντίνου θα τη γλίτωνε από τη φασαρία να ψάχνει ταξί και τον κόπο να κουβαλάει την ασήκωτη βαλίτσα της μα και πάλι η ταλαιπωρία της δεν θα ήταν λίγη. Το αεροπλάνο της ήταν προγραμματισμένο να απογειωθεί στις δώδεκα και μισή και ο Κωνσταντίνος θα την παραλάμβανε, με προορισμό το αεροδρόμιο, γύρω στις έντεκα, τρεις ολόκληρες ώρες μετά την αποχώρηση της Ζωής για την εφημερίδα.

Εκείνη η παραμονή της Ηρώς στο διαμέρισμα εν απουσία της Ζωής, ήταν ένας ακόμη λόγος που την κρατούσε εξαιρετικά αγχωμένη. Τι θα γινόταν αν στις ώρες που εκείνη θα έλειπε εμφανιζόταν ο μυστηριώδης επισκέπτης της, επιχειρώντας να εκτελέσει τα όποια σχέδια του; Τι είδους καταστροφή θα συντελούνταν αν έρχονταν ξαφνικά αντιμέτωπη η Ηρώ μαζί του; Πόσο τραγελαφικά θα ήταν τα επακόλουθα μιας τέτοιας συνάντησης; Θα ήταν τρομερά ειρωνικό αν τα έφερνε έτσι ο χρόνος ώστε η Ηρώ να ήταν η πρώτη που θα τον αντίκριζε ενώ η ίδια της ακόμη αγνοούσε το πρόσωπο του. Το κορμί της παρέλυε από την κορυφή ως τα νύχια στη σκέψη ενός τέτοιου ενδεχόμενου. Βέβαια, εκείνη θα έλεγχε το χώρο πριν ξεκινήσει για το γραφείο αλλά δεν μπορούσε να έχει καμία εγγύηση πως εκείνος δεν θα εμφανίζονταν αργότερα, σε κάποια ανύποπτη στιγμή. Τα χέρια της ήταν δεμένα για ακόμη μια φορά και δεν μπορούσε να κάνει κάτι άλλο παρά να καρδιοχτυπά από αγωνία.

«Κάνε μου τη χάρη και τηλεφώνησε μου αύριο, όταν ξεκινήσεις για το αεροδρόμιο. Να βεβαιωθώ πως όλα είναι εντάξει» της είπε η Ζωή. Με την παράκληση της εκείνη, δεν αποζητούσε τόσο να σιγουρευτεί πως η Ηρώ θα προλάβαινε το αεροπλάνο μα να καταλάβει, το συντομότερο δυνατό, αν είχε λάβει χώρα κάτι το ανησυχητικό στο διαμέρισμα. Δεν θα μπορούσε να περιμένει μέχρι να φτάσει η Ηρώ στο χωριό και να την καλέσει από εκεί για να την ενημερώσει σχετικά με την ασφαλή επιστροφή της. Η αναμονή θα την σκότωνε στο μεταξύ. Έπρεπε να μάθει αν είχε συμβεί κάτι προτού εκείνη επιβιβαστεί στο αεροπλάνο. Μόνο έτσι θα ήταν δυνατό να ηρεμήσει και να αφοσιωθεί στην εργασία της, με αναπόσπαστη την προσοχή της.

«Και μην ξεχάσεις να κλειδώσεις. Εντάξει;» Λες και κάποιον θα σταματούσε η κλειδωμένη πόρτα! Η Ηρώ, αναλογιζόμενη πως θα έπρεπε να ασφαλίσει η ίδια το διαμέρισμα πριν φύγει, καθώς θα ήταν η τελευταία που θα το άφηνε, είχε προνοήσει να κουβαλήσει μαζί της το αντικλείδι από την καινούρια κλειδαριά.

«Μάλιστα, Στρατηγέ! Θα γίνουν όλα όπως επιθυμείτε!» αστειεύτηκε, χτυπώντας παραστατικά τα πόδια της σε προσοχή, όρθια μπροστά στην τηλεόραση.

Θα γίνονταν άραγε όλα όπως επιθυμούσε; Ένα πρωινό απέμενε μονάχα, λίγες μόνο ακόμη ώρες που θα βρίσκονταν η Ηρώ στο χώρο της. Μετά δεν θα υπήρχε άλλο ο κίνδυνος να μαθευτεί το μυστικό της και να αποκαλυφθούν τα ύποπτα περπατήματα που την αναστάτωναν συχνά - πυκνά. «Αν έχει σκοπό να 'ρθει, ας το κάνει μετά τις έντεκα!» εύχονταν βαθιά μέσα της. Η τύχη της εξαρτιόταν όχι μόνο από τα περίεργα σχέδια του αλλά και από την ώρα που θα επέλεγε για να τα πραγματοποιήσει. Μέχρι και λίγα δευτερόλεπτα θα μπορούσαν να αποβούν μοιραία!

«Νεολαία σου λέει μετά! Έχω κομματιαστεί με ένα μόνο ξενύχτι. Τι λες, πάμε μέσα; Μπορεί να είναι νωρίς αλλά δεν ντρέπομαι να πω πως θέλω να οριζοντιωθώ!» πρότεινε η Ηρώ, λυγίζοντας τη μέση της προς τα πίσω σε μια ένδειξη δυσφορίας και πόνου.

«Αμέ! Μισή ντροπή δική μου, μισή δική σου!» συμφώνησε απευθείας η Ζωή. Η ταινία που παρακολουθούσαν από ώρα στο σαλόνι θα εξακολουθούσε να τις συντροφεύει και από την τηλεόραση της κρεβατοκάμαρας, με τη διαφορά πως και οι δυο τους αναπαύονταν καλύτερα πάνω στο μαλακό στρώμα. Ακουμπώντας τα φουσκωτά μαξιλάρια στο δερμάτινο κεφαλάρι, βούτηξαν εξαντλημένες πάνω στο κρεβάτι.

«Αλλόκοτη μουσική επένδυση έχει αυτό το έργο!» συλλογίστηκε η Ζωή λίγη ώρα μετά, καθώς στα αυτιά της έφταναν ποικίλοι ήχοι, ενοχλητικά αταίριαστοι με το θέμα της ταινίας και αδικαιολόγητα ασυγχρόνιστοι με τη εναλλαγή των σκηνών. Δεν άργησε και πολύ να καταλάβει πως η πηγή των ήχων εκείνων ήταν το ίδιο το στόμα της μικρής της αδερφής. Ξαπλωμένη ανάσκελα είχε αποκοιμηθεί επιδιδόμενη σε ένα δυνατό ροχαλητό, το οποίο αποτελούσε την κλασική αντίδραση του οργανισμού της στην κούραση. Η Ζωή έκλεισε μεμιάς την τηλεόραση και τα μάτια της αρπάζοντας την ευκαιρία για περισσότερη χαλάρωση τώρα που και η Ηρώ είχε παραδοθεί σε ύπνο βαθύ. Απολαμβάνοντας την να κοιμάται ήρεμη, δεν υπήρχε λόγος να την ανησυχήσει. Θα την αποχαιρετούσε το πρωί.

Οι νότες του ροχαλητού της, σαν μουσικό χαλί αιωρούμενο στον αέρα, την κράτησαν ξύπνια για ώρα αρκετή, ταξιδεύοντας της σε μέρη φανταστικά, δημιουργώντας μύριες εικόνες μέσα στο πυκνό σκοτάδι των κλειστών ματιών της. Όταν ο ήχος γινόταν πιο κελαρυστός, έβλεπε τον εαυτό της να διασχίζει καταπράσινα, τροπικά δάση, ακολουθώντας τις κραυγές των σπανιότερων πουλιών. Άλλοτε, όταν ο ήχος γινόταν πιο βραχνός, ένα αυτοκίνητο παλιό πεταγόταν ολοζώντανο μπροστά της, που βρυχώμενο πάλευε απεγνωσμένα να ανάψει τη σκουριασμένη του μηχανή. Άλλοτε πάλι ο ήχος γινόταν τσιριχτός, σαν πόρτα αλάδωτη που έτριζε στο άνοιγμα της. Το εξωπραγματικό ταξίδι της στο χωροχρόνο έφτασε στο τέλος του όταν η νύστα εξασθένισε την ακοή της και έριξε άπλετη σιγή τριγύρω.

Το φασαριόζικο ροχαλητό της Ηρώς, μην έχοντας πάψει στιγμή όλο το βράδυ, ξεπέρασε σε ένταση ακόμη και το κουδούνισμα του ξυπνητηριού της το επόμενο πρωινό. Ευτυχώς η Ζωή κατάφερε να διακρίνει τον ιδιαίτερο ήχο της αφύπνισης που είχε μπλεχτεί με τον 'βρυχηθμό' της αδερφής της και σηκώθηκε από το κρεβάτι εγκαίρως για τη δουλειά. Αφού έλεγξε το διαμέρισμα σπιθαμή προς σπιθαμή, πλύθηκε, βάφτηκε, ντύθηκε και, πριν αναχωρήσει για την εφημερίδα, φίλησε γλυκά την Ηρώ μόνο στο δεξί της μάγουλο καθώς το αριστερό ήταν απρόσιτο, βυθισμένο μέσα στο μαξιλάρι. Το μουρμουρητό που διαδέχτηκε το φιλί της ήταν η επιβεβαίωση πως ο χαιρετισμός της είχε γίνει αντιληπτός.

«Καλημέρα, αδερφούλα! Είμαι ήδη με τον Κωνσταντίνο και κατευθυνόμαστε προς το αεροδρόμιο!» Τρεις ώρες αργότερα, τα ζωηρά λόγια της Ηρώς μέσα από το ακουστικό του κινητού της, της χάρισαν τη λύτρωση. Την είχε γλιτώσει! Εκείνος δεν είχε εμφανιστεί! Απίστευτα τυχερή μέσα στην ατυχία που την καταδίωκε τον τελευταίο καιρό, αδυνατούσε να συνειδητοποιήσει τα ευχάριστα μαντάτα. Ο τρόμος που είχε ριζώσει μέσα στην ψυχή της δεν θα την άφηνε εύκολα να ηρεμήσει αλλά κάποια στιγμή, αργά ή γρήγορα, θα τα κατάφερνε. Τα χειρότερα είχαν αποφευχθεί και είχε κάθε λόγο να χαίρεται. Η Ηρώ

Θα επέστρεφε στο πατρικό τους και θα καθησύχαζε τους γονείς τους πως όλα ήταν υπό έλεγχο στη Θεσσαλονίκη. Κανένας λόγος ανησυχίας, λοιπόν. Κανείς δεν είχε μπλεχτεί σε εκείνο το πρωτοφανές παιχνίδι και πλέον θα μπορούσε να αναζητήσει την άκρη του νήματος μόνη της, χωρίς παρεμβολές από εξωτερικούς εισβολείς.

«Καλημέρα! Να ευχαριστήσεις τον Κωνσταντίνο εκ μέρους μου για την βοήθεια!»

«Κι εκείνος σου στέλνει τα φιλιά του».

«Κλείδωσες, έτσι;»

«Αμέτρητες φορές! Αναρωτιέμαι τι τις θέλεις τόσες κλειδαριές! Όπως και να 'χει, το διαμέρισμα σου είναι ασφαλές».

«Καλό ταξίδι, αγάπη μου! Να προσέχεις! Μην ξεχάσεις να μου φιλήσεις τη μαμά και το μπαμπά!»

«Δεν θα ξεχάσω! Αντίο!»

Το άκρως επικίνδυνο εκείνο κεφάλαιο είχε κλείσει ανεπιστρεπτί. Η έκβαση του, ομολογουμένως, η καλύτερη δυνατή! Καμία πτυχή της περίεργης ιστορίας δεν είχε αποκαλυφθεί και όλα έμοιαζαν στο εξής να παίρνουν το δρόμο που εκείνη ήθελε. Το πρόγραμμα των επόμενων ημερών περιελάμβανε μονάχα υπομονή. Υπομονή μέχρι την Παρασκευή οπότε και θα πραγματοποιούνταν το ραντεβού με τον κρυφό της θαυμαστή, το ραντεβού που θα έκρινε την συνέχεια των πραγμάτων. Δεν ήξερε ακόμη πως να νιώσει, πώς να το αντιμετωπίσει. Τα συναισθήματα της δεν είχαν προλάβει να κατασταλάξουν. Άλλοτε την κυρίευε φόβος για το άγνωστο αποτέλεσμα, άλλοτε ντροπή που θα ξεκινούσε για μια συνάντηση χωρίς να γνωρίζει ποιον θα αντάμωνε, άλλοτε φαίνονταν πιο αποφασισμένη από ποτέ να δώσει ένα τέλος στο όλο θέμα. Μπερδεμένη, ξεκίνησε άμεσα τη αντίστροφη μέτρηση ως την Παρασκευή με έναν βαθύ αναστεναγμό. Ήταν βέβαιη πως οι μέρες, οι ώρες, τα λεπτά θα κυλούσαν βασανιστικά αργά.

21

 Ακριβώς όπως είχε διαισθανθεί, μια εβδομάδα ατέλειωτη ξημέρωσε το ηλιόλουστο πρωινό της Δευτέρας. Ρολόγια σταματημένα παντού, στο σπίτι, στο γραφείο ακόμη και στο λεωφορείο. Ο χρόνος έμοιαζε παγωμένος, λες και είχε βαλθεί να αποφύγει τον ερχομό της Παρασκευής. Δείκτες ασάλευτοι, αρνούμενοι πεισματικά να κινηθούν. Το σιωπηλό, νεκρό διάστημα ανάμεσα στους διαδοχικούς τους χτύπους είχε επιμηκυνθεί εξωφρενικά. Λες και περνούσε αιώνας ολόκληρος ανάμεσα στο 'τικ' και το 'τακ'.

 Τα μάτια του Άγγελου, όπως και τα δικά της, μονίμως καρφωμένα σε ένα ρολόι. Το ίδιο αργά κυλούσε ο χρόνος και για εκείνον. Η ίδια νευρικότητα εκπήγαζε κι από τη δική του συμπεριφορά. Με ανυπομονησία πρόσμενε να χαθεί εκείνη η εβδομάδα και να γυρίσει την σελίδα της Παρασκευής στο ημερολόγιο του. Αφοσιωμένος στη δουλειά του, διακριτικός, δεν αναφέρθηκε ούτε στιγμή στην επερχόμενη συνάντηση τους. Την κοιτούσε μόνο τρυφερά από το απέναντι γραφείο και της χαμογελούσε με κατανόηση, εφησυχασμένος πως σε λίγες μέρες η θολή ακόμη σχέση τους θα αποσαφηνίζονταν μια και καλή. Ήταν βέβαιος, τελείως λαθεμένα, πως τα σφαλιστά χείλη της Ζωής έκρυβαν την οριστική της απόκριση. Δεν ήταν δυνατό να γνωρίζει πως η απόφαση της δεν είχε ακόμη παρθεί. Αγνοούσε πως όλα θα εξαρτιόταν από το ραντεβού της Παρασκευής. Πως θα αντιδρούσε άραγε αν ανακάλυπτε πως μέχρι και την τελευταία στιγμή, άλλοι παράγοντες πέρα από τα συναισθήματα της βοηθού του, θα διαμόρφωναν το είδος της απάντησης της; Ανυποψίαστος, τη συντρόφευε καθημερινά σε αυτό το παράλληλο, πενθήμερο ταξίδι της υπομονής. Στα μισά της εβδομάδας η αβάσταχτη αγωνία της έψαχνε επειγόντως διέξοδο εκτόνωσης. Δεν χωρούσε στο κορμί της πια. Η απρόσμενη πρόταση του Κωνσταντίνου για έναν απογευματινό καφέ, αμέσως μετά το σχόλασμα, αποτέλεσε την ιδανική λύση. Παρότι ήταν ακόμη συγχυσμένη από τη απρεπή στάση του απέναντι στον Άγγελο, δέχτηκε να υποκύψει στην πίεση του και να τον συναντήσει. Ίσως κατάφερνε να βιάσει τον χρόνο να κυλήσει λιγάκι πιο βιαστικά με εκείνη την έξοδο και την απόπειρα απασχόλησης του νου της με θέματα άλλα, άσχετα με την βραδινή συνάντηση της Παρασκευής. Συμφώνησε σε μια βόλτα μαζί του μα φρόντισε να προσθέσει και άλλα δυο πρόσωπα στην παρέα. Προσκαλώντας την Ελισάβετ και το Γιώργο να τους ακολουθήσουν θα απέφευγε τον κίνδυνο να παρασυρθεί σε μια αντιπαράθεση μαζί του. Δεν της είχε απομείνει μυαλό για τίποτα απολύτως, ούτε για καβγά. Η παρουσία των δύο επιπλέον μελών της παρέας θα εγγυούνταν την επικράτηση της ηρεμίας.

«Δεν καλείς κόσμο για καφέ όταν σκοπεύεις να απουσιάσεις! Είναι φανερό πως δεν είσαι εδώ, δεν είσαι μαζί μας. Πού τρέχει πάλι το μυαλό σου;» χαριτολόγησε η Ελισάβετ, αντιλαμβανόμενη την ολοκληρωτικά αποσπασμένη προσοχή της Ζωής και το αρμένισμα του νου της. Δύο ώρες της Τετάρτης ξοδεύτηκαν σε εκείνο το καφέ, δύο σταγόνες μικρές, αόρατες στον απέραντο ωκεανό των πέντε ημερών. Μα πέρασαν και πάνε.

Όσο για τον μυστηριώδη επισκέπτη της, τον μοναδικό υπαίτιο της ψυχικής της ταλαιπωρίας, έμεινε στην αφάνεια ολόκληρη την εβδομάδα. Επέλεξε να απουσιάσει, να μην δώσει ούτε ένα σημάδι ζωής. «Μήπως με ξέχασε τώρα που το ραντεβού μας κανονίστηκε;» αναρωτιόταν ανήσυχη η Ζωή, τριγυρίζοντας στο ήσυχο διαμέρισμα της. Η εξαφάνιση του, λάθος τοποθετημένη χρονικά, δεν ευνοούσε την ήδη περίεργα τεταμένη κατάσταση. Ένα λεπτό στρώμα πάγου δημιουργούνταν στην ατάραχη ατμόσφαιρα. Η πρόσκαιρη απομάκρυνση του διόγκωνε την αμηχανία και τους δισταγμούς της.

Βαριά, μοναχικά ήταν τα βράδια στο σπίτι. Βράδια περισυλλογής και στοχασμών. Τι την περίμενε σαν θα τον αντίκριζε; Απογοήτευση; Θυμός; Πώς θα έπρεπε να αντιδράσει; Πώς να συμπεριφερθεί; Πώς να παραμείνει ψύχραιμη όταν η όλη υπόθεση στερούνταν λογικής από την αρχή της; Με ποιο τρόπο θα μπορούσε να προστατεύσει τον εαυτό της σε περίπτωση που τα πράγματα έβγαιναν εκτός ελέγχου; Σκηνές ποικίλες, διαφορετικές, διαδραματίζονταν ακατάπαυστα στο νου της, σκηνές θυμού μα και συγκίνησης. Όλα ήταν πιθανά, με άγνωστη την εξέλιξη της συνάντησης τους. Με μανία αποζητούσε να δημιουργήσει στο μυαλό της ένα αλφαβητάρι λέξεων και φράσεων που θα έλυναν την μπερδεμένη γλώσσα της στη θέα εκείνου του ανθρώπου.

Συχνά, πλανημένη ίσως από το άγχος και την ταραχή, έμοιαζε να ξεχνά το νόημα και να χάνει την ουσία εκείνης της συνεύρεσης. Μικρότερης σημασίας θέματα ταλάνιζαν το μυαλό της. Ποιο φόρεμα αναδείκνυε την ομορφιά της περισσότερο από όλα; Ποια χρώματα θα 'πρεπε να επιλέξει στο μακιγιάζ; Ποιο άρωμα θα ήταν ιδανικό για την περίσταση; Να άφηνε ελεύθερα τα μαλλιά της ή να τα σήκωνε ψηλά; Λες κι εκείνη η συνάντηση να επρόκειτο για ένα ρομαντικό ραντεβού, περνούσε ώρες μπροστά στον καθρέφτη δοκιμάζοντας φορέματα και χτενίσματα σαν κορίτσι στα δεκαοχτώ του που για πρώτη φορά διαβαίνει τα μονοπάτια του έρωτα.

Οι αμέτρητες σταγόνες του ωκεανού των πέντε ημερών λιγόστεψαν, στέρεψαν. Σώθηκαν οι μέρες, έφτασε επιτέλους η πολυπόθητη Παρασκευή μα και πάλι αργά στριφογύριζαν οι δείκτες. Ακόμη και ο ήλιος έμοιαζε να ανατέλλει σε αργή κίνηση, σαν ταινία που παίζονταν καρέ – καρέ. Απ' το πρωί η ανάσα της είχε επιταχύνει, οι σκέψεις της είχαν αποδιοργανωθεί και μια ζάλη ανεξήγητη συνόδευε κάθε της πράξη. Έμοιαζε ακατόρθωτο να συγκεντρωθεί. Βουνό ακουμπισμένο πάνω στους ώμους της ένιωθε την υποχρέωση να εμφανιστεί στο γραφείο εκείνο το πρωινό. Μα δεν είχε τρόπο να ξεφύγει, δικαιολογία να προφασιστεί. Όφειλε να παρουσιαστεί στη θέση της και προσεύχονταν να σταθεί ικανή να επιτελέσει τα καθήκοντα της με τρόπο αντάξιο της εμπιστοσύνης που της είχαν δείξει από την πρώτη στιγμή της πρόσληψης της όλα τα στελέχη της εφημερίδας. Αρπάζοντας από το ψυγείο την αγαπημένη της σοκολάτα με γεύση φράουλα που πάντα ενίσχυε την οξυδέρκεια της, επιχείρησε να επαναφέρει το φευγάτο της μυαλό στη θέση του και ξεκίνησε για την εφημερίδα, ελπίζοντας να μην τα θαλασσώσει σε βαθμό απόλυσης.

Βρήκε τον Άγγελο εκεί. Την καλημέρισε με ιδιαίτερη θέρμη και διαχυτικότητα. Θα έλειπε όλη την ημέρα από κοντά της και έτσι άφησε να ξεχυθεί μαζεμένη όλη η τρυφερότητα που είχε σκοπό να της δείξει σταδιακά κατά τη διάρκεια του οχταώρου. Ήταν κεφάτος και ανακουφισμένος όχι μόνο γιατί μια ακόμη κοπιαστική, εργάσιμη εβδομάδα έφτανε στο τέλος της αλλά κυρίως επειδή και η δική του αγωνία θα τερματίζονταν σύντομα. Σηκώθηκε όρθιος, πήρε το χαρτοφύλακα του στο χέρι και πριν τη χαιρετήσει για το υπόλοιπο της ημέρας, κοντοστάθηκε δίπλα στην πόρτα.

«Τι ώρα να βρεθούμε αύριο;» Τα μάτια του είχαν αρχίσει να ψάχνουν ένα μορφασμό, ένα βλέμμα της που θα μαρτυρούσε ίσως την απόφαση της. Είχαν στενέψει τα χρονικά περιθώρια και ένιωθε κι εκείνος με τη σειρά του την αγωνία του να κορυφώνεται. Η Ζωή, όμως, δεν χρειάστηκε να αποκρύψει τίποτα. Άδεια η ψυχή της και το μυαλό της κενό από οποιαδήποτε σκέψη για τον όμορφο άντρα που στέκονταν σιμά της.

«Νομίζω πως στις εννιά είναι καλά».

«Θέλω να πάμε κάπου που να σου αρέσει ιδιαίτερα. Οπότε ο προορισμός μας είναι δική σου επιλογή. Μπορείς να μου προτείνεις ό,τι βάλει ο νους σου. Ό,τι τραβάει η ψυχή σου».

«Είμαι της γνώμης πως η πολλή φασαρία και η δυνατή μουσική δεν ενδείκνυνται για την έξοδο μας. Θα προτιμούσα να πάμε για φαγητό, κάπου ήσυχα. Υπάρχει ένα ταβερνάκι στην περιοχή μου. Έχω ακούσει τα καλύτερα. Αν συμφωνείς κι εσύ, θα σου δώσω οδηγίες αύριο από κοντά».

«Ότι θέλει το αστέρι. Εσύ θα δίνεις εντολές κι εγώ θα εκτελώ». Με ένα γλυκό χαμόγελο και ένα βλέμμα όλο προσμονή, χάθηκε στο διάδρομο.

Είχε, από ώρα, απομείνει μόνη στο γραφείο όταν τα γόνατα της άρχισαν δειλά να τρέμουν, να λυγίζουν από τα συσσωρευμένα, αδυσώπητα συναισθήματα της και η καρδιά της να χορεύει τρελό, παράλογο χορό. Ο χρόνος είχε κυλήσει πια και το σχόλασμα πλησίαζε. Η αγωνία της να έρθει η Παρασκευή είχε μετατραπεί ξαφνικά σε τρόμο, τρόμο αφοπλιστικό. Ανασφαλής για ακόμη μια φορά, σκέφτονταν πως η συνηθισμένη ατολμία της δεν θα της επέτρεπε να οδηγήσει τα βήματα της στο καθορισμένο σημείο συνάντησης, πως η δειλία και η αναποφασιστικότητα της θα την ανάγκαζαν να μην εμφανιστεί. «Ό,τι είναι να γίνει, ας γίνει» επαναλάμβανε διαρκώς στον εαυτό της, απαγορεύοντας του να λιγοψυχήσει ελάχιστες μόνο ώρες πριν το ραντεβού. «Αν συμβεί κάτι που θα με ενοχλήσει, θα με στενοχωρήσει ή θα με τρομάξει, θα φύγω στη στιγμή. Αυτό που έχει σημασία είναι να δω το πρόσωπο του» συλλογιζόταν παλεύοντας να αναθαρρέψει.

Το σχόλασμα την βρήκε εντυπωσιακά εμψυχωμένη. Έφτασε στο διαμέρισμα της αποφασισμένη να αντιμετωπίσει θαρραλέα το επικείμενο φινάλε της υπόθεσης. Ξαπλωμένη στον καναπέ της κουζίνας πήρε μια ολιγόλεπτη ανάσα πριν ξεκινήσει την διαδικασία του καλλωπισμού. Εκείνο εξαφανισμένος για ακόμη μια μέρα. Ανύπαρκτη η παρουσία του. Ούτε ένα μήνυμα, καμία απολύτως ένδειξη ενδιαφέροντος. «Η γνωστή νηνεμία πριν τη φουρτούνα;» αναρωτήθηκε η Ζωή και σηκώθηκε φουριόζα. Δύο ώρες είχε στη διάθεση της μέχρι τη στιγμή που θα έπρεπε να αναχωρήσει για το κέντρο της πόλης, χρόνος άπλετος για να διαμορφώσει την εμφάνιση της ακριβώς όπως επιθυμούσε. Το εξωτερικό της παρουσιαστικό ήταν καίριας σημασίας καθώς σε συνδυασμό με την στάση που θα υιοθετούσε, θα επέφεραν την επιθυμητή επίδραση πάνω στον, για λίγο ακόμη άγνωστο, επισκέπτη της. Καρότο και μαστίγιο του επιφύλασσε μετά από όσα είχε υποστεί εξαιτίας του. Σκοπός της ήταν να εμφανιστεί μπροστά του γλυκιά μα κι αυστηρή, προσιτή υπό όρους, οικεία μα και ξένη. Δεν θα του επέτρεπε να την πλησιάσει εύκολα, έστω κι αν επρόκειτο για προσφιλές της πρόσωπο. Δεν θα του χάριζε απλά τη συγχώρεση της για την ταραχή που της είχε προκαλέσει. Θα του έδειχνε καθαρά την ενόχληση της για τη δίμηνη, θρασύτατη συμπεριφορά του.

Για κάμποση ώρα στάθηκε υπομονετικά όρθια μπροστά στην ντουλάπα της, παρατηρώντας τις υπάρχουσες ενδυματολογικές εναλλακτικές, ξεκρεμώντας τα επικρατέστερα φορέματα, παντελόνια και σύνολα που άρμοζαν στο ύφος της συγκεκριμένης βραδιάς. Τα στοίβαζε άτακτα το ένα πάνω στο άλλο. Έχοντας όλες τις πιθανές επιλογές συγκεντρωμένες μπροστά στα μάτια της θα ήταν γρηγορότερα εφικτό να καταλήξει στην οριστική της προτίμηση, με την μέθοδο της διαδοχικής απόρριψης των όχι και τόσο κατάλληλων για το ύφος της βραδιάς ενδυμάτων. Το τοπίο ξεκαθάρισε σύντομα, σε διάστημα λίγων μόλις λεπτών. Μοναδικά υπέροχο το φόρεμα που είχε επικρατήσει στο διαγωνισμό καταλληλότητας με σημαντική διαφορά, έμεινε μόνο του πάνω στο κρεβάτι, την ίδια ώρα που τα υπόλοιπα ρούχα επανατοποθετούνταν προσεκτικά σε κρεμάστρες και συρτάρια.

Στενό, μεσάτο και κομψό, με αυστηρές γραμμές που τόνιζαν τις καμπύλες της, επιδείκνυε για λόγου της έναν χαρακτήρα πλούσιο σε αυτοκυριαρχία και ταυτόχρονα μετρημένα δοτικό. Ρίγες λευκές και λαδί μπλέκονταν αρμονικά πάνω στο απαλό του ύφασμα. Τα μάτια της φέγγιζαν καταπράσινα κάθε φορά που το φορούσε, γίνονταν ανεξήγητα σαγηνευτικά λες και αποκτούσε άλλο βάθος το βλέμμα της, άλλη έκφραση το πρόσωπο της. Τσάντα, παπούτσια, αξεσουάρ, όλα σε κοντινές, ελαφρώς παραλλαγμένες αποχρώσεις, συμπλήρωσαν ιδανικά το σύνολο. Τελευταία πινελιά, δυο σταγόνες από το αγαπημένο της άρωμα πάνω στο λαιμό της. Οι ελεύθερες, αδάμαστες μπούκλες της ποτίζονταν τη μυρωδιά του και σε κάθε κίνηση του κεφαλιού σκορπούσαν ανελέητα τα μεθυστικά του μόρια στην ατμόσφαιρα. Το τελετουργικό της προετοιμασίας είχε, αισίως, ολοκληρωθεί. Η εικόνα που αντίκρισε στον καθρέφτη του μπουντουάρ της, τη γέμισε με περηφάνια και αυταρέσκεια. Ήταν όντως απερίγραπτα όμορφη εκείνο το βράδυ. Καλοδέχτηκε με ευχαρίστηση την άκρατη αυτοπεποίθηση που αναπήδησε στην ψυχή της. Θα προσπαθούσε να τη διατηρήσει όλη τη βραδιά για να κρατήσει το ηθικό της αναπτερωμένο και την ψυχραιμία της ανέπαφη.

Το τσαντάκι της περίμενε κρεμασμένο στο πόμολο της εξώπορτας. Το κλειδί είχε ήδη τοποθετηθεί στην κλειδωνιά αναμένοντας την γνωστή, περιστροφική κίνηση του χεριού της για το άνοιγμα της πόρτας. Μα εκείνη αργούσε ακόμη. Πηγαινοέρχονταν κατά μήκος του σαλονιού με το κινητό της τηλέφωνο ακουμπισμένο στο αυτί. Δευτερόλεπτα πριν είχε σχηματίσει βιαστικά, το νούμερο του πατρικού της. Ένιωθε έντονη την ανάγκη να τους μιλήσει, να πάρει δύναμη από τις αγαπημένες τους φωνές πριν ξεκινήσει τη βραδιά της. Στην κλήση απάντησε η Ηρώ. Η μητέρα της είχε βγει από ώρα για σεργιάνι με τη γειτόνισσα ενώ ο πατέρας της, όπως σχεδόν κάθε βράδυ, εξυπηρετούσε τους πελάτες του στο μαγαζί. Η φωνή της Ηρώς κοκάλωσε, έγινε άκαμπτη από αγωνία, στο άκουσμα της Ζωής από την άλλη άκρη της γραμμής.

«Έχουμε νεότερα και πήρες να με ενημερώσεις;» Χωρίς να χάσει χρόνο, χωρίς να ενδιαφερθεί καν για το πως είναι και πως περνά, τη ρώτησε ευθέως το λόγο του τηλεφωνήματος της με τρόπο απότομο και άκομψο. Ανυπομονούσε να μάθει αν είχε καταλήξει σχετικά με την πρόταση του Άγγελου, αν είχαν ήδη συζητήσει, αν υπήρχε η οποιαδήποτε εξέλιξη στο συγκεκριμένο ζήτημα.

«Απλά ήθελα να σας ακούσω. Δεν έχω τίποτα νεότερο. Τουλάχιστον όχι ακόμη».

«Να υποθέσω πως ακολουθείς τη συμβουλή μου για προσεκτικές, αργές κινήσεις ή απλά δεν πρόλαβες να του απαντήσεις ακόμη;» Ακούγονταν ξαφνικά πιο ήρεμη η Ηρώ, γλυκά εφησυχασμένη από την πληροφορία που της έδωσε η Ζωή για τη στασιμότητα του θέματος.

«Ας πούμε πως είναι ένας συνδυασμός και των δύο. Όπως σου υποσχέθηκα, μόλις υπάρξει κάποια αλλαγή θα σου τηλεφωνήσω αμέσως». Ο επιθετικός τόνος των ερωτήσεων της Ηρώς την είχε ξαφνιάσει δυσάρεστα και αποφάσισε να αλλάξει την κουβέντα προσφέροντάς της μια απάντηση που θα την ικανοποιούσε.

«Τι θα κάνεις απόψε; Θα βγεις;» Η τακτική της αποδείχτηκε αποτελεσματική και η Ηρώ έστρεψε την προσοχή της αλλού.

«Όχι. Θα μείνω στο σπίτι να δω καμιά ταινία. Δεν έχω και πολλή όρεξη για βόλτα» απάντησε η Ζωή δήθεν αδιάφορα. Με ψέματα αβίαστα απέκρυψε και πάλι την αλήθεια.

«Μάλιστα. Ώστε θα μείνεις μέσα Παρασκευή βράδυ. Κακώς, πολύ κακώς!»

«Εσύ; Τι σχέδια έχεις;»

«Θα βγούμε για ρακή με τα παιδιά. Κλασικά».

«Στο ταβερνάκι του Πέτρου;» ήθελε διακαώς να τη ρωτήσει. Μα το απέφυγε, ιδίως μετά την τελευταία, ατυχή αναφορά στο όνομά του.

«Καλά να τα περάσετε! Τα χαιρετίσματά μου σε όλους!» Κλείνοντας το τηλέφωνο εύχονταν, με όλη τη δύναμή της, τα χαιρετίσματά της να έφταναν και σε εκείνον, υπενθυμίζοντάς του, έστω και για λίγο, την ύπαρξή της!

Με το τσαντάκι της κρεμασμένο στον αδύνατο καρπό της άνοιξε την πόρτα αφήνοντας το αμυδρό, κίτρινο φως του διαδρόμου να μπει δειλά στο διαμέρισμα. Πριν κλείσει την πόρτα πίσω της, το βλέμμα της πλανήθηκε στον ημιφωτισμένο χώρο του σαλονιού. «Από εδώ ξεκίνησαν όλα. Με εκείνο το πρώτο μήνυμα καλωσορίσματος». Μπορούσε ακόμη να δει την χάρτινη γωνία του φακέλου να προεξέχει ανάμεσα στα μαξιλάρια. «Μα φυσικά και δεν είχαν καμία σχέση οι μεταφορείς με εκείνο το περιστατικό! Πόσο περίεργες πρέπει να τους είχαν φανεί οι ερωτήσεις του Κωνσταντίνου!» σκέφτηκε, ανασύροντας από το θυμητικό της την πρώτη μέρα της άφιξης της, την ίδια ώρα που τα πόδια της ξεκινούσαν δειλά το βηματισμό τους.

Ο ουρανός, σκοτεινός ως τη μέση του την ώρα του δειλινού, φιλοξενούσε μύρια, λαμπρά αστέρια που τρεμόπαιζαν παιχνιδιάρικα. Στη μεριά της δύσης τα χρώματα ήταν φωτεινότερα, μωβ και πορτοκαλί. Απολαυστικό θέαμα για τα μάτια της καθώς κατευθύνονταν προς τη στάση του λεωφορείου. Υπό άλλες συνθήκες, μια οποιαδήποτε άλλη βραδιά, θα απέφευγε να επιλέξει το λεωφορείο ως μέσο μετακίνησης. Θα προτιμούσε την ταχεία εξυπηρέτηση ενός ταξί. Μα εκείνη τη βραδιά η χρονοβόρα διαδρομή του θα έδινε έδαφος στον ψυχισμό της για να ισορροπήσει. Θα της προσέφερε χρόνο αρκετό, χρόνο πολύτιμο για να συνειδητοποιήσει τι επρόκειτο να συμβεί και να προσαρμοστεί στο βοερό περιβάλλον μέσα στο οποίο θα πραγματοποιούνταν η κρίσιμη συνάντηση. Δεν είχε μείνει καθισμένη ούτε ένα λεπτό στο μεταλλικό παγκάκι της στάσης όταν το λεωφορείο που θα την μετέφερε στο κέντρο της πόλης εμφανίστηκε στρίβοντας στην γωνία του κεντρικού δρόμου. Όπως υπολόγιζε με βάση τα χρονικά δεδομένα, θα κατέφτανε στον Λευκό Πύργο δέκα περίπου λεπτά πριν την καθορισμένη ώρα του ραντεβού.

Οι αναδιπλούμενες πόρτες του ογκώδους οχήματος έκλεισαν βαριές και ο συνωστισμένος κόσμος στο εσωτερικό του ταλαντεύτηκε συγχρονισμένα στο απότομο ξεκίνημα του. Η Ζωή, γερμένη με την πλάτη πάνω στο εκδοτήριο των εισιτηρίων, αγκομαχούσε να παραμείνει όρθια, υποφέροντας την εγκληματικά απρόσεκτη οδήγηση του οδηγού. Μια αίσθηση πρωτόγνωρη βαθιά μέσα στα στήθη της δημιουργούσε την αίσθηση πως κάτι συγκλονιστικό επρόκειτο να συμβεί, κάτι που θα συντάρασσε, περισσότερο από όσο ανέμενε, την ήδη έκρυθμη κατάσταση. Με το βλέμμα της σκόπιμα καρφωμένο στο πάτωμα δεν κοίταξε έξω από το παράθυρο ούτε στιγμή, προσπαθώντας να συγκεντρώσει το κουράγιο της και να οπλιστεί με θάρρος. Το σκυφτό κεφάλι της σηκώθηκε μόνο όταν ο οδηγός τράβηξε φρένο μπροστά στη στάση όπου έπρεπε να αποβιβαστεί.

Κατέβηκε από το λεωφορείο στηριζόμενη στο χερούλι της πόρτας. Τα γόνατα της εξακολουθούσαν να λυγίζουν αδύναμα από άγχος. Από τα πρώτα κιόλας βήματα ένιωθε ένα ζευγάρι μάτια, να την παρακολουθούν ασφυκτικά, να την παρατηρούν επίμονα. Μπορεί η ντροπή να ήταν ο λόγος που αισθάνονταν έτσι, μπορεί κι ο φόβος. Γύρισε προς τα πίσω ξαφνικά μα δεν είδε κανέναν, κανέναν ύποπτο, κανέναν γνωστό. Πολυάριθμοι, άγνωστοι περαστικοί την προσπερνούσαν βιαστικά, παρασυρμένοι από τους φρενήρεις ρυθμούς της πόλης που ακόμη κι όταν δεν συντρέχει λόγος σπουδής σε αναγκάζουν να τρέχεις.

Μουδιασμένη από την αγωνία, κατηφόρισε το δρόμο που έβγαζε στον προορισμό της. Ο Λευκός Πύργος υψώνονταν μπροστά της θεσπέσια φωταγωγημένος. Με ευκολία μπορούσε να διακρίνει, αν και από απόσταση, το πλήθος που περίμενε μπροστά στην είσοδο του. Κάποιοι πλησίαζαν βιαστικοί, αργοπορημένοι ίσως στο ραντεβού τους, άλλοι έφευγαν σε παρέες, χαμογελαστοί. Μια αδιάκοπη ανανέωση του κόσμου μπροστά από τον πέτρινο όγκο του διαδραματίζονταν όσο εκείνη ακόμη κατηφόριζε. Πλησίαζε αργά μα αποφασιστικά, με βήματα μόνο προς τα εμπρός. Με το χέρι, αμήχανα, σουλούπωνε συνεχώς τα μαλλιά της. Ή τουλάχιστον έτσι νόμιζε. Έβηχε σιγανά, προσπαθώντας να διαλύσει τον κόμπο που είχε ανακαθίσει βολικά στο λαιμό της. Δεν θα τον άφηνε να πνίξει τη φωνή της και να αλλοιώσει τη σταθερή χροιά της αυτοπεποίθησης.

Βήμα το βήμα, το πεζοδρόμιο τελείωσε. Δεν υπήρχε άλλο πλακόστρωτο να διαβεί. Μονάχα ο παραλιακός δρόμος τη χώριζε από εκείνον, από την ίδια την αλήθεια. Μπορεί να ήταν ήδη εκεί, να την περίμενε. Μπορεί να την είχε εντοπίσει κιόλας μες το πλήθος και να απολάμβανε την εντυπωσιακή εικόνα της. Μα η Ζωή δεν ήθελε να την κοιτά, όχι πριν δει κι εκείνη το πρόσωπο του! Δεν άντεχε άλλο εκείνη την μονόπλευρη παραβίαση της προσωπικότητας της! Το φανάρι της διάβασης άναψε πράσινο για τους πεζούς όμως τα πόδια της παρέμειναν ακίνητα στο χείλος του πεζοδρομίου.

«Είναι πράσινο, κορίτσι μου» της ψιθύρισε ο ηλικιωμένος κύριος που στέκονταν πίσω της και περίμενε υπομονετικά να διασχίσει τη διάβαση. Τα ροζιασμένα του χέρια, με μια ελαφριά ώθηση στην πλάτη της, έριξαν τα βήματα της στο δρόμο. Έπρεπε να προχωρήσει, έπρεπε να φανεί δυνατή. Τη στιγμή που τα πέδιλα της άγγιξαν το ζεστό οδόστρωμα, η ταραχή της εκτινάχτηκε στα ύψη και θόλωσε το βλέμμα της. Τα πάντα γύρω της θαμπά, συγκεχυμένα. Αδύνατο να ξεχωρίσει εικόνες και πρόσωπα. Μόνο σκιές διέκρινε, χρωματιστές, κινούμενες. Ανοιγοκλείνοντας τα μάτια της με δύναμη, πάλευε να διώξει την πυκνή ομίχλη που τα κρατούσε σχεδόν τυφλά και να επαναφέρει την διαύγεια στην όραση της προτού φτάσει στο απέναντι πεζοδρόμιο. «Σύνελθε! Μην χάσεις τον έλεγχο τώρα!» κατσάδιαζε τον ευεπηρέαστο εαυτό της.

Δυο δάκρυα ταραχής κατάφεραν να ξεπλύνουν το βλέμμα της εγκαίρως. Η είσοδος του Πύργου πρόβαλε μπροστά της, με κάθε λεπτομέρεια της ευδιάκριτη. Εκεί θα στέκονταν κι εκείνη, εκεί θα περίμενε την κίνηση του. Με τα χέρια της δεμένα μπροστά στο στήθος έμεινε αμήχανα ακίνητη, μοχθώντας ακόμη να αναθαρρέψει. Δεν είχε λόγο να ντραπεί ή να λογοδοτήσει για το οτιδήποτε. Αυτό προσπαθούσε να συνειδητοποιήσει. Ήταν το θύμα και όχι ο θύτης εκείνης της υπόθεσης. Δευτερόλεπτα αργότερα, το αίμα άρχισε και πάλι να κυλά στο παγωμένο της κορμί. Απέκτησε πλήρη αντίληψη του χώρου και τόλμη να στρέψει το βλέμμα της τριγύρω σε αναζήτηση της 'παρέας' της. Κανείς μες το οπτικό της πεδίο δεν τράβηξε την προσοχή της. Κοίταξε το ρολόι της. Δέκα ακριβώς. Η αναμονή είχε λάβει επίσημα τέλος. Από στιγμή σε στιγμή θα την ζύγωνε, θα της μιλούσε.

Στιγμές πέρασαν αρκετές σχηματίζοντας ένα σωρό λεπτά πάνω στο ρολόι της. Κόσμος έρχονταν κι έφευγε μα εκείνη παρέμενε εκεί να περιμένει μόνη. Κι άλλες στιγμές, κι άλλα λεπτά. Πόνοι μικροί στη μέση της, πόνοι από την ορθοστασία, μαρτυρούσαν πως ήδη είχε αναμείνει την εμφάνιση του αρκετά. «Γιατί δεν έχει έρθει; Γιατί αργοπορεί; Μήπως βρίσκεται στην πίσω πλευρά;» Εκείνη η τελευταία σκέψη έθεσε τα πόδια της και πάλι σε λειτουργία. Μετά από μια βιαστική βόλτα κατά μήκος της περιμέτρου του σημείου συνάντησης τους, επέστρεψε στη θέση της άπραγη και απογοητευμένη. Η γνώριμη παρουσία του δεν υπήρχε πουθενά. Η υπομονή της είχε αρχίσει να εξαντλείται μα δεν αποφάσιζε να φύγει. Όλα έπρεπε να τελειώσουν εκείνη τη νύχτα, σε εκείνο το ραντεβού! Δεν θα μπορούσε να διαβεί το κατώφλι του σπιτιού της γνωρίζοντας πως τίποτα δεν έχει αλλάξει! Θα του έδινε ακόμη λίγα λεπτά, μια τελευταία ευκαιρία να παρουσιαστεί μπροστά της.

«Μια τόσο όμορφη δεσποινίς, δεν θα έπρεπε να περιμένει. Δεν ξέρω ποιον προσμένεις τόση ώρα να φανεί αλλά μάλλον δεν σου αξίζει» ακούστηκε μια γλυκιά φωνή δίπλα της. Μια εμφανίσιμη, μεσήλικη κυρία, παρατηρώντας την ταλαιπωρία της Ζωής, πήρε την πρωτοβουλία να εκφράσει κομψά την άποψη της, στηριζόμενη ίσως και στις δικές της εμπειρίες ζωής. Είχε δίκιο, απόλυτο δίκιο. Για ποιον θυσίαζε την αξιοπρέπεια και εξευτέλιζε τον εγωισμό της; Για ποιο λόγο ανάλωνε άσκοπα την ψυχή της; Η οργή σαν φλόγα ξέφρενη λαμπάδιασε την παγωμένη της καρδιά. Εκείνος, όπως όλα έδειχναν, δεν είχε σκοπό να εμφανιστεί. Μετά από μια σαραντάλεπτη αναμονή, δεν είχε άλλη αντοχή. Είχε παίξει μαζί της για ακόμη μια φορά! «Μπορεί να στέκεται σε καμιά γωνιά και να γελάει με το κατόρθωμα του! Αυτό ήταν! Φεύγω!» πήρε την απόφαση της και άρχισε να περπατάει νευρικά προς τη διάβαση. Ήθελε να απομακρυνθεί το συντομότερο απ' το σημείο εκείνο της ντροπής!

Η γρήγορη πορεία της ανακόπηκε βίαια. Φρενάροντας απρόσμενα, ένα αυτοκίνητο που διέσχιζε την παραλιακή λεωφόρο, παραμέρισε μπροστά στο πεζοδρόμιο, μπλοκάροντας το δρόμο της. Ήταν εκείνος; Έτρεχε να την προλάβει προτού εξαφανιστεί; Δεν ήθελε να τον αντικρίσει! Ήταν πολύ αργά πια! Δεν του άξιζε ούτε δευτερόλεπτο προσοχής! Αγωνιώντας να περάσει απέναντι, αντιλήφθηκε φευγαλέα πως και όλα τα υπόλοιπα αυτοκίνητα που το ακολουθούσαν πλάγιασαν κι εκείνα στην άκρη του δρόμου. Η βοερή σειρήνα ενός ασθενοφόρου, στριγγλίζοντας από μακριά, έφτασε στα αυτιά της. Κάτι είχε συμβεί και ήταν επείγουσα ανάγκη ο δρόμος να μείνει ελεύθερος. Οι οδηγοί, εγκαταλείποντας την πορεία τους, παραχωρούσαν προτεραιότητα στο ασθενοφόρο. Η Ζωή, εγκλωβισμένη πάνω στο πεζοδρόμιο ασφυκτιούσε. «Όχι τώρα Θεέ μου! Αφήστε με να περάσω! Μην με κρατάτε άλλο εδώ!» μουρμούριζε αγανακτισμένη. Μα δεν μπορούσε να κάνει ούτε βήμα. Σαν αστραπή, το ασθενοφόρο πέρασε μπροστά από τα μάτια της, σκορπώντας μες τη νύχτα το διαπεραστικό φως του φάρου σαν φλας φωτογραφικής μηχανής. Στη συνέχεια, επανήλθε η φυσιολογική ροή των αυτοκινήτων. Μα το απέναντι φανάρι έφεγγε κατακόκκινο. Θα έμενε ακινητοποιημένη για μερικά ακόμη δευτερόλεπτα.

Ίδια διαδρομή, αντίθετη κατεύθυνση. Ίδια διαδρομή, διαφορετικά συναισθήματα. Αχαλίνωτα νεύρα και αβάσταχτη απογοήτευση δηλητηρίαζαν την ψυχή της σε κάθε βήμα που την απομάκρυνε όλο και περισσότερο από τον τόπο της υποτιθέμενης συνάντησης τους. Η εξέλιξη της βραδιάς αποκαρδιωτική. Εκτός από θρασύδειλος και επικίνδυνος είχε αποδειχτεί ψεύτης και εκμεταλλευτής. Ποτέ ξανά δεν θα πίστευε τα λόγια του. Η υποτυπώδης εμπιστοσύνη που είχε αφεθεί να νιώσει για εκείνον εξανεμίστηκε στις δέκα και σαράντα. Ρανίδα ανοχής δεν είχε απομείνει πια. Κι αν είχε αφήσει επιδέξια να εννοηθεί πως την είχε ερωτευτεί, ακόμη και πως την αγαπούσε, όλα κάηκαν κι έμειναν στάχτη πάνω στο πλακόστρωτο. Φουρτουνιασμένη ορκίστηκε πως το επόμενο μήνυμα, η επόμενη υποψία της παρουσίας του στο διαμέρισμα της θα ήταν η σταγόνα που θα ξεχείλιζε το ποτήρι. Αν φυσικά είχε το θράσος και την απερισκεψία να συνεχίσει τις κρυφές του βόλτες. Με την πρώτη αφορμή, δράση θα αναλάμβανε το αρμόδιο Αστυνομικό Τμήμα. Τόσο καιρό τον ακολουθούσε συγκαταβατικά στο μονοπάτι της παράνοιας, επιδεικνύοντας κατανόηση και συμπόνια. Μα το μονοπάτι είχε οδηγήσει σε αδιέξοδο.

«Μήπως σας είναι εύκολο να χαμηλώσετε ελαφρώς τη μουσική;» ζήτησε ευγενικά από το νεαρό οδηγό του ταξί που την είχε παραλάβει λίγο νωρίτερα για να την μεταφέρει στη γειτονιά της, στα ανατολικά της πόλης. Κατανοούσε πως κι εκείνος απλώς προσπαθούσε να διασκεδάσει τη μονοτονία της εργασίας του εκείνο το βράδυ της Παρασκευής μα τα εκκωφαντικά ντεσιμπέλ έκαναν την παραμονή της στο ταξί ανυπόφορη. Τα μηνίγγια της πάλλονταν στους ροκ ρυθμούς που μετέδιδε ο επιλεγμένος ραδιοφωνικός σταθμός και τα νεύρα της τσιτώνονταν ακόμη περισσότερο. Ο οδηγός ανταποκρίθηκε χωρίς αντίρρηση στην παράκληση της.

Έφτασε στο διαμέρισμα εξοργισμένη. Όσο περνούσε η ώρα και συνειδητοποιούσε ακριβώς το τι είχε συμβεί, η ψυχική της κατάσταση εκτροχιάζονταν ανεξέλεγκτα. Πέταξε το τσαντάκι της πάνω στο μπουφέ και έτρεξε στην κρεβατοκάμαρα. «Θα τα κάψω όλα! Δεν θα μείνει τίποτα!» σκεφτόταν καθώς τραβούσε με μανία το χαρτόκουτο από το εσωτερικό της ντουλάπας. Τα στοίβαξε άτακτα, μέσα σε ένα τσίγκινο δοχείο, τα μετέφερε ανυπόμονα στο σαλόνι και άρπαξε τα διαφημιστικά σπίρτα που βρίσκονταν από καιρό, ανέγγιχτα, πάνω στο ψυγείο. Η κόκκινη μύτη του σπίρτου ανέφλεξε ζωηρή ανάμεσα στα δάχτυλα της. Ανάμεσα στα δάχτυλα της έσβησε δευτερόλεπτα μετά. Γνώριζε πολύ καλά πως δεν θα ήταν φρόνιμο να εξαφανίσει στις φλόγες τα αποδεικτικά στοιχεία της ενοχής του. Λίγο πριν το σπίρτο πέσει φλεγόμενο μέσα στο δοχείο, πρόλαβε να συγκρατηθεί και να απομακρύνει την πηγή της φωτιάς μακριά από τα εύφλεκτα απομεινάρια των επισκέψεων του.

Με τα πέδιλα ακόμη σφιχτά δεμένα γύρω από τους αστραγάλους της, άνοιξε την κάβα του μπουφέ. Μόνο το αλκοόλ θα κατάφερνε να τη χαλαρώσει. Το κιτρινωπό, μεθυστικό υγρό χύθηκε ανάμεσα στα γυάλινα τοιχώματα του ποτηριού δημιουργώντας γαλήνια κύματα. Ήπιε δύο μεγάλες γουλιές και κάθισε στον καναπέ. Άνοιξε την τηλεόραση να παίζει σιγανά. Έψαχνε εικόνες να γεμίσουν τα μάτια της, να τη βοηθήσουν να ξεχάσει. Συντροφιά με το ουίσκι, έμεινε για ώρα εκεί, να κοιτάζει το μαύρο κουτί της τηλεόρασης χωρίς να καταλαβαίνει καν τι βλέπει.

«Θεέ μου, ο Άγγελος! Τι θα κάνω με τον Άγγελο;» Η αποδιοργανωτική ροή των γεγονότων είχε σπρώξει στο πίσω μέρος του μυαλού της την προγραμματισμένη τους συνάντηση για το επόμενο βράδυ. Η κρισιμότερη συνεύρεση τους πλησίαζε κι εκείνη ακόμη δεν είχε σταθεί ικανή να καταλήξει σε μια απόφαση. Το 'ναι' και το 'όχι' κονταροχτυπιούνταν ανελέητα, χωρίς όμως να υπάρχει προοπτική ανάδειξης νικητή. Με τη σκέψη του Άγγελου αποκοιμήθηκε εξαντλημένη, ψυχολογικά κομματιασμένη στον καναπέ, με το πρόσωπο της συνοφρυωμένο από την ένταση και με το όμορφο φόρεμα της για πιτζάμα.

Ένα επεισόδιο κινουμένων σχεδίων, με πρωταγωνιστές το Μίκυ Μάους και τον Πλούτο, έπαιζε το επόμενο πρωινό του Σαββάτου στην ξεχασμένη, ανοιχτή τηλεόραση. Ο βαθύς της ύπνος, ανενόχλητος από την χαμηλωμένη φωνή, ταράχτηκε από το δυνατό, μανιασμένο κουδούνισμα του σταθερού της τηλεφώνου.

«Ποιος παίρνει τέτοια ώρα;» αναρωτήθηκε κοιτάζοντας το ρολόι του τοίχου. Σηκώθηκε βαριεστημένα και έσυρε τα βήματα της προς το τηλέφωνο, κατεβάζοντας ταυτόχρονα το φόρεμα της που είχε μαζευτεί σαν τσαλακωμένο τσουβάλι γύρω από τη μέση της.

«Ορίστε» συλλάβισε νυσταγμένη και προφανώς ενοχλημένη από την απερίσκεπτη, αν όχι αγενή, κίνηση του ανθρώπου που της τηλεφωνούσε τόσο νωρίς. Δεν προσπάθησε καν να προσδώσει τον απαραίτητο ερωτηματικό τόνο στην μοναδική λέξη που βγήκε από τα χείλη της.

Το ακουστικό του τηλεφώνου, ελάχιστες στιγμές μετά, γλίστρησε μέσα από τα παραλυμένα της χέρια και έπεσε με δύναμη στο σκληρό πάτωμα, σπάζοντας σε κομμάτια. Το κεφάλι της χτύπησε με βία πάνω στο δροσερό μάρμαρο σαν σωριάστηκε λιπόθυμη ανάμεσα στα σκόρπια απομεινάρια της τηλεφωνικής συσκευής και το, παρατημένο από το προηγούμενο βράδυ, τσίγκινο δοχείο.

«Ζωή; Ζωή, με ακούς; Είσαι καλά; Ζωή, απάντησε μου!» ούρλιαζε η φωνή μέσα από το παραδόξως ενεργό, διαλυμένο ακουστικό.

22

«Υπάρχει κενή θέση, δεσποινίς! Στην επόμενη πτήση! Το αεροπλάνο θα απογειωθεί σε μία ώρα!» Τα βουρκωμένα μάτια της Ζωής γυάλισαν για μια στιγμή από χαρά και μετά κρύφτηκαν και πάλι πίσω από τον υγρό μανδύα τους. Η υπάλληλος του αεροδρομίου, συμπονετική και γλυκιά μέσα στη θερινή στολή της, φάνηκε να μοιράζεται την ανακούφιση που είχε σχηματιστεί στο ωχρό πρόσωπο της φιλόδοξης επιβάτιδας. Δεν είχε μείνει ασυγκίνητη από την άθλια κατάσταση της και ήταν φανερά ικανοποιημένη που είχε σταθεί δυνατό να την εξυπηρετήσει. Δεν γνώριζε το λόγο που της ζητούσε τόσο παρακλητικά και ταραγμένα ένα εισιτήριο μα δεν είχε και ιδιαίτερη σημασία. Ήταν προφανές πως η μελαγχολική κοπέλα που βρίσκονταν μπροστά από το παχύ γυαλί του γκισέ έπρεπε επειγόντως να ταξιδέψει και ήταν ευτυχισμένη που της προσέφερε τη δυνατότητα, απαλύνοντας, έστω και για λίγο, την έντονη θλίψη της.

Για την επόμενη ώρα το βαρύ, απρόθυμο σώμα της Ζωής βρήκε αποκούμπι πάνω στο άβολο κάθισμα της αίθουσας αναμονής. Τοποθέτησε τη μικρή, πρόχειρη τσάντα με τα λιγοστά της πράγματα στο διπλανό πλαστικό καρεκλάκι και με το κεφάλι σκυμμένο, ανυπομονούσε να επιβιβαστεί στο αεροπλάνο και να φτάσει στον προορισμό της. Μα ταυτόχρονα, δεν ήθελε ποτέ να ξεκινήσει εκείνο το ταξίδι της. Κάθε τόσο, σκούπιζε με το μαντίλι τα δάκρυα της που, διαγράφοντας δύο νωπά αυλάκια πάνω στα αναψοκοκκινισμένα μάγουλα της, έπεφταν βροχή στο πάτωμα. Δεν την απασχολούσαν τα περίεργα βλέμματα των περαστικών. Η απάθεια ήταν η μοναδική διαθέσιμη αντίδραση του οργανισμού της. Περίμενε σιωπηλή, κατακεραυνωμένη από τα συγκλονιστικά γεγονότα που της είχαν γνωστοποιηθεί με το πρωινό εκείνο τηλεφώνημα. Τα τρεμάμενα δάχτυλα της πίεζαν το εξόγκωμα που ασχήμαινε το μέτωπο της μετά από την άτσαλη πτώση της στο σαλόνι του διαμερίσματος. Το μελανό, πρησμένο χτύπημα πρέπει να πονούσε φριχτά μα εκείνη δεν ένιωθε τίποτα. Ακόμη και να πέθαινε εκείνη τη στιγμή δεν θα αισθάνονταν το παραμικρό. Κάθε κύτταρο του κορμιού της είχε νεκρωθεί απ' τη στιγμή που άκουσε τα τραγικά μαντάτα.

Οι αισθήσεις της την εγκατέλειπαν με επικίνδυνη ταχύτητα μα όφειλε να βρει τη δύναμη να ταξιδέψει. Δεν είχε κανένα νόημα να ασχοληθεί με τον εαυτό της, να νοιαστεί για την υγεία της. Όχι πια. Ακόμη κι αν αναθάρρευε σωματικά, οι επόμενες ημέρες θα της κατάφερναν απανωτά χτυπήματα και το κουράγιο της θα εξανεμίζονταν μέσα στην ένταση των αναπόφευκτων, δυσβάσταχτων ωρών που θα ακολουθούσαν. Αναπνέοντας χωρίς ρυθμό, ακανόνιστα, παρατηρούσε τις υδάτινες εικόνες που πρόβαλαν ολοζώντανες μέσα από το φρεσκογυαλισμένο πάτωμα της αίθουσας αναμονής. Εικόνες ενθουσιασμού, χαράς μα και πόνου από τα τελευταία, πέντε χρόνια της στο νησί. Σαν να συνέβαιναν εκείνη τη στιγμή, κάθε λεπτομέρεια τους ήταν ζωντανή, πεντακάθαρα ορατή. Παρά το πέρασμα του χρόνου, παρέμεναν ανεπηρέαστα σφηνωμένες στους διαδρόμους του μυαλού της. «Δεν είναι δυνατόν!» πάλευε να συλλάβει με το νου της όσα είχαν συμβεί την προηγούμενη, μόλις, βραδιά. Κι εκείνη, ανήμπορη να αλλάξει τη ροή των γεγονότων, να αποσοβήσει την τραγική έκβαση της απίστευτης ιστορίας που της είχε αποκαλυφθεί με πονεμένα γενικόλογα, πνίγονταν μέσα στο παράπονο και την αδικία. Βίωνε το χειρότερο εφιάλτη της και δεν υπήρχε τρόπος να ξυπνήσει!

Μουδιασμένη, άκουγε στα αυτιά της να επαναλαμβάνεται διαρκώς η ανήκουστη είδηση που, σαν καυτός κεραυνός, είχε μαστιγώσει τα σωθικά της. «Τον χάσαμε! Πρέπει να 'ρθεις! Πρέπει να σου μιλήσω!» Λέξεις σκόρπιες από τα χείλη της Ηρώς, λέξεις μπερδεμένες με λυγμούς, που επέβαλαν επιτακτική την ανάγκη εκείνου του έκτακτου ταξιδιού στην πατρίδα της. Ο δραματικός διάλογος τους φάνταζε εξωπραγματικός. Παρότι σύντομος και λακωνικός, ήταν αρκετός για να αντιληφθεί η Ζωή ξεκάθαρα τις συνταρακτικές πληροφορίες αλλά και την απροσδόκητη, ακατανόητη σχεδόν αλήθεια που ξεπηδούσε μέσα από τις λέξεις. Η Ηρώ με κόπο ανοιγόκλεινε τα χείλη της και δεν ήταν σε θέση να αναλύσει περαιτέρω τα συμβάντα. Η ολιγόλεπτη συνομιλία τους διακόπηκε απότομα από την ξαφνική λιποθυμία της Ζωής.

Ανακτώντας τις αισθήσεις της, αρκετή ώρα αργότερα, άρπαξε απευθείας το τηλέφωνο σπαράζοντας από οδύνη και θρήνο βουβό. Μήπως ήταν όνειρο; Μήπως τίποτα από όσα είχε ακούσει δεν είχε συμβεί πραγματικά; Ήταν ακατόρθωτο να χωρέσει ο νους της την είδηση του χαμού. Αφού καθησύχασε την ταραγμένη αδερφή της πως συνήλθε εντελώς από την αδυναμία που της είχαν προκαλέσει τα δυσάρεστα νέα, ζήτησε μια επιβεβαίωση της είδησης, αναμένοντας χωρίς πνοή στο ακουστικό.

«Μακάρι να 'ταν ψέμα» ψιθύρισε η Ηρώ, ακόμη σοκαρισμένη. Το αδυσώπητο παιχνίδι της μοίρας βύθισε στο πένθος το μικρό χωριό τους, το νησί τους ολόκληρο.

«Έρχομ...». Ένας αποπνικτικός λυγμός δεν άφησε τη Ζωή να ολοκληρώσει τη φράση της.

«Σε περιμένω. Να προσέχεις».

Τρέχοντας μανιασμένα μέσα στο διαμέρισμα, σε κατάσταση αμόκ, κατάφερε να συμμαζέψει πέντε πράγματα σε μια σάκα. Χωρίς καθυστέρηση, φόρεσε ένα τυχαίο ζευγάρι παπούτσια στα πόδια της και όρμησε στο δρόμο ψάχνοντας απεγνωσμένα για ταξί. Στη διαδρομή προς το αεροδρόμιο, καθισμένη ανήσυχα στην θέση πίσω από τον οδηγό, πραγματοποίησε ένα δεύτερο, απαραίτητο τηλεφώνημα.

«Συνέβη κάτι τρομερό! Πρέπει να λείψω. Δεν γνωρίζω για πόσες ημέρες». Χρησιμοποιώντας τόνο κοφτό και αυστηρό στο λόγο της, δεν έδωσε περιθώρια αντίρρησης στον Προϊστάμενό της. Δεν του απηύθυνε ερώτηση για να αιτηθεί την απαραίτητη άδεια. Τον ενημέρωνε απλά για την αναγκαστική αποχή από τα καθήκοντά της. Ακόμη κι αν εκείνος προέβαλε ενστάσεις για την πολυήμερη απουσία της, η αποφασιστικότητά της δεν θα κάμπτονταν ούτε στο ελάχιστο. Ήταν η θέση της να βρίσκεται στο χωριό της εκείνες τις ώρες. Μόνο αυτό είχε σημασία. Θα έλειπε για όσο καιρό θεωρούσε σκόπιμο ακόμη κι αν αυτό της στοίχιζε τη δουλειά της στην εφημερίδα. Ειλικρινά, δεν της καίγονταν καρφί. Τα πάντα είχαν χάσει το νόημα τους. «Τα συλλυπητήρια μου. Εύχομαι κουράγιο». Ο Άγγελος δεν είχε άλλη επιλογή παρά να δεχτεί το αίτημα της συντετριμμένης βοηθού του. Όπως ήταν αναμενόμενο με βάση το χαρακτήρα του, είχε τη διακριτικότητα να μην αναφερθεί καν στην επιβεβλημένη ακύρωση του προγραμματισμένου ραντεβού τους αν και η δυσαρέσκεια του ήταν εμφανής στη χροιά της φωνής του. Θα ήταν επιεικώς άτοπο κι απαράδεκτο να ζαλίσει τη Ζωή, εκείνες τις ώρες, με κάτι τόσο ασήμαντο. Θα έπρεπε να 'ναι ανεπαρκής η φαιά ουσία και στο δικό της εγκέφαλο της για να απασχολήσει το νου της με τέτοια ζητήματα. Δεν είχε λόγο ούτε και διάθεση να σκεφτεί το οτιδήποτε. Εξάλλου, η απάντηση που εκείνος περίμενε τόσο υπομονετικά είχε ήδη οριστικοποιηθεί εκείνο το πρωινό, αμέσως μετά το τηλεφώνημα της Ηρώς και το μόνο που απέμενε ήταν να του την γνωστοποιήσει.

Η ανακοίνωση επιβίβασης ακούστηκε δυνατή μέσα από τα μεγάφωνα. Το κορμί της λύγιζε από το βαρύ ψυχικό του φορτίο μα κατάφερε να το στηρίξει όρθιο. Διασχίζοντας την πύλη εξόδου ένιωθε τις κρισιμότερες, τις δυσκολότερες στιγμές να πλησιάζουν αμείλικτα. Έντρομη συνειδητοποιούσε πως δεν ήταν έτοιμη να αντιμετωπίσει τις σκηνές που θα εκτυλίσσονταν σύντομα, αναπόφευκτα. Ούτε θα ήταν ποτέ της. Καταραμένη αισθάνονταν που ζούσε για να θρηνήσει έναν τέτοιο χαμό. Σε ποια αγκαλιά να βρει κουράγιο; Με ποιον να μοιραστεί τον πόνο της; Ποιος θα μπορούσε να την καταλάβει; Το πένθος τρομερό για όλους μα για εκείνη ασήκωτο. Η αίσθηση του κενού που μεγάλωνε απ' το πρωί μέσα στην καρδιά της είχε πια γιγαντωθεί. Μεταμορφώθηκε σε χοντρές, ασυγκράτητες στάλες από δάκρυα. Ανείπωτη η πίκρα της κι ακόμη τίποτα δεν είχε αρχίσει. Τα χειρότερα έπονταν. Πώς θα ήταν δυνατό να συγκρατηθεί μπροστά σε φίλους και συγγενείς; Σε ποιον θα μπορούσε να καταλογίσει ευθύνες για εκείνο το ατύχημα; Ποιος είχε φταίξει; Ποιος της είχε κλέψει τόσο άκαρδα την ίδια της την αναπνοή; Ένιωθε να καταρρέει προτού προλάβει να μάθει το 'πως' ή το 'γιατί'. Ανεξάρτητα όμως από αιτίες, συμπτώσεις και ενόχους, το αποτέλεσμα παρέμενε το ίδιο απίστευτο, απατηλό σαν όνειρο κακό. Ήταν πράγματι ουτοπικός ο συνδυασμός του μελανού γεγονότος ενός ατυχήματος με τη φωτεινότητα του ανθρώπου που μόλις είχε χαθεί. Από τη μια ο θάνατος, σκοτάδι και αίμα και από την άλλη η ίδια η ζωή, το χαμόγελο, η χαρά και η ομορφιά. Απόλυτα αταίριαστες και ασύμβατες εικόνες. Κι όμως, η παράλογη δύναμη της μοίρας είχε καταφέρει να τις ενώσει με τον χειρότερο τρόπο.

«Χαρά Θεού είναι σήμερα!» σχολίασε κάποιος από τα πίσω καθίσματα την υπέροχη, καλοκαιρινή ημέρα. Τα λόγια του βλαστήμια στα αυτιά της. Ο ήλιος μπορεί να έλαμπε, να έλαμπε απ' το πρωί, μα εκείνη έβλεπε μόνο σκούρα, γκρίζα σύννεφα να ταξιδεύουν πλάι στα φτερά του αεροπλάνου. Γκρίζα σαν το τραχύ οδόστρωμα της συνωστισμένης, παραλιακής λεωφόρου που το βράδυ της Παρασκευής αγκάλιασε το άψυχο κορμί του. Η μηχανή του, για ώρα αναμμένη μετά την σύγκρουση, γρύλιζε πληγωμένη κι εκείνη πάνω στην άσφαλτο. Σαν να σιγοτραγουδούσε μοιρολόι του καημού. Πάνω στη σέλα εκείνης της ίδιας μηχανής τον είχε πρωταγαπήσει και πάνω απ' την ίδια μηχανή τον πήραν μακριά της. Το νήμα της ζωής του κόπηκε βίαια, λίγα μόλις μέτρα από το σημείο του ραντεβού τους. Η εγκληματική ανυπακοή κάποιου ασυνείδητου στις εντολές του φωτεινού σηματοδότη ήταν αρκετή για να σταματήσει το χτυποκάρδι του μια για πάντα. Τα δυο του μάτια έχασαν το ζεστό βλέμμα τους και σφάλισαν οριστικά, στερώντας της το ίδιο της το φως. Δεν θα αντίκριζε ποτέ στο πρόσωπο της ζωγραφισμένη την αγάπη που του είχε. Έφυγε χωρίς να ακούσει ένα λόγο τρυφερό, ένα λόγο γλυκό από τα χείλη της που τόσο αγαπούσε. Όλα για εκείνον ήταν μα δεν πρόφτασε να τα χαρεί. «Σε σένα ερχόταν. Στο ραντεβού!» Τα τρεμάμενα χείλη της Ηρώ σκορπούσαν νωρίτερα κυματιστές τις λέξεις μέσα από το ακουστικό. Παραπανίσια λόγια ήταν περιττά. Όλα ήταν ξεκάθαρα πια, κρυστάλλινα και κοφτερά, σαν νερό πηγής το χειμώνα. Η σειρήνα του ασθενοφόρου, που την είχε κρατήσει πάνω στο πεζοδρόμιο και δεν την άφηνε να απομακρυνθεί από το σημείο της συνάντησης τους, ούρλιαζε «Ο Πέτρος χάθηκε!» Μα δεν υπήρχε κανείς να της το πει! Κανείς να την ενημερώσει! Ο άνθρωπος που αγάπησε περισσότερο κι απ' την ίδια της τη ζωή, πέρασε από μπροστά της λαβωμένος, σε απόσταση αναπνοής! Μα εκείνη ανίδεη, είχε εστιάσει όλο το ενδιαφέρον της στην προσπάθεια της να περάσει απέναντι. Τώρα πια, μόνο συμπαράσταση μπορούσε να προσφέρει στα δυο του αδέρφια. Μα ποιος να στηρίξει ποιον;

Το Ηράκλειο φάνηκε στον ορίζοντα, μαυροντυμένο, θλιβερό. Το αεροδρόμιο της πόλης θα τον υποδέχονταν νωρίς το απόγευμα και ντύθηκε στα πένθιμα του. Πικρή, μεγαλειώδης γιορτή στήνονταν προς τιμή του. Το αεροπλάνο που θα μετέφερε τη σωρό του θα προσγειώνονταν στις τέσσερις. Η Ζωή θα τον περίμενε στο σπίτι του, μαζί με συγγενείς και φίλους. Εκεί να τον προϋπαντήσει ήθελε, εκεί να τον καλωσορίσει. Δεν είχε περπατήσει την αυλή του ποτέ, ούτε είχε διαβεί το κατώφλι του. Κι έμελλε να μην είναι για καλό η πρώτη της επίσκεψη. Αμέτρητες φορές στον ύπνο της είχε ονειρευτεί το σπίτι εκείνο και τους δυο τους να περνούν τη νύχτα αγκαλιασμένοι! Όλη τη νύχτα εκείνο το Σάββατο θα του κρατούσε συντροφιά και το επόμενο πρωινό, το πρωινό της Κυριακής θα του έλεγε το τελευταίο αντίο.

Το ταξίδι στους αιθέρες είχε ολοκληρωθεί και οι ρόδες του αεροσκάφους ακινητοποιήθηκαν στο διάδρομο προσγείωσης. Την ίδια διαδρομή θα πραγματοποιούσε κι εκείνος αργότερα μα ήταν αναγκασμένοι να ταξιδέψουν χωριστά, μακριά ο ένας απ' τον άλλο. Ούτε τότε, ούτε στις ύστατες στιγμές, δεν ήταν γραφτό τους να σμίξουν. Πρώτη απ' όλους κατέβηκε τη σκάλα αποβίβασης. Πρώτη προχώρησε στο ήσυχο εσωτερικό του αεροδρομίου. Οι άλλοτε έντονες φωνές των θερμών, εκδηλωτικών συμπατριωτών της και ο ζωηρός ρυθμός του νησιού έμοιαζαν να έχουν καταλαγιάσει. Λες κι αποστομωμένοι όλοι τους πάλευαν να πιστέψουν το κακό που είχε συμβεί.

Κατηύθυνε τα μουδιασμένα βήματα της προς την μπροστινή είσοδο του κτιρίου. Ο πατέρας της, κλείνοντας για λίγο το μαγαζί, την καρτερούσε με τη μηχανή του αυτοκινήτου αναμμένη και με την Ηρώ, συγκλονισμένη, στο κάθισμα του συνοδηγού. Τα εύθυμα γέλια τους είχαν στερέψει εκείνη την ημέρα και την αναμονή τους σκίαζε σύννεφο βαρύ. Η Ηρώ, σαν είδε την αδερφή της να ζυγώνει από μακριά, ατημέλητη, σκυθρωπή, απεγνωσμένη, έσφιξε τα χλωμά, ξεραμένα χείλη της για να μην ξεσπάσει σε κλάματα. Αδυνατούσε να δεχτεί την απώλεια του αγαπημένου της φίλου και πολύ περισσότερο τις συνθήκες κάτω απ' τις οποίες είχε λάβει χώρα το μοιραίο ατύχημα. Η μεγάλη της αδερφή βρίσκονταν στο επίκεντρο των γεγονότων, χωρίς να έχει υποψιαστεί το παραμικρό μέχρι τη στιγμή της τηλεφωνικής τους συνομιλίας. Σηκώθηκε με δυσκολία από τη θέση της και, ανοίγοντας την πόρτα με κινήσεις αργές, άπλωσε τα χέρια της για να την αγκαλιάσει. «Πόσα θέλω να σου πω!» της ψιθύρισε, κοιτάζοντας την με μάτια σαστισμένα και υγρά. Μα η Ζωή δεν είχε λόγια να της απαντήσει. Οι λέξεις μικρές κι ανεπαρκείς. Ο πατέρας της την καλωσόρισε με ένα γλυκό φιλί και ένα συμπονετικό χάδι στην πλάτη. Κουβέντα δεν βγήκε απ' τα χείλη του. Αμίλητος υπέφερε κι εκείνος.

Το παλιό αυτοκίνητο ξεκίνησε την πορεία του μέσα στις καταπράσινες ομορφιές του τόπου. Τριγύρω η διαδρομή γοητευτική όπως πάντα μα κανείς δεν είχε μάτια να την απολαύσει. Όλα μουντά και άτονα. Η ατμόσφαιρα, μέσα κι έξω από το αυτοκίνητο, γινόταν αποπνικτικότερη όσο περισσότερο απομακρύνονταν από το Ηράκλειο και πλησίαζαν το χωριό. Η άφιξη της στον λατρεμένο της εκείνον προορισμό, στο κέντρο της ζωής της, θλίψη της επιφύλασσε αντί για χαρά. Τώρα που εκείνος έλειπε, έσβησε και η λαχτάρα που τάραζε τα στήθη της σε κάθε ταξίδι της στο χωριό. Δεν ήταν εκεί και ποτέ του δεν θα ξανάρχονταν ίδιος, χαμογελαστός και αγαπημένος. Μέσα απ' τα κατεβασμένα παράθυρα, ένα έντονο άρωμα χρυσάνθεμων έφτανε από τα λουλουδιασμένα λιβάδια της εξοχής, ερεθίζοντας την όσφρηση της. Μα το ένιωθε ανατριχιαστικό! Πονούσε σαν το μύριζε! Συνώνυμα του πένθους, τα λουλούδια εκείνα πάντοτε συνδυάζονταν με τις τραγικότερες των περιστάσεων κι αντί να της ευφραίνουν την καρδιά με την υπέροχη ευωδιά τους, το μόνο που κατάφερναν ήταν να της υπενθυμίζουν αδιάλειπτα πως ο αγαπημένος της είχε αναχωρήσει για ταξίδι αλαργινό, ατέρμονο και αιώνιο. Ποτέ ξανά δεν θα ήταν ίδια η μυρωδιά τους! Ποτέ ξανά απολαυστική η πολύχρωμη εικόνα τους!

Λίγα μέτρα παρακάτω, η κίνηση προς το χωριό αυξάνονταν εντυπωσιακά. Αμέτρητα αυτοκίνητα, παραταγμένα υπομονετικά το ένα πίσω από το άλλο, κυλούσαν αργά στο στενό, επαρχιακό δρόμο. Όλα τους ταξίδευαν για χάρη του, σχηματίζοντας πένθιμη πομπή προς το δικό του σπίτι. Εκεί θα τους αντάμωνε όλους λίγο αργότερα, εκεί θα ενώνονταν σε μια σφιχτή γροθιά για να αντιμετωπίσουν από κοινού το φορτίο της απώλειας. Προηγούνταν μια σύντομη στάση στο πατρικό της. Ήθελε οπωσδήποτε να αντικρίσει τη μητέρα της, έστω και για λίγο. Η τρυφερή φιγούρα της και τα μελένια λόγια της, σαν βάλσαμο θα απάλυναν τον πόνο και τον καημό της.

Τα πρώτα σπίτια πρόβαλαν πίσω από την πυκνή βλάστηση και σύντομα, πατέρας και κόρες, βρέθηκαν να διασχίζουν την πλατεία του χωριού. Η συνηθισμένη, δυνατή μουσική από τις καφετέριες είχε σιγήσει και η πλατεία στέκονταν αδειανή. Όλοι απόντες, γέροι και νέοι. Οι κοινωνικές συναναστροφές δεν είχαν θέση σε μια τέτοια μέρα. Εγκαταλελειμμένο έμοιαζε το χωριό με τα σοκάκια του αδειανά και ερημική την παραλία. Μοναδική ένδειξη ζωής, η ουρά των αυτοκινήτων που έστριβε στο ανηφορικό δρομάκι προς τη γειτονιά του Πέτρου. Ο πατέρας της, αλλάζοντας πορεία, απομάκρυνε το αυτοκίνητο από την ουρά και κατευθύνθηκε προς την παραλία. Δεν ήταν ακόμη ώρα να αναμειχθούν οι κόρες του με το πλήθος, όχι ακόμη.

Η καγκελωτή αυλόπορτα του σπιτιού τους τις περίμενε ανοιχτή αντανακλώντας το γαλάζιο της θάλασσας. Αφού κατέβηκαν και οι δυο από το αμάξι, ο πατέρας τους επέστρεψε απρόθυμα στο μαγαζί. Ήταν ανάγκη να εργαστεί αν και του ήταν ιδιαίτερα δύσκολο τη συγκεκριμένη ημέρα. Ο χαρακτηριστικός ήχος της σκουριασμένης εξάτμισης είχε κιόλας οδηγήσει τα βήματα της μητέρας τους στο μπαλκόνι. Με την πετσέτα της κουζίνας ριγμένη στον ώμο της παρατηρούσε ταραγμένη τα κορίτσια της που πλησίαζαν από την αυλή. Και τις δυο μαζί τις έκλεισε στην αγκαλιά της σαν έφτασαν στο κατώφλι.

«Καρδιά μου, πονάς;» ρώτησε με αγωνία την ξενιτεμένη της, χαϊδεύοντας απαλά τον εξογκωμένο μώλωπα στο μέτωπο της.

«Καλά είμαι. Πέρασε κιόλας». Τα χείλη της Ζωής χωρίστηκαν με ιδιαίτερο κόπο μετά από τη μακρόχρονη σιωπή τους.

Η μικρή σάκα της αφέθηκε κάπου πάνω στο πάτωμα της κουζίνας και οι τρεις τους συγκεντρώθηκαν για λίγο γύρω από το τραπέζι. Δυο λόγια είχε η μητέρα τους να πει προτού αναχωρήσουν για την πιο επώδυνη δοκιμασία που είχαν ποτέ τους υποστεί. Και οι δυο τους στερούνταν εμπειρίας στα θέματα του θανάτου και η μητέρα τους έτρεμε τα αποτελέσματα εκείνου του ωμού και βιαστικού αποχωρισμού πάνω στις άβγαλτες ψυχές τους.

«Ξέρω πως πονάτε. Ξέρω πόσο τον αγαπούσατε. Μακάρι να μπορούσα να πάρω πάνω μου όλη τη στενοχώρια σας μα κάτι τέτοιο είναι αδύνατο. Να προσέχετε θέλω και να είστε ψύχραιμες. Κουράγιο να δίνει η μία στην άλλη, κουράγιο και δύναμη» τις συμβούλεψε, εμφανώς προβληματισμένη από την ετοιμόρροπη κατάσταση τους. Η προσοχή της, δικαιολογημένα, ήταν στραμμένη στην Ηρώ. Εκείνη είχε στενότερη σχέση με τον Πέτρο. Εκείνη, τόσα χρόνια, τον είχε φίλο της καρδιακό. Που να 'ξερε πως πιο σκληρός για τη Ζωή ήταν εκείνος ο θάνατος!

«Να μην ανησυχείς» την καθησύχασε η Ηρώ όσο πιο πειστικά μπορούσε. Με ένα βαθύ αναστεναγμό, σηκώθηκε από την καρέκλα της. Τα μάτια της έσμιξαν με εκείνα της Ζωής. Με ένα νεύμα δειλό, ανόρεχτο, δήλωσε στην αδερφή της πως είχε φτάσει η ώρα. Όσο οδυνηρή κι αν ήταν εκείνη η διαδικασία, όσο απελπισμένα και αν θα ήθελαν να αποφύγουν τις τραγικές, επερχόμενες σκηνές, όφειλαν να παρευρεθούν κοντά του. Δεν υπήρχε δρόμος διαφυγής, μονοπάτι λύτρωσης. Η Ζωή έμοιαζε χαμένη, ανήμπορη να αντιδράσει. Παρέμεινε καθηλωμένη στο κάθισμα της σαν να την είχαν δέσει πισθάγκωνα. Μόνο όταν η Ηρώ της άπλωσε το χέρι, βρήκε το κουράγιο να σηκωθεί στα πόδια της. Η μικρή της αδερφή είχε διαβάσει σωστά στο έντρομο βλέμμα της την παράκληση της για βοήθεια και της πρόσφερε διακριτικά το στήριγμα που αποζητούσε.

Όση ώρα περπατούσαν τους γνώριμους μα τόσο πικρούς πια δρόμους του χωριού, τα χέρια τους δεν χώρισαν ούτε για μια στιγμή. Δεν έλεγαν κουβέντα μεταξύ τους μα ήταν σαν να έλεγαν τόσα πολλά! Μια νοερή εξιστόρηση των γεγονότων της προηγούμενης βραδιάς συνόδευε τα βήματα τους. Λόγια πικρά, βασανιστικά έβλεπε να ξεπηδούν από τα σφαλιστά χείλη της Ηρώς, περιγράφοντας την μακάβρια πραγματικότητα. Ολόκληρη η ιστορία ξετυλίγονταν γρήγορα μες το νου της σαν ένα κουβάρι κλωστής που κατρακυλούσε ασταμάτητα στον κατήφορο.

«Χρόνια έχω να περάσω από εδώ» παρατήρησε σιγανά η Ζωή, ραγίζοντας απρόσμενα την ησυχία. Είχαν κιόλας πλησιάσει στη γειτονιά του και ήταν αλήθεια πως όλη εκείνη η περιοχή γύρω από το σπίτι του αποτελούσε πάντοτε απαγορευμένη ζώνη για εκείνη. Σκόπιμα απέφευγε να διαβεί τους 'επικίνδυνους' εκείνους δρόμους και διατηρούνταν μονίμως σε απόσταση ασφαλείας από φόβο μήπως τον συναντήσει. Ήταν βέβαιη πως η ασυγκράτητη αμηχανία της και το ροδαλό χρώμα που θα εμφανίζονταν στα μάγουλα της σε περίπτωση μιας ξαφνικής συνάντησης τους θα του μαρτυρούσαν τα αισθήματα της. Λες και θα ήταν τρομερό να καταλάβει πως τον αγαπούσε! Κι αν καμιά φορά αναγκάζονταν να πλησιάσει το σπίτι του περπατούσε με βιάση, τρέχοντας σχεδόν, με την καρδιά της να χτυπά σαν ταμπούρλο και τα μάτια της χαμηλωμένα. Καθόλου δεν την ενοχλούσε που έκανε ανώφελους κύκλους μέσα στο χωριό και διάνυε, άσκοπα, αποστάσεις που της κόστιζαν σε χρόνο και σε κούραση. Της ήταν αρκετό που ο έρωτας της θα παρέμενε κρυφός. Πόσο γελοία και ανώριμα έμοιαζαν τώρα όλα αυτά! Τα μάτια της που, τόσα χρόνια, αρνούνταν από ντροπή να τον αντικρίσουν τώρα πια θα ικέτευαν για μια εικόνα του!

Μια ψιθυριστή βουή στον αέρα συνδυασμένη με την έντονη, αποκρουστική μυρωδιά των χρυσάνθεμων μαρτυρούσε πως είχαν φτάσει σε απόσταση αναπνοής από τον προορισμό τους. Λίγο πριν στρίψουν στην τελευταία γωνία, η Ζωή κοντοστάθηκε. Έγειρε βαριά στον πέτρινο τοίχο πίσω της, ύψωσε το βλέμμα της στον καθάριο ουρανό και, βαριανασαίνοντας, αγκομαχούσε να διατηρήσει το κουράγιο της.

«Δεν μπορώ να συνεχίσω! Εγώ φταίω για όλα!» μονολόγησε συγκλονισμένη. Ένα βαρύ, ασήκωτο 'κατηγορώ' είχε αρχίσει να κομματιάζει την εύθραυστη ψυχή της.

«Το ήξερα πως κάποια στιγμή θα έλεγες κάτι τέτοιο. Δεν φταις εσύ, αδερφούλα μου! Δεν φταις σε τίποτα! Μην το ξαναπείς αυτό!» της χάιδεψε η Ηρώ τρυφερά τα μαλλιά, προσπαθώντας να την ηρεμήσει.

«Εγώ φταίω! Σε εμένα ερχόταν. Το ραντεβού μας τον οδήγησε στον θάνατο!»

«Μην κατηγορείς τον εαυτό σου! Σε παρακαλώ! Μην χρεώνεσαι την απερισκεψία άλλων! Το ατύχημα θα μπορούσε να είχε συμβεί οπουδήποτε!»

Μα η Ζωή δεν πείθονταν. Στο μυαλό της ήταν η κύρια υπαίτια.

«Ο Νίκος και ο Γιάννης δεν σε κρατούν υπεύθυνη για τίποτα» συνέχισε η Ηρώ. Αν και γνώριζε πως με εκείνα τα λόγια της θα την αναστάτωνε ακόμη περισσότερο, ήταν ο μοναδικός τρόπος για να ελαφρύνει το αίσθημα ενοχής που την είχε κυριεύσει. Η Ζωή χαμήλωσε απότομα το βλέμμα της από τον ουρανό.

«Τα αδέρφια του; Γνωρίζουν;» Ο τρόμος και η έκπληξη πύρωσαν μεμιάς το βλέμμα της.

«Από την πρώτη στιγμή. Από την πρώτη στιγμή του προσέφεραν την στήριξη τους. Δεν θα μπορούσαν ποτέ να στρέψουν τα βέλη τους εναντίον σου. Ήσουν η αγάπη του αδερφού τους. Είναι αξιέπαινα ικανοί να καταλάβουν πως δεν φέρεις καμία ευθύνη και φρόντισαν ήδη να μου το καταστήσουν απολύτως σαφές. Γι' αυτό θέλω να συνέλθεις. Μην με κάνεις να μετανιώσω που σου είπα την αλήθεια. Πριν σου τηλεφωνήσω, μου πέρασε από το νου η ιδέα να περιοριστώ αποκλειστικά στο γεγονός, χωρίς περαιτέρω επεξηγήσεις. Μα κάτι τέτοιο θα ήταν ανέντιμο εκ μέρους μου. Ο Πέτρος μπορεί να μην κατάφερε ποτέ να σου μιλήσει μα θα ήθελε να μάθεις πόσο σε αγαπούσε, έστω και απ' τα δικά μου χείλη. Είχα χρέος να εκπληρώσω την επιθυμία του. Το δικό σου χρέος είναι να σταθείς στο ύψος σου και να τον τιμήσεις όπως του αξίζει». Η αδιαπραγμάτευτη απολυτότητα της, εξάλειψε κάθε πιθανότητα υπαναχώρησης της Ζωής από τα τεκταινόμενα. Δεν της επιτρεπόταν να λιγοψυχήσει.

«Ποιος άλλος γνωρίζει;»

«Κανείς».

Κανείς δεν θα την κατηγορούσε, κανείς δεν θα της καταλόγιζε ευθύνες. Συντετριμμένη, έκανε ένα δειλό βήμα εμπρός. Κόσμος πολύς πρόβαλε πίσω από τη γωνία. Μαύρη λαοθάλασσα μέσα στην αυλή. Μαύρη λαοθάλασσα κι έξω στο δρόμο. Κουβέντες σιγανές, πνιχτές, σχημάτιζαν ένα τεράστιο 'γιατί'. Γιατί έπρεπε να φύγει; Γιατί να χαθεί; Μα απάντηση δεν υπήρχε. Πλησίασαν την αυλόπορτα με βήματα αργά, χαιρετώντας διακριτικά τους γνώριμους παρευρισκόμενους. Η Ζωή, σοκαρισμένη, έβλεπε το ομορφότερο όνειρο της να ζωντανεύει. Το όνειρο πως διέσχιζε την αυλή του και περπατούσε πλάι στα δικά του βήματα. Μα εκείνο το όνειρο είχε γίνει πλέον εφιάλτης, τρομερά παραλλαγμένο, εξοργιστικά αλλοιωμένο.

Ένα προς ένα, τα σκαλιά που οδηγούσαν στο κατώφλι του σπιτιού, χάθηκαν ασυναίσθητα κάτω από τα τρεμάμενα πόδια της. Ενθαρρυμένη από τα λόγια της Ηρώς, ένιωθε αρκετά έτοιμη να αντιμώσει τα αδέρφια του. Ίσως μάλιστα να βιαζόταν να τους αντικρίσει. Αγάπη και συμπαράσταση ήθελε να τους χαρίσει και, με εκείνο τον τρόπο, να πράξει κάτι καλό για εκείνον. Πίσω από τη μισάνοιχτη πόρτα του σπιτιού, σκόρπια καθίσματα δέσποζαν στο χολ, απέναντι από τον καλυμμένο, όπως συνηθίζεται, καθρέφτη. Δίπλα από τον καθρέφτη, στον ξύλινο καλόγερο, ένα κοντομάνικο πουκάμισο του Πέτρου είχε απομείνει κρεμασμένο, περιμένοντας ακόμη να ντύσει το ζεστό κορμί του. Μπήκε δειλά στο χολ, ακολουθώντας προσεκτικά την Ηρώ. Ο χώρος του αγαπημένου της, ο τόσο άγνωστος μα λατρεμένος χώρος του εμφανίστηκε μπροστά της ζεστός και φιλόξενος, ακριβώς όπως τον φανταζόταν. Κάθε γωνιά του αγάπησε από τα πρώτα κιόλας δευτερόλεπτα. Εκεί μέσα ζούσε ο Πέτρος της, εκεί ανέπνεε, χαιρόταν και πονούσε. Μα εκείνη την ημέρα, καθώς εκείνος απουσίαζε, τον τραγικό ρόλο του οικοδεσπότη, ανέλαβαν τα δυο του αδέρφια.

«Πάμε στο σαλόνι». Η Ηρώ, που γνώριζε τα κατατόπια καθώς είχε ξαναβρεθεί εκεί πάμπολλες φορές, την καθοδήγησε προς το τέλος του διαδρόμου. Η πόρτα του δωματίου έμοιαζε απροσπέλαστη λόγω του συγκεντρωμένου κόσμου που βρίσκονταν στο σημείο. Όλοι τους παραμέρισαν σαν αντιλήφθηκαν την παρουσία τους. Στο βάθος του σαλονιού, δύο φιγούρες ξεχώριζαν μέσα στο πλήθος, δύο φιγούρες ντυμένες στα λευκά. Ο Νίκος και ο Γιάννης, σκυθρωποί, δέχονταν υπομονετικά τις αμέτρητες συλλυπητήριες ευχές φίλων και συγγενών. Ανέκφραστοι και χλωμοί, τηρούσαν την απαραίτητη διαδικασία με κάθε επισημότητα. Τα μάτια του Γιάννη ήταν εκείνα που εντόπισαν πρώτα τη Ζωή. Σηκώθηκε από το κάθισμα του για να την καλωσορίσει και ο Νίκος τον ακολούθησε σύντομα. Διακόπτοντας προσωρινά τον χαιρετισμό του κόσμου, θέλησαν να καλοδεχτούν θερμά το κορίτσι που είχε κλέψει την καρδιά του αδερφού τους. Καθώς βάδιζαν προς το μέρος της, είδε τα δυο τους πρόσωπα να ενώνονται με τρόπο μαγικό, δημιουργώντας την όψη του Πέτρου ολοζώντανη μπροστά της. Η αναμφισβήτητη ομοιότητα των τριών τους ήταν εξαιρετικά δυσάρεστη υπό εκείνες τις συνθήκες. Σε κάθε τους βήμα, η εικόνα του έρχονταν ολοένα και πιο κοντά της προκαλώντας της ρίγη ταραχής. Απογοητευμένος την κοιτούσε και σκεπτικός, σαν να έλεγε «Πώς τα κατάφερα έτσι;» Δευτερόλεπτα αργότερα η οπτασία χάθηκε, διαλύθηκε, και ο Νίκος με το Γιάννη επανεμφανίστηκαν μπροστά της. Σαστισμένη, έψαχνε απεγνωσμένα να βρει τα σωστά λόγια να τους πει, να εκφράσει τη θλίψη της. Τετριμμένες και φτωχές έμοιαζαν οι καθιερωμένες εκφράσεις των συλλυπητηρίων. Προτίμησε να τους δείξει τη συμπαράσταση της με μια σφιχτή αγκαλιά κι εκείνοι ανταποκρίθηκαν μεμιάς. Μπορεί ποτέ να μην τους είχε συναναστραφεί μα τους ένιωθε σαν οικογένεια.

«Δεν θέλω μαύρα να φοράς. Μόνο λευκά για χάρη του. Τον γάμο του έχουμε, κι απόψε και αύριο» της ζήτησε ο Νίκος.

«Σε λιγάκι θα ξεκινήσουμε για το αεροδρόμιο. Θα ήθελα να σε βρει εδώ όταν επιστρέψουμε» συνέχισε ο Γιάννης με τη σειρά του.

«Θα είμαι εδώ» ψιθύρισε η Ζωή με λόγο ασταθή και διακοπτόμενο από την συγκίνηση.

Δεν είπαν τίποτα παραπάνω. Οι κουβέντες τους ήταν λιγοστές μα γεμάτες ουσία. Τα δυο λευκοντυμένα αδέρφια, αφού χαιρέτησαν και την Ηρώ με την ίδια θέρμη, επέστρεψαν στο καθήκον τους. Για μια στιγμή, οι δυο τους, παρέμειναν ασάλευτες στο κέντρο του δωματίου. Πού θα έπρεπε να σταθούν; Πού θα ήταν σωστό να περιμένουν τον ερχομό του; Η πνιγηρή ατμόσφαιρα του δωματίου διευκόλυνε την απόφαση τους. Στην αυλή ήταν η καταλληλότερη θέση, παρέα με τα υπόλοιπα παιδιά. Το σώμα της Ζωής στράφηκε σταδιακά προς το χολ. Μα καθώς γύριζε, το βλέμμα της έμεινε αγκιστρωμένο σε μια φυσιογνωμία γνώριμη στο βάθος του δωματίου. Καθισμένη δίπλα στο Νίκο, κρατώντας του το χέρι, διέκρινε με τα θολά της μάτια την ξανθιά κοπέλα που είχε αποτελέσει την αιτία των εφιαλτών της τον τελευταίο καιρό. Η ίδια κοπέλα που εκείνο το βράδυ του ψαρέματος είχε πλημμυρίσει την καρδιά της με ζήλια και απογοήτευση. Μισητά όμορφη, όπως και τη βραδιά που την είχε πρωτοδεί πάνω στη μηχανή του Πέτρου, επανέφερε το θυμό και τη ζήλια στα στήθη της. «Τι γυρεύει αυτή εδώ; Τι σημαίνουν όλα αυτά;» αναρωτήθηκε. Το αίσθημα της οδύνης και του πένθους παραγκωνίστηκε ξαφνικά από φθονερή κακία και πικρή οργή.

«Ποια είναι αυτή;» ζήτησε απροκάλυπτα να μάθει την ταυτότητα της από την Ηρώ καθώς διέσχιζε στο πλάι της τον διάδρομο προς την αυλή.

«Πρωτοξαδέρφη του Πέτρου από την Αυστραλία». Αμέσως κατάλαβε η Ηρώ ποιο ήταν το πρόσωπο στο οποίο αναφέρονταν η αδερφή της. «Πρώτη φορά της στο νησί. Τουλάχιστον θα έχει την ευκαιρία να τον χαιρετήσει» ολοκλήρωσε αδιάφορα την σύντομη ενημέρωση.

Το πρόσωπο της Ζωής φούντωσε κόκκινο από ντροπή σαν συνειδητοποίησε πόσο τον είχε παρεξηγήσει! Εκείνο το βράδυ, θολωμένη από ζήλια, δεν είχε διανοηθεί καν το ενδεχόμενο εκείνη η άγνωστη κοπέλα να μην είναι το κορίτσι του, το αντικείμενο του πόθου του. Βιαστικά και επιπόλαια είχε οδηγηθεί στο λανθασμένο, όπως αποδείχθηκε, συμπέρασμα χωρίς να τον έχει δει, με τα μάτια της, να την αγκαλιάζει ή να την φιλά. Ο τραυματισμένος εγωισμός της και ο φθόνος της, της είχαν κοστίσει αμέτρητο πόνο και άσκοπα δάκρυα.

Κάτω από το ξύλινο κιόσκι του ανθοφυτεμένου κήπου, πραγματοποιήθηκε η συνένωση με την υπόλοιπη παρέα. Μέσα στη δροσερή σκιά του ανέμεναν σιωπηλοί το χρόνο να κυλήσει. Όλοι τους φαίνονταν κακοδιάθετοι, έχοντας χάσει το φως και την συνήθη ευθυμία τους. Η Λένα θλιμμένη, η Μαρία βουρκωμένη, ο Ηλίας με τον Άρη αμίλητοι και η Γωγώ σαστισμένη. Σε τραγικά χειρότερη κατάσταση ήταν η παρέα της Ηρώς, οι στενότεροι φίλοι του Πέτρου. Για εκείνους ο χρόνος είχε σταματήσει το προηγούμενο βράδυ. Συντετριμμένοι πάλευαν να συμβαδίσουν με την εξέλιξη των γεγονότων. Η είδηση του θανάτου του επέφερε σε όλους πλήγμα αβάσταχτο, τερατώδες. Αντικρίζοντας την αγάπη που του είχαν όλοι, η Ζωή συνειδητοποίησε πως δεν θα ήταν ποτέ της ικανή να ξεπεράσει το χαμό του. Ερωτευμένη για πάντα θα έμενε με τα γκρίζα του μάτια, ανήμπορη να ξεπεράσει την απουσία του. Ξαφνικά, μια έντονη κινητικότητα μέσα από το σπίτι, σήμανε συναγερμό στην καρδιά της. Ο Νίκος και ο Γιάννης, αγκαλιασμένοι, αποδιοργανωμένοι από την κρισιμότητα της στιγμής, πρόβαλαν στο κατώφλι. Το πλήθος σχίστηκε στα δυο, διαγράφοντας μονοπάτι για να περάσουν. Προχώρησαν μηχανικά ως το αυτοκίνητο που τους περίμενε μπροστά στην ορθάνοιχτη αυλόπορτα και αναχώρησαν για το αεροδρόμιο. Είχε φτάσει η ώρα να τον υποδεχτούν.

Προτού προλάβει το αυτοκίνητο να απομακρυνθεί στο στενό δρόμο, οι εναπομείναντες συγγενείς, μαζεμένοι στο σαλόνι, ανέλαβαν τη διαδικασία τακτοποίησης του σπιτιού. Όλα έπρεπε να είναι έτοιμα για την άφιξη του. Η συμβολή των οικείων προσώπων ήταν καίριας σημασίας εκείνες τις ώρες και όλοι τους επιθυμούσαν να είναι συνεπείς στις άγραφες, ηθικές υποχρεώσεις τους. Οι γονείς των τριών παλικαριών είχαν, από καιρό, χαθεί και έτσι ο Νίκος και ο Γιάννης στηρίζονταν αποκλειστικά σε εκείνους για τις τυπικές λεπτομέρειες της όλης διαδικασίας. Ξεκίνησαν να παραμερίζουν με προσοχή τα έπιπλα δημιουργώντας χώρο για να τοποθετήσουν τη σωρό του και διάλεγαν ένα προς ένα τα λουλούδια που θα στόλιζαν το κορμί του. Ενώ εκείνα συνέβαιναν μέσα στο σπίτι, έξω στην αυλή η ψυχολογία της Ζωής είχε επιδεινωθεί ραγδαία. Τρομοκρατημένη από τον επικείμενο ερχομό του Πέτρου ανάσαινε γοργά, τα χείλη της έτρεμαν και τα βλέφαρα της ανοιγόκλειναν βιαστικά, ανεξέλεγκτα. «Υπεροξυγόνωση» ψιθύρισε αγχωμένα ο Άρης και έκανε νόημα στην Ηρώ πως κάτι συνέβαινε. Εκείνη έτρεξε κοντά τους. «Καλύτερα να καθίσεις» πρότεινε επιτακτικά στη Ζωή. Έτσι κι έγινε. Μα είτε όρθια είτε καθισμένη, τα λεπτά εξακολουθούσαν να κυλούν αβυσσαλέα, σαν βαρύ νερό που χύνεται σε απόκρημνο καταρράκτη. Το κουράγιο της Ζωής κόντευε να εξαντληθεί και ήταν αμφίβολο για πόσο ακόμη θα μπορούσε να αντέξει την επώδυνη εκείνη προσμονή.

Ο ανελέητος χρόνος σώθηκε και το αυτοκίνητο φάνηκε και πάλι στο στενό να διασχίζει το δρόμο της επιστροφής, ακολουθούμενο από το μακρύ όχημα της νεκροφόρας. Ο Πέτρος είχε φτάσει. Ήταν εκεί, ανάμεσα τους! Με το όμορφο πρόσωπο του στραμμένο στον ουρανό, περιδιάβαινε τα αγαπημένα σοκάκια του χωριού για τελευταία φορά. Μπήκε στην αυλή του αναπαυμένος πάνω στους ώμους τεσσάρων παλικαριών, φίλων του παιδικών. Τα μάτια όλων, υγρά και απορημένα, καρφώθηκαν πάνω του. Μα τα δικά της παρέμειναν χαμηλωμένα, τυφλά. Πώς θα μπορούσε να υψώσει το βλέμμα της και να τον αντικρίσει τόσο διαφορετικό; Η ένταση της στιγμής κατάφερε τελικά να την παρασύρει και, ασυναίσθητα, τα σήκωσε για να τον κοιτάξει. Χλωμός, αγέλαστος, κείτονταν εκεί, με μια ομορφιά ψυχρή, άγνωστη. Κάθε γραμμή του, ανέκφραστου πια, προσώπου του εξακολουθούσε να είναι εκεί. Τον είχε κοντά της, μα δεν μπορούσε να του μιλήσει, να τον χαρεί, να του χαμογελάσει. Παρότι εκείνος δεν την έβλεπε, δεν αντιλαμβανόταν την παρουσία της, η ταραχή και η αμηχανία της ήταν ίδια όπως κάθε φορά που τον αντίκριζε. Το ασάλευτο σώμα του σκορπούσε στον αέρα έντονο το γνώριμο άρωμα του. Εκείνη ανέπνεε βαθιά, γεμίζοντας τα πνευμόνια της, την καρδιά της, τη ζωή της με την ευωδιά του. Ακίνητη κάτω από το κιόσκι αργοπέθαινε στην θέα του μέχρι που η εικόνα του χάθηκε μέσα στο σπίτι. Σκηνές φρίκης ακολούθησαν, φρίκης και οδυρμού. Γοερά κλάματα ηχούσαν για ώρες στη γειτονιά, γεμίζοντας το σούρουπο με θλίψη.

Σαν έπεσε η νυχτιά ο περισσότερος κόσμος είχε αποχωρήσει. Το ραντεβού τους είχε ανανεωθεί για το επόμενο πρωινό, το πρωινό του αποχωρισμού. Μόνο οι πιο κοντινοί συγγενείς και οι πιο στενοί του φίλοι θα του κρατούσαν συντροφιά ολόκληρο το βράδυ. Μαζί τους και η Ζωή. Οι υστερικές αντιδράσεις, οι ανατριχιαστικές φωνές και τα παραπονεμένα λόγια είχαν καταλαγιάσει και μελαγχολική σιωπή βασίλευε πια. Εκείνη ακόμη δεν είχε τολμήσει να τον πλησιάσει. Ζωντανή νεκρή έξω στην αυλή παρέα με την Ηρώ και τα υπόλοιπα παιδιά, ανέμενε την κατάλληλη στιγμή. Δεν ήθελε κόσμο γύρω της σαν θα τον αντίκριζε, σαν θα του μιλούσε. Λίγες στιγμές ζητούσε μόνο, λίγες στιγμές να τον έχει ολότελα δικό της για να του ψιθυρίσει τρυφερά όλα όσα ήθελε να του φωνάξει τόσα χρόνια!

«Είσαι έτοιμη;» ακούστηκε άτονη η φωνή της Ηρώς. Η νύχτα είχε προχωρήσει ακόμη πιο πολύ και το φεγγάρι κατηφόριζε τις πλαγιές του ουρανού. Το κατώφλι του σπιτιού, αδειανό, έμοιαζε έτοιμο να τις υποδεχτεί. Η Ζωή δεν μπορούσε να παραβλέψει την καταλληλότητα της ώρας. Όφειλε να επωφεληθεί των ιδανικών συνθηκών και της ησυχίας.

«Πάμε» της απάντησε το ίδιο άτονα. Ξεκίνησε να περπατά με τις αισθήσεις της μουδιασμένες.

Το σαλόνι, αμυδρά φωτισμένο από το λιγοστό φως των κεριών, τύλιγε με ζεστή θαλπωρή το παγωμένο σώμα του. Τα αδέρφια του, καταβεβλημένα από τη φόρτιση της ημέρας, συνέχιζαν να βρίσκονται στη θέση τους, αποτίοντας ατελείωτο φόρο τιμής στον αδικοχαμένο αδερφό τους. Μόλις τις είδαν να εισέρχονται στο σαλόνι διστακτικές, προβληματισμένες, συνειδητοποίησαν την άμεση ανάγκη της δικής τους παρέμβασης. Με ευγένεια, ζήτησαν από τον λιγοστό κόσμο που είχε απομείνει εκεί να περάσει έξω από το δωμάτιο. Εκείνα τα δύο κορίτσια, καθένα με τον τρόπο του, είχαν διαδραματίσει κρίσιμο ρόλο σε εκείνη την ιστορία και το 'αντίο' τους στον Πέτρο έπρεπε να είναι ιδιαίτερο, ξεχωριστό. Ο Νίκος και ο Γιάννης, σε απόλυτη συμφωνία, θεώρησαν σωστό να τις προσφέρουν τη δυνατότητα να τον αποχωριστούν χωρίς βιασύνη, διακοπές και ενοχλήσεις. Βεβαιώνοντάς τες πως είχαν στη διάθεση τους όσο χρόνο επιθυμούσαν, αποχώρησαν και εκείνοι τελευταίοι από το δωμάτιο, κλείνοντας ερμητικά την πόρτα πίσω τους.

Η νεκρική ησυχία του δωματίου διαταράχτηκε από τα αναφιλητά της Ηρώς, που είχαν αρχίσει να ξεχύνονται ολοένα και πιο δυνατά. Η ψυχραιμία της μικρής της αδερφής τσακίστηκε μόλις κοίταξε το πρόσωπο του και το κουράγιο της την εγκατέλειψε οριστικά. Δίπλα της η Ζωή κοκαλωμένη, με το χτυποκάρδι της σταματημένο, αδυνατούσε να εκτονώσει τον πόνο της με δάκρυα και λυγμούς. Δεν της έφταναν τα μοιρολόγια ούτε τα κλάματα. Απλά τον κοιτούσε. Η πρώτη κίνηση προς το μέρος του ήρθε από την Ηρώ. Δεν άντεχε άλλο να τον βλέπει έτσι αγνώριστο. Θαρραλέα πήρε την απόφαση να τον πλησιάσει, να τον αποχαιρετίσει γλυκά. Αδημονούσε να απομακρυνθεί από εκείνο το μακάβριο σκηνικό, να προσπαθήσει να σβήσει απ' το νου της την τόσο θλιβερή εκείνη στιγμή. Αλλιώς ήθελε να τον θυμάται, αλλιώς όχι έτσι.

«Αντίο, καλέ μου φίλε. Μες την καρδιά μου θα είσαι για πάντα ζωντανός». Τα δάκρυα της έπεσαν μεγάλες στάλες πάνω στο κορμί του σαν έσκυψε να του φιλήσει το χέρι. Έφυγε από το δωμάτιο με την καρδιά της σκοτωμένη τη στιγμή που, η Ζωή, της ζήτησε να την αφήσει μόνη μαζί του. Έστω και την ύστατη εκείνη ώρα έπρεπε να τον έχει μονάχα δικό της, ολοδικό της έστω και για λίγα λεπτά!

Εκείνη η περίεργη παρουσία και συνάμα απουσία του αγαπημένου της ήταν τόσο ακατανόητη! Ήταν εκεί μαζί της μα ταυτόχρονα ταξίδευε γι' αλλού. Πόσο ανεξήγητος και παγερός ο θάνατος! Σταδιακά βημάτιζε όλο και πιο κοντά του. Σύντομα βρέθηκε στο πλάι του. Έτσι θα έπρεπε να είχαν ζήσει ολόκληρη τη ζωή τους, ο ένας δίπλα στον άλλο. Μα δεν τους δόθηκε ποτέ μια τέτοια ευκαιρία. Ανέτοιμη ακόμη να του μιλήσει, συνέχισε να τον κοιτά. Να τον χορτάσει ήθελε, να αποτυπώσει ανεξίτηλη τη μορφή του πάνω στα βουρκωμένα της μάτια. Παρατηρούσε με λατρεία κάθε σπιθαμή του προσώπου του, κάθε χιλιοστό του κορμιού του. Άκαμπτο ήταν το σώμα του και τρομερά σκληρό. Αγαλματένιο και χλωμό το όμορφο πρόσωπο του. Μα ακόμη κι έτσι, για εκείνη ήταν ο ομορφότερος, το τελειότερο πλάσμα που υπήρξε ποτέ. Τίποτα δεν θα κατάφερνε να βεβηλώσει την εικόνα του στο βλέμμα της. Ούτε τα κλεισμένα μάτια του, ούτε τα μελανά του χείλη. Στιγμές μετά, τα πρώτα της λόγια, τα πρώτα και στερνά, άρχισαν να ρέουν απ' το στόμα της ντυμένα το τρακ του έρωτα.

«Συγχώρα με. Συγχώρα με που είχα καρδιά μικρή κι έφυγα μακριά σου. Μα από αγάπη έφυγα! Αυτή με πήρε από κοντά σου. Ποτέ σου δεν μου μίλησες, πώς θα έπρεπε να ξέρω; Μια κουβέντα αν μου 'χες πει... μια μόνο κουβέντα! Μία κουβέντα αν σου είχα πει κι εγώ! Στη ζωή μου σε είχα ήλιο μα να στο δείξω δεν πρόλαβα! Και τώρα σ' έκλεψαν μες απ' τα δυο μου χέρια και σ' έχασα προτού να σε κρατήσω μια στιγμή. Μου λεν πως δεν θα ξαναρθείς, δεν θα ξαναγυρίσεις. Μα εγώ δεν γίνεται χώρια σου να ζω! Μη μου ζητάς 'αντίο' να σου πω! Προσπάθησα, πίστεψε με. Προσπάθησα, μα δεν μπορώ! Την καρδιά μου σου χαρίζω να σε προσέχει, να σε φυλά. Κράτα την, είναι δικιά σου, εγώ δεν τη χρειάζομαι και ούτε τη θέλω πια. Κράτα την σφιχτά κι από τη σκέψη μου ποτέ δεν θα σ' αφήσω! Τις μέρες θα σε χαίρομαι, τα βράδια θα σε κλαίω. Θα 'μαι μαζί σου πάντοτε, ποτέ μην το ξεχνάς! Σ' αγαπώ!» Τα ακροδάχτυλα της χάιδεψαν το χλωμό του πρόσωπο και με τα χείλη της τον φίλησε με όλη της τη γλύκα. Τα ίδια λόγια σιγομουρμούριζε ολάκερη τη νύχτα, ολάκερη τη νύχτα που έμεινε αμίλητη στο πλάι του.

23

Ελάχιστα στιγμιότυπα συγκράτησε από την κηδεία του κι εκείνα φευγαλέα. Σωματικά της ήταν αδύνατο να υπομείνει την ένταση και να βιώσει τον πόνο που έρεε αμείλικτος κάθε λεπτό και όλες οι αισθήσεις της είχαν συνωμοτήσει προς επίτευξη του στόχου προφύλαξης της από την πραγματικότητα. Συνεργαζόμενες αποτελεσματικά, είχαν βαλθεί να σβήσουν την ανάμνηση εκείνης της ημέρας προτού προλάβει καλά – καλά να δημιουργηθεί. Η άρνηση της ψυχής της να δεχτεί όσα διαδραματίζονταν γύρω της μεταφράστηκε σε αναστολή όλων εκείνων των λειτουργιών του οργανισμού της που ήταν ικανές να κρατήσουν βασανιστικά ζωντανό το τελευταίο εκείνο αντίο στη μνήμη της. Στα αυτιά της ένα σταθερό βουητό εκμηδένιζε κάθε ήχο. Στα μάτια της πνιγηρά δάκρυα θόλωναν κάθε εικόνα. Στη μύτη της, το άρωμα του πατέρα της, που την είχε σφιχταγκαλιάσει λίγη ώρα πριν, έδιωχνε μακριά τη μυρωδιά των λουλουδένιων στεφανιών που είχαν καλύψει ασφυκτικά το χώρο. Εικόνες, ήχοι και μυρωδιές δεν θα υπήρχαν για να της θυμίζουν τον οριστικό εκείνο αποχωρισμό. Μόνο ένα έντονο, άσπρο θάμπος είχε απομείνει στα μάτια της, θάμπος προερχόμενο από τον λευκοντυμένο κόσμο που παρακολουθούσε τη διαδικασία της ταφής. Ο θάνατος του εκτυφλωτικά λαμπερός όπως και η ζωή του.

Ντυμένη κι εκείνη σαν να επρόκειτο για χαρά, προτίμησε να παραστεί από απόσταση στην αφιερωμένη σε εκείνον συγκέντρωση. Καθισμένη απόμερα, πάνω στο πέτρινο πεζούλι των κοιμητηρίων, παρέμεινε αμέτοχη στα τεκταινόμενα, θωρακισμένη πίσω από ένα νοερό, προστατευτικό γυαλί. Πανέμορφη μέσα στο λευκό φόρεμα που εκείνος της είχε χαρίσει μα δεν είχε προλάβει να τη χαρεί να το φορά, μοναχική και απρόσιτη, έμοιαζε με άγγελο σαν κι εκείνους που παρέα θα του κρατούσαν στον ουρανό. Με το πόδι της, μηχανικά, χάραζε κύκλους στο χώμα εκτονώνοντας έτσι τη συσσωρευμένη νευρικότητα της. Τα στεγνά της χείλη κουνιούνταν ελαφρά καθώς ψιθύριζε διαρκώς το ανομολόγητο «σ' αγαπώ» που, τόσο άδικα, του το είχε κρατήσει κρυφό. Μόνο το «σ' αγαπώ» του έλεγε ασταμάτητα. Το «σ' αγαπώ» και όχι το «αντίο». Μαζί του θα συνέχιζε να ζει, όπως έκανε τόσα χρόνια. Άτονη και αφυδατωμένη κάτω από τον καυτό ήλιο, ξεροκατάπινε με δυσκολία και ήταν σαν να κατρακυλούσε αίμα στο λαιμό της.

Όταν πια οι σκηνές αλλοφροσύνης είχαν τελειώσει και ο θρήνος είχε σιγήσει, το πλήθος διαλύθηκε μεμιάς και μόνο ένα μέρος του κατευθύνθηκε προς το εστιατόριο όπου θα δίνονταν το καθιερωμένο γεύμα προς τιμή του. Οι υπόλοιποι σκορπίστηκαν στα τέσσερα σημεία του ορίζοντα για να συνεχίσουν τη ζωή και την καθημερινότητα τους. Άσπλαχνοι, σκληροί και τραγικά εγωιστικοί οι κανόνες της ζωής. Τα αεικίνητα γρανάζια της μηχανής του κόσμου των ζωντανών δεν διακόπτουν τη λειτουργία τους για κανέναν και, φυσικά, δεν θα έκαναν εξαίρεση ούτε και για τον Πέτρο. Όλοι ήταν αναγκασμένοι να επανέλθουν στην πραγματικότητα τους, ενώ εκείνος αφέθηκε εγκλωβισμένος στη σκοτεινή του κατοικία, βάναυσα φυλακισμένος στην ανατολική πλευρά των κοιμητηρίων.

Το φαγητό που της προσφέρθηκε στο γεύμα έμεινε ανέγγιχτο μέχρι και τη στιγμή που σηκώθηκε από το τραπέζι. Αν και κόντευε να λιμοκτονήσει, έχοντας ξεχάσει πότε ήταν η τελευταία φορά που είχε βάλει κάτι στο στόμα της, ναυτία και ζάλη την έπιανε στη σκέψη και μόνο της οποιασδήποτε τροφής. Το φρικαλέο μεγαλείο του αποχαιρετισμού της είχε κόψει την όρεξη και το μόνο που ζητούσε ήταν ένας καφές, δυνατός και πικρός, πικρός όσο και η ημέρα. Τον ήπιε παγωμένο στη βεράντα του σπιτιού της παρέα με τους γονείς της και την Ηρώ. Από την προηγούμενη είχε να τις καλοκοιτάξει η μητέρα τους και όφειλαν να τις αφιερώσουν λίγο χρόνο για να την καθησυχάσουν πως και οι δυο τους ήταν καλά. Τα γεγονότα των τελευταίων ωρών δεν αποτέλεσαν θέμα συζήτησης. Οι τέσσερις τους αρκέστηκαν να ατενίζουν το γαλάζιο της θάλασσας σε αναζήτηση κάποιας ηρεμίας και γαλήνης.

«Είναι ώρα να ξεκουραστείτε. Δεν θα δεχτώ αντιρρήσεις» επέμεινε σθεναρά η μητέρα τους όταν τα ποτήρια του καφέ είχαν πια αδειάσει. Τα πρόσωπα των κοριτσιών της, απογοητευτικά χλωμά και κουρασμένα, με τα άλλοτε αφράτα μάγουλα τους ξεφούσκωτα, δήλωναν έντονα την κόπωση και την ταλαιπωρία τους.

«Θα ξεκουραστούμε αλλά όχι ακόμη. Θα κατηφορίσουμε με τη Ζωή για λίγο στην παραλία. Έχουμε ανάγκη από λίγο αέρα» δικαιολόγησε η Ηρώ την περαιτέρω καθυστέρηση της ανάπαυσης τους, χρησιμοποιώντας ως πρόφαση την υποτιθέμενη ανάγκη τους για βόλτα. Ήταν αναμφίβολα καταβεβλημένες και οι δυο μα ο ύπνος δεν αποτελούσε προτεραιότητα. Το μόνο που είχε σημασία ήταν να καταφέρουν να απομονωθούν. Βιάζονταν να συζητήσουν. Να συζητήσουν μόνες τους. Μπορεί τα γεγονότα να ήταν ακόμη νωπά αλλά η Ηρώ συναισθανόταν διάχυτη την αγωνία της αδερφής της που αποζητούσε να ακούσει τις λεπτομέρειες της αφάνταστης εκείνης ιστορίας, της ιστορίας που είχε απολήξει στον τραγικό χαμό του Πέτρου. Μα και η ίδια της ένιωθε το στήθος της να πάλλεται αδιάκοπα λόγω της ψυχολογικής πίεσης που της είχε προκαλέσει η εμπλοκή της σε εκείνη την υπόθεση. Ήθελε να τα βγάλει όλα από μέσα της, να τα βγάλει όλα και να ξαλαφρώσει. Μόνο όταν η αλήθεια θα έρχονταν στο φως θα μπορούσαν και οι δυο να κλείσουν τα μάτια τους και να ηρεμήσουν. Η αγωνιώδης προσπάθεια της μητέρας τους για αναβολή του περιπάτου τους και η παράταξη του πατέρα τους στο πλευρό της δεν στάθηκαν ικανές να αναιρέσουν το σχέδιο τους. Μέσα σε λίγα λεπτά, βρέθηκαν καθισμένες στην παραλία του χωριού, πάνω στη καυτή, χρυσή αμμουδιά. Με τα πόδια τους βυθισμένα στο θαλασσινό νερό, ρουφούσαν δροσιά για να σβήσουν την κάψα της ψυχής τους.

Η αφήγηση της ιστορίας και η ανέλιξη των ανατριχιαστικών πληροφοριών ξεκίνησε άμεσα. Με μυθιστόρημα έμοιαζε, με μυθιστόρημα ερωτικό που είχε, δυστυχώς, θλιβερό το τέλος του! Η Ζωή αφομοίωνε με προσοχή τα λόγια της Ηρώς ενώ ο παφλασμός των κυμάτων τα έντυνε με μουσική.

«Τυχαία έμαθε πως σκόπευες να φύγεις απ' το νησί, λίγες μόνο μέρες πριν την αναχώρηση σου. Τυχαία και όχι απ' τα δικά μου χείλη.

Η γη έγινε μύρια συντρίμμια κάτω απ' τα πόδια του. Το πάθος που από καιρό σιγόκαιγε μες την καρδιά του γιγαντώθηκε ανεξέλεγκτα εμπρός στον κίνδυνο της δικής σου φυγής. Αδυνατούσε πια να συγκρατήσει τα συναισθήματα του και πήρε την απόφαση να μας αποκαλύψει το καλά φυλαγμένο μυστικό του. Μας μάζεψε όλους μαζί, εμένα και τα αδέρφια του, με σκοπό να μας εξομολογηθεί την πλήρη αλήθεια. Και το έκανε. Σ' αγαπούσε πολύ, σ' αγαπούσε κρυφά μα ο χρόνος τον διέταζε πια να σου φανερωθεί. Κι ας μην ήταν ακόμη έτοιμος, κι ας μην είχε τη φωνή. Έπρεπε να σου μιλήσει γρήγορα, προτού φύγεις μακριά, προτού σε χάσει. Μα όσο κι αν ήθελε κοντά σου να 'ρθει, δείλιαζε και φοβόταν».

«Φοβόταν;» Τα μάτια της Ζωής αποτραβήχτηκαν υγρά από την καταγάλανη θάλασσα και την κάρφωσαν με απορία. Με απορία και εκνευρισμό.

«Μην με κοιτάς έτσι! Το καλό που σου θέλω! Φοβόταν και μπορείς να καταλάβεις πολύ καλά το λόγο. Έχεις πλήρη επίγνωση της εικόνας που ηθελημένα άφηνες να βγει προς τα έξω. Πάντοτε απρόσιτη, πάντοτε μοναχική εμφανιζόσουν σε όλους μας. Σαν να μην σε ένοιαζε ο έρωτας, σαν να ήταν κάτι ασήμαντο κι επουσιώδες στο δικό σου πλάνο ζωής. Εκείνες τις τελευταίες μέρες σου στο νησί, έψαχνε διακαώς να βρει τη δύναμη για να σε πλησιάσει και το θάρρος για να σου πει το «σ' αγαπώ». Μα τα φτερά του γίνονταν χίλια κομμάτια στη σκέψη σου και ο δισταγμός υπερνικούσε τη θέληση του κάθε φορά. Όμως, ο φόβος, η νευρικότητα και η αμηχανία δεν ήταν οι μοναδικοί εχθροί με τους οποίους έπρεπε να αναμετρηθεί. Όφειλε ταυτόχρονα να βρει τον καταλληλότερο τρόπο για να σε προσεγγίσει, έναν τρόπο ικανό να ημερέψει την άγρια, ατίθαση καρδιά σου. Τα λάθος λόγια θα μπορούσαν να φέρουν την καταστροφή! Έτρεμε να εμφανιστεί μπροστά σου! Έτρεμε μήπως τον απορρίψεις, μήπως άθελα σε διώξει πιο μακριά του. Η ημέρα του ταξιδιού σου ζύγωνε επικίνδυνα μα εκείνος δεν το έπαιρνε απόφαση να σου μιλήσει. Δεν ήθελε να ενεργήσει βιαστικά. Σκοπός του ήταν να εκμηδενίσει κάθε ρίσκο αποτυχίας. Μέρα και νύχτα πάλευε να καταστρώσει το σχέδιο του προσεκτικά, σχολαστικά, ελπίζοντας πως θα προλάβαινε να το εκτελέσει προτού το αεροπλάνο σου απογειωθεί. Ταυτόχρονα εγώ, συμπάσχοντας στο πλευρό του, πάλευα να σε μεταπείσω και να σε κρατήσω στο χωριό».

«Τώρα εξηγείται η εκνευριστική επιμονή σου να μην φύγω, ο αρνητισμός και η αντίθεση σου στα σχέδια μου για μια καινούρια ζωή. Ειλικρινά, η στάση σου, με είχε βγάλει εκτός εαυτού!»

«Νομίζω πως τώρα με δικαιολογείς. Είχα τους λόγους μου που επέμενα. Παρά τις δικές μου αντιρρήσεις όμως, εσύ ήσουν αποφασισμένη. Με τη βαλίτσα σου έτοιμη, αδημονούσες να κατακτήσεις ένα μέλλον λαμπερό, αγνοώντας πως εδώ, στο νησί μας, σου δινόταν απλόχερα η ευκαιρία να ζήσεις μια υπέροχη ζωή, μια ζωή γεμάτη αγάπη στο πλάι του. Η γνώμη σου δεν άλλαζε, παρά τις δικές μου πιέσεις. Ο χρόνος κυλούσε αδιάκοπα και ο ιδιαίτερος χαρακτήρας σου δυσχέραινε το 'έργο' του Πέτρου. Ώσπου έφτασε η προηγούμενη της αναχώρησης σου. Έντρομος, απελπισμένος μου ζήτησε να βρεθούμε επειγόντως. Ήταν νωρίς το πρωί στο ταβερνάκι του, όταν αντίκρισα τα δακρυσμένα του μάτια. Κοιτούσε απεγνωσμένος το κενό. Αντιλαμβάνονταν πως τα περιθώρια είχαν στενέψει επικίνδυνα και έμοιαζε να ασφυκτιά. Το μυαλό του δεν είχε καταφέρει να σκεφτεί μια αποτελεσματική τακτική προσέγγισης σου. Χρειάζονταν ακόμη λίγο χρόνο! Αναπόφευκτα, το αμετάκλητο πείσμα σου να φύγεις μας ανάγκασε να μεταφέρουμε τις όποιες προσπάθειες μας στη Θεσσαλονίκη. Εξαιρετικά δυσάρεστη εξέλιξη! Συμφωνούσαμε, όμως, πως ήταν ανάγκη να σκεφτούμε διεξοδικά την οποιαδήποτε κίνηση και μόνο με αυτό τον τρόπο θα αποκτούσαμε τον επιθυμητό χρόνο. Ο Πέτρος ήταν βέβαιος πως αν αποφάσιζε να σου μιλήσει ξαφνικά κι επιπόλαια θα τα τίναζε όλα στον αέρα. Έτσι, τα αρχικά μας σχέδια ανατράπηκαν και όχι προς το καλύτερο. Το αφιλόξενο περιβάλλον της Θεσσαλονίκης και οι αντίξοες συνθήκες της άγνωστης πόλης δεν θα αποτελούσαν τον ιδανικό χώρο εφαρμογής του σχεδίου μας αλλά δεν είχαμε πλέον την πολυτέλεια της επιλογής. Ήταν η μόνη λύση. Εκείνος ήταν διατεθειμένος να σε κυνηγήσει σε κάθε γωνιά της γης αρκεί να του δίνονταν η δυνατότητα να σε πλησιάσει προσεκτικά, όπως ήθελε, όπως το άξιζες. Εκείνη η αλλαγή του γενικού πλάνου δράσης μας προσέφερε το χρόνο για να οργανωθούμε καλύτερα μα ταυτόχρονα απαιτούσε ακόμη πιο συνετό χειρισμό. Βλέπεις, ήταν βέβαιο πως η ξαφνική εμφάνιση ενός απλού γνωστού σου από το χωριό σε έναν ξένο τόπο και η αποκάλυψη των συναισθημάτων του θα σε παραξένευαν, ίσως και να σε τρόμαζαν. Η απόρριψη ήταν, αναμφισβήτητα, η επικρατέστερη πιθανότητα. Αν έβλεπες τον τρόμο του! Παρακαλούσε για τη βοήθεια μου, εκλιπαρούσε για μια συμβουλή! Κι εγώ, αντιμέτωπη με την απελπισία του, δεν είχα άλλη επιλογή παρά να του δώσω δίκιο, γνωρίζοντας από πρώτο χέρι το χαρακτήρα σου! Πάντοτε αντιμετώπιζες σκληρά την οποιαδήποτε πρόταση σου γινόταν, πόσο μάλλον υπό αυτές τις συνθήκες!»

«Μα ο Πέτρος δεν ήταν σαν τους άλλους! Ο Πέτρος ήταν η ζωή μου, η ανάσα μου!» σκέφτηκε από μέσα της η Ζωή. «Θα δεχόμουν τη δική του αγάπη! Μονομιάς! Πάντοτε αυτό ζητούσα, αυτό ονειρευόμουν!» Μα αυτό δεν το γνώριζε κανείς, κανείς πέρα από την ίδια. Τα χείλη της κράταγε μονίμως κλειστά. Είχε έρθει ο καιρός να πληρώσει τη σιωπή της, να την πληρώσει με το χειρότερο τρόπο.

«Μείναμε καθισμένοι αντικριστά για ώρα» συνέχισε η Ηρώ. «Τον έβλεπα να πονά, να κλαίει σαν παιδί. Τα γκρίζα του μάτια, άγρυπνα, κουρασμένα, με παρακαλούσαν για βοήθεια! Ήθελα τόσο να τον λυτρώσω από το μαρτύριο του και να σκεφτώ, για χάρη του, μια λύση! Ήταν και δική μου ευχή να τελεσφορήσει η απόπειρα μας. Και για μένα αποτελούσατε το ιδανικό ζευγάρι. Και στα δικά μου μάτια ήσασταν υπέροχα ταιριαστοί! Η αδερφή μου και ο καλύτερος μου φίλος!»

«Μου το είχες πει. Μου το είχες πει εμμέσως. 'Ένα τέτοιο παλικάρι θα σου άξιζε, αδερφούλα!' Θυμάσαι;» ψιθύρισε η Ζωή. Τότε, εκείνη την ημέρα στη βεράντα του πατρικού, η απρόσμενη αναφορά του ονόματος του από τα χείλη της Ηρώς την είχε αφήσει άφωνη, παραλυμένη. Η επιλογή του ονόματος του είχε θεωρηθεί μια σύμπτωση ειρωνική! Μα πόση αλήθεια κρύβονταν πίσω από εκείνα τα λόγια!

«Θυμάμαι. Είχα παρασυρθεί τόσο από την κουβέντα μας που δεν κατάφερα να κρατηθώ. Αυθόρμητα το όνομα του γλίστρησε από τα χείλη μου! Δεν έπρεπε να δώσω συνέχεια, όμως. Όφειλα να σιωπήσω».

Τα κύματα χάιδευαν απαλά την άμμο κι εκείνη στέγνωνε μεμιάς. Σαν τις πληροφορίες που άγγιζαν το μυαλό της κι αμέσως αφομοιώνονταν, παραχωρώντας χώρο για τις επόμενες. Ασίγαστη η ροή τους, αδιάλειπτη και βιαστική η κατανόηση τους.

«Παρέα στο ταβερνάκι, λοιπόν, συζητήσαμε για ώρα. Εξετάσαμε μύριες, διαφορετικές εκδοχές προσέγγισης. Σε ένα πράγμα συμφωνήσαμε. Θα έπρεπε να κινήσουμε το ενδιαφέρον σου ομαλά, χωρίς πιέσεις και να μαλακώσουμε, εκ των προτέρων, την αναμενόμενη, αρνητική σου στάση. Ένας ξεχωριστός τρόπος επαφής και μια εμπνευσμένη τακτική όφειλαν να εφαρμοστούν για να καταφέρουμε να ρίξουμε τις άμυνες σου. Τότε ήταν που μου ήρθε στο νου μια ιδέα, ασυνήθιστη μεν αλλά η μόνη διαθέσιμη. Εξάλλου, οι ιδιάζουσες καταστάσεις απαιτούν και ιδιάζοντα μέτρα! Χωρίς να δώσω την παραμικρή εξήγηση στον Πέτρο έφυγα τρέχοντας, ζητώντας να μου δώσει μια ώρα περιθώριο».

«Τι έκανες; Πού πήγες;»

«Πρώτα σταμάτησα στο σπίτι. Δεν με πήρες είδηση καθώς τακτοποιούσες με ευλαβική αφοσίωση τα τελευταία πράγματα στη βαλίτσα σου. Η απουσία της μαμάς ήταν ιδανικά συγχρονισμένη και έτσι είχα την ευκαιρία να δράσω ανενόχλητη. Μπήκα ήσυχα στο χολ και 'σούφρωσα' το αντικλείδι του νέου σου διαμερίσματος. Το είχες αφήσει ήδη στην θήκη των κλειδιών για να υπάρχει σε περίπτωση ανάγκης. Στη συνέχεια πέρασα από τον κλειδαρά και έφτιαξα ένα ακόμη αντικλείδι. Επέστρεψα αμέσως στο ταβερνάκι, κοντά του, ανυπομονώντας να του εξηγήσω τις σκέψεις που διαμορφώνονταν ολοένα και πιο ξεκάθαρα μέσα στο μυαλό μου. 'Είσαι μαζί μου; Θα κάνεις ότι σου πω;' τον ρώτησα. Συμφώνησε πρόθυμα. Το βλέμμα του φωτίστηκε με ελπίδα! Ανυπόμονα περίμενε να ακούσει την ιδέα μου. Μια ταινία παλιά, ρομαντική και έξυπνη, είχε σταθεί η πηγή της έμπνευσης του σχεδίου μου. Μια ταινία που περιέγραφε την δακρύβρεχτη ιστορία ενός νεαρού που με τρόπο ευφυή και πρωτότυπο διεκδίκησε το κορίτσι που αγαπούσε. Κάτι παρόμοιο, κάτι ιδιαίτερο θα επιχειρούσαμε κι εμείς. Αν και ο συλλογισμός μου ήταν εξαιρετικά παράτολμος, ο Πέτρος δέχτηκε να τον ακολουθήσει. Έτσι, έγραψα σε ένα μικρό χαρτί τη νέα σου διεύθυνση και το έβαλα μες την παλάμη του μαζί με το δεύτερο αντικλείδι».

«Απίστευτο! Ήταν δική σου ιδέα!» Έκπληκτη, θυμωμένη και απογοητευμένη η Ζωή συνειδητοποίησε πως η ίδια της η αδερφή ήταν η αιτία της τραγελαφικής υπόθεσης των ερωτικών μηνυμάτων! Η καρδιά της κόντευε να σπάσει! Μα τι να της πει, πώς να της περιγράψει το φόβο και τον προβληματισμό που της είχε προκαλέσει; Ακόμη κι αν την έβριζε, ακόμη κι αν με φωνές της μετέφερε την ταλαιπωρία της, δεν θα μπορούσε να πάρει πίσω τα ανήσυχα βράδια που ξαγρυπνούσε συλλογιζόμενη τα πιο απίστευτα σενάρια! Πόσο είχε πλανηθεί το ανυποψίαστο μυαλό της! Πόσο άδικα είχε εμπλέξει σε κουβάρι τον Άγγελο και τον Κωνσταντίνο! Η Ηρώ, φαινόταν να καμαρώνει για την ιδέα της, αγνοώντας τον αντίκτυπο που είχε όλη εκείνη η διαδικασία στον ψυχισμό της αδερφής της.

«Ναι, ήταν δική μου ιδέα. Πρωταρχικός σκοπός ήταν να τοποθετήσει ο Πέτρος ένα γραπτό σημείωμα στο διαμέρισμα σου για να σε κάνει να υποψιαστείς πως κάποιος σε σκέφτεται, σε έχει στο νου του. Το σχέδιο τέθηκε σε εφαρμογή αμέσως. Ο Πέτρος δεν ήθελε να σπαταλήσει ούτε λεπτό. Αντιθέτως, σκόπευε να εκμεταλλευτεί το χρόνο στο έπακρο. Αρκετό καιρό είχε θυσιάσει κρατώντας κρυφή την αγάπη του. Τώρα που είχε αποφασίσει πια να σου την μαρτυρήσει και να διεκδικήσει την καρδιά σου δεν θα άφηνε ούτε στιγμή να πάει χαμένη. Την ίδια κιόλας μέρα, ενώ εσύ χαιρόσουν αμέριμνη τις τελευταίες σου βόλτες στο χωριό, έφτιαξε κι εκείνος μια μικρή βαλίτσα και αναχώρησε για τη Θεσσαλονίκη».

«Έφυγε πριν από εμένα;» Η είδηση εκείνη την συντάραξε. Της μετέδωσε ζωντανό το πάθος που έκαιγε στα στήθη του και τα δάκρυα της χύθηκαν ποτάμι. Την ημέρα του ταξιδιού της, με τα ίδια της τα χέρια είχε σκοτώσει την καρδιά της για να βρει τη δύναμη να τον εγκαταλείψει, να τον αποχαιρετήσει. Μα εκείνος βρίσκονταν ήδη δύο βήματα μπροστά της! Την ανέμενε να φτάσει στο νέο της σπιτικό.

«Ναι, ταξίδεψε το ίδιο κιόλας απόγευμα. Όσο πιο σύντομα πραγματοποιούσε την πρώτη του εμφάνιση, τόσο πιο γρήγορα ευελπιστούσαμε πως θα πετυχαίναμε την επιστροφή σου στο χωριό. Επιδίωξη μας ήταν να σε φέρουμε πίσω προτού προλάβεις να εγκατασταθείς για τα καλά και συνηθίσεις τη νέα σου ζωή. Αλλά εσύ φρόντισες να οδηγήσεις το σχέδιο μας στην αποτυχία».

«Δηλαδή;»

«Ο πρώτος φάκελος ανάμεσα στα μαξιλάρια του καναπέ, όπως καταλαβαίνεις, δεν είχε σκοπό μόνο να σε καλωσορίσει αλλά και να σου προκαλέσει ενδιαφέρον, απορία, ίσως και φόβο. Κάποιο από αυτά τα τρία στοιχεία ελπίζαμε πως θα σε ωθούσε να μου μιλήσεις, να μου αποκαλύψεις το περίεργο περιστατικό. Σκοπός μας ήταν να ξεκινήσεις εσύ την κουβέντα, να μου περιγράψεις με δική σου πρωτοβουλία το γεγονός. Ο λόγος; Το γεγονός πως κάθε απόπειρά μου να σου μιλήσω για θέματα περί σχέσεων έπεφτε στο κενό, κατέληγε σε τραγωδία. Πάντα απέφευγες να συζητήσεις μαζί μου οτιδήποτε σχετικό και τερμάτιζες από τα πρώτα δευτερόλεπτα την οποιαδήποτε κουβέντα αυτού του ύφους. Γι' αυτό και δεν είχα τολμήσει να σου μιλήσω στο χωριό για τον Πέτρο, ούτε όταν στεκόσουν με τη βαλίτσα στην πόρτα έτοιμη για το ταξίδι σου. Αν σου είχα πει το παραμικρό, μόνη μου θα είχα υπογράψει την οριστική καταδίκη του. Αν όμως ξεκινούσες εσύ τη συζήτηση, τα πράγματα θα ήταν διαφορετικά. Θα είχα την ευκαιρία και το χρονικό περιθώριο να σου εξηγήσω επακριβώς τι συνέβαινε γιατί εσύ θα μου είχες δώσει το πράσινο φως να σου μιλήσω. Θα σου έλεγα, λοιπόν, τα πάντα, θα σου αποκάλυπτα τα αισθήματα του Πέτρου και ίσως κατάφερνα να βγάλω στην επιφάνεια τον ευαίσθητο εαυτό σου. Ακολούθως, θα ερχόταν η σειρά του Πέτρου να σε αντιμετωπίσει».

«Να με αντιμετωπίσει; Με παρουσιάζεις σαν 'τέρας', σαν ένα πλάσμα ψυχρό που έχει χάσει κάθε ίχνος ευαισθησίας και καταδεκτικότητας! Δεν το πιστεύω!» Η Ζωή εξαγριώθηκε, εκλαμβάνοντας τα λόγια της Ηρώς σαν προσβολή. Μα βαθιά μέσα της γνώριζε πως η αδερφή της είχε κάθε δίκιο να εκφράζεται με εκείνο τον τρόπο.

«Αυτό που δεν πιστεύω εγώ είναι το γεγονός πως παρά την ταραχή και την αγωνία σου, δεν μου είπες ούτε μια λέξη για το συμβάν. Ούτε ο φόβος δεν στάθηκε ικανός να λύσει τη εξοργιστική σιωπή σου. Προσπαθήσαμε να δικαιολογήσουμε τη συμπεριφορά σου, χαρίζοντάς σου το δικαίωμα της αμφιβολίας. Ήταν πιθανό να έχεις υποθέσει πως ο φάκελος βρέθηκε στα χέρια σου από λάθος, πως δεν προορίζονταν για σένα. Κι έτσι κάναμε υπομονή ώσπου ήρθε το δεύτερο μήνυμα, την ημέρα των γενεθλίων σου. Διατηρούσαμε τις προσδοκίες μας ψηλά και ήμασταν πεπεισμένοι πως θα μου τηλεφωνούσες την ίδια στιγμή που θα εντόπιζες τα γράμματα πάνω στον καθρέφτη του μπάνιου. Αλλά, για ακόμη μια φορά μας διέψευσες. Η επίμονη απόκρυψη των γεγονότων εκ μέρους σου ήταν η αιτία που οι μυστικές επισκέψεις του Πέτρου στο διαμέρισμά σου παρατάθηκαν για ακόμη μια φορά. Επιθυμώντας να αντιμετωπίσουμε την ανατρεπτική εξέλιξη του σχεδίου μας θετικά, σκεφτόμασταν πως ο επιπρόσθετος ρομαντισμός που θα σου εκδηλωνόταν, θα ενίσχυε το ενδεχόμενο επιτυχίας του όλου εγχειρήματος. Κι έτσι, ο Πέτρος συνέχισε να κυκλοφορεί κρυφά και να σου ομολογεί τον έρωτα του με κάθε μέσο που μπορούσε να φανταστεί».

Ο Πέτρος μέσα στο σπίτι της! Το όμορφο βλέμμα του πλανήθηκε επανειλημμένα στον προσωπικό της χώρο. Περπάτησε δίπλα στις πεταγμένες της πυτζάμες στον καναπέ της κουζίνας, αντίκρισε τα σκόρπια της καλλυντικά στο ράφι του μπάνιου, μπήκε μέσα στην κάμαρα της και κάθισε, ίσως, στο κρεβάτι της! Ξαπλωμένη σε εκείνο το κρεβάτι έκλεινε τα μάτια της για να τον ονειρευτεί τα βράδια που η θύμηση του ήταν η μόνη συντροφιά της. Ο άνθρωπος που κρατούσε σφιχτά στα δυο του χέρια την ψυχή της, ο αξεπέραστος έρωτας της, κυκλοφορούσε δίπλα της, ανέπνεε το ίδιο με εκείνη οξυγόνο, αντίκριζε τις ίδιες εικόνες. Κι εκείνη, ανίδεη για την παρουσία του!

«Μα εγώ ποτέ μου δεν τον συνάντησα μέσα στο σπίτι, ποτέ μου δεν τον έπιασα επ' αυτοφώρω».

«Έμπαινε στο διαμέρισμα πάντα βιαστικά και μόνο όταν εγώ γνώριζα με βεβαιότητα πως απουσίαζες. Είτε ότι βρισκόσουν στη δουλειά είτε ότι έλειπες σε βόλτα. Έτρεμαν τα φυλλοκάρδια του μην φανείς μπροστά του ξαφνικά. Ριγούσε η ψυχή του στην πιθανότητα μιας απρόσμενης εμφάνισης σου. Σαν τον κλέφτη μες το σκοτάδι, εκτελούσε το σχέδιο του και εξαφανίζονταν αμέσως».

Στο πλημμυρισμένο από νέα δεδομένα, κατακερματισμένο της μυαλό, ξεπήδησε ζωντανό εκείνο το πρωινό που σκόπιμα είχε λείψει από το γραφείο προφασιζόμενη κάποια ψεύτικη, σωματική αδυναμία και που, κρυμμένη στο δωμάτιο της, περίμενε να ακούσει την είσοδο να ανοίγει από το χέρι του άγνωστου επισκέπτη της. Μα όσο κι αν αδημονούσε η Ζωή να τον συναντήσει, να ανακαλύψει την ταυτότητα του, εκείνος δεν είχε σκοπό να πλησιάσει το διαμέρισμα της. Η Ηρώ είχε ενημερωθεί από νωρίς για την παραμονή της Ζωής στο σπίτι και είχε αποτρέψει τον κίνδυνο μιας συνάντησης των δυο τους. Τα ασύνδετα κομμάτια του παζλ έμπαιναν πια, ένα προς ένα, στη θέση τους δημιουργώντας μια απόλυτα λογική αλυσίδα γεγονότων. Η Ζωή, σαστισμένη, έβλεπε τις δύο, παράλληλες ιστορίες να ενώνονται σε μια. Πόσο ήθελε να μοιραστεί με την Ηρώ τη δική της πλευρά! Πόσα ήθελε να της εξηγήσει. Μα δεν υπήρχε λόγος. Δεν θα είχε καμία σημασία. Ήταν πια πολύ αργά. Θα παρέμενε για ακόμη μια φορά φειδωλή στα λόγια της. Το μόνο που την απασχολούσε ήταν η εκδοχή της ιστορίας μέσα από τα μάτια της αδερφής της, μέσα από τα μάτια και την καρδιά του Πέτρου.

«Έμπαινε βιαστικά και μόλις τελείωνε, επέστρεφε αγχωμένος, στο ξενοδοχείο του. Αυτή ήταν η ζωή του τους δύο τελευταίους μήνες».

«Θες να πεις πως, όλο αυτό τον καιρό, δεν έφυγε από τη Θεσσαλονίκη; Μα εγώ τον είδα με τα μάτια μου εδώ, στο νησί. Τον είδα όταν σας επισκέφτηκα στην άδεια μου!»

«Από την πρώτη στιγμή που έφτασε στη Θεσσαλονίκη, μια ημέρα νωρίτερα από σένα, παρέμεινε εκεί, κυνηγώντας πεισματικά το όνειρο του. Τα αδέρφια του, είχαν αναλάβει και τα δικά του καθήκοντα στην οικογενειακή επιχείρηση, προσφέροντας του τη δυνατότητα να απουσιάσει για όσο καιρό θα χρειάζονταν. Του χάρισαν από την αρχή την αμέριστη συμπαράσταση και τη βοήθεια τους. Όταν τηλεφώνησες για να μας ενημερώσεις σχετικά με την επίσκεψη σου, το ίδιο έκανα κι εγώ στον Πέτρο. Τον ενημέρωσα άμεσα για τα σχέδια σου. Δεν άφησε αναξιοποίητη την πολύτιμη ευκαιρία να επιστρέψει κι εκείνος για λίγο στο χωριό. Χρειάζονταν ένα διάλειμμα από την αγωνία που βίωνε καθημερινά στην πόλη. Είχε ανάγκη από ψυχολογική ηρεμία. Ταυτόχρονα, θα μπορούσε να ξεκουράσει και τα αδέρφια του που είχαν καταπονηθεί από το βάρος των πολυάριθμων ευθυνών. Μα το ταξίδι του εκείνο ήταν απαραίτητο, ούτως ή άλλως. Η αναπάντεχη απόφαση σου να αλλάξεις την κλειδαριά του διαμερίσματος καθιστούσε αναγκαία την αντικατάσταση του κλειδιού που του είχα δώσει στην αρχή με το καινούριο, με αυτό που κουβαλούσες στα μπαγκάζια σου. Είχες αρχίσει να φοβάσαι, Ζωή μου, και προσπάθησες να προφυλαχτείς από τις ανεπιθύμητες επισκέψεις του με μια καινούρια κλειδαριά. Είχες αρχίσει να φοβάσαι μα και πάλι δεν βγήκε λέξη από τα χείλη σου. Όπως καταλαβαίνεις, εκείνη η προσωρινή επιστροφή του στο νησί εξυπηρετούσε ποικίλους σκοπούς. Έτσι έγινε και τον αντάμωσες εδώ. Ήταν ένα ταξίδι σύντομο το οποίο, όμως, μας έδωσε την ευκαιρία να ανασυντάξουμε τις δυνάμεις μας».

Στο βλέμμα της Ζωής εμφανίστηκε ένα μεγάλο ερωτηματικό το οποίο ζητούσε επιπλέον επεξηγήσεις. Ήταν εμφανές πως αδυνατούσε να αντιληφθεί το νόημα της 'ανασύνταξης των δυνάμεων'. Η Ηρώ, προτού προλάβει να πάρει μια ανάσα και να βρέξει το στεγνό λαιμό της με δυο στάλες νερό, πιέστηκε από το ανυπόμονο κοίταγμα της Ζωής να συνεχίσει να μιλά.

«Θα σου εξηγήσω αμέσως. Κατά τη διάρκεια της ολιγοήμερης παρουσίας του στο νησί, μου ομολόγησε πως δεν άντεχε άλλο την κατάσταση. Το παράλογο εκείνο κρυφτό είχε αποδειχτεί ανυπόφορα επώδυνο για εκείνον. Υπέφερε που δεν μπορούσε να σε έχει ενώ βρισκόσουν τόσο κοντά του. Πονούσε που δεν ήταν δυνατό να σε δει, να σου μιλήσει. Αποφασίσαμε, λοιπόν, να εκβιάσουμε, να επισπεύσουμε με κάποιο τρόπο την εξέλιξη της ιστορίας. Ο Πέτρος είχε εξαντληθεί ψυχολογικά. Καταλήξαμε πως ο μοναδικός τρόπος για να έχουμε εγγυημένα αποτελέσματα ήταν να πυκνώσουμε τις επισκέψεις του, να τις κάνουμε σχεδόν καθημερινές για να φτάσεις στα όρια σου και επιτέλους να μου εκμυστηρευτείς τα παράξενα γεγονότα εντός του διαμερίσματος. Παράλληλα, η πιθανότητα εξαγοράς της εφημερίδας που συνετέλεσε στην σωματική σου εξουθένωση προέκυψε στην ιδανικότερη χρονική στιγμή. Η πρόταση της μαμάς να περάσω ένα Σαββατοκύριακο μαζί σου στη Θεσσαλονίκη ώστε να σε βοηθήσω με την καθαριότητα και την τακτοποίηση του ατημέλητου διαμερίσματος σου, εξυπηρετούσε τέλεια το σκοπό μας. Τις δυο ημέρες που θα με φιλοξενούσες κοντά σου και όσο θα ήσουν ακόμη φορτισμένη απ' τη συχνότητα των τελευταίων επισκέψεων, θα επιχειρούσα να εκμαιεύσω την αλήθεια από τα χείλη σου. Όταν αυτό θα συνέβαινε, θα διαδραμάτιζα με ανακούφιση τον προκαθορισμένο ρόλο μου, έστω και με καθυστέρηση. Θα σου περιέγραφα το μέγεθος της αγάπης του Πέτρου και θα μετερχόμουν κάθε μέσο να σε πείσω να τον δεχτείς στη ζωή σου. Ανέβηκα, λοιπόν, κι εγώ με τη σειρά μου στο αεροπλάνο και έφτασα στο κατώφλι σου. Η αλήθεια είναι πως άνοιξες τα χείλη σου να μου μιλήσεις. Μα ήταν μόνο για να φέρεις τον όλεθρο!»

«Τι εννοείς; Δεν σε καταλαβαίνω!»

«Όχι μόνο δεν μου είπες αυτά που αποζητούσα να ακούσω, μα κατάφερες με δύο λέξεις να προκαλέσεις πανικό. Ένα όνομα ήταν αρκετό για να σημάνει συναγερμό. Άγγελος. Από το πουθενά, ο γοητευτικός σου Προϊστάμενος είχε εισχωρήσει με θράσος στο σκηνικό, αποδιοργανώνοντας τα σχέδια μας. Αποτελούσε έναν εξόχως απειλητικό, εξωτερικό παράγοντα που απαιτούσε αναπροσαρμογή και ραγδαίο ελιγμό. Η βαριά, δυσάρεστη υποχρέωση μου να αποκαλύψω την ύπαρξη του Άγγελου στον Πέτρο με κράτησε ξύπνια ολόκληρο σχεδόν το βράδυ της Παρασκευής. Χίλιες σκέψεις κλωθογύριζαν στο μυαλό μου. Με είχες αφήσει ειλικρινά άφωνη με τα νέα σου, άφωνη, πελαγωμένη και έκπληκτη. Έκπληκτη που για πρώτη φορά στη ζωή σου, όχι μόνο μου ανοίχτηκες σχετικά με τα προσωπικά σου μα ζήτησες και τη γνώμη μου. Την επόμενη κιόλας μέρα, έσπευσα να τον βρω καθώς είχε κι εκείνος ήδη επιστρέψει στο 'ορμητήριο' του. Η καρδιά μου είχε ραγίσει μα όφειλα να τον ενημερώσω για τον απρόσμενο αντίπαλο του».

«Πότε τον συνάντησες; Πώς;» Η Ζωή είχε παρασυρθεί παθιασμένα σε μια δίνη ερωταπαντήσεων δίχως τελειωμό. Όσο και αν την είχε καταρρακώσει η απογύμνωση της αλήθειας, διψούσε να ακούσει κάθε λεπτομέρεια, κάθε στιγμή της ιστορίας.

«Ισχυρίστηκα πως ήθελα να γνωρίσω τη γειτονιά σου, να περιφερθώ για λίγο στους δρόμους της περιοχής όσο εσύ θα ετοίμαζες το μεσημεριανό μας. Ήταν Σάββατο, γύρω στις δώδεκα».

«Μα φυσικά. Όταν βγήκα από το μπάνιο, σε βρήκα στο σαλόνι να μιλάς στο κινητό σου. Εκείνος ήταν στην άλλη άκρη της γραμμής, έτσι δεν είναι;»

«Ναι, κανονίσαμε να βρεθούμε στον πεζόδρομο της Καλαμαριάς. Ήταν ένα σημείο εύκολα προσιτό, και δεν υπήρχε κίνδυνος να χαθώ».

«Να υποθέσω πως γι' αυτό άργησες να επιστρέψεις;»

«Σωστά υποθέτεις».

Ήταν ασύλληπτος, εξωπραγματικός ο τρόπος με τον οποίο ο άνθρωπος που λάτρευε, εκείνος για τον οποίο ζούσε, αναμειγνύονταν στη ζωή της, δρώντας παρασκηνιακά. Μα δεν του έπρεπε τέτοιος ρόλος, ρόλος δευτερεύων! Μόνο ο πρωταγωνιστικός! Και θα ήταν τόσο απλό και εύκολο να μετατραπεί ο Πέτρος σε πρωταγωνιστή. Αρκούσε απλά η Ζωή να κάνει το αυτονόητο. Να αποκαλύψει στην ίδια της την αδερφή τον έρωτά της για εκείνον αφού της ήταν αδύνατο να βρει το θάρρος να μιλήσει στον ίδιο. Μα εκείνη το αυτονόητο το είχε μετατρέψει σε απαγορευμένο!

«Ανταμώσαμε, λοιπόν, στον πεζόδρομο. Καθίσαμε στην πρώτη καφετέρια που βρέθηκε μπροστά μας. Ακόμη του κρατούσα κρυφή την τελευταία εξέλιξη μα εκείνος είχε υποπτευθεί, από τον τόνο της φωνής μου στο τηλεφώνημα, πως κάτι σοβαρό είχε μεσολαβήσει. Τον ενημέρωσα για την εμφάνιση του Άγγελου, για την πρόταση του και την επικείμενη απάντηση σου όσο πιο ομαλά μπορούσα. Το αγγελικό του πρόσωπο σκλήρυνε και άρχισε να κουνιέται νευρικά πάνω στην καρέκλα του. Ο τόπος δεν τον χωρούσε. Ένιωθε ανήμπορος, κατώτερος των περιστάσεων. Αν ο Άγγελος εμφανιζόταν μπροστά του εκείνη την ώρα, δεν θα υπήρχε σωτηρία από την μανία του! Η απογοήτευση και η οργή του άρχισαν να καταλαγιάζουν μετά από κάμποση ώρα. Τότε πήρε το λόγο εκείνος και με πληροφόρησε πως είχατε ήδη προγραμματίσει ραντεβού για την ερχόμενη Παρασκευή! Η αυξημένη συχνότητα των μηνυμάτων είχε τουλάχιστον οδηγήσει σε εκείνη την εξέλιξη. Χάρηκα τόσο πολύ! Η αντίδραση σου ήταν τελικά καταδεκτική αν και το σχέδιο δεν προχώρησε όπως το είχαμε προγραμματίσει. Δεν χρειάστηκε καν να σου μιλήσω εγώ. Το λόγο θα έπαιρνε απευθείας ο Πέτρος το βράδυ του ραντεβού σας. Θα εμφανιζόταν μπροστά σου φανερά και θα σου ομολογούσε τον έρωτα του. Την ερχόμενη κιόλας Παρασκευή! Θα προλαβαίναμε, όμως, ή θα προέτρεχες και θα έλεγες το 'ναι' στον Προϊστάμενο σου απορρίπτοντας τον Πέτρο πριν του δοθεί η ευκαιρία να σε πλησιάσει; Ακροβατούσαμε σε τεντωμένο σκοινί. Ο Πέτρος έμοιαζε τρελαμένος, έτοιμος να χάσει τον έλεγχο και να τα καταστρέψει όλα μετά από τόσο καιρό υπομονής. Η κατάληξη της ιστορίας κρέμονταν από μια λεπτή κλωστή. Προσπάθησα να τον καθησυχάσω και, με κόπο, κατάφερα να εκτονώσω την φόρτιση του πείθοντας τον πως έπρεπε με κάποιο τρόπο να πετύχουμε μια αναβολή της απάντησης σου. Τουλάχιστον μέχρι να συναντηθείτε οι δυο σας. Τον είδα να κατεβάζει τα βουρκωμένα του μάτια ντροπιασμένος. Δεν ήθελε να αντιληφθώ πως έκλαιγε, πως η δύναμη του είχε τσακιστεί στη σκέψη και μόνο πως κάποιος άλλος θα σε έκλεβε μέσα από τα χέρια του! Βέβαια, δεν είχε καμία απολύτως εγγύηση πως θα δεχόσουν τη δική του πρόταση μα ήθελε τουλάχιστον να δώσει τη μάχη του κι ας τον απαρνιόσουν. Δεν ήθελε να πέσει αμαχητί, να σε χάσει προτού σε διεκδικήσει. Μα πώς θα καθυστερούσαμε την απάντηση σου; Λόγο στο λόγο, κατά τη διάρκεια της συζήτησής μας, του ανέφερα την έξοδο που είχες προγραμματίσει για το βράδυ εκείνου του Σαββάτου με σκοπό να γνωρίσω τον φιλόδοξο κατακτητή της καρδιάς σου και να σου πω, στη συνέχεια, την εντύπωση που θα σχημάτιζα. Ενώ πάντοτε μείωνες την αξία της γνώμης μου σε αυτά τα ζητήματα και δεν ζητούσες την άποψη μου, εκείνη η περίπτωση ήταν διαφορετική. Για κάποιο λόγο που ακόμη δεν καταλαβαίνω, ήθελες να πάρεις τη δική μου γνώμη. Ευτυχώς για εμάς! Τα μάτια μας γυάλισαν ταυτόχρονα. Η ίδια ιδέα έλαμψε στο μυαλό μας. Μια ιδέα που μας προκάλεσε ντροπή μα, μερικές φορές, ο σκοπός αγιάζει τα μέσα. Η επιθυμία σου να σου πω την άποψη μου για τον Άγγελο ήταν η σωτήρια λέμβος που αναζητούσαμε. Η επιφύλαξη, ο δισταγμός μου και η συμβουλή μου να ελαττώσεις την ταχύτητα σου ίσως μας έδινε το χρόνο που χρειαζόμασταν μέχρι το ραντεβού της Παρασκευής. Έτσι κι έγινε. Τα λόγια μου για τον Άγγελο δεν ήταν εγκωμιαστικά μα ούτε και προσβλητικά. Το μόνο που σου συνέστησα ήταν να δώσεις λίγο περισσότερο χρόνο στη γνωριμία σας πριν τον κάνεις ταίρι σου».

«Είχα απορήσει ειλικρινά με την αντίδραση σου. Ενώ όλη τη βραδιά φαινόσουν να έχεις γοητευτεί από την προσωπικότητα και το παρουσιαστικό του, το επόμενο μεσημέρι εμφανίστηκες μπροστά μου συγκρατημένη και μου στέρησες τα ενθουσιώδη σχόλια που ήμουν σίγουρη πως θα άκουγα από τα χείλη σου. Μα εσύ έπαιζες το ρόλο σου. Σκόπιμη ήταν και αυτή η στάση σου».

«Απολύτως σκόπιμη».

«Κι εγώ που νόμιζα πως περνούσες κάτι σου είχε συμβεί, πως περνούσες κάποια κρίση προσωπικότητας..»

«Είναι πολύ χαρισματικό πλάσμα ο Άγγελος. Μόνο τα καλύτερα έχω να πω. Αλλά και πάλι για μένα, στα δικά μου τα μάτια, ωχριούσε μπροστά στον Πέτρο. Ελπίζω να μου συγχωρέσεις την υποκρισία μου, τα ψέματα μου, μα για τον Πέτρο τα έκανα όλα. Σου μίλησα, λοιπόν, σχετικά αποτρεπτικά για τον Άγγελο και έπειτα ξεκίνησε μια εβδομάδα άγχους, αϋπνίας και αναμονής μέχρι να φτάσει το βράδυ της Παρασκευής. Πριν φύγω από τη Θεσσαλονίκη, αν θυμάσαι, σου ζήτησα να μου τηλεφωνήσεις άμεσα σε περίπτωση που πάρεις κάποια απόφαση σχετικά με την πρόταση του Άγγελου. Ήταν ανάγκη να πληροφορούμαι τα πάντα γιατί μόνο έτσι θα μπορούσα να σε μεταπείσω ή τουλάχιστον να προσπαθήσω. Τελικά δεν χρειάστηκε να γίνει τίποτα από όλα αυτά. Η απόφαση σου δεν ελήφθη πριν την Παρασκευή. Με τον Πέτρο τηλεφωνιόμασταν αμέτρητες φορές καθημερινά. Ακούγονταν αδύναμος και καχεκτικός μέσα από το ακουστικό. Είχε αρχίσει να λυγίζει. Η αγωνία τον είχε αποτρελάνει. Μου παραδέ-

χτηκε μάλιστα πως σου καλούσε με απόκρυψη μόνο για να ακούσει τη φωνή σου. Αποζητούσε να σε αισθανθεί κοντά του!»
Ο Πέτρος της τηλεφωνούσε! Δική του ήταν η ανάσα στο ακουστικό! Από εκείνον ζητούσε να της μιλήσει, να της πει ποιος είναι και τι θέλει! Σωστά είχε υποψιαστεί πως ο επισκέπτης της και ο άνθρωπος που την καλούσε με απόκρυψη ήταν το ίδιο πρόσωπο!
«Σε ένα τηλεφώνημα τον άκουσα να κλαίει! Να κλαίει με αναφιλητά!» είπε ταραγμένη στην Ηρώ.
«Το ξέρω. Μου το είπε. Ήταν η μέρα που του μίλησα για τον Άγγελο. Η μέρα που το όνειρο του άρχισε να τρεμοσβήνει!»
Ένα απαλό αεράκι είχε σηκωθεί γλυκά και έπαιζε με τη θάλασσα. Ο ουρανός είχε αποκτήσει χρώμα πορτοκαλί, γλυκό, γαλήνιο. Η αλήθεια είχε ξεδιπλωθεί σε όλο της το μεγαλείο και κάθε δυνατή και επιθυμητή εξήγηση είχε δοθεί. Η Ζωή, ασφυκτιώντας υπό το βάρος της εξιστόρησης, έκρυψε το πρόσωπο της μέσα στα δύο της χέρια. Έκλαψε. Έκλαψε για ώρα μέσα στην αγκαλιά της Ηρώς. Έκλαψε για να ξεθυμάνει, για να εκτονώσει τον καημό της. Μα δεν υπήρχε τρόπος να ελαφρύνει η μίζερη καρδιά της. Με τα ίδια της τα χέρια είχε ρημάξει τη ζωή της, το μέλλον της. Επιλέγοντας τη σιωπή και την άνανδρη φυγή, είχε απαρνηθεί σκληρά τον άνθρωπο που αγαπούσε χρόνια. Αδυνατώντας να παραμείνει ακίνητη, σηκώθηκε στα δυο της πόδια. Στάθηκε όρθια κοιτάζοντας τη θάλασσα. Ούτε η απέραντη υδάτινη επιφάνεια της δεν ήταν ικανή να πνίξει τον καημό της. Η συνταρακτική αλήθεια της έπαιρνε την πνοή. Η ίδια είχε καταδικάσει την αγάπη της, είχε στερήσει κάθε ελπίδα από τον εαυτό της και τον Πέτρο. Πόσο διαφορετικά θα ήταν όλα αν απλά είχε μιλήσει! Πόσο διαφορετικά αν δεν ήταν τόσο απόμακρη, τόσο απλησίαστη! Κι αν της ήταν αδύνατο να μοιραστεί τα αισθήματα της με εκείνον, τότε θα μπορούσε να είχε βρει αποκούμπι στην αδερφή της, στη μητέρα της, στην παρέα της! Μια λέξη της μόνο θα μπορούσε να είχε αλλάξει όλη εκείνη την ιστορία, θα μπορούσε να είχε αποτρέψει την διαδοχή των τόσων παρεξηγήσεων! Μα τώρα πια, δεν υπήρχε τρόπος να γυρίσει το χρόνο πίσω!
Η Ηρώ στάθηκε όρθια κι εκείνη δίπλα της, το ίδιο θλιμμένη.
«Τα ήξερα όλα, αδερφούλα μου. Από την πρώτη στιγμή. Όλα!»
«Όχι όλα, Ηρώ μου». Μια βαθιά ανάσα έδειξε προς στιγμήν πως κάτι ακόμη ήθελε να πει η Ζωή μα δεν το αποφάσιζε.
«Δηλαδή;» πίεσε η Ηρώ για μια εξήγηση.

«Ήξερες πολλά, πάρα πολλά, μα όχι όλα. Αυτό που δεν έμαθες ποτέ είναι πως κι εγώ τον αγαπούσα!»

Η αλήθεια, σαν βγήκε ορμητική από τα χείλη της, δεν αποκρύφτηκε ποτέ ξανά. Ποτέ της δεν ξανασώπασε μόνο ομολογούσε σε κάθε ευκαιρία πόσο τον είχε αγαπήσει και πόσο θα τον αγαπούσε για την υπόλοιπη ζωή της. Με αποφασιστικότητα περίσσια και ειλικρίνεια αφοπλιστική διατυμπάνιζε παντού τα ασίγαστα αισθήματά της, ακόμη και τώρα που εκείνος είχε χαθεί, αδιαφορώντας για αντιδράσεις και συνέπειες. Η αγάπη της ήταν πάνω από τούτο τον κόσμο, υπεράνω επικρίσεων και σχολίων. Χωρίς ντροπή και δισταγμό παραδεχόταν απροκάλυπτα την ανυπέρβλητη εξάρτηση της από εκείνον δηλώνοντας πως ποτέ ξανά δεν θα τον απαρνιόταν. Μοιράστηκε τον καημό της με την οικογένεια και τους φίλους της σκορπώντας τριγύρω της έκπληξη και θλίψη. Ο κόσμος όλος έγινε κοινωνός της ιστορίας που είχε θανατώσει την ήδη πληγωμένη της καρδιά. Κάθε αφήγηση της ιστορίας, κάθε ανατριχιαστική επανάληψη των γεγονότων, ολοκληρωνόταν πάντοτε με τον ίδιο τρόπο, κατέληγε πάντοτε στο ίδιο σκληρό συμπέρασμα. Μοναδική υπαίτια και ασυγχώρητη ένοχη ήταν η ίδια, με κύριο κατήγορο τον ίδιο της τον εαυτό. Ούτε για μια στιγμή δεν αποπειράθηκε να δικαιολογήσει τα λάθη και τις επιλογές της χρησιμοποιώντας την αδυναμία και την ατολμία του χαρακτήρα της ως ελαφρυντικά. Η συναισθηματική συστολή της, μια συστολή που απόρρεε από την αμηχανία που της δημιουργούσε η εικόνα του, η σκέψη του, είχε επιφέρει μια χιονοστιβάδα αλληλένδετων παρεξηγήσεων, μια ασύλληπτη αλυσίδα καταστάσεων και ήταν η αξιοπρέπεια της εκείνη που της επέβαλε να επωμισθεί το βαρύ φορτίο της απόλυτης ενοχής. Θα συνέχιζε τη μισή πια ζωή της πληρώνοντας καθημερινά το τίμημα των επιλογών του παρελθόντος με την ελπίδα πως κάποια ημέρα θα της προσφέρονταν το δώρο της εξιλέωσης.

Με τον βιαιότερο τρόπο της είχε διδάξει η ζωή τα παρεπόμενα της σιωπής, τα μεθεόρτια της ανειλικρίνειας. Πλήρως είχε αντιληφθεί το μέγεθος της καταστροφής που είναι πιθανό να επιφέρει ο περιορισμός της έκφρασης. Βαθιά μετανιωμένη πήρε όρκο πως για όσο θα διαρκούσε η ρημαγμένη της ζωή δεν θα έκανε ποτέ το ίδιο λάθος. Σταδιακά, η συμπεριφορά της έγινε χειμαρρώδης, ασυγκράτητη. Ότι κι αν υπήρχε στην καρδιά και το μυαλό της φανερώνονταν στη στιγμή, είτε με το βλέμμα είτε με τα λόγια της. Ανοιχτό βιβλίο αποτελούσε για όλους πια η άλλοτε αινιγματική κοπέλα ονόματι Ζωή. Η περίπλοκη ιδιοσυγκρασία της είχε πια απλουστευθεί και απελευθερωθεί από άσκοπους ψυχαναγκασμούς. Δεν κρατούσε τίποτα κρυφό, τίποτα για τον εαυτό της. Το κορμί της έμοιαζε να έχει αποκτήσει φτερά τώρα που μυστικά, ενδοιασμοί και αμφιβολίες δεν σκίαζαν την ψυχή της. Πόσο όμορφη ήταν έτσι η ζωή! Πόσο όμορφη, γλυκιά και λαμπερή! Η ευκολία της αλήθειας και η αποζημίωση που πάντοτε διαδέχεται την τόλμης και το θάρρους την είχαν μαγέψει σε τέτοιο βαθμό που μεταμορφώθηκε σε μαχητική υπέρμαχο τους. Αν και αργά, αν και πολύ αργά, είχε πειστεί πως ακόμη κι αν κάποιες φορές η αλήθεια πληγώνει, το φινάλε πάντοτε φέρνει την ευτυχία, την ανακούφιση. Γύρω της όλοι έμοιαζαν να συμφωνούν με αυτό, να σκέφτονται και να λειτουργούν με γνώμονα την αξία της ειλικρίνειας και το θάρρος του λόγου. Κανείς δεν βρέθηκε που να εγκρίνει την τακτική της, την τακτική που τόσο λαθεμένα είχε ακολουθήσει επιλέγοντας την υποχώρηση, την απομάκρυνση και την απόκρυψη των συναισθημάτων της. «Έπρεπε να είχες μιλήσει καθαρά! Όφειλες να βρεις το κουράγιο. Πάνω από όλα για τον ίδιο σου τον εαυτό!» σχολίαζαν όλοι τους ομόφωνα σαν άκουγαν την ιστορία της ζωής της. Και όλοι τους έμεναν αποστομωμένοι, βουβοί μπροστά στην ειρωνεία και την τραγικότητα της υπόθεσης. Συνειδητοποιημένη, λοιπόν, η Ζωή φώναζε την αλήθεια της σε δρόμους και στενά και, αναπνέοντας σιγανά, άκουγε την αγάπη της να αντηχεί στη θάλασσα και στο βουνό του μικρού χωριού της. Τόσο αλόγιστα είχε χαραμίσει τις άπειρες ευκαιρίες που της είχαν δοθεί να του μιλήσει και τώρα, ανήμπορη, έγλυφε τις πληγές της, φανερώνοντας την αγάπη της δίχως μέτρο, δίχως περιορισμούς, δίχως ακόμη και σύνεση.

 Βράδια μοναξιάς και μέρες απελπισίας της επεφύλασσε το μέλλον της και το ήξερε καλά. Μα όσο απελπιστική και αν έμοιαζε μια τέτοια προοπτική, εκείνη την κρατούσε δυνατή το λευκό φως που έμενε ακόμη ζωντανό στα μάτια της, το λευκό φως που την είχε τυφλώσει στην στερνή τους συνάντηση. Με την ανάμνηση του για πυξίδα θα ζούσε την υπόλοιπη ζωή της. Χώρια του μα και μαζί του, όπως είχε συνηθίσει τόσο καιρό. Ο πόνος θα γίνονταν σύντροφος και η θλίψη ακόλουθος της. Δεν υπήρχε γιατρειά ούτε και σωτηρία. Μόνο έτσι ήθελε και μπορούσε να συνεχίσει, μόνο μαζί του. Κι εκείνη τη φορά δεν θα γυρνούσε την πλάτη στην καρδιά της μα θα ακολουθούσε τις εντολές της πιστά. Θα εκπλήρωνε την επιθυμία της όσο κι αν της κόστιζε.

Τον πρώτο καιρό μετά τα γεγονότα, τον λιγοστό καιρό που παρέμεινε στο χωριό, αντλούσε σταγόνες υπομονής και αχτίδες αισιοδοξίας από τους γύρω της. Όλοι τους στέκονταν στο πλευρό της και της συμπαραστέκονταν καθημερινά χαρίζοντας της ώθηση να ανέβει το Γολγοθά της. Το πιο παρήγορο αποκούμπι της, η οικογένεια της. Ταραχή σκοτείνιασε την καρδιά των γονιών της όταν έμαθαν την τραγική αλήθεια που έκρυβε εκείνη η ιστορία. Καθένας τους αντέδρασε με τρόπο διαφορετικό μα και οι δυο έμειναν συγκλονισμένοι. Τα μάτια της μητέρας της κάηκαν από τα δάκρυα όταν πληροφορήθηκε τον πόνο που είχε υποφέρει και ακόμη υπέφερε η ξενιτεμένη της. Μα τώρα πια δεν είχε τρόπο να ελευθερώσει την καρδιά, να γιατρέψει τα τραύματα της κόρης της. Μόνο κουράγιο και υποστήριξη μπορούσε να της προσφέρει και ελπίδα πως ο χρόνος θα επούλωνε τις πληγές. Δεν μπορούσε να γνωρίζει πως η αγάπη της Ζωής δεν θα είχε ημερομηνία λήξης. Για να τον αγαπά είχε γεννηθεί, ωσότου χαθεί κι εκείνη.

«Φαίνεται πως έχω φταίξει κάπου κι εγώ. Κάποιο λάθος έχω κάνει. Πίστευα πως σου είχα διδάξει τη σπουδαιότητα του θάρρους, την αξία της αλήθειας και πως σε είχα προικίσει με το σημαντικότερο εφόδιο για μια ευτυχισμένη ζωή. Μα έσφαλλα» ήταν η απάντηση του πατέρα της στο άκουσμα της αποκαλυπτικής είδησης. Τις περισσότερες φορές, οι γυναίκες της οικογένειας τον κρατούσαν έξω από τα συναισθηματικά ζητήματα μα η συγκεκριμένη περίπτωση δεν είχε όμοια της. Ήταν αναπόφευκτο πως η τσακισμένη ψυχολογία της Ζωής θα προκαλούσε, αργά ή γρήγορα, την ανησυχία, την αγωνία του και μύρια ερωτηματικά. Έτσι δεν υπήρχε λόγος να τον κρατήσουν στο σκοτάδι και την άγνοια. Σαν ενημερώθηκε, λοιπόν, θέλησε κι εκείνος να μειώσει τον πόνο της, σοκαρισμένος από το σκυθρωπό της πρόσωπο. Ζητούσε να σηκώσει στους ώμους του όση ευθύνη του αναλογούσε. Πίστευε πραγματικά πως είχε αποτύχει, εν μέρει, στην μεταλαμπάδευση των ύψιστων αξιών που εγγυούνταν ευτυχισμένη και ήρεμη ζωή. Παρά τις αντιρρήσεις της Ζωής και τους ισχυρισμούς της πως εκείνος δεν είχε φταίξει σε τίποτα ούτε έφερνε ευθύνη για τις δικές της επιλογές, το πατρικό ένστικτο δεν θα τον άφηνε να ησυχάσει εύκολα.

Βαρύτερος όμως, βαρύτερος με διαφορά, ήταν ο αντίκτυπος εκείνης της υπόθεσης στην Ηρώ. Σαν εφιάλτης τρομακτικός τη στοίχειωνε τις νύχτες και την κρατούσε άγρυπνη και χλωμή. Κι όταν τα μάτια της έκλειναν από τη νύστα και, αποκαμωμένη, κατάφερνε να αποκοιμηθεί, ιδρωμένη πετάγονταν λίγο αργότερα από το κρεβάτι, βαριανασαίνοντας δακρυσμένη. Η διπλή συμμετοχή της στην ιστορία έκανε και τον πόνο της διπλό. Από τη μια, η καθοδήγηση και οι συμβουλές που είχε προσφέρει στον αγαπημένο της φίλο, θεωρώντας πως του υποδείκνυε τον ορθότερο τρόπο δράσης είχαν κατάληξη ανεπιθύμητη. Ίσως το τέλος να μην είχε γραφτεί τόσο λυπηρό αν του είχε προτείνει την οδό της άμεσης αντιμετώπισης και της ευθείας προσέγγισης της Ζωής. Τύψεις την καταδίωκαν ανελέητα, τύψεις πως το σχέδιο της, είχε οδηγήσει τον Πέτρο στο ατύχημα, στο θάνατο. Ίδιος καημός έκαιγε στα στήθη της, ίδιος με εκείνον της Ζωής. Μακάρι να γυρνούσε με κάποιο τρόπο το χρόνο πίσω! Να της δίνονταν η ευκαιρία να επιλέξει ένα μονοπάτι αλλιώτικο! Από την άλλη, η ψυχή της κομματιάζονταν στη σκέψη πως το 'εμπνευσμένο' σχέδιο της είχε λειτουργήσει τελείως διαφορετικά από ότι υπολόγιζε. Όχι μόνο δεν είχε γλυκάνει ή κολακεύσει τη Ζωή, έστω και με λίγο φόβο, αλλά την είχε φυλακίσει σε μια υπόθεση υποψιών, λαθεμένων ερμηνειών και τρόμου. Και όλα αυτά, την ίδια στιγμή που η Ζωή πάλευε να ξεπεράσει την εμμονή της, να ξεριζώσει τον Πέτρο οριστικά από τα στήθη της. Μα πώς ήταν δυνατό να γνωρίζει το μαρτύριο που ζούσε όταν η Ζωή έπαιζε διαρκώς και πειστικά το ρόλο της ελεύθερης, της ευτυχισμένης; Τώρα πια προτεραιότητα της ήταν να συνέλθει το συντομότερο δυνατό, να συγκεντρώσει τα κομμάτια της για να μπορέσει να προσφέρει στην αδερφή της τη συμπόνια και συμπαράσταση που δεν της χάρισε ποτέ!

24

Το νησί πενθούσε ακόμη, έκλαιγε τον χαμό στο πλάι της, μα οι επαγγελματικές υποχρεώσεις, που λογαριάζουν μόνο πρόσκαιρα και επιφανειακά τον πόνο της απώλειας, την καλούσαν επιτακτικά να εγκαταλείψει την πατρίδα της, ακόμη μια φορά, και να ακολουθήσει το ουράνιο μονοπάτι με προορισμό τη Θεσσαλονίκη. Είχε ήδη απουσιάσει για καιρό και η επιστροφή της ήταν επιβεβλημένη. Με τη σκέψη πως η εργασία ίσως να αποδεικνυόταν ένα αποτελεσματικό μέσο ψυχοθεραπείας, αποδέχτηκε θετικά την επίμονη παράκληση του Άγγελου να παρουσιαστεί στη θέση της. Επιβιβάστηκε στο αεροπλάνο ημέρα Παρασκευή, πέντε μέρες μετά το τελευταίο αντίο έχοντας ένα μαύρο κάρβουνο στη θέση της καρδιάς της. Η γλυκιά συμπόνια και η στήριξη των αγαπημένων της, της είχαν δώσει την ώθηση για εκείνο το ταξίδι. Πόσο ωφέλιμο ήταν τελικά να μοιράζεσαι τον πόνο και τη θλίψη!

Το ταξί σταμάτησε ακριβώς μπροστά στην είσοδο της οικοδομής με τον αριθμό 10. Τα παραθυρόφυλλα του διαμερίσματος της έστεκαν και πάλι μισάνοιχτα, όπως την πρώτη μέρα του Ιούνη, δύο μήνες πριν, όταν είχε αντικρίσει για πρώτη φορά το νέο της 'σπιτικό'. Με τα πόδια της ακίνητα στο δρόμο και την πρόχειρη σάκα της ακουμπισμένη στο οδόστρωμα, συλλογίστηκε για ώρα πόσο είχε εκτροχιαστεί η ζωή της. Η αρχή εκείνου του καλοκαιριού, εκείνη η πρώτη ημέρα του Ιούνη, όχι μόνο δεν είχε σηματοδοτήσει την αρχή της καινούριας της ζωής αλλά είχε σταθεί προάγγελος ενός αδυσώπητα σκληρού φινάλε. Η απόκλιση των επιδιώξεων που είχαν οδηγήσει τα βήματα της στην πόλη από την ολοκληρωτικά διαφορετική πορεία που είχε πάρει η ζωή της, ήταν τρομακτική. Είχε πιστέψει πραγματικά πως μακριά του θα κατάφερνε να αποκτήσει ένα μέλλον μα η μοίρα της έγραφε αλλιώς. Και κανείς δεν παίζει με την μοίρα.

Στο εσωτερικό του διαμερίσματος, το τσίγκινο δοχείο με τα σημειώματα και τα δώρα του Πέτρου που λίγο έλειψε να μετατραπούν σε αποκαΐδια εκείνο το φουρτουνιασμένο βράδυ της Παρασκευής, κείτονταν ακόμη δίπλα στα σκόρπια κομμάτια του σπασμένου ακουστικού. Το πήρε στα δυο της χέρια και κάθισε στον καναπέ. Ένα προς ένα ήθελε να τα κοιτάξει με τα μάτια της, να τα συνδέσει με εκείνον. Από τα χέρια του είχαν αφεθεί μέσα στο διαμέρισμα και ήταν τα μόνα που της είχαν απομείνει για να τον θυμάται, τραγικά ενθύμια της αδικοχαμένης τους αγάπης. Το θλιμμένο, μικρό αεροπλάνο μαζί με τον πρόχειρο χάρτη που έδειχνε τη διαδρομή μεταξύ Θεσσαλονίκης και Ηρακλείου, βρέθηκαν πρώτα στην αγκαλιά της. Με λάθος τρόπο είχε ερμηνεύσει τη σημασία τους. Άλλα από εκείνα που έπρεπε είχε καταλάβει, πιστεύοντας λανθασμένα πως σχετίζονταν με το ταξίδι της στο χωριό κατά την άδεια της. Παράπονο για τη φυγή της εξέφραζε ο Πέτρος επιλέγοντας εκείνα τα δυο αντικείμενα. Παράπονο που έφυγε και καημό για να επιστρέψει.

Λίγο παραδίπλα, η μουσική κάρτα με τις τελευταίες πληροφορίες του ραντεβού. 'Παρασκευή, 1 Αυγούστου'... 'Λευκός Πύργος'... Να μην είχε φτάσει ποτέ εκείνη η μέρα! Να μην είχε δοθεί ποτέ εκείνο το ραντεβού! Μα όλα είχαν τελειώσει πια, όλα είχαν γίνει. 'Τ' όνομά μου σκορπισμένο, μες τα γράμματα κρυμμένο' διάβασε και πάλι στο πίσω μέρος της κάρτας. Μεμιάς ανέτρεξε στην εσωτερική σελίδα της κάρτας και άρχισε να ψάχνει μέσα στα γράμματα. Το δικό του όνομα ήταν το μόνο που δεν είχε αποπειραθεί να σχηματίσει! Ούτε στο πιο τρελό της όνειρο δεν θα μπορούσε να φανταστεί πως το όνομα του Πέτρου κρύβονταν μέσα στις γραμμές. Κι όντως, θαρραλέο και περήφανο πετάχτηκε μπροστά στα μάτια της!

Η αναπαραγωγή των τελευταίων γεγονότων στο μυαλό της ήταν ραγδαία και αναπόφευκτη. Πλανήθηκε αργά στο χώρο, περπατώντας τα βήματα του πάνω στο μαρμάρινο πάτωμα, νιώθοντας μεθυστικό το άρωμα του στον αέρα. Εκεί μέσα, στο ίδιο της το διαμέρισμα, το σχέδιο της Ηρώς είχε πάρει σάρκα και οστά! Εκεί μέσα ο Πέτρος είχε ζήσει τις τελευταίες μέρες του, με το όνειρο και την ελπίδα πως θα κατάφερνε να την κάνει δική του! Παρατηρώντας προσεκτικά κάθε γωνιά του διαμερίσματος λαχταρούσε να εντοπίσει κι άλλα σημάδια της παρουσίας του, να τον νιώσει ακόμη πιο κοντά της. Δεν βρήκε τίποτα. Επιστρέφοντας στο σαλόνι, ανέσυρε ευλαβικά όλα τα μικροαντικείμενα από το μεταλλικό δοχείο και τα τοποθέτησε προσεκτικά μέσα στο χαρτόκουτο τους. Σαν εικόνισμα θα το φύλαγε σε σημείο εμφανές για να είναι προσιτό κάθε στιγμή και κάθε στιγμή να της υπενθυμίζει το μάθημα που είχε διδαχτεί τόσο απάνθρωπα, τόσο βίαια.

Βαριεστημένα άδειασε και τα λιγοστά πράγματα από τη σάκα της και τα τοποθέτησε στη θέση τους. Μόνη, στενοχωρημένη, κάθισε στο αγαπημένο της καναπεδάκι της κουζίνας. Μα δεν άντεξε για πολύ. Η έντονη παρουσία του στην ατμόσφαιρα έμοιαζε να της μιλά, να της ζητά να μοιραστεί την αλήθεια και με τα υπόλοιπα πρόσωπα που άθελα τους είχαν εμπλακεί σε εκείνη την ιστορία, με τα πρόσωπα που τόσο άδικα είχαν κατηγορηθεί. Όφειλε να ξεκαθαρίσει τη θέση της, να διαλευκάνει την κατάσταση ρίχνοντας άπλετο, λυτρωτικό φως. Μόνο έτσι θα κατάφερνε να ξαναβρεί, έστω και λίγη, ηρεμία. Ο Άγγελος ήταν ο πρώτος που ενημερώθηκε για την άφιξη της και ο πρώτος που δέχτηκε την πρόταση της να συναντηθούν στο διαμέρισμα. Θα ήταν πολύ δύσκολο να του μιλήσει. Έμοιαζε ακατόρθωτο να του εξηγήσει την πολυπλοκότητα των γεγονότων, τους λόγους των δικών της ενεργειών και ταυτόχρονα να του προσφέρει την απάντηση που ανέμενε τόσο υπομονετικά. Μα θα του τα έλεγε όλα. Είχε κάθε δικαίωμα να μάθει την πλήρη, συνταρακτική αλήθεια. Ο κίνδυνος μιας δριμείας αντίδρασης, ίσως και η διακύβευση της θέσης της στην εφημερίδα, έμοιαζαν ασήμαντα μπροστά στην διακαή ανάγκη της να αποβάλει, μια για πάντα, το φορτίο που την καταδυνάστευε.

Χτύπησε το κουδούνι της αγχωμένος. Μεμιάς είχε τρέξει κοντά της, ανυπομονώντας να την ανταμώσει, να δει αν είναι καλά, να μάθει επιτέλους τι είχε συμβεί! Σαν να είχαν περάσει αιώνες από την τελευταία φορά που την είχε αντικρίσει, την κοίταξε για αρκετή ώρα προτού την σφίξει στην αγκαλιά του. Ήταν συντετριμμένη, το διάβασε στο βλέμμα της. Την ακολούθησε στο σαλόνι, κάθισε στο πλευρό της και, με αγωνία τρομερή, άκουγε τα λόγια της να χαράζουν την σιωπή. Η καρδιά του λύγισε. Η ομολογία της αναγκαστικής φυγής της από το χωριό, η καθημερινή πάλη με τους δαίμονες της και ο αγώνας της να αποκτήσει μια ζωή μακριά από τον Πέτρο, δεν τον άφησαν ασυγκίνητο. Μα ποιος ήταν ο Πέτρος; Πρώτη φορά άκουγε το όνομα του! Πώς ήταν δυνατό να μην το έχει ξανακούσει; Την θαύμαζε αληθινά που είχε τολμήσει μια τέτοια προσπάθεια μα αδυνατούσε να πιστέψει πως μπόρεσε, έστω για λίγο, να ζήσει μια ζωή τόσο ψεύτικη μακριά του! Κάθε πτυχή της ιστορίας αποστομωτική, μα συγκλονιστικότερο από όλα, το άδοξο τέλος της. Η ωμότητα του αποχωρισμού του στέρησε την ανάσα του. Δεν ζητούσε πια να μάθει την απάντηση της στην πρόταση του. Δεν υπήρχε λόγος. Όλα ήταν ξεκάθαρα, διαυγή. Με αξιοπρέπεια παρέδωσε τα όπλα και αποσύρθηκε από την διεκδίκηση του έρωτα της. Ήξερε να χάνει, να χάνει σαν άντρας. Σαν άντρας συγχώρεσε και δικαιολόγησε και κάθε υποψία της προς το πρόσωπο του. Είχε αγαπήσει κι εκείνος και γνώριζε καλά πόσο εύκολο είναι να παραπλανηθείς και πόσο δύσκολο είναι να ξεφύγεις από τον αδιέξοδο λαβύρινθο των συναισθημάτων. Όσο της μιλούσε, το τόσο παρεξηγημένο πρόσωπο του είχε αποκτήσει μια όψη αγγελική, γεμάτο κατανόηση και συμπόνια.

«Για μένα, θα είσαι πάντα το αστέρι μου. Κι αν δεν μπορώ να έχω την καρδιά σου, θα ήταν τιμή μου να με κρατήσεις στη ζωή σου σαν φίλο, σαν γνωστό».

Ο γοητευτικός της Προϊστάμενος είχε επιδείξει ένα μεγαλείο ψυχής μοναδικό. Άξιζε την αγάπη και την εκτίμηση της. Την άξιζε αναμφισβήτητα. Επάξια είχε κερδίσει μια θέση στην καρδιά της και στο εξής θα αποτελούσε αναπόσπαστο κομμάτι της ζωής της, τόσο μέσα όσο κι έξω από το γραφείο. Η συνεργασία τους θα συνεχίζονταν ομαλά, ίσως καλύτερα κι από πριν, απαλλαγμένη από ρομαντισμούς και κολακείες, καθαρά επαγγελματική. Τον συνόδευσε στην πόρτα και τον καληνύχτισε με την καρδιά της αισθητά ελαφρύτερη.

Η βαριά, ξύλινη πόρτα της ξανάνοιξε για να υποδεχτεί τον Κωνσταντίνο. Φάνηκε μπροστά της με το κλασικό κουτί από τα αγαπημένα της γλυκά στα δυο του χέρια, χαμογελαστός και συγκρατημένα πρόσχαρος. Αν και είχε ενημερωθεί για το κακό που είχε συμβεί, προτίμησε να φωτίσει την ατμόσφαιρα με στάλες από την ευθυμία που τον χαρακτήριζε αντί να την φορτίσει επιπλέον με στενοχώρια και θλίψη. Με τον χαρισματικό του τρόπο μάλιστα, κατάφερε να φέρει το χαμόγελο και στα δικά της χείλη, άτονο έστω κι αμυδρό. Πόσο σημαντική ήταν η παρουσία του στη ζωή της! Μια μόνιμη ηλιαχτίδα δίπλα της, μια αστείρευτη πηγή αισιοδοξίας! Σερβίροντας του καφέ και γλυκό, τον οδήγησε με τη σειρά του στο σαλόνι. Η περίπτωση του Κωνσταντίνου απαιτούσε ειδική μεταχείριση καθώς ήταν ιδιαίτερα ευαίσθητος και ευσυγκίνητος τύπος. Όντως, όπως ακριβώς υποπτευόταν η Ζωή, τα μάτια του δεν στέγνωσαν στιγμή από τα δάκρυα, όση ώρα η ευάλωτη ψυχή του στέναζε στο άκουσμα των γεγονότων. Του ήταν δύσκολο να κατανοήσει όσα άκουγε. Ο εύθραυστος ψυχισμός του δεν κατάφερνε να αποδεχτεί τη σκληρότητα που της είχε δείξει η ζωή. Ο δικός της καημός τράνταζε και τα δικά του σωθικά και η θλίψη στα μάτια της μαύριζε και το δικό του βλέμμα. Μα αυτό που τον συνέτριβε περισσότερο ήταν η ομοιότητα της ιστορίας της με τη δική του. Καιρό πριν, ένα βράδυ που τους είχε βρει καθισμένους στον κήπο του σπιτιού του, της είχε εξομολογηθεί κι εκείνος πως αγαπούσε ένα κορίτσι μα δεν είχε βρει ποτέ το θάρρος να της φανερωθεί. Τώρα, ερχόμενος αντιμέτωπος με τις απίστευτες συνέπειες που μπορεί να έχει η σιωπή, κυριεύτηκε από πανικό. Η θλιβερή ιστορία της Ζωής τον είχε παροτρύνει να ανοίξει θαρραλέα την καρδιά του.

«Θα της μιλήσω! Θα της τα πω όλα!»

Εκείνη ενθουσιάστηκε με την απόφαση του. Μπορεί η ίδια της να μην είχε αποφύγει τα χειρότερα μα θα ήταν ευχής έργο αν ο φίλος της κατάφερνε να αποσοβήσει τον ίδιο κίνδυνο και να ορίσει με τις πράξεις του τον επίλογο της δικής του ιστορίας αγάπης. Άραγε οι υποψίες της θα επιβεβαιώνονταν; Ήταν άραγε εκείνη το κορίτσι που ο Κωνσταντίνος αγαπούσε κρυφά, όπως είχε υποψιαστεί; Αμίλητη, έντρομη περίμενε κάποια κίνηση του! Μα εκείνος δεν της είπε τίποτα, μόνο ζήτησε να ακούσει τη συνέχεια της αφήγησης που είχε ξεκινήσει από ώρα καθώς και το φινάλε της. Εσφαλμένη, λοιπόν, και εκείνη η υποψία της! Ο Κωνσταντίνος δεν την είχε ερωτευτεί, δεν την λάτρευε μυστικά! Η διαχυτικότητα, η υπερβολική αδυναμία που της έδειχνε και η κτητικότητα του που την είχε εκνευρίσει αρκετές φορές ήταν όλα ιδιότυπες εκφάνσεις μια βαθιάς, αυθεντικής φιλίας. Η προοπτική της αποκάλυψης των αισθημάτων του Κωνσταντίνου στο πρόσωπο που τον ενδιέφερε, ακόμη και αν κατέληγε σε απόρριψη, την είχε γεμίσει με ανακούφιση και ικανοποίηση. Ήταν ιδιαίτερα παρήγορο το γεγονός πως από τη δική της θλίψη έβγαινε κάτι καλό. Αναθαρρημένη, συνέχισε να του περιγράφει τα γεγονότα του πρόσφατου παρελθόντος, εξηγώντας παράλληλα και την δική της συμπεριφορά και στάση.

«Θεέ μου, ήταν απολύτως λογικό να με υποψιαστείς! Να θεωρήσεις πως ίσως ήμουν εγώ ο κρυφός σου επισκέπτης! Λογικό και αναμενόμενο! Δεν έχω το δικαίωμα να σε κατακρίνω! Από την αρχή είχα πρόσβαση στο διαμέρισμα σου και παραδέχομαι πως, πολλές φορές, ο αυθορμητισμός και η άνεση μου μπορεί να παρεξηγηθούν! Δεν υπάρχει λόγος να μου ζητάς συγνώμη! Δεν θέλω να σκέφτεσαι τίποτα, μόνο να επικεντρωθείς στην ψυχολογική ανάκαμψη σου!»

Ο Κωνσταντίνος, φίλος αληθινός, με ένα φύσημα δυνατό σκόρπισε τα τελευταία σύννεφα αδικίας που σκοτείνιαζαν την καρδιά της. Γενναιόψυχος, όπως και ο Άγγελος, της έδωσε 'αμνηστία', συγχώρεσε τα ατοπήματα της και εκείνο ήταν η αρχή των πάντων, το βασικό προαπαιτούμενο για την γιατρειά της. Όχι μόνο δεν προσβλήθηκε και δεν της κάκιωσε αλλά, αντιθέτως, δήλωσε απερίφραστα πως θα παρέμενε στο πλευρό της, βοηθώντας την να ξεπερνά το μαρτύριο της κάθε μέρας της, ώσπου να συνέλθει και να ξαναβρεί τον παλιό της εαυτό.

Η Ελισάβετ κατέφτασε όταν πια είχε σουρουπώσει για τα καλά. Αν και η Ζωή είχε ήδη καταπονηθεί από τη συγκινησιακή φόρτιση που επέφερε η επανειλημμένη επαναφορά στο μυαλό της όλων των λεπτομερειών της υπόθεσης, θα έκανε ακόμη λίγη υπομονή καθώς, εκείνη την ίδια ημέρα ήθελε να ολοκληρώσει την διαδικασία αποκάλυψης του μυστικού της. Εξάλλου, η συζήτηση με την Ελισάβετ δεν προμηνύονταν τόσο δυσάρεστη όσο εκείνες που είχαν προηγηθεί. Ένιωθε απλά την ανάγκη να μιλήσει στη φίλη της, να εντρυφήσει ίσως και σε άλλες πτυχές της ιστορίας και να δεχτεί μια διαφορετική αντιμετώπιση, μέσα από ένα ζευγάρι γυναικεία μάτια.

Εμφανίστηκε στο κατώφλι της περιποιημένη, απαστράπτουσα. Είχε κάνει καθημερινή διαδικασία την φροντίδα του εαυτού της και αυτό ήταν πολύ ευχάριστο. Αφού αγκαλιάστηκαν στην είσοδο του διαμερίσματος και προτού προχωρήσει στο εσωτερικό του διαμερίσματος, η φωνή της άρχισε να ανεβαίνει σε ένταση και να αλλάζει χροιά. Ασυναίσθητα, είχε ξεκινήσει να την κατσαδιάζει που τόσο απρόσμενα και χωρίς εξηγήσεις είχε ταξιδέψει στην Κρήτη και δεν ήταν προσβάσιμη ούτε μέσω τηλεφώνου.

«Μου είπες πως συνέβη κάτι τρομερό και μετά εξαφανίστηκες, αφήνοντας με στα σκοτάδια. Δεν μπορείς να φανταστείς τι τράβηξα όλες αυτές τις μέρες! Δεν ήξερα τι να πρωτοσκεφτώ!»

«Έχεις δίκιο, λυπάμαι πολύ. Θα σου τα πω όλα. Πρώτα όμως, χρειάζομαι οπωσδήποτε λίγο κρασί. Να σου βάλω;»

«Βεβαίως!»

Από το παράθυρο της κουζίνας ένα ελαφρύ αεράκι δρόσιζε τη βραδιά. Καθισμένες στο διθέσιο καναπέ, αποφεύγοντας και πάλι την επισημότητα του σαλονιού, επιδόθηκαν σε μια έντονη κουβέντα. Πόσα ήθελε να ρωτήσει η Ελισάβετ! Πόσα ήθελε να της πει η Ζωή! Για ώρες, η συζήτηση χαρακτηρίστηκε από μια αδιάκοπη εναλλαγή ερωτήσεων και απαντήσεων, συνοδευμένων από επιφωνήματα έκπληξης και λύπης από τα χείλη της Ελισάβετ.

«Πώς μπόρεσες να το κρατήσεις μέσα σου τόσο καιρό; Πώς δεν έσκασες; Γιατί δεν μου μίλησες ποτέ; Τι από όλα αυτά φοβόσουν πως δεν θα καταλάβω;» τη ρώτησε η Ελισάβετ, μόλις η Ζωή της αποκάλυψε το βαρύγδουπο μυστικό της.

«Όπως φαίνεται, μου ήταν πιο εύκολο να το κρατήσω κρυφό παρά να βρω το θάρρος να μιλήσω στον Πέτρο, σε εσένα, στην Ηρώ, στον οποιονδήποτε! Μικρή η ψυχή μου, Ελισάβετ. Μικρή και αδύναμη. Μα δεν θα ήθελα σε καμία περίπτωση, η σιωπή μου να σταθεί αιτία αμφισβήτησης της φιλίας μας. Δεν το έκρυψα μόνο από εσένα. Σε κανέναν δεν μίλησα ποτέ, ούτε στην ίδια μου την αδερφή».

Η Ελισάβετ έπινε το κρασί μηχανικά λες και ήταν νεράκι και, πριν προλάβει να αδειάσει το ποτήρι της, το ξαναγέμιζε ως επάνω. Οι πληροφορίες έρρεαν με ταχύτητα φωτός και το αλκοόλ ενίσχυε την ικανότητα κατανόησης τους. Όλη νύχτα θα μπορούσαν να κουβεντιάζουν οι δυο τους, ανταλλάσσοντας σχόλια και συμβουλές. Ήταν τέτοια η φύση του θέματος που κάθε λέξη σήκωνε υπερβολική συζήτηση. Μα η Ζωή φαίνονταν ήδη ταλαιπωρημένη και η Ελισάβετ είχε τη διακριτικότητα να συγκρατηθεί, να διακόψει τον καταιγισμό των ερωτήσεων, παραχωρώντας εκτενέστερο περιθώριο για την περιγραφή και παρουσίαση των γεγονότων παρά για την ανάλυση και την αιτιολόγηση τους. Έτσι, η ώρα κυλούσε, η αφήγηση προχωρούσε και τα δυο μάτια της Ελισάβετ άστραφταν από το θυμό, την αναστάτωση και το αλκοόλ.

«Απίστευτο! Απορώ πως δεν υποψιάστηκες κι εμένα!» αστειεύτηκε, σαν πληροφορήθηκε τις επισκέψεις με τα ερωτικά ραβασάκια. Ήταν τόσο ισοπεδωτικός ο κυκεώνας των προβληματισμών και των υποψιών που ταλάνιζε τη Ζωή τόσο καιρό, ώστε η Ελισάβετ κατάφερε να τον σχολιάσει μόνο καταφεύγοντας στην επιλογή της διακωμώδησης. Δεν είχε άλλο τρόπο.

Η αφήγηση προχώρησε ακόμη περισσότερο, η στάθμη του κρασιού στα ποτήρια ανεβοκατέβαινε ασταμάτητα, ώσπου πλησίασε το τέλος. Χαμήλωσαν και οι δυο τα μάτια τους καθώς οι ανάσες πλήθυναν από ταραχή. Η μάσκαρα κατρακύλησε κατάμαυρη από τις δακρυσμένες βλεφαρίδες της Ελισάβετ κι ενώθηκε με το ροζ των ζυγωματικών της. Χρώματα μπερδεμένα όπως και οι σκέψεις της. Αδύναμη να εκφραστεί, ανήμπορη να προσφέρει λεκτικά την συμπαράσταση της στη Ζωή, την αγκάλιασε τρυφερά και φίλησε απαλά το χλωμό της πρόσωπο. «Πόσα πέρασες! Πόσα πέρασες μονάχη σου! Θα είμαι κοντά σου για ότι χρειαστείς. Ποτέ μην το ξεχάσεις!» της φώναζε χωρίς καν να της μιλά και η Ζωή τα άκουγε τα λόγια της πεντακάθαρα, δυνατά μέσα στη σιγαλιά.

Κι άλλο μπουκάλι άνοιξαν σαν τέλειωσε το πρώτο. Κι ακόμη ένα, πιο μετά. Αγκαλιασμένες πάνω στον καναπέ, δεν έβγαζαν μιλιά. Κάθε μια είχε βυθιστεί στις σκέψεις της. Η Ελισάβετ αγωνίζονταν να απαντήσει μόνη της σε όσες απορίες αναπηδούσαν πάνω στο τραμπολίνο του μυαλού της ενώ η Ζωή, παλεύοντας να ακολουθήσει το υποτυπώδες ένστικτο επιβίωσης που της είχε απομείνει, προσπαθούσε να επαναπροσδιορίσει τη θέση της και να δώσει στην καθημερινότητα της ένα καινούριο νόημα, έναν νέο σκοπό. Στο νου και των δυο, το ίδιο πρόσωπο. Ο Πέτρος. Λατρεμένος για την Ζωή, άγνωστος αλλά παράλληλα τόσο οικείος για την Ελισάβετ. Η βουβή οινοποσία έμοιαζε με γιορτή που είχε στηθεί για χάρη του. Μια γιορτή – αφιέρωμα σε εκείνη την μοναδική ιστορία με το αλησμόνητο δίδαγμα. Έπιναν στην υγειά του, στην ανάμνηση του, γουλιές μεγάλες, δροσιστικές. Την Ελισάβετ δεν την απασχολούσε η επιστροφή, δεν την ένοιαζε αν το κρασί θα παρέλυε τις αισθήσεις της καθώς δεν σκόπευε να πάει πουθενά. Εκεί θα έμενε, παρέα με τη Ζωή. Θα ήταν πολύ δύσκολο εκείνο το βράδυ. Πολύ δύσκολο για να την αφήσει να το αντιμετωπίσει μόνη της. Για πρώτη φορά η Ζωή χαλάρωσε, αφέθηκε να γείρει σε έναν ώμο φιλικό ζητώντας κουράγιο και η Ελισάβετ δεν θα της το αρνούνταν. Καθισμένη αναπαυτικά στην αγαπημένη της γωνιά μέσα στο δωμάτιο της κουζίνας, έμεινε δίπλα στην αποκαρδιωμένη φίλη της ώσπου τα μουτζουρωμένα της μάτια βάρυναν και αποκοιμήθηκε γλυκά.

Η Ζωή, επιθυμώντας να της προσφέρει έναν ύπνο άνετο, ζούληξε ένα αφράτο μαξιλάρι κάτω από το κεφάλι της και με ένα σεντόνι ανάλαφρο, καλοκαιρινό, σκέπασε το παραδομένο στη νύστα σώμα της. Την είχε περιποιηθεί όσο ήταν δυνατόν και ήσυχη με τον εαυτό της αποσύρθηκε κι εκείνη στο δωμάτιο της μέσα από τη θολωτή τζαμόπορτα. Σαν ξάπλωσε να κοιμηθεί, το διπλό κρεβάτι της, έτριξε σιγανά από το βάρος του κορμιού της. Το ανθεκτικό του στρώμα θα επιβαρύνονταν στο εξής και με το ψυχολογικό της φορτίο και, απορροφώντας τους κραδασμούς της καρδιάς της, θα της χάριζε ανάπαυση τα βράδια. Διπλό κρεβάτι, ευρύχωρο, για να χωράει κι εκείνον δίπλα της. Πόσο άχρηστος της είχε φανεί αρχικά ο παραπανίσιος χώρος του! Μα τώρα έμοιαζε ιδανικός. Διπλό κρεβάτι, να χωράει δύο καρδιές. Καθώς είχε ορκιστεί πως δεν θα τον αποχωρίζονταν ξανά, κενή θα έμενε η πλευρά του. Στρωμένη θα κρατούσε τη θέση του. Πλάι του θα κοιμόταν κάθε βράδυ κι αγκαλιασμένοι θα ξυπνούσαν το πρωί. Κι αν το προσκέφαλο του θα έμοιαζε αδειανό σε εκείνους που δεν γνώριζαν, εκείνος θα ήταν εκεί, με τα γκριζωπά του μάτια καρφωμένα τρυφερά πάνω της.

Από το βλέμμα του, η Ζωή, δεν χάθηκε ποτέ. Μονίμως το ένιωθε πάνω της, να την προσέχει τρυφερά, γλυκά να την παρατηρεί. Μα κι εκείνη δεν τον έχασε στιγμή από τα μάτια της. Παρέα απολάμβαναν τα νοσταλγικά βράδια του καλοκαιριού. Μα κι όταν έρχονταν χειμώνας και πάγωνε το 'σπιτικό', στα δυο του χέρια την τύλιγε σφιχτά, να τη ζεστάνει. Πιασμένοι χέρι - χέρι βολτάριζαν τα δειλινά και σαν σπουργίτια ερωτευμένα επέστρεφαν πίσω γοργά σαν έπεφτε το σούρουπο. Συντροφιά καλή οι δυο τους, συντροφιά μέσα στην κάμαρα, στο κουζινάκι δίπλα, σε κάθε χώρο του σπιτιού. Το σπίτι εκείνο πλημμύρισε στιγμές, στιγμές που έγιναν χρόνια και έφτιαξαν μια ολάκερη ζωή. Μια ζωή που την ξόδεψε μαζί του, όπως ακριβώς την είχε ονειρευτεί. Ποτέ, κανείς δεν βρέθηκε να τον πάρει απ' το πλευρό της. Ποτέ, κανείς δεν μπόρεσε απ' την καρδιά της να τον σβήσει. Κι ας είχαν αλλάξει μύριες εποχές από το στερνό εκείνο αντίο.

Καλοκαίρια αμέτρητα έφεραν ρόζους στα δυο της χέρια. Χειμώνες παγωμένοι, με χιόνια γέμισαν τις μπούκλες των μαλλιών της. Το δέρμα της δεν ήταν πλέον απαλό, σφριγηλό, μα έμοιαζε με θάλασσα κυματιστή, θάλασσα που τη φυσούσε αγέρας μανιασμένος. Βαθιές ρυτίδες χάραξαν ουλές στο πρόσωπο της και η εξωτική ομορφιά της έσβησε, χάθηκε οριστικά. Η ζωντάνια της ατόνησε, την εγκατέλειψε η δύναμη της. Ένα μπαστούνι την κράταγε όρθια και στήριζε τα βήματα της. Μα δεν την έθλιβε καθόλου το πέρασμα του χρόνου ούτε και η φθορά του κορμιού. Της έφτανε που στα μάτια της το λευκό εκείνο φως έφεγγε ζωηρό μέρα και νύχτα! Είχε ζήσει στο πλάι του τόσο ευτυχισμένη, τόσο υπέροχη ζωή και ήταν γι' αυτό ευγνώμων!

Το βροχερό εκείνο πρωινό, το χαρτόκουτο με τα χιλιοαγγιγμένα ενθύμια του, έστεκε πάνω στο τραπέζι του σαλονιού, κιτρινισμένο από την πολυκαιρία. Γερμένο δίπλα του, το ξύλινο μπαστούνι της ανέμενε την ώρα της αναχώρησης. Αν και ο καιρός ήταν κακός και θα δυσκόλευε το ταξίδι της, εκείνη ετοίμαζε τη βαλίτσα της πεισματικά. Δεν ήθελε να το σκέφτεται ούτε να το παραδεχτεί μα, όπως φαινόταν, το ταξίδι εκείνο στην πατρίδα της θα ήταν μάλλον και το τελευταίο. Η αντοχή της είχε εξασθενήσει αισθητά και το κουράγιο της δεν έφτανε για να αντιμετωπίσει την ταλαιπωρία. Το γέρικο κορμί της δεν θα της επέτρεπε να ταξιδέψει ξανά, όπως έκανε τόσα χρόνια, τέτοια μέρα.

Κάθε χρονιά, την πρώτη του Αυγούστου, στην θλιβερή επέτειο του θανάτου του, γυρνούσε στο νησί για να τον ανταμώσει. Τον όρκο της δεν τον αθέτησε ποτέ, τον όρκο πως δεν θα τον απαρνιόταν ξανά όσο ζούσε. Με καύσωνα ή μπουρίνι ξεκινούσε πάντα από την πόλη για να βρεθεί στο πλάι του, στο ίδιο πάντα σημείο, εκεί, στην ανατολική πλευρά των κοιμητηρίων. Ούτε μια φορά δεν φάνηκε ασυνεπής σε εκείνο το ραντεβού τους. Το ίδιο θα έκανε κι εκείνη την ημέρα ακόμη κι αν πονούσε φριχτά το κουλουριασμένο της κορμί, ακόμη κι αν οι καιρικές συνθήκες έριχναν εμπόδια θεόρατα στο διάβα της. Κι άλλες φορές η αδιαθεσία κι ο καιρός είχαν προσπαθήσει να ακυρώσουν το ταξίδι της μα ποτέ δεν τα είχαν καταφέρει. Τι κι αν τη μούσκευε η βροχή; Τι κι αν ο άνεμος της έκοβε την ανάσα; Τι κι αν ο κορμός της λύγιζε σε κάθε βήμα, αδυνατώντας να βαστάξει το μπόι της; Το μόνο που ήθελε ήταν να πάει κοντά του.

Κάθε χρονιά, την πρώτη του Αυγούστου, στην θλιβερή επέτειο του θανάτου του, προτού ξεκινήσει για το νησί, ένα προς ένα διάβαζε όλα του τα μηνύματα και ζούσε την ιστορία και πάλι απ' την αρχή μες το μυαλό της. Η μικρή βαλίτσα της εκείνο το βροχερό πρωινό, παρέμενε έτοιμη δίπλα στην πόρτα όση ώρα εκείνη ξεφύλλιζε κάρτες και σημειώματα. Παρά τα χρόνια που είχαν μεσολαβήσει, το νόημα τους έφτανε το ίδιο γλυκό στα φυλλοκάρδια της. Η ουσία τους, ολοζώντανη όπως όταν τα είχε πρωτοδιαβάσει, εξακολουθούσε να την συγκινεί και να γεμίζει με δάκρυα τα μάτια της, δάκρυα ορμητικά σαν την καλοκαιρινή μπόρα που λυσσομανούσε στους δρόμους της πόλης. Βγήκε από το σπίτι αργά αλλά αποφασιστικά.

Σα άγριος ποταμός κάτω από το μπαστούνι της, τα λασπωμένα νερά ξεχύνονταν στην κατηφόρα του μεγάλου δρόμου. Τα γιαγιαδίστικα παπούτσια της με το χαμηλό τακούνι, σαν ογκώδεις, δυσκίνητες φρεγάτες, έσκιζαν το νερό στα δυο. Με την ομπρέλα της στο ένα χέρι και τη βαλίτσα της στο άλλο, πάλευε να κρατήσει την ισορροπία της. Δεν ήθελε να σωριαστεί άτσαλα στο οδόστρωμα και να γίνει ο περίγελος των περαστικών. Η ομπρέλα πηγαινοέρχονταν δεξιά και αριστερά σε κάθε σήμα που έκανε στα ταξί να την παραλάβουν. Κάθε που την κουνούσε, οι στάλες της βροχής έπεφταν βαριές πάνω στα μαλλιά της. Ώσπου να καταφέρει να φτάσει στο αεροδρόμιο, έμοιαζε σαν να είχε μόλις βγει από το μπάνιο.

Το αεροπλάνο με φόρα σήκωσε τις ρόδες του από το υγρό τσιμέντο και ήταν πρώτη φορά που η άνοδος στους αιθέρες της προκάλεσε τέτοια ταραχή. Πάλλονταν τα σωθικά της μπρος και πίσω και μια ζάλη πρωτοφανής αποσυντόνιζε τον προσανατολισμό της.

«Πάει, γέρασα πια» συλλογίστηκε με το κεφάλι ανήμπορα γερμένο στο μαξιλάρι του καθίσματος της. Μια πίεση στο στήθος δυσχέραινε την αναπνοή της όση ώρα το αεροπλάνο παρέμενε κεκλιμένο με τη μύτη του στραμμένη προς τον ουρανό.

Η ίδια ταραχή την ταλαιπώρησε και κατά την ολοκλήρωση της πτήσης. Συγκλονίστηκε το κορμί της από την απότομη μείωση της ταχύτητας και σαν σύγκρουση σφοδρή, μετωπική, ένιωσε την προσγείωση πάνω στον μακρύ διάδρομο. Αποβιβάστηκε κατάκοπη, εξουθενωμένη και απογοητευμένη από την τρομερή κατάπτωση του οργανισμού της. Μα και πάλι πεισματικά, συνέχισε το δρόμο της, βήμα το βήμα, κρατώντας το μπαστούνι της γερά.

Τα κοιμητήρια στο ύψωμα του χωριού, με θέα την πανέμορφη, φουρτουνιασμένη θάλασσα, στέναζαν κάτω από την αλύπητη βροχή. Το ίδιο κακός ο καιρός και στο νησί, έστω και χιλιόμετρα μακριά από τη Θεσσαλονίκη. Η ίδια υγρασία της τρυπούσε το κορμί, προκαλώντας της ανυπόφορα ρίγη. Κοντοζύγωσε την πύλη βαριανασαίνοντας. Μετά από τόσο δρόμο τα πόδια της είχαν αρχίσει να τρέμουν, να τρεκλίζουν επικίνδυνα.

«Καλώς την». Ο χαιρετισμός του Γιάννη την αιφνιδίασε καθώς με το κεφάλι της σκυμμένο, δεν τον είχε δει να πλησιάζει. Επέστρεφε από τον αδερφό του. Μόλις τον είχε επισκεφτεί.

«Καλώς σε βρήκα, Γιάννη μου». Η οικειότητα μεταξύ τους ήταν αμείωτη, διάχυτη, παρότι αντάμωναν μονάχα μια φορά κάθε χρόνο, εκείνη την μέρα, στο ίδιο σημείο. Τους έδεναν τόσα πολλά, τόσες αξέχαστες στιγμές.

«Ο Νίκος είναι μέσα. Θα τον δεις» την ενημέρωσε καθώς απομακρύνονταν πεζός, με κατεύθυνση το κέντρο του χωριού.

Μα δεν την περίμενε μόνο ο Νίκος μέσα στα κοιμητήρια. Πολλοί ήταν εκείνοι πλάι στον τάφο του. Πολλοί ήταν εκείνοι που δεν τον είχαν ξεχάσει. Μα δεν ήταν λίγοι κι εκείνοι που με τα χρόνια τον λησμόνησαν και άφησαν την ανάμνηση του να σβήσει μέσα από την ψυχή τους. Όλοι τους την χαιρέτησαν ευγενικά σαν εμφανίστηκε μπροστά τους. Όλοι τους γνώριζαν την ιστορία της Ζωής και του Πέτρου και με δέος υποκλίνονταν στο μεγαλείο της να παραμένει στο πλευρό του τόσα χρόνια. Ο Νίκος την καλωσόρισε με τον συνήθη, χαρακτηριστικό τρόπο του, με ένα απαλό φιλί στο χέρι. Με εκείνη την κίνηση του, της έδειχνε κάθε φορά την εκτίμηση και το σεβασμό που μύριες λέξεις δεν θα μπορούσαν να εκφράσουν. Ακόμη έκπληκτος, αδυνατούσε να συλλάβει την ανιδιοτέλεια με την οποία η Ζωή είχε επιλέξει την δύσβατη οδό της μοναξιάς για να μείνει πιστή στον αδερφό του. Φορώντας ένα φωτεινό χαμόγελο αποχώρησε λίγα λεπτά μετά την άφιξη της Ζωής. Ήταν σωστό να τους αφήσει μόνους. Το παράδειγμα του ακολούθησαν και όλοι οι υπόλοιποι, φίλοι και γνωστοί. Σαν έμεινε μόνη της, έψαξε να εντοπίσει το σκαμνάκι της που από χρόνια το φυλούσε εκεί, στο πλάι του. Το εντόπισε ακίνητο στη θέση του, σαν να είχε ριζώσει βαθιά μέσα στο χώμα. Σκούπισε με το μαντίλι της την μουσκεμένη επιφάνεια του και το τράβηξε κοντά σε εκείνον. Βολεύτηκε με δυσκολία, εξακολουθώντας να κρατά την ομπρέλα της ανοιχτή. Πόσες στιγμές είχε ξοδέψει πάνω σε εκείνο το σκαμνί, πόσες φορές τον είχε κλάψει καθισμένη πάνω στην άκαμπτη επιφάνεια του. Μα τα δάκρυα της είχαν στερέψει από καιρό και όλο και πιο ψύχραιμη εμφανίζονταν σε κάθε συνάντηση τους. Δεν έφταιγε η καρδιά της που δεν έκλαιγε πια, δεν είχε γίνει η καρδιά της πέτρα. Απλά δεν είχε άλλα δάκρυα, του τα είχε χαρίσει όλα. Αμήχανη, ξεκίνησε να του μιλά.

«Τελευταία φορά σε συναντώ, μάλλον δεν θα ξανάρθω. Δεν είναι πως δεν θέλω. Είναι που δεν μπορώ. Μα ακόμη κι αν δεν με βλέπεις να έρχομαι, ξέρεις πως πάντοτε κοντά μου σε κρατώ. Κι αν δεν με ακούς να σου μιλώ, ξέρεις πως πάντοτε στη σκέψη μου σε έχω. Γέρασα Πέτρο μου, γέρασα πια και τα πόδια έγιναν βαριά, πολύ βαριά για επισκέψεις. Μα έχω ευχάριστα νέα να σου πω».

Σώπασε. Έτσι του έδινε πάντοτε χρόνο για να συμμετέχει κι εκείνος στη συζήτηση. Ποτέ της δεν μονολογούσε σαν συναντιόντουσαν οι δυο τους. Και μόνο όταν ο Πέτρος της τη ρώτησε ποια ήταν τα νέα της, συνέχισε εκείνη να μιλά.

«Τα νέα μου είναι πως σύντομα θα ανταμώσουμε. Έφτασε πλέον ο καιρός παρέα να σου κάνω. Λίγη υπομονή μονάχα σου ζητώ και γρήγορα θα βρεθώ στο πλάι σου».

Το ένιωθε καλά πως οι ανάσες της είχαν λιγοστέψει και οι μέρες της κόντευαν σωθεί. Μα δεν τη φόβιζε το αύριο, το άγνωστο μετά. Τα μάτια της τον κοίταξαν για ώρα, τον κοίταξαν για τελευταία φορά πριν το μπαστούνι της αρχίσει και πάλι να χτυπά πάνω στο υγρό πλακόστρωτο των κοιμητηρίων. Η Ηρώ, την περίμενε στο πατρικό, να την κεράσει καφέ και γλυκό του κουταλιού, φτιαγμένο απ' τα χεράκια της. Σαν την μητέρα τους εμφανίστηκε στο κατώφλι του σπιτιού να την προϋπαντήσει. Σαν την μητέρα τους, με την πετσέτα της κουζίνας ριγμένη στον ώμο και λευκά ίχνη από αλεύρι πάνω στα ρούχα της. Το πατρικό τους, απέναντι από τη θάλασσα είχε στεγάσει την όμορφη οικογένεια της μικρής της αδερφής. Με το πέρασμα του χρόνου, το 'μπεμπεκάκι' παντρεύτηκε. Έγινε και μητέρα. Ένα γιο και μια κόρη της χάρισε ο Θεός. Κι εκείνοι με τη σειρά τους, την ευλόγησαν με τρία εγγόνια.

Εκείνη την ημέρα, ήταν όλοι τους εκεί. Δεν θα έχαναν με τίποτα την ευκαιρία να δουν τη θεία Ζωή, τη γιαγιά Ζωή. Την μοναδική φορά που επισκέπτονταν κάθε χρόνο το νησί, ετοιμάζονταν μια υποτυπώδης οικογενειακή γιορτή για λόγου της. Η Ηρώ την καρτερούσε υπομονετικά στην πόρτα να διαβεί, με τα αργά της βήματα, την αυλή. Την υποδέχτηκε θερμά, με μια ζεστή αγκαλιά και ένα δυνατό φιλί. Μέσα απ' το σπίτι αντηχούσαν γέλια και φωνές. Ήταν πραγματικά αξιοζήλευτο το 'σπιτικό' τους, η φαμίλια τους. Προχώρησε ανυπόμονα μέσα στο χολ. Βιάζονταν να τους συναντήσει. Μέσα από το σαλόνι, ο γαμπρός της, ο σύζυγος της Ηρώς, την καλωσόρισε με ένα γλυκό χαμόγελο. Τα δύο της ανίψια, χίμηξαν μες την αγκαλιά της σαν την αντίκρισαν. Την αγαπούσαν τόσο πολύ! Όσο τα λάτρευε κι εκείνη!

Μαζεμένοι σε μια όμορφη συντροφιά, γευμάτισαν στην τραπεζαρία, σαν ήρθε το μεσημέρι. Η Ηρώ είχε ετοιμάσει, ως συνήθως, ένα σωρό νοστιμιές για την επίσκεψη της αδερφής της. Είχε κληρονομήσει κι εκείνη από τη μητέρα τους το ταλέντο και την αγάπη για τη μαγειρική και πάντα τα τραπεζώματα της προκαλούσαν ενθουσιασμό. Μικροί και μεγάλοι, κουβέντιαζαν ασταμάτητα. Ήταν τόσα τα νέα, που δεν έφτανε η μονοήμερη επίσκεψη της Ζωής για να τα προλάβουν όλα! Η ατμόσφαιρα ήταν τόσο γιορτινή που η ώρα κύλησε ασυναίσθητα. Το μεσημέρι χάθηκε και έδωσε τη θέση του στο απόγευμα. Τα νεότερα μέλη της οικογένειας ξάπλωσαν για τον απογευματινό τους ύπνο καθώς η κόρη της Ηρώς συμμάζευε το τραπέζι.

«Κόπασε η βροχή, Ζωή μου. Τι λες να πιούμε το καφεδάκι μας στο μπαλκόνι όπως τον παλιό καλό καιρό;» πρότεινε η Ηρώ κλείνοντας της παιχνιδιάρικα το μάτι.

«Πολύ καλή η ιδέα σου» συμφώνησε η Ζωή. Ήταν αγαπημένη συνήθεια εκείνα τα καφεδάκια στη βεράντα.

Η θάλασσα ήταν άγρια εκείνο το απόγευμα, σκουρόχρωμη, φουρτουνιασμένη. Σαν να προμήνυε κάποιο κακό. Μα ακόμη κι έτσι ήταν απόλαυση να την κοιτάς. Η Ζωή άφησε το βλέμμα της να ταξιδέψει πάνω στα αγαπημένα της, θολά νερά, ώσπου να τελειώσει η Ηρώ το σερβίρισμα και να καθίσει δίπλα της. Το ξύλινο δάπεδο της βεράντας, βρεγμένο βαθιά από την πολύωρη μανία της βροχής, στέγνωνε αργά, σκορπίζοντας υπέροχες ευωδιές μέσα από τους αδιόρατους υδρατμούς του. Το νοσταλγικά γνώριμο άρωμα του υγρού ξύλου, γέμισε την καρδιά της με χιλιάδες αναμνήσεις. Λες και μύρια στιγμιότυπα της ζωής της είχαν στριμωχτεί μέσα σε εκείνη την μυρωδιά.

Σαν σερβιρίστηκε ο καφές και το γλυκό κεράσι μέσα στα μικρά, γυάλινα πιατάκια, αντίκρυ της κάθισε η Ηρώ, για να κοιτάζονται όσο μιλούν. Ήταν τόσο δεμένες κι αγαπημένες οι δυο τους που τα πρόσωπα τους είχαν φωτίσει σαν ήλιοι μικροί σε εκείνη τη συνάντηση.

«Πες μου λοιπόν, πως τα περνάς; Πώς είσαι;» ξεκίνησε τις ερωτήσεις η Ηρώ. Με τόσο κόσμο μέσα στο σπίτι ήταν πραγματικά ακατόρθωτο να ολοκληρωθεί μια κουβέντα. Τώρα όμως, που βρέθηκαν μοναχές τους, η Ηρώ είχε σκοπό να μάθει όσα περισσότερα μπορούσε για την αδερφή της, την ζωή της, την καθημερινότητα της.

«Τι νέα να σου πω 'μπεμπεκάκι' μου, τώρα στα γεράματα; Από πέρυσι, τίποτα δεν άλλαξε. Τίποτα απολύτως. Στο σπίτι τριγυρνώ τον περισσότερο καιρό μου, απολαμβάνοντας τη σύνταξη μου. Που και που, πίνω και κανένα τσάι με την Ελισάβετ. Μα τώρα τελευταία έχουμε χαθεί λιγάκι. Ο Γιώργος της παρουσίασε κάποια θέματα υγείας και η άμοιρη τρέχει από νοσοκομείο σε νοσοκομείο. Που καιρός για τσάι και σόμπορο». Ένα χαμόγελο αποπειράθηκε να εμφανιστεί στα χείλη της μα δεν τα κατάφερε. Το χλωμό της πρόσωπο, πιο 'σπασμένο' από κάθε άλλη φορά αδυνατούσε να φιλοξενήσει μια τόσο απαιτητική έκφραση. Έμοιαζε υπερβολικά εξαντλημένη εκείνο το απόγευμα και η Ηρώ δεν άργησε να το αντιληφθεί. Το χέρι της έτρεμε τόσο πολύ που σαν σήκωνε το φλιτζανάκι ο περισσότερος καφές χύνονταν πάνω στο τραπεζομάντιλο, σχηματίζοντας στρόγγυλους, καφετί λεκέδες.

«Η υγεία σου με απασχολεί, Ζωή μου, κι όχι τόσο τα κοινωνικά σου. Η υγεία σου πρώτα από όλα. Πες μου, λοιπόν, το ταξίδι σου πήρε το χρώμα απ' τα μάγουλα ή μήπως δεν αισθάνεσαι και πολύ καλά;» Δεν ήταν εύκολο να ξεγελαστεί η Ηρώ και έτσι η Ζωή αποφάσισε να της μιλήσει ειλικρινά.

«Η αλήθεια είναι πως νιώθω αρκετά αδύναμη. Μέσα στο αεροπλάνο ήρθαν στιγμές που είπα πως δεν θ' αντέξω. Μάλλον δεν θα έπρεπε να επιτρέπεται στις γιαγιάδες να πετούν. Ζαλίστηκα πολύ και ακόμη να συνέλθω».

Φόβος κι ανησυχία εμφανίστηκαν στο βλέμμα της Ηρώς.

«Σου το 'χω πει επανειλημμένα πως τα ταξίδια δεν είναι για την ηλικία μας. Γιατί δεν με ακούς; Για πόσο καιρό σκοπεύεις να συνεχίσεις τα πήγαινε – έλα σου; Νομίζω πως φτάνει πια. Μόνο ζάλη νιώθεις; Υπάρχει τίποτα άλλο που να σε πονά;»

«Το στήθος μου πιέστηκε πολύ στην απογείωση. Έχω ακόμη λίγη δυσφορία μα είμαι καλύτερα».

«Εγώ πάλι νομίζω πως η επίσκεψη σου στα κοιμητήρια και η συγκίνηση σου επιδείνωσαν την πίεση στο στήθος κι ας λες εσύ ότι θες.

Μάλλον θα ήταν καλύτερα να ξαπλώσεις Ζωή μου, να ξεκουραστείς. Μπορούμε να πούμε τα νέα μας αργότερα. Πάω να σου στρώσω». Η Ηρώ, με κάθε ευκαιρία εξέφραζε την διαφωνία της σχετικά με την εξακολούθηση των επισκέψεων της Ζωής στα κοιμητήρια. Μπορεί να είχε αναγκαστεί να δεχτεί την απόφαση της αδερφής της να μην φτιάξει ποτέ τη ζωή της στο πλευρό ενός άντρα, μα εκείνη η μακροχρόνια, ψυχοσωματική ταλαιπωρία την εξόργιζε. Τον είχε τιμήσει πια! Τον είχε τιμήσει και με το παραπάνω. Τώρα ήταν καιρός να φροντίσει λίγο και τον εαυτό της, να νοιαστεί για την υγεία της.

«Έλα, Ζωή μου. Το κρεβάτι σου είναι έτοιμο» την ενημέρωσε λεπτά αργότερα, προβάλλοντας και πάλι στη βεράντα. Μα σαν έκανε η Ζωή να σηκωθεί σωριάστηκε πάνω στο υγρό, ξύλινο δάπεδο. Σωριάστηκε ξαφνικά, προτού προλάβει η Ηρώ να σταματήσει την πτώση της.

«Δημήτρη, τρέξε! Η Ζωή!»

Ο σύζυγος της Ηρώς, ανταποκρίθηκε άμεσα στο κάλεσμα της κι έτρεξε στη βεράντα. Σαν είδε τη Ζωή πεσμένη, αδύναμη, απόμεινε με το στόμα ανοιχτό να την κοιτά. Πλησίασε έντρομος και την πήρε μέσα στα δυο του χέρια. Μετέφερε προσεκτικά το αναίσθητο κορμί της στο κρεβάτι που της είχε ετοιμάσει μόλις η Ηρώ. Τα μωρά της οικογένειας κοιμόταν ακόμη στα πίσω δωμάτια του σπιτιού. Δεν είχαν ενοχληθεί από τη φασαρία. Δεν θα ήταν καλό τα αθώα μάτια τους να αντικρίσουν τόσο δυσάρεστες σκηνές. Η Ηρώ και ο Δημήτρης, ανήσυχοι, πελαγωμένοι, στάθηκαν πάνω από το προσκέφαλι της, προσπαθώντας να αντιληφθούν τι συνέβαινε, να ζυγίσουν την κρισιμότητα της κατάστασης.

«Θεία μου! Θεία, τι έπαθες;» ούρλιαξε η κόρη τους που, εκείνη τη στιγμή, φάνηκε σοκαρισμένη στην είσοδο του δωματίου, έχοντας ακούσει τις φωνές της μητέρας της.

«Η καρδιά της! Μόλις που ακούγεται!» παρατήρησε ο γιος τους σαν έγειρε το αυτί του κοντά στο στήθος της Ζωής.

Η Ηρώ δεν χρειάστηκε να ακούσει τίποτα περισσότερο. Έτρεξε στο χολ και σαν την τρελή σχημάτισε ένα νούμερο στο καντράν του τηλεφώνου.

«Γιατρέ! Γιατρέ, πρέπει να έρθεις αμέσως!»

Ο νεαρός γιατρός του χωριού κατέφτασε γρήγορα στο σπίτι, στο σπίτι απέναντι από τη θάλασσα. Έμενε μόλις δυο στενά παραδίπλα και μέσα σε λίγα λεπτά έφτασε τρέχοντας από τον παραλιακό δρόμο κρατώντας τη δερμάτινη τσάντα του στο χέρι. Διατηρούσε στενές σχέσεις με όλη την οικογένεια και το τηλεφώνημα της Ηρώς τον είχε ταράξει. Κάποιος χρειάζονταν τη βοήθειά του κι έσπευσε άμεσα να την προσφέρει. Βιαστικά, άτσαλα, άνοιξε την αυλόπορτα και ξεχύθηκε στην αυλή. Με βήματα γοργά, ανέβηκε στη βεράντα και χτύπησε το κουδούνι.

«Τι συνέβη, κυρά - Ηρώ;» τη ρώτησε λαχανιασμένος από το κατώφλι του σπιτιού.

«Από εδώ, γιατρέ μου. Η αδερφή μου! Η αδερφή μου δεν είναι καλά!»

Για ώρα, η πόρτα του δωματίου παρέμεινε ερμητικά κλειστή. Ανήσυχα βήματα ακούγονταν ασταμάτητα έξω από το δωμάτιο. Η αγωνία όλων ήταν μεγάλη. Τι είχε συμβεί; Τι σήμαινε άραγε εκείνη η λιποθυμία; Να ήταν μια αδυναμία πρόσκαιρη που θα περνούσε γρήγορα; Μακάρι να ήταν μόνο αυτό! Η Ηρώ, ο Δημήτρης και τα δυο τους παιδιά, κουβέντιαζαν σιγανά έξω από την κλειστή πόρτα. Ώσπου ο γιατρός τελείωσε την εξέταση και βγήκε από το δωμάτιο.

«Γιατρέ μου! Θα γίνει καλά, έτσι δεν είναι; Ήταν κάτι παροδικό, μια αδυναμία της στιγμής! Πες μου, σε παρακαλώ! Πες μου πως έχω δίκιο!»

Μα ο γιατρός, δεν της απάντησε. Τα χείλη του έμειναν σιωπηλά. Το πάτωμα κοιτούσε και δεν της έλεγε κουβέντα. Η σιωπή του, η καθυστέρηση της απάντησής του σήμαιναν πολλά. Το σκυμμένο βλέμμα του έψαχνε να βρει τις κατάλληλες λέξεις γραμμένες πάνω στο χαλί του διαδρόμου. Η κατάσταση ήταν σοβαρή και η τρομερή αλαλιά του το επιβεβαίωνε. Η Ηρώ, έκρυψε το τρομαγμένο πρόσωπό της μέσα στα δυο της χέρια και ανέμενε την ιατρική ενημέρωση.

«Τα πράγματα δεν είναι καλά, κυρά – Ηρώ. Καθόλου καλά. Λυπάμαι πολύ, λυπάμαι ειλικρινά μα θα σας συνιστούσα να την χαιρετίσετε. Το καντήλι της θα σβήσει προτού να 'ρθει η αυγή». Ακούμπησε το χέρι του στον ώμο της σαν να της έλεγε 'Κάνε κουράγιο' και αποχώρησε. Η οικογένεια έπρεπε να μείνει μόνη.

Όπως τους συμβούλεψε ο γιατρός, την χαιρέτησαν όλοι τους, ένας προς έναν. Και ήταν δώρο Θεού που η Ζωή είχε ανακτήσει, εν μέρει, τις αισθήσεις της και ήταν σε θέση να αντιληφθεί τις τελευταίες εκδηλώσεις αγάπης τους. Όλοι τους, με τη σειρά, προχωρούσαν μέσα στο δωμάτιο και την αποχαιρετούσαν με ένα φιλί, με ένα λόγο γλυκό. Μόνο τα νεότερα μέλη της οικογένειας κρατήθηκαν σε απόσταση από το δωμάτιο. Όχι τόσο για να μην γνωρίσουν το άκαρδο πρόσωπο του θανάτου μα γιατί ήταν πολύ μικρά για να καταλάβουν το οτιδήποτε. Η Ηρώ, ήταν η μόνη που δεν έλειψε λεπτό από κοντά της. Τα λόγια του γιατρού είχαν περιγράψει την κατάσταση ως μη αναστρέψιμη και δεν ήθελε να λείψει λεπτό από το πλάι της, να ζήσουν αγκαλιά τις τελευταίες στιγμές της. Αδιάκοπα της μιλούσε, κρατώντας της παρέα. Η αδερφή της χάνονταν, έφευγε και δεν το μόνο που μπορούσε να κάνει ήταν να της κρατά το χέρι τρυφερά. Της θύμιζε τα χρόνια της νιότης στο χωριό, τις βόλτες, τις βαρκάδες. Χρόνια χαράς και ανεμελιάς που έντονα τα είχαν ζήσει. Χρόνια που τώρα πάνε πια, πάνε και δεν θα ξαναρθούν. Το μυαλό της ήθελε να γεμίσει με εικόνες ευτυχίας και την καρδιά της με γαλήνη προτού τελειώσουν οι ανάσες της. Και η Ζωή την άκουγε, την άκουγε με προσοχή. Εκείνη η περίληψη της ζωής της, η επαναφορά όλων των αξέχαστων αναμνήσεων, γέμιζε μέλι την καρδιά της και σαν τραγούδι υπέροχο, νοσταλγικό έφτανε στα αυτιά της. Τραγούδι που κάθε του μια στροφή έγραφε το όνομα της. Μα δίπλα στο δικό της, σε κάθε μια στροφή, και το δικό του ήταν γραμμένο.

Λίγες ώρες μετά τα μεσάνυχτα, προτού να ξημερώσει, βάρυνε η ανάσα της. Με δυσκολία έβγαινε πια από τα χείλη. Η Ηρώ έκλαιγε ακατάπαυστα, έκλαιγε γοερά. Τριγύρω της, πάνω απ' το προσκεφάλι της Ζωής, ολόκληρη η οικογένεια μαζεμένη. Δεν έπρεπε να ξεκινήσει μοναχή εκείνο της το ταξίδι. Συγκινημένοι έβλεπαν τη ζωή της να στερεύει, το βλέμμα της αλλιώτικα να τους κοιτά. Όλο και πιο σιγανά πάλλονταν το στήθος της. Το τέλος ζύγωνε, ήταν φανερό. Το πρόσωπο της ήταν γαλήνιο, ατάραχο. Το ήθελε, το αποζητούσε η Ζωή εκείνο το ταξίδι και από καιρό είχε ετοιμαστεί για να το πραγματοποιήσει. Πλέον είχε κουραστεί πολύ να είναι μακριά του. Δεν είχε ανάγκη από άλλη ζωή, τέτοια ζωή. Το όνομα του ψιθύρισε με τη στερνή πνοή της κι έφυγε χαρούμενη που θα έσμιγαν ξανά.

www.ingramcontent.com/pod-product-compliance
Lightning Source LLC
Chambersburg PA
CBHW071109160426
43196CB00013B/2514